淮海文博

HUAI HAI WEN BO

第4辑

徐州博物馆 编

科学出版社

北京

图书在版编目（CIP）数据

淮海文博. 第 4 辑 / 徐州博物馆编. —— 北京：科学出版社，2024. 8.
ISBN 978-7-03-079288-4

Ⅰ. G269.275.34-53

中国国家版本馆 CIP 数据核字第 2024XX8474 号

责任编辑：张亚娜　周　娴 / 责任校对：张亚丹
责任印制：张　伟 / 封面设计：张　放

科学出版社 出版
北京东黄城根北街 16 号
邮政编码：100717
http://www.sciencep.com
北京汇瑞嘉合文化发展有限公司印刷
科学出版社发行　　各地新华书店经销
*
2024 年 8 月第　一　版　　开本：889×1194　1/16
2024 年 8 月第一次印刷　　印张：19
字数：548 000
定价：188.00 元
（如有印装质量问题，我社负责调换）

目　录

地域文化研究

在建设中华民族现代文明中做大做强徐州汉文化品牌的路径研究

李晓军

徐州博物馆（徐州汉画像石艺术馆）

摘　要： 两汉文化是中华文明谱系的重要组成部分。徐州既是两汉文化的重要发祥地，也是全国汉文化遗存最为集中的地区之一。如何进一步发掘、整理、提升、利用这一丰厚的文化资源，做大做强汉文化品牌，推动汉文化保护传承与发展，是贯彻落实"在建设中华民族现代文明上探索新经验"重要精神的现实思考。本文拟通过梳理徐州汉文化资源价值开发利用的优势条件，结合打造汉文化品牌的成效和不足，以期深入思考做大做强汉文化特色品牌的路径举措，使其在推进中华民族现代文明建设进程和中华优秀传统文化的创造性转化和创新性发展中起到积极作用。

关键词： 汉文化　徐州　中华民族　现代文明

2023 年 6 月 2 日习近平总书记在文化传承发展座谈会上指出，"在新的起点上继续推动文化繁荣、建设文化强国、建设中华民族现代文明，是我们在新时代新的文化使命"[1]。中华民族现代文明的概念首次提出，既是对传统中华文明的继承和发展，又为我国文化建设指明了道路和方向，打通了中国式现代化与中华优秀传统文化的"古今之变"，激发了中华文化的当代活力。徐州汉文化资源丰富、底蕴厚重、特质鲜明，如何将资源优势转化为发展优势，真正让汉文化重塑品质、重置引力、重生魅力，助推中华民族现代文明建设，是徐州文化工作者肩负新时代新的文化使命的自觉担当。

一、全面审视徐州汉文化资源价值及开发利用的优势条件

赵明奇先生曾以"徐州在汉文化形成中的历史贡献"为主题，全面考证汉文化的起源，分析汉文化的内涵、特征和历史贡献，品评徐州汉文化的历史价值。周琪先生曾以《徐州对汉文化形成发展的贡献》为题，深入独到解读"六大贡献"，充分肯定了徐州之于汉文化形成与发展过程中的重要地位[2]。总的来讲，审视徐州汉文化资源价值要把握好三个方面。一是"汉源徐州"的文化特性。徐州是汉高祖刘邦的桑梓故里，是汉文化的源头和发祥地。从

地域性上讲，沛县的泗水亭、歌风台、大风歌碑、琉璃井、汉高祖原庙、吕布辕门射戟台、吕公墓和丰县的金刘寨、汉皇祖陵等承载着徐州汉文化的根脉所在。从时代逻辑上讲，自刘邦沛县起兵，后封汉王，历经直取关中、垓下之战，最终成为汉朝开国皇帝并开启两汉四百余年伟业。此外，徐州汉文化经过汉王朝的整理、演进、发扬，同时吸收、融汇各种文化精髓，形成了以汉朝文化为基体、汉族文化为主体、汉字文化为载体的大文化体系[3]，为中华文化奠定了根基，是徐州打造城市文化品牌、推进文化强市建设的源头活水。二是"汉风徐州"的城市特质。江苏的地域文化特征是"吴韵汉风"。"吴韵"指的是以苏州为代表的吴文化，"汉风"指的是以徐州为代表的汉文化。吴韵流转，汉风激越，两者交融与撞击，从而铸就了属于江苏特色的南北兼容、刚柔相济的文化底蕴[4]。汉代的徐州历经 12 代楚王、5 代彭城王，现已发现发掘两汉大型王陵 10 余处 20 余座，中小型汉墓近 3000 座，出土汉兵马俑、汉画像石数量众多。汉墓、汉兵马俑、汉画像石被称为"汉代三绝"，享有"两汉文化看徐州"的美誉，目前国内尚未有任何一座城市能与之比肩。徐州是名副其实的汉文化之城，充分彰显"楚韵汉风、南秀北雄"的城市文化特质。三是"汉韵徐州"的精神力量。徐州素有"自古彭城列九州，龙虎争斗几千秋"和"兵家必争之地"之说。无论是从项羽"力拔山兮气盖世"的英雄气概到其破釜沉舟、成就西楚霸业，从刘邦"大风起兮云飞扬"的雄伟气魄到其威加海内、开创西汉帝国，还是从编著我国最早的笔记小说《世说新语》的刘义庆、撰写我国第一部史学评论专著《史通》的刘知几，到高亢激越的梆子戏和"拉魂腔"柳琴戏来看，无不彰显了汉文化的刚强雄浑、崇文尚武、粗犷豪放，这些成为这一区域汉文化的鲜明特性和时代精神。

加强徐州汉文化资源的开发利用，除拥有汉代物质文化遗存丰厚、精神文化遗存厚重的独特优势之外，在发展战略层面也要着重把握好以下三个方面。一是汉文化名城定位。2021 年 4 月徐州市人民政府发布的《徐州市国民经济和社会发展第十四个五年规划和 2035 年远景目标纲要》中明确提出，将徐州打造成具有全球影响力的"工程机械之都、汉文化名城"[5]。这是徐州市委、市政府放大汉文化品牌优势，促进文旅产业快速发展，扩大城市国际影响力、知名度，巩固提升区域中心城市地位的战略举措，要充分把握这一重大顶层设计，加强汉文化的传承弘扬，提升历史文化名城地位。二是淮海经济区中心城市地位。徐州已被国务院正式批复为淮海经济区中心城市，建设淮海经济区中心城市是江苏省委、省政府赋予徐州的责任与重托。自两汉以来，徐州汉文化在淮海大地上与其特有的地域文化、生活习俗、历史事件等进行演进承续，成为中华文化不可分割的重要组成部分。要将汉文化作为最宝贵的资源禀赋，充分发挥汉文化资源在淮海经济区中心城市建设中的引领、凝聚、推动作用。三是城市历史文脉方位。《中共中央关于制定国民经济和社会发展第十四个五年规划和 2035 年远景目标的建议》中明确提出，实施城市更新行动[6]。面对新一轮城市转型发展的挑战，用文化提升城市核心竞争力，从传统的"功能城市"向今天的"文化城市"转型，已成为城市发展的重要战略。当前，徐州市委、市政府统筹把握城市更新融合和历史文化保护的关系，精心打造徐州历史文脉——"彭城七里"，要将汉文化资源作为优势资源充分融入城市历史文脉建设，重点推进徐州博物馆改扩建、汉代采石场遗址环境治理，规划建设土山汉墓遗址博物馆，将其打造为"彭城七里"厚重的汉文化节点。

二、正确看待徐州打造汉文化品牌的成效及不足

近年来，徐州市委、市政府高度重视汉文化资源的保护传承、开发利用、营销推广，明确赋予两汉文化在文化强市建设中的主导地位，以编制实施《徐州汉文化传承发展专项规划》为引领，以组织实施汉文化"三年行动计划"为抓手，打造"国潮汉风"城市品牌、"快哉徐州"文旅品牌，有力地提升了徐州城市文化软实力。一是厚植汉文化元素推出精品力作。推出大型原创音舞诗剧《汉风华章》、汉乐表演剧《汉乐华章》、功夫舞台剧《汉风武林》、汉韵情景剧《汉风飞扬》、电视连续剧《解忧公主》等一批根植徐州本土、思想内涵突出、彰显城市精神的优秀作品。舞台剧《汉风华章》在国内巡回演出之余还在奥地利、新加坡等地交流展演，《解忧公主》在中央电视台电视剧频道（简称央视八套）黄金时段播出。二是整合汉文化资源聚力产业发展。围绕打造世界级汉文化传承与旅游目的地，建成开放徐州汉文化景区、龟山民间博物馆区、汉皇祖陵、故黄河历史文化走廊等一批汉文化主题功能项目。厚植"汉文化、徐州味、烟火气、时尚潮"元素，聚焦"夜学、夜赏、夜娱、夜游、夜食、夜购、夜体、夜宿"八大业态主题，打造"国潮汉风·夜彭城"品牌，培育徐州文旅夜游经济。三是彰显汉文化特色提升公共服务。提升改造具有汉文化特色符号的徐州博物馆、徐州汉画像石艺术馆、徐州汉兵马俑博物馆等一批公共文化场馆。组织策划"汉文化旅游节""刘邦文化节""汉服嘉年华"等一批特色文化活动；精心打造了"动感彭城""汉风读书月""云龙书院周末大讲堂""徐博之夜"等一批品牌服务项目。四是构建汉文化谱系阐释地域文明。徐州土山二号墓考古发掘项目入

选"2020年度全国十大考古新发现"；"徐州汉楚王墓群"入选全国"百年百大考古发现"。成功举办两届汉文化论坛、汉代陵墓考古与汉文化学术研讨会、徐州玉文化国际学术研讨会、徐州玺印封泥国际学术研讨会。推出《徐州古方志丛书》《汉学大系》《徐州汉玉》《两汉文化知多少》等系列学术著作。五是加强汉文化传播讲好徐州故事。中央电视台《探索·发现》《艺术里的奥林匹克》播出徐州汉文化专题栏目；推出融媒体节目《徐州宝藏》、专题纪录片《何以汉风》、微视频《大汉气象》等。打响"讲徐州故事 谱汉风新韵"展览品牌，组织汉代精品文物先后在奥地利、英国、法国、德国、澳大利亚、美国、沙特、匈牙利等地展出，极大地提升了徐州汉文化国际知名度影响力。

近年来，徐州汉文化资源的保护、开发和利用得到长足的发展，但至今没有形成在全国最具影响力的城市品牌效应，尚未真正形成"汉文化看徐州"的盛况。主要表现在：缺少汉文化发展顶层设计，汉文化发展缺失导向性、系统性和科学性；汉文化资源分散，多头管理，合力不足，缺少打破行政壁垒、整合分散资源、汇聚强大合力的管理机制；缺少汉文化地标式建筑，缺少大投入、大手笔、大制作在全国有影响的支撑性项目，一直未改变"满天繁星，没有月亮"的局面；汉文化元素植入城市发展空间不够，城市规划、城市景观、公共空间等尚未体现徐州汉文化特质和汉文化符号；缺少既凝洁洗练、朗朗上口，又独具汉文化魅力的城市宣介标语，汉文化影响没有深入人心；汉文化传承利用不足，科学研究成果不够突出，汉文化内涵传承缺乏，在汉文化精神融入群众生活、城市精神方面做得不够；等等。这些显然和徐州所拥有的丰厚汉代历史文化资源极不相称、与其潜在巨大价值也不相称，这些问题要在新时代文化强市建设进程中应全力加以解决。

三、深入思考做大做强汉文化特色品牌的路径举措

做大做强汉文化特色品牌，要坚持以习近平新时代中国特色社会主义思想为指导，深入学习贯彻落实习近平总书记关于文化遗产保护传承的重要论述和考察江苏重要讲话重要精神，以塑造"国潮汉风"城市品牌、"快哉徐州"文旅品牌为统揽，全面加强汉文化的保护、传承和弘扬，全力彰显徐州"南秀北雄、楚韵汉风"的城市文化特质，让"汉风"与"吴韵"互动并进、比翼齐飞。整体上，要聚力抓好以下五个方面：

一是加强汉文化精神提炼。汉文化是中华优秀传统文化的核心代表，奠定了汉民族"大一统"的坚实文化基础，形成了"汉人、汉字、汉语、汉服"等延续千年的文化符号，揭示了政治、思想、经济、生活的基础地位，凝聚着中华民族奋发向上、自强不息的精神。张骞出使西域、霍去病"匈奴未灭，何以家为""苏武牧羊""刘解忧和亲"等，体现了"求统一、尚和合、爱国家、讲仁义、守信用、倡敬业、图创新"的家国情怀。蕴含在汉文化中的这些思想境界、精神风貌、道德理念、价值追求、人格魅力，既是对中华优秀传统文化的继承和发展，又为社会主义核心价值观的确立提供了重要来源和内在养分。社会主义核心价值观的很多内容可在汉文化中找到它们的基因和元素。因此，要尽快从汉文化的价值体系中提炼出精神内涵，凝练新时代徐州精神。加快培育塑造"以情义为肌理、以诚信为核心、以创新为精髓、以包容为底色"的"讲情义、守诚信、图创新、尚包容"的新时代徐州精神，塑造城市内在精神之魂，展示城市人文精神的独特魅力，增强徐州文化感召力，形成区域价值共识。

二是加强汉文化价值阐释。深耕两汉文化研究，开展汉文化遗产资源调查，加强文物考古研究、认定和保护，建立汉文化遗产数据库，为构建汉文化学术体系与学术成果提供基础支撑。加强汉文化资源的系统梳理、研究和阐释，整合国内汉文化研究顶尖资源力量，加快编撰《汉学大系》100 卷系列丛书、《徐州汉文化志》《徐州博物馆馆藏文物大系》等精品力作。继续办好高规格的汉文化论坛，广泛邀请国内外文史专家、知名学者和文旅产业领军人物，通过搭建交流对话平台，分析汉文化发展趋势，进一步提升徐州汉文化旅游的新形象，扩大徐州汉文化的影响力。积极发挥江苏省两汉文化研究会、徐州市两汉文化研究会、徐州汉文化研究院阵地作用，聘请国内外顶级研究专家，加强汉文化研究阐释，凝练汉文化独特价值，推出一系列折射理论水平与时代精神的重大研究成果，为推动徐州汉文化传承发展提供学理支撑，努力构筑全国汉文化研究中心。

三是加强汉文化标识塑造。文化，既是一个城市独一无二的印记，更是一个城市的精髓和灵魂。一个城市的文化品牌要享誉全国，走向世界，先决条件是对那些能够体现城市特色的文化资源进行有效的挖掘、集聚、整合和利用，使其以独特的文化魅力让历史文化积淀再现时代人文之光。要以汉文化精神元素精心设计城市标识，将汉文化凝练为现代元素，发掘萃取如"玉龙、车马出行图、铺首衔环、汉阙、十字穿环、连理枝比翼鸟"等汉文化经典性元素、标志性符号，广泛用于公园、车站、机场、广场、标志性建筑、干道节点等公共空间，建构特质鲜明、充满趣味、易于传播的城市文化标识体系。突出对徐州历史城区汉文化景观的设计和塑造，打造具有"汉风"的亭、台、楼、阁、雕塑和公共艺术装置等标志文化符号。同时，注重利用国际美学艺术标准，对

汉文化特质符号进行统筹创意和设计，形成具有国际性审美和徐州特色的标识、标志物、标志图案、标志色、标牌等物化的城市文化标识体系，增强徐州汉文化形象的认同度，做到让外地游客进入徐州满眼尽显汉文化。

四是加强汉文化载体建设。要突出地标性文化设施支撑。推进徐州大剧院、徐州市民文化活动中心、大运河国家文化公园窑湾核心展示园等建设，提升徐州综合文化设施的区域承载能力。切实发挥徐州淮海国际博览中心龙头作用，精心办好中国徐州民间工艺博览会、淮海文博会、淮海书展等展会活动，推动文化项目、资金、人才等向徐州集聚。推动实施徐州博物馆改扩建工程，提升博物馆规模体量和内涵质量，增强区域综合竞争力影响力。要突出重大文旅项目建设。坚持大项目带动大产业，推动徐州园博园、徐州乐园、徐州方特乐园、九顶山野生动物园、欧乐堡海洋极地世界等做大做强；依托九里山再现汉代战争场景、汉代民俗风情、汉代生活体验，建成全国最大的、以汉文化观光体验为主的世界汉文化研学体验基地。要突出新型文旅业态发展。把汉服作为重要的文旅产业来抓，在徐州建成集汉服研发、生产、交易、展示和销售于一体的汉服产业基地，打造看得见、穿得出、传得开的文化符号，使其成为徐州汉文化传播的一张靓丽名片。推动文化资源、城镇功能与旅游要素融合发展，规划建设徐州狮子山国家考古遗址公园、汉文化特色小镇、运河文化名镇和彭祖文化小镇等文旅新业态。力争到"十四五"末，徐州文旅产业增加值占地区生产总值比重达到5%以上，游客接待量突破1亿人次，旅游总收入达1100亿元[7]。

五是加强汉文化品牌营销。结合国家"一带一路"倡议，加强与东南沿海、海上丝绸之路沿线国家的对接，以及丝绸之路西端较发达经济体的联系，通过文物展览的形式，促进文化交流，提高城市知名度。继续加强与淮海经济区及其他地区文博单位的合作交流，发挥好淮海经济区博物馆联盟的协同发展作用，联合推出一批原创性主题展览，扩大徐州两汉文化影响力。推进汉文化优秀传统元素和核心价值理念的白化、活化和物化。繁荣文艺创作，讲好"徐州故事"，扩大汉文化品牌的影响力；依托馆藏汉代文物精品，提取汉文化元素，加快研发文化创意产品，让老百姓把"博物馆"带回家；持续举办中国（徐州）汉文化旅游节、中国沛县刘邦文化节、"国潮汉风·夜彭城"、汉服嘉年华、国际汉服设计大赛等系列文旅节会，积极打造"听汉歌，赏汉乐，观汉舞，穿汉服，吟汉赋，品汉宴"的沉浸体验活动，让汉文化感染群众、深入人心。筹备成立汉文化特色景区联盟，将汉文化元素与现代时尚有机结合，深度挖掘、开发培育区域汉文化文旅品牌，共同筹划汉文化大型实景演出等汉文化旅游和推广活动，联手推出一批高水平的汉文化旅游产品和汉文化旅游精品线路，合力推动汉文化走向全国、迈向世界。

参 考 文 献

[1] 习近平在文化传承发展座谈会上强调　担负起新的文化使命　努力建设中华民族现代文明　蔡奇主持[N]. 人民日报，2023-06-03（1）.

[2] 周琪. 徐州对汉文化形成发展的贡献[N]. 徐州日报《汉风周刊》2020-10-22（12）.

[3] 赵明奇. 汉文化及其历史贡献[M]// 刘照建. 大风起兮云飞扬：苏北汉文化调研文集. 北京：学苑出版社，2018：12.

[4] 赵明奇，李玉明. 吴韵汉风：江苏南北特色文化的和合之道[J]. 苏州科技学院学报（社会科学版），2013（1）：41.

[5] 徐州市人民政府. 市政府关于印发徐州市国民经济和社会发展第十四个五年规划和2035年远景目标纲要的通知：徐政发〔2021〕21号[A/OL].（2021-04-13）[2024-05-15]. https://

www.xz.gov.cn/govxxgk/014051247/2021-05-07/
cccf1a4f-d320-47d4-8254-2ed3c562d5c7.html.

[6] 中共中央关于制定国民经济和社会发展第十四个
五年规划和 2035 年远景目标的建议 [N]. 人民
日报, 2020-11-04 (1).

[7] 徐州市人民政府. 市政府办公室关于印发徐州市
"十四五" 文化旅游发展规划的通知: 徐政办发
〔2021〕76 号 [A/OL]. (2021-08-06)[2024-05-
15]. https://www.xz.gov.cn/govxxgk/014051247/
2021-08-17/58f41268-6e49-4d19-8bd0-8ef7fccdc
f26.html.

镇江名人墓现状调查及对策研究

陆为中 [1]　余甦野 [1]　王礼刚 [2]　石新民 [3]

1. 镇江博物馆；2. 镇江市润州区历史文化研究会；3. 镇江焦化煤气集团有限公司

摘　要： 名人墓在传承历史、弘扬优秀传统文化中起着重要作用。经过对镇江名人墓的实地调查，发现众多名人墓没有受到适当的监管，其中一些遭受了严重的破坏，还有一些则没有得到充分的保护和开发。镇江应当高度重视名人墓的保护工作，确保必要投入，夯实基础研究，加强保护措施，提高宣传质量，发挥集聚潜力，深化科技应用，扶持文创开发，建立镇江名人馆，塑造旅游品牌。

关键词： 镇江　名人墓　文化保护

镇江历史悠久，人文荟萃。自魏晋开始，镇江一直是郡、州、县治所所在地，历代的公侯勋贵多厚葬于此。同时，镇江作为长江与大运河的交汇点，扼南北水陆交通之要冲，客货舟船莫不由此经过，南来北往的文人墨客、游宦行商，其中的很多人亦托身、安土于此。由此，镇江在历史上留下了数不胜数的名人印迹，也保存了数量较多的名人墓葬。

名人墓承载了丰富的历史和文化信息，代表了一个地区的文化脉络，是稀缺的不可移动文化遗产。为深入了解镇江地区名人墓的实际情况，我们在镇江的各个区（市）县进行了实地考察，调查结果引发了我们对于镇江名人墓保护和利用的深入思考。

一、镇江名人墓调查实录

（一）颜真卿墓、靳贵墓、夏道立墓、陈东墓等——野风荒草暝萧萧

颜真卿（709~784）是唐代杰出的书法家、政治家、军事家。据记载，其墓址位于句容市白兔镇行香村虎耳山 [1]，但经过多次寻找，最终在同属白兔镇的南山村龙山上找到。此墓为颜真卿衣冠冢。墓坐北朝南，封土矮小，前立有石碑，被竹林所环绕。据山下南山村的邹姓老人讲述，早年村中建有颜鲁公祠堂，因墓居深山之中，平时来此的游客数量并不多。2004 年，该墓被镇江市政府公布为镇江市文物保护单位。

靳贵（1464~1520）是明武宗的老师，官至宰辅的镇江人之一。其墓位于镇江市润州区蒋乔街道东山村长山脚下 [2]。经反复寻找，最终在村公路东北的山林间寻到，无任何标记，仅有一个小坟堆。墓穴周边尚有残缺的龟身及少量石件。

夏道立，明代镇江知府，去世后，与夫人陈氏合葬。其墓位于句容市宝华镇千华古村东南山坡 [3]。墓地周围有石人、石羊各两尊。墓园坐南朝北，墓冢简陋，立有一碑。此处十分偏僻，常人难以寻觅。2011 年被公布为句容市

文物保护单位。

陈东（1086～1127），丹阳人，北宋末年爱国太学生。其墓位于丹阳市丹北镇大贡村北300 米处[4]，处于一小土山顶部。墓葬地处偏僻，道路旁没有设置醒目的标志，让外来游客难以找到方位。该墓于 1985 年被公布为丹阳市文物保护单位。

（二）高陵、刘皇墓、曾布墓、苏颂墓等——犹抱琵琶半遮面

高陵，俗称"大坟"，位于丹阳市司徒镇谭巷村大坟自然村北。陵主疑为孙坚[5]。孙坚（155～192）为东汉破虏将军、豫州刺史，孙策、孙权的父亲。高陵墓冢巨大，直径约有二三十米，高达七八米，距村道约 50 米。此处较为偏僻，四周是农田，坟墩上杂草丛生。该墓于 1999 年被公布为镇江市文物保护单位。

刘皇墓，位于镇江市京口区谏壁街道月湖社区张家荡村东[6]。墓整体呈馒头状，平面呈圆形，保存较为完好。由于早年平整土地，墩角普遍被挖去一段。根据史书记载及周边百姓口头传说，我们推断这座墓葬可能是兴宁陵。兴宁陵是南朝刘宋开国皇帝刘裕（363～422）父母的墓葬，距今 1600 余年。当地百姓称该土墩为"刘皇墓"，意思是刘姓皇帝的墓葬，还传说张家荡最初只有张姓人家，是该墓的守墓人。

宋代墓园，位于句容市下蜀镇朱家边村空青山山腰，疑为曾布墓。曾布（1036～1107），曾巩之弟，北宋中期宰相，在王安石变法时期发挥了重要作用。经过考古调查，整个墓园的基本结构已明确。据山下朱家边村一位 82 岁老人朱天平讲，他家世代居住于此，小时候还见到山下建有祭祀曾布的一座古庙，在 20 世纪 60 年代后期，见到过山上墓穴有两口木质棺材遭毁损。此地处于荒野山间，由外界进入该墓园，需辗转乡村公路几十里，再经羊肠小道方可到达山上，十分不便。

宋代墓园，位于镇江市高新区五州山东北坡地，很可能是苏颂墓。苏颂（1020～1101），北宋中期宰相，杰出的天文学家、天文机械制造家、药物学家。据《光绪丹徒县志》记载："司空苏颂墓，在五州山北阜。" 2018 年以来，文物部门在五州山组织进行了考古调查，发现此处宋代墓园。

（三）荆王刘贾墓、茅谦墓、徐宝山墓、陆小波墓、孙方墓等——山回路转不见君

刘贾（？～前 195）是汉高祖刘邦的堂兄，高祖六年（前 201 年）封为荆王。高祖十一年（前 196 年），刘贾被英布军所杀，后葬于镇江。

荆王刘贾墓，位于镇江市京口区青云门鼓楼岗鼓楼二村 1 号院内[7]。2012 年，镇江市文物局对墓冢进行了修复，对周边环境进行了初步整治。该墓封土高大，古树参天。但其四周均被民居所围，只能通过一条狭窄幽暗的老巷入内。1982 年被公布为镇江市文物保护单位。

茅谦（1848～1917），我国著名桥梁专家茅以升的祖父。清光绪二十二年（1896 年）中举，创办《南洋官报》，著有《水利刍议》《肺山文存》《肺山诗存》等著作。

茅谦墓，位于镇江润州区蒋乔街道嶂山村后山腰，建于 1934 年[8]。从山下到山上墓地，树木繁茂，几乎无路，经当地文保单位清理，墓前已开辟出较为平坦的墓道约 20 米。1999 年被公布为镇江市文物保护单位。

徐宝山（1866～1913），镇江人，早年以贩运私盐为业。身跨青、洪两帮，人称"徐老虎"。辛亥革命爆发后，在镇江率旧部反正。旋编入江浙联军，参与会攻南京。后任北伐司令、扬州军分府都督。南北议和后，投向袁世凯，所部编为江北第二军，任司令，授陆军中

将加上将衔。"二次革命"时因反对国民党人的反袁计划，被革命党人炸死。

徐宝山墓，位于镇江润州区韦岗街道山南村[9]，镇江市人民警察培训学校北侧。墓葬地处偏僻，道路旁没有醒目的标志，让外来游客难以找到方位。2007年被公布为镇江市文物保护单位。

陆锡庚（1882～1973），字小波，镇江"三老"之一，江苏省著名的爱国民主人士、民族工商业者，中华人民共和国成立后，曾任江苏省政协副主席、省工商联副主委、省民建副主委、全国工商联常委等职。

陆小波与其妻吴夫人的合葬墓，位于镇江丹徒区高资街道夹山村后头山[10]，南距312国道约2000米。该墓历经几度修建，保存完好，但需由村后山沿着一条狭窄的田埂行走大约2千米才能到达。该墓于2011年被公布为江苏省文物保护单位。

孙方，丹阳建山人，明弘治年间举人，明正德六年（1511年）进士，官至监察御史。

孙方墓，位于丹阳市后巷镇高桥村[11]，墓依山而筑，在小山渐高处。虽地处山林之中，但当地文保部门比较重视，屡次清理坍塌泥土及枯枝，并加以修葺。这座墓目前被山脚下的一座垃圾焚烧发电厂所包围，进出必须穿越厂区，这使得普通游客难以到达。1985年被公布为丹阳市文物保护单位。

（四）丁传靖墓、马贡芳墓——烟消云散无踪迹

丁传靖（1870～1930），字秀甫，镇江人，工戏曲，善诗文。其墓位于镇江市南郊招隐景区[12]，2004年被公布为镇江市文物保护控制单位。尽管在现场进行了多番寻找，但并未发现墓葬和文保碑。

马锦春（1847～1939），字贡芳，丹徒人，在辛亥革命中有过重要贡献。其墓据记载位于镇江市京口区东郊象山镇汝山西麓高家湾段[13]，2004年被公布为镇江市文物保护控制单位，但在实地搜寻后并没有被找到。

（五）杨一清墓——藏在深闺人未识

杨一清（1454～1530），明嘉靖年间曾出任首辅，后辞官归居镇江。其墓位于镇江市润州区蒋乔街道芦湾村[14]。2017～2018年，市有关部门对该墓进行修缮，墓园气势宏大。但四周建有围墙，大门常年关闭，导致市民难以入内。该墓于1987年被公布为镇江市文物保护单位。

（六）太史慈墓、米芾墓、宗泽墓、柳诒徵墓、赵伯先墓、王宗培烈士墓、见月和尚墓、慈舟墓、夏霖烈士墓——青山碧水伴忠魂

太史慈（166～206），字子义，东莱黄县（今山东龙口市）人，东汉末年名将。其墓位于镇江市京口区北固山中峰西南麓[15]。该墓曾湮没多年，清同治年间镇江修筑城墙时发现，并加以保护。现墓为1985年修建，1982年被公布为镇江市文物保护单位。

米芾（1051～1107），字元章，北宋著名书画家、收藏家。晚年定居镇江千秋桥西，死后葬于镇江。其墓位于镇江京口区黄鹤山北麓[16]。1982年被公布为镇江市文物保护单位。

宗泽（1060～1128），字汝霖，婺州义乌（今浙江义乌）人，宋朝名将。逝世后，其子与岳飞依据他的遗愿将其遗柩南运与夫人合葬于镇江京岘山北麓[17]。当地人称宗泽山、宗家坟。1982年被公布为江苏省文物保护单位。

柳诒徵（1880～1956），字翼谋，镇江人，是中国近现代著名文学家、史学家、图书馆事业家。其墓原在镇江市润州区官塘乡严岗村朱家岗，与其父母等葬在一个墓群。现已迁至京口区南郊赵伯先墓毗邻处[18]。1992年被公布为镇江市文物保护单位。

赵声（1881～1911），字伯先，镇江人，广州黄花岗起义总指挥，辛亥革命先驱。其墓位于镇江市京口区南郊竹林寺东文苑景区内[19]，1912 年建。由牌坊、石桥、墓道、坐雕石狮、坟包、陵园和纪念亭构成，四面环水，遍植荷柳，绿树森森，占地面积约 33300 平方米。1982 年被公布为江苏省文物保护单位。

王宗培，生年不详，镇江西乡人，小学教员。五卅运动中，为抗议政府延宕外交，1925 年 7 月 6 日投江自尽。其墓位于镇江市京口区北固山中峰[20]。1987 年被公布为镇江市文物保护单位。

见月（1601～1679），中国律宗第二代祖师，俗姓许，云南楚雄人。主持宝华山道场 30 余年，为各方所推重。其墓保存完整，占地面积 396 平方米，是句容市宝华山隆昌寺历史的重要见证。2011 年被公布为江苏省文物保护单位。

慈舟（1915～2003），俗名史源，江苏兴化人，曾任宝华山隆昌寺、镇江金山禅寺住持，在佛界具有崇高威望。其墓位于隆昌寺北面鹿山庵石山[21]。建于 20 世纪末。墓园花岗岩墁地，汉白玉栏杆，占地面积 468 平方米，建筑面积 96 平方米。2011 年被公布为句容市文物保护单位。

夏霖（1895～1927），丹阳地区最早的中共党员之一，1925 年加入中国共产党，1926 年任丹阳独立支部书记，1927 年 11 月 13 日英勇就义。其墓位于丹阳市司徒镇联观行政村寺基岗自然村东北约 400 米处农田中[22]。1985 年被公布为丹阳市文物保护单位。

二、镇江名人墓现状总结

镇江历史悠久，山川壮丽，人才荟萃，历代名人墓是镇江宝贵的历史和文化标志。名人墓不只具有深厚的历史和文化价值，同时也是非常珍贵的人文和旅游资源。

镇江在历史上有两个重要的发展时期，一个是六朝，一个是唐宋。六朝时，中原南渡的风流人物汇聚京口，蔚为壮观；唐代时，千帆竞渡、百舸争流，水运的发展促进了润州的繁荣；宋代时，文学风雅之士、艺术高雅之辈徜徉镇江，追求山水之乐，当时有"生居洛阳、死葬朱方"的说法。到了近代时期，先是涌现了辛亥将军群体，成为江苏省会后又涌现出一批商界、知识界精英以及革命烈士群体。镇江历代名人的风采为名人墓赋予了丰富多元的内涵，它们是人们感知镇江这座历史文化名城的一个切口和视角。

镇江是孙吴政权开创之地，孙权驻跸北固山铁瓮城三年之久，留下了丰富多彩的三国文化遗迹。丹阳高陵、太史慈墓、鲁肃墓是镇江厚重的三国文化的缩影。

六朝时期，镇江是都城南京的重要屏障、京畿重镇，一般由朝廷亲贵领军驻守，战略位置极其重要。京口是南朝宋武帝刘裕的龙兴之地，丹阳、句容是南朝齐梁皇帝的故里，刘皇墓和丹阳、句容的齐梁陵墓石刻见证了六朝时期京口"兵可用、酒可饮"的昔日荣光。

唐宋时期，镇江是大运河与长江的交汇点，是沟通南北、贯穿东西的交通枢纽，在国家交通体系中具有举足轻重的地位。南宋时期，镇江"一水横陈，连岗三面"，军事地位极高。颜真卿墓、米芾墓、宗泽墓等唐宋墓葬反映了这一时期文化繁荣、中原离乱、北伐中原等历史片段。

明清以来，镇江出现了一些有名望的家族，他们普遍崇文重教，兴学育人，成为远近闻名的书香门第、积善之家，在地方上具有较高的地位和影响，到民国时期，仍有一定影响。柳诒徵、丁传靖是这些家族后人的代表。

辛亥革命时期，镇江出现了以赵伯先为代表的辛亥先驱，他们以革命为己任，以排满兴汉为目标，义无反顾地踏上危险重重的革命道

表1 镇江名人墓葬情况表

市区	全国重点文物保护单位	省级文物保护单位	市级文物保护单位	市级文物保护控制单位	市（区）级文物保护单位	未列入保护范围	合计
京口区		2	5	2		3	12
润州区			3			1	4
丹徒区		1					1
高新区						1	1
新区		1					1
丹阳市			1		5		6
句容市		1	1		2	1	5
合计		5	10	2	7	6	30

路，功绩卓著，彪炳史册。赵伯先墓、马贡芳墓等是反映辛亥革命峥嵘岁月的历史遗迹。

镇江是一座英雄的城市，镇江人民具有不畏强暴、敢于反抗的英雄基因。在五卅运动中，镇江出现了为国事义愤投江的王宗培烈士，在1927年国民党反动派发动四一二反革命政变后坚持斗争、视死如归的中共党员夏霖烈士。

1929年，镇江成为江苏省会，在城市建设、文化教育、农业生产等方面有一定建树，还涌现出一批热心公益的社会人士，陆小波是当时知名的社会贤达、商界领袖。同时，镇江是国民党反动派统治的核心区域，疯狂迫害、摧残共产党员和进步人士，从全省各地押解来的革命志士有数百人牺牲在北固山刑场。

总体来看，镇江名人墓现状喜忧参半。此次调查共发现30个名人墓，分布在镇江市7个不同的辖市区，空间上较为分散（表1）。从时间上，年代最早的是西汉初年的荆王刘贾墓，年代最晚的是2003年的慈舟墓，时间跨度达2000多年。根据保存情况分析，大约三分之一的墓保存完好，三分之一的墓受到风雨和自然侵蚀的影响，另有部分墓面临被周边侵占等问题。这说明，在镇江，名人墓是被忽视的文化资源，名人墓的保护任重而道远。从市级层面来说，相关部门并没有一个专门针对名人墓资源的保护利用规划，说明名人墓资源还

未被纳入决策者的视野范围。

三、镇江名人墓保护与开发对策

（一）提高保护意识

著名作家郁达夫说过："一个没有英雄的民族是可悲的；一个有了英雄而不知珍惜的民族是更可悲的。"同理，一座拥有众多名人墓却未能加以妥善保护、合理开发的城市，也是令人遗憾的。名人墓对于一座城市的重要意义毋庸置疑。在数千年城市变迁的历史长河中，不同类别的历史人物提升了城市的文化品位（图1），丰富了城市的精神内涵，提升了城市

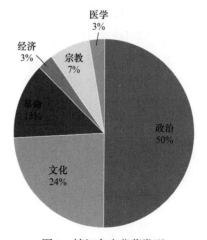

图1 镇江名人墓葬类型

的知名度和美誉度。因此，名人墓作为城市重要历史文化印记和人文旅游资源，理应受到政府乃至全社会的高度重视，理应得到全面有效的保护。

从政府层面来说，决策者应从文化大繁荣、大发展的高度，重新审视名人墓的历史地位和现实价值，借鉴外地的先进经验，妥善处理好经济建设与文化遗产保护之间的关系；文物部门应加强政策引导和业务指导，严格落实有关名人墓保护的法律法规，并将其纳入重点工作加以关注；名人墓的管理者应树立起高度的责任感，要有敬畏历史、尊重先贤的觉悟和认识，切实将名人遗留下来的文化遗产保护好、利用好。从某种意义上说，保护名人墓，就是在保护一座城市的文脉和灵魂。

（二）确保必要投入

经费短缺、投入不足是名人墓普遍存在的问题，也是保护不到位，利用不得力的重要原因。因此，依靠政府加大投入，确保资金到位，这是主要的。然而，这是远远不够的，还需要多渠道筹措资金。

市财政应逐年加大专项资金投入，专门用于名人墓的保护维修和合理利用。各市（区）财政也要相应增加投入。对已公布为文保单位的名人墓，各级财政还要设立专项经费，并随经济的发展逐年递增，同时指导督促各镇（街道）制定配套措施，切实改变"只保不修"的状况。

此外，还应进一步拓宽名人墓保护资金的来源渠道，如牵头建立名人墓保护维修基金，鼓励和吸引名人后代及社会力量参与名人墓的保护、利用和开发；还可以通过市场运作，以"谁使用、谁维修、谁受益"的原则，鼓励名人墓的使用单位及个人参与到名人墓保护修缮工作中来。

（三）夯实基础研究

名人墓是名人文化的一部分，承载着丰富

的历史文化信息。如何准确地传达信息，给予游客正确的历史知识和认识，是我们做好名人墓保护利用工作的前提。

要结合历史文献和实地考察，对名人的生平、家世、业绩、贡献等进行全面梳理，厘清之前的讹误，构建权威过硬的知识体系。尤其是对墓址的确认，要本着实事求是的态度，组织专家学者进行专门考证，找到明确确凿的证据，要经得起历史和学界的检验。当前的名人墓葬，有些是已明确定性的，有些是衣冠冢（米芾墓、颜真卿墓），还有一些则仍存疑（苏颂墓、曾布墓、高陵）。要在考证的基础上努力完善名人墓葬的相关信息。支持专家学者整理米芾、曾布、苏颂、宗泽、杨一清、柳诒徵等人的全集，使其在学术界能起到正本清源的效果。

要深度挖掘名人思想、精神和风范，赋予其更深的教育意义，以期丰富其文化内涵，为弘扬中华优秀传统文化提供一定的滋养。曾经被毁坏的墓碑、石兽、题刻等也要通过尽量查找相关资料予以复原。要预防因历史文化体系背景不足，从而导致人们对名人墓兴趣减少的情况发生[23]。

（四）强化保护措施

名人墓的开发要以保护为前提，名人墓葬的保护应落在实处。保护名人墓，应尽可能坚持建筑遗产保护的整体性原则，不仅仅要保护建筑单体本身，还要保护名人墓周围一定范围内的背景环境。

从管理体制上来说，各级政府部门应明确一位主要领导牵头负责，明确管理主体，加强政府各部门之间联手共管，形成行政系统、监督系统、社会参与系统，立体式联动保护。其中，行政系统是整个体制中最重要也是最具决定意义的一个环节，其作用不可忽视。同时还应建立完善的法律法规体系，通过制定专门的法规制度来保障文物保护工作有序开展，并使之制度化、规范化。

我们需要增强文物保护工作人员的数字化意识，如对现存的文献（墓主的文集、碑文等），进行整理、拓印后实施数字化储存保管，以确保数据安全性、及时性和有效性。

瞻仰纪念模式也是保护模式的一种，同时还能改变当地的生态环境，为市民创造游憩地点。以名人墓资源为基础，与镇江的山水自然风光资源相融合，建立的专题展示馆和名人纪念室，凸显凝练历史价值和人文精神，对传播优秀文化、提高游客的保护意识都具有积极作用。

（五）加大宣传力度

在调查途中，我们询问名人墓的状况，许多当地人都不清楚。网上的信息也存在大量的错误，如马贡芳墓所在地高家湾，赵子禠墓所在地车碾口早已不存，颜真卿墓址位于句容市白兔镇南山村龙山，而不是历史记载的句容市白兔镇行香村虎耳山。在酒香也怕巷子深的今天，宣而告之尤为重要。可组织专家举行公益宣讲会，加大对市民的普及力度；进校园普及相关名人知识，借机宣传墓葬保护。

保护名人墓，需要积极地推广其独有的价值，提高社会各界对它的了解。同时，我们应该充分发挥传统媒体和新兴媒体的优势，营造全民参与名人墓保护的良好氛围；还要充分发挥网络传播的优势，在开发名人墓的同时，对其资料进行数字化处理，不仅要包含文字和图片信息，还要有视频，这样可以让人们有更直观、形象的认识[24]。

（六）发挥集聚效应

镇江名人墓数量众多，但目前不管从形制上还是在民众的观念中，这些墓都处于零散、孤立、封闭、简陋的状况，这种情况亟须改变。

应当重视对名人墓文化资源的优化配置，并以名人墓为中心，融合相关的历史背景、名人事迹和思想等元素。同时，还要形成名人故居、名人墓、文物古迹、附近的人文遗址、自然景观等互为联系、相辅相成的旅游资源，对镇江的历史文化遗迹要进行一次系统的全盘设计。如陆小波墓，可与镇江商会旧址、镇江自来水厂旧址、镇江京江中学旧址相结合，因陆小波曾任镇江商会会长，镇江自来水厂、镇江京江中学都是由其创办。又如近年发现的苏颂墓，可以以此为中心，融五州山、净因寺和苏颂纪念馆为一体，大力打造苏颂文化公园，建成后可以和已经成熟的景点梦溪园、镇江科技馆结合，组成中国古代科技文化系列，这个强强组合，足以使古代科技文化成为镇江的又一旅游热点。

（七）深化科技应用

现代科技的应用是名人墓保护和开发的重要手段。通过利用三维扫描技术，可以对名人墓进行精确的数字化记录，这对于保护工作来说是极有价值的。这些记录不仅可以为修复工作提供准确的参考，还可以作为展示和教育资源，让更多人以数字化的方式了解和学习名人文化。

此外，无人机技术也可用于监控名人墓的状况，及时发现保护中存在的问题，并进行必要的维护。这种技术的应用对于那些地处偏远或者难以直接访问的名人墓尤为重要。

虚拟现实和增强现实等新技术可能是拉近年轻人与文化遗产之间距离的桥梁。通过构建虚拟的名人墓访问体验，不仅可以保护实际的文化遗产不受游客活动的影响，还能吸引更多的年轻人通过这种新奇的体验方式来学习历史和文化。

（八）打造旅游品牌

镇江的历代名人墓，是镇江丰富历史底蕴和人文内涵的体现。名人墓原属历史人文系统的旅游商品，而目前这些名人墓多数艺术观赏性薄弱，对历史价值的表现也较差，所以很难有效地转化成观众参与性高、感受性强的系统旅游商品。因此，对名人墓的保护不应该只是停留在保护坟墓的完整和避免被盗的角度，而必须丰富名人墓及其相关文化信息，合理设置名人墓、故居、公园等旅游路线，以文旅融合为契机，通过完善服务设施、提升服务品质，着力打造个性鲜明、特色突出、愉悦身心、体验感好的旅游品牌。

（九）扶持文创开发

文创产品开发是提升名人墓文化价值的有效途径。借助名人蕴含的文化元素以及具有创新性的设计，可开发出各式各样的文创商品，如复制的书法、绘画作品，或是以名人故事为背景的插画、漫画等。通过这些生动形象的文创产品，不仅可以使名人故事继续在现代生活中流传，也能为文化遗产的保护工作带来经济效益。

为了确保文创产品的开发与名人墓的保护工作相协调，需要政府的引导与支持。政府部门可以出台相关政策和措施，鼓励和扶持文创企业和设计师参与其中，同时也要保证文创产品的质量和文化底蕴。

（十）建立镇江市名人馆

作为历史上江南地区政治、经济和文化的中心，长眠于镇江的名人众多，如果墓地都妥善保护，这既不现实，也不可能，甚至也不是十分必要。

首先，名人墓分布在镇江各处，如果都进行保护，如何利用与发展是一个值得探讨的问题；其次，很多名人墓本身在建筑上并无特色和价值。一个比较行之有效的方法是建立镇江市名人馆，以本文提及的相关名人为主体，将镇江的各类名人分门别类地进行归纳，加以纪念。

在选址和规模上要综合考虑区位优势、文化底蕴、交通组织等因素。在展陈方式上，可通过平面展板、多媒体屏幕、互动平台、大小模型、复原场景等方式，充分展现镇江名人可信、可爱、可敬的光辉形象。在传播方式上，通过加大镇江名人事迹和精神的宣传力度，塑造镇江历史发展精神丰碑，努力让历史文化活在当下、服务当代，真正把历史名人的人文精神传承下去、传播开来，让广大市民特别是青少年从历史名人的事迹中，获得丰厚精神滋养。

本次实地调查历时一个月，我们奔走驻足，与30座名人墓进行了零距离接触，感触颇多。首先是"悲凉"，无论墓主生前何其显赫，最终的归宿都是黄土一捧。其次是"痛心"，大部分墓葬缺乏有效保护，现状堪忧，不忍卒看。最后是"期望"，希望政府部门担当作为，有识之士伸出援手，尽快使名人墓的面貌得到改善，成为文旅融合的重要资源。

参 考 文 献

[1] 镇江市文化广电和旅游局. 镇江市文物志 [M]. 镇江：江苏大学出版社，2019.

[2] 镇江市文化广电和旅游局. 镇江市文物志 [M]. 镇江：江苏大学出版社，2019.

[3] 镇江市历史文化名城研究会. 镇江历史文化大辞典 [M]. 镇江：江苏大学出版社，2013.

[4] 镇江市历史文化名城研究会. 镇江历史文化大辞典 [M]. 镇江：江苏大学出版社，2013.

[5] 镇江市历史文化名城研究会. 镇江历史文化大辞典 [M]. 镇江：江苏大学出版社，2013.

[6] 镇江市文化广电和旅游局. 镇江市文物志 [M]. 镇江：江苏大学出版社，2019.

[7] 镇江市文化广电和旅游局. 镇江市文物志 [M].

镇江：江苏大学出版社，2019.

[8] 镇江市历史文化名城研究会. 镇江历史文化大辞典 [M]. 镇江：江苏大学出版社，2013.

[9] 镇江市文化广电和旅游局. 镇江市文物志 [M]. 镇江：江苏大学出版社，2019.

[10] 镇江市文化广电和旅游局. 镇江市文物志 [M]. 镇江：江苏大学出版社，2019.

[11] 镇江市文化广电和旅游局. 镇江市文物志 [M]. 镇江：江苏大学出版社，2019.

[12] 镇江市文化广电和旅游局. 镇江市文物志 [M]. 镇江：江苏大学出版社，2019.

[13] 镇江市文化广电和旅游局. 镇江市文物志 [M]. 镇江：江苏大学出版社，2019.

[14] 镇江市文化广电和旅游局. 镇江市文物志 [M]. 镇江：江苏大学出版社，2019.

[15] 镇江市文化广电和旅游局. 镇江市文物志 [M]. 镇江：江苏大学出版社，2019.

[16] 镇江市历史文化名城研究会. 镇江历史文化大辞典 [M]. 镇江：江苏大学出版社，2013.

[17] 镇江市历史文化名城研究会. 镇江历史文化大辞典 [M]. 镇江：江苏大学出版社，2013.

[18] 镇江市历史文化名城研究会. 镇江历史文化大辞典 [M]. 镇江：江苏大学出版社，2013.

[19] 镇江市文化广电和旅游局. 镇江市文物志 [M]. 镇江：江苏大学出版社，2019.

[20] 镇江市文化广电和旅游局. 镇江市文物志 [M]. 镇江：江苏大学出版社，2019.

[21] 镇江市文化广电和旅游局. 镇江市文物志 [M]. 镇江：江苏大学出版社，2019.

[22] 镇江市文化广电和旅游局. 镇江市文物志 [M]. 镇江：江苏大学出版社，2019.

[23] 李福刚，刘悦. 淄博名人墓现状调查及保护路径探析 [J]. 山东理工大学学报（社会科学版），2019（9）：82-88.

[24] 李福刚，刘悦. 淄博名人墓现状调查及保护路径探析 [J]. 山东理工大学学报（社会科学版），2019（9）：82-88.

对彭祖之说的再认识

郁　明

徐州博物馆（徐州汉画像石艺术馆）

摘　要： 彭祖，是一位有史可稽、文献丰富的历史人物，长期以来被视为中华养生始祖。至今，国内外彭氏宗族仍然视彭祖为本姓之先祖。本文结合古籍文献，对彭祖之说略作探讨，以展见史籍中有关大彭国的记载真实可信。

关键词： 彭祖　八百岁　大彭国

关于彭祖，有人说纯系神话，不可信；也有人认为是传说中人物。近些年，在各种报刊、杂志以及网络上均可见到有关研究彭祖的文章，还有多部相关专著问世。本文在吸收前人研究的基础上，以古籍文献为基础，对彭祖之说的个别问题，谈一点自己的看法，不正之处，敬请方家指正。

一、关于"八百岁"

对于彭祖，《辞海》中的定义是："传说故事人物。"譬如，西王母、东王公、火神祝融、雷公雨师等都属于传说故事人物，但当下的研究者普遍认为，彭祖是确有其人的。如朱浩熙先生在《彭祖》一书中，就曾坚定地认为："实有其人，似有其事，史有其籍，世有其迹。"[1] 也有许多研究文章，在确信彭祖是人的同时，又相信他活了八百岁。如果用现代科学的眼光来看，人不可能活到八百岁。若我们相信此说，那无疑，又将彭祖推回到"传说故事人物"中了。也有一些研究者，试图用"小花甲计岁法"来折算彭祖的实际年龄，以使"八百岁"变得合理。

所谓"小花甲计岁法"就是以60天为一年。这样，有人就把彭祖的实际年龄算出了130多岁。计算的方法如下：

$$800（岁）\times 60（天）\div 365（天）\approx 131（岁）$$

表面看来，这样的折算是很有道理的，眼下过百岁的老人到处都有，既然彭祖是位长寿者，活上131岁也不足为奇。但是，这并不足以解决彭祖的实际寿命问题。因为，记载中的彭祖年龄从来就有多种不同的说法，并且是无法用"小花甲计岁法"来折算的。如《神仙传》中说："彭祖者，姓钱，名铿，帝颛顼之玄孙。至殷末世，年七百六十岁而不衰老。"[2] 又如《列仙传》中说："彭祖者，殷大夫也。姓籛，名铿，帝颛顼之孙陆终氏之中子，历夏至殷末八百余岁。"[3]

根据夏商周断代工程的研究成果，夏朝存续约470年，商朝约554年，加起来是1024

年。如果彭祖是从夏朝一直活到殷末，活了"八百余岁"的话，那么从夏朝到殷末的1024年是用太阳年来计算的，是不可能用"小花甲计岁法"来折算的。庄子说："彭祖得之，上及有虞，下及五伯。"[4]按照庄子的说法，彭祖是从唐尧时代，一直活到了春秋战国时期。这样，彭祖的实际年龄就远不止"八百岁"了，而应当是1590岁左右，也是无法用"小花甲计岁法"来折算的。所以，如果我们笃信所谓的"八百岁"，或者"上及有虞，下及五伯"等记载，就等于相信彭祖是神而不是人。从而可见，所谓彭祖活了"八百岁"，只是古人对彭祖长寿的一种概说，不可尽信其数字。

二、关于彭祖是"房中术"大师

许多研究文章称，彭祖是"房中术"的鼻祖，并指出有出土文献为据。这个出土文献，就是1973年在马王堆三号汉墓中出土的竹简《十问》，其中有王子巧（乔）父与彭祖关于养生的一段对话。王子乔父问："人气何是为精乎？"彭祖答曰："人气莫如朘精。朘气菀闭，百脉生疾；朘气不成，不能繁生，故寿尽在朘。朘之葆爱，兼予成佐，是故道者发明唾手循臂，摩腹从阴从阳。必先吐陈，乃吸朘气，与朘通息，与朘饮食，饮食完朘，如养赤子。赤子骄悍数起，慎勿。緢使则可以久交，可以远行，故能寿长。出入，以修美理，固薄内成，何病之有？彼生有殃，必其阴精漏泄，百脉菀废，喜怒不时，不明大道，生气去之。俗人芒性，乃恃巫医，行年七十，形必夭埋，容事自杀，亦伤悲哉。死生安在，彻士制之，实下闭精，气不漏泄。心制死生，孰为之败？慎守勿失，长生累世。累世安乐长寿，长寿生于蓄积。彼生之多，上察于天，下播于地，能者必神，故能形解。明大道者，其行陵云，上自群瑶，水流能远，龙登能高，疾不力倦，

□□□□□□□务成昭□□不死。务成昭以四时为辅，天地为经，务成昭与阴阳皆生。阴阳不死，务成昭与相视，有道之士亦如此。"[5]从彭祖的回答来看，似乎与房中之事有些关系，但这段话是否是彭祖说的？从《十问》的全文可知这段话是假托了彭祖之名的。《十问》中有"黄帝问于天师""黄帝问于大成""黄帝问于曹熬""黄帝问于容成""尧问于舜""帝盘庚问于耇老""禹问于师癸"等，总共十问、十答。试想，汉代人是怎么知道黄帝、天师、大成、曹熬、容成、尧、舜、禹等原话呢？假托之迹，十分明显。

晋代，葛洪在《抱朴子内篇·释滞》中称"房中之法十余家"，其中便有彭祖。在《微旨》篇中论房中术，则称"彭祖之法，最其要者"。在《遐览》篇中还著录《彭祖经》一卷，并在《极言》篇引用其文："按彭祖经云：其自帝喾佐尧，历夏至殷为大夫，殷王遣彩女从受房中之术，行之有效，欲杀彭祖，以绝其道，彭祖觉焉而逃去。去时年七八百余，非为死也。"[6]《隋书·经籍志》中，著录的房中术著作有十一部：《彭祖养性经》一卷；《玉房秘诀》十卷；《素女秘道经》一卷，并《素女经》；《素女方》一卷；《彭祖养性》一卷；《郯子说阴阳经》一卷；《玉房秘诀》八卷；《徐太山房内秘要》一卷；《新撰玉房秘诀》九卷；《序房内秘术》一卷[7]。以彭祖之名的两书开始出现。

从《隋书·经籍志》中著录的这份书单我们可以看出，《隋书·经籍志》中所列的"房中"著作与《汉书·艺文志》所著录的全然不同，著录的卷数也大为减少，说明《隋书·经籍志》中所列的"房中"著作，并不是从两汉时期的"房中"著作继承而来的，而是有人在新修新撰。在《新唐书·艺文志》中，也继续著录了《彭祖养性经》。其后，所谓彭祖善房中，便一直流传至今。"假托"也是显而易见的。

假托彭祖之名，以传道家之说，远不止在"房中术"这一个方面。我们只要对各种记载稍加梳理，便不难发现其中的规律。如孔子说，彭祖是"述而不作，信而好古"的人[8]。庄子说："彭祖得之，上及有虞，下及五伯。""吹呴呼吸，吐故纳新，熊经鸟申，为寿而已矣。此导引之士、养形之人，彭祖寿考者之所好也。"[9] 荀子说："扁善之度，以治气养生，则身后彭祖。"[10] 总的来看，在秦汉以前，有关彭祖的记载虽然说法不一，但彭祖的形象还是以人为主的。

汉以后，情况就有了很大的变化。《列仙传》中彭祖是"仙"。但此时的彭祖，还只是"常食桂芝，善导引行气。"在葛洪的《神仙传》中，彭祖服"云母粉""麋鹿角""盛赞金丹""擅长房中术"，并传授道术于采女、殷王等情节开始出现。"少好恬静……服水桂，云母粉，麋角散，常有少容。"

梁代陶弘景，在《养性延命录·服气疗病篇》中，对彭祖服气法又作了具体的描述。彭祖曰："常闭气纳息，从平旦至日中，乃跪坐，拭目，摩搦身体，舐唇咽唾，服气数十，乃起行言笑。其偶有疲倦不安，便导引闭气，以攻所患，必存其身、头、面、九窍、五脏、四肢，至于发端，皆令所在觉其气运行体中，起于鼻口，下达十指末，则澄和其神，不需针药灸刺。凡行气欲解病，随所在作念之。头痛念头，足痛念足，和气往攻之，从时至时，便自消矣。时气中冷，可闭气取汗，汗出辄周身则解矣。"[11] 到了宋朝，在张君房所著的《云笈七签》中，更是出现了大段大段的彭祖原话："彭祖曰：'人不知道，经服药损伤，血气不足，内理空疏，髓脑不实，内已先病，故为外物所犯，风寒酒色以发之耳。若本充实，岂有病乎？'"等等。可见，彭祖从一个信而好古、思想深邃、善导引行气、修身以致寿的人，一步一步地演变成了集"服药""授道"等术于一身的"神仙"。

由此，笔者认为对彭祖的研究，应当注意区分道家的假托，剔除某些荒诞不经的成分。大凡讲得越生动，越具体的，往往越不可能是彭祖的原话。如果轻信了这些假托，并对它进一步发展。那就很容易陷入，步道家之后尘继续神化彭祖的怪圈里去。

三、考古发现的启示

江苏省徐州市是传说中彭祖创建"大彭国"的地方。其旧址就在徐州市的西郊，铜山"大彭镇"。相传，尧帝年迈，体力日渐不支，彭祖就射猎了"雉鸟"，做成雉羹，献给尧帝。尧帝尝后，大加赞赏，遂封彭祖于东方彭地，彭祖在彭地建立大彭国，故称彭祖。《世本》说："彭祖者，彭城是也。"《水经注》说："彭城县，古彭祖国也。"许多研究者认为，这个彭城（大彭国）就在"大彭镇"一带。笔者曾前往大彭镇，在与当地老乡的攀谈中得知，他们在深翻土地时，曾挖到过一些灰陶片，形状各异，但因无人在意，便随手丢弃了。笔者有幸在一个废弃窑场的取土点，看到了这一地方的地层剖面。这里的地层，从表土到基岩共有五层，在表土层以下约一米处，便是厚达三米左右的细沙层。这个细沙层里的细沙，经晒干后便可随风飘扬，极有可能是历史上黄河流经此地所留下的。所以，"大彭国"的文化层已经很难在当地找到了。但是，1965 年 10 月，在徐州铜山丘湾发现的社祀遗址[12]，依然可以帮助我们了解这个传说中的"大彭国"很可能存在过。当年发现的祭祀遗址，中心矗立着四块天然巨石，周围分别埋有二十具人骨、两个人头骨和十二具狗骨。尸骸的头一律朝向中心巨石，俯身屈膝，双手呈反缚状。死者的头骨破碎，有些还在头骨或腕骨旁留有青石。发掘时发现，人骨和狗骨共分为两层：下层有三具人骨、一个人头、十具狗骨；上层有十七具人骨、一个人头、两具狗骨。

从遗址中出土的陶器碎片来看，遗址的下层接近商代早期（郑州二里岗，商代早期），上层则一直延续到商代的晚期（殷墟晚期）。经过鉴定，死者有六男四女，皆为中、青年。从出土的陶片判断，这是一处贯穿了整个商代的遗址。人和狗的被杀，都是以中心巨石为神祇而进行的祭祀。被用来祭祀的人，双手被反绑，以青石砸死，然后就地掩埋。尸骨的多层叠压表明，这种祭祀活动，进行了不止一次，很可能有多次。

我们知道，商王朝是一个十分迷信占卜、祭祀的王朝，各种祭祀名目繁多，卜辞中也有用奴隶和牲畜作牺牲的记载。丘湾社祀遗址的发现，说明该地区在商早期就深受商文化的强烈影响。《国语·郑语》中说："大彭，豕韦为商伯。"又说："彭姓，彭祖、豕韦、诸稽，则商灭之矣。"韦注："彭祖，大彭也。豕韦、诸稽，其后别封也。大彭、豕韦为商伯，其后失道，殷复兴而灭之。"[13]而这场商王灭大彭的战争，很可能确实发生过。在以往发现的甲骨文中，曾有这样一段卜辞："辛丑卜，亘贞，乎取彭。"[14]意思是说，在辛丑这一天，贞人亘问卜："可以取彭吗？""取"字，在甲骨文中写作以手取耳。古代战争中，常以割取敌人的耳朵来记数报功。所以，"取"字的本义为"获取"，又兼有杀敌和斩获的意思。"亘"，是武丁时期的一位"贞人"或称"卜人"，他的名字在武丁时期的甲骨文中曾反复出现。"贞人"也就是掌管占卜的史官。一般认为，"贞人"是具有较高文化和丰富知识的人，在祭祀和占卜时，可以代王言事，并能通过"卜辞"来转达上帝和鬼神的旨意。

武丁是商朝的第23位国王，在位59年。殷墟出土的甲骨文中，大量记载了武丁时期的对外战争情况，如伐土方、羌方、巴方、马方、虎方、鬼方等。随着战争的不断胜利，商王朝的势力急速扩张，达到了商朝的最高峰，史称"武丁中兴"。从以上这段卜辞来看，应当是，贞人"亘"，在为可否发兵取"彭"，代商王向上帝、鬼神发问。十分巧合的是，这段卜辞与《竹书纪年》记载的"（武丁）四十三年，王师灭大彭"[15]在时间上也是可以联系起来的。另外，司马迁在《史记·楚世家》中有"殷之末王师灭大彭。"的记载。甲骨文中有殷末征"尸方"的史实。所谓"尸方"，据郭沫若先生考证"乃合山东之岛夷与淮夷而言"[16]，殷末的征"尸"方，其方位恰好与大彭国所在地相合。可见，在商代"大彭国"很可能还存在着，武丁时期曾被征服，成为商王朝的方国之一，至商末被纣王所灭。而创建这个"大彭国"的，很可能就是彭祖。

彭祖在历史上是一位百科全书式的人物，是智慧的象征，其文化博大精深，对中国文化产生了深远的影响，烹饪术、导引术、房中术开启了朴素的中国生命科学之门，为后代留下了宝贵的遗产。通过彭祖文化的传承和发展，我们可以更好地理解中国传统文化的本源，这一文化传统的重要性在当今社会依然具有广泛的价值和永久的意义。

参 考 文 献

[1] 朱浩熙. 彭祖 [M]. 北京：作家出版社，1995.

[2] 葛洪. 神仙传：卷九 [M]. 北京：学苑出版社，1998.

[3] 刘向. 列仙传 [M]. 西安：三秦出版社，1999.

[4] 陈鼓应. 庄子今注今译 [M]. 北京：中华书局，1983.

[5] 马王堆汉墓帛书：肆 [M]. 北京：文物出版社，1985：3.

[6] 王明. 抱朴子内篇校释 [M]. 北京：中华书局，1980.

[7] 魏徵. 隋书 [M]. 北京：中华书局，1997.

[8] 孔丘. 论语 [M]. 贵阳：贵州人民出版社，

1993.

[9] 刘文典. 庄子补正 [M]. 昆明：云南人民出版社，1980.

[10] 孙安邦，马银华. 荀子 [M]. 太原：山西古籍出版社，2004.

[11] 陶弘景. 中华医籍经典注释：养性延命录 [M]. 赤峰：内蒙古科学技术出版社，2002.

[12] 南京博物院. 江苏铜山丘湾古遗址的发掘 [J]. 考古，1973（2）.

[13] 国语 [M]. 上海师范大学古籍整理研究所，校点. 上海：上海古籍出版社，1988.

[14] 郭沫若. 甲骨文合集：第三册 [M]. 北京：中华书局，1978.

[15] 方诗铭，王修龄. 古本竹书纪年辑证 [M]. 上海：上海古籍出版社，1981.

[16] 郭沫若. 卜辞通纂 [G]// 郭沫若全集·考古编：第二卷. 北京：科学出版社，1983.

博物馆学

博物馆藏品征集路径研究
——以徐州博物馆为例

仇文华

徐州博物馆（徐州汉画像石艺术馆）

摘　要： 藏品是博物馆科学研究、文化教育的核心，藏品征集工作是博物馆建设的重点。高质量的藏品是决定博物馆陈展水平、研究价值的关键。本文以徐州博物馆藏品征集工作为例，将"守正与创新"的征集理念与征集方向、征集途径、征集程序等全过程的融合进行了总结，尝试探索适合中小型博物馆的藏品征集体系，用文物讲好中国故事，将中华优秀传统文化的丰厚积淀转化为文化软实力、文化竞争力和文化影响力。

关键词： 藏品征集　理念　途径　程序

藏品是博物馆各项业务工作有机联系在一起的核心，扎实做好藏品征集工作，意义深远。藏品征集对于博物馆增加藏品数量和提高藏品质量至关重要。新中国成立以来，党和政府始终高度重视文化、文物工作。党的二十大报告中，习近平总书记多次提到文化，系统阐述了繁荣发展文化事业，推进文化自信自强，铸就社会主义文化新辉煌等一系列新思路、新战略、新举措，为文物工作指明了方向，提供了遵循，凝聚了力量[1]。近年来，各级各类博物馆也积极开展了藏品征集的具体实践。徐州博物馆的藏品征集工作将"守正与创新"的理念融合到了藏品征集的全过程。守正，即坚守藏品征集的初心，坚持规范征集符合本馆性质的藏品；创新，即打破传统的征集思路，更新征集的理念，为了明天收藏今天。本文以徐州博物馆藏品征集工作为例，尝试探索适合中小型博物馆的藏品征集体系，以期博物馆的发展能更好为社会服务，为人民服务。

一、坚定方向不动摇

博物馆是以教育、研究和欣赏为目的，收藏、保护并向公众展示人类活动和自然环境的见证物，经登记管理机关依法登记的非营利组织[2]。博物馆藏品系博物馆收藏品的总称，它具有特殊的含义，不是任何实物都能成为博物馆藏品的，而只有那些能够反映人类和人类环境的具有历史、艺术、科学价值的实物才能成为博物馆藏品[3]。传统理念上，博物馆藏品征集就是将那些散布民间和埋藏地下的文物搜集到博物馆，搜集的对象是文物，搜集的任务是发现并获得文物[4]。随着社会经济、文化发展水平的不断提高，藏品征集的理念、思路呈现了多样化，博物馆对藏品的重视程度也越来越高，藏品的征集工作具有了很强的科学性。一般而言，博物馆会根据质地、用途等标准将藏品分为不同类别，要想建立完善的藏品体系，需要对各类藏品的划分标准、时代特征等内容进行系统的研究和整理，梳理本馆藏品体系的薄弱环节，有针对性、有重点的开展工作。

要确定藏品征集的方向，就要先根据博物馆的性质和特点确定藏品征集的范围。一般来讲，藏品征集的范围主要包括具有历史、艺术、科学价值的文物藏品；与重大历史事件、革命运动或者著名人物有关的实物资料；体现各时代特征的珍贵艺术品；体现地方特色的民俗文物；体现科学技术进步或当代重大事件的见证物；各时代的文献、图书、手稿等资料；填补馆藏品中属于薄弱空白的、配套展览的缺项文物；反映和记录历史事件的文字、影像等非实物资料。具体而言，地方综合类博物馆应搜集各类出土的和社会流散的历史文物及古文献资料；专题类博物馆应搜集符合本馆特点，适合本馆需要的各实物资料；革命史类博物馆应搜集近现代特别是鸦片战争以来各个革命时期的文物和文献资料，纪念类博物馆应搜集有关历史事件和历史人物及与纪念性遗址、遗迹有关的文物和文献资料[5]。

文物资料浩如烟海，藏品征集体系的构建不是一蹴而就的，而是一项需要文博工作者长期积累沉淀的工作。徐州是历史文化名城，是汉高祖刘邦的故乡。两汉四百余年的历史变革，先后 20 余位诸侯王分封徐州，留有丰富的历史文化遗存，经过发掘的汉代墓葬就有3000 余座。徐州博物馆是徐州市发掘、保护、陈列、收藏和研究历史文物的综合性博物馆，也是集国家级、省级、市级文物保护单位及文物展览于一体，以汉文化为鲜明特点的考古遗址和博物馆展示区。馆内珍藏陶瓷器、陶俑、玉石器、金银器、铜铁器、玺印、书画、杂项

等数十门类文物藏品。丰富的藏品构建了相对完整的藏品体系，特色鲜明的汉代文物凸显了徐州独特的历史文化底蕴。有些精美文物不仅代表本地区的艺术水准，甚至达到了国内的最高水平。虽然拥有绚烂的两汉文化，但徐州博物馆担负着全面展示徐州历史文化的重要使命，因此征集涵盖各个时期可以反映徐州历史文化的各类实物就是徐州博物馆要坚守的征集初心。在徐州博物馆藏品体系的构建过程中，文物工作者以徐州汉墓出土文物为基础，对现有文物进行了藏品年代、质地、类别等多层面的统计分析，结合徐州历史文化特点，找到了藏品体系构建的空白环节，确定了征集的范围和方向：征集具有历史、艺术和科学价值的社会流散文物；具有历史、艺术和科学价值的石刻、雕塑、壁画及古建筑构件等；各历史时期具有历史、艺术价值的珍贵艺术品、工艺美术品，尤其是与本地域相关的艺术家作品；具有历史、艺术、科学价值的手稿与图书、影像、文献资料等；与本地区相关的重大历史事件、革命运动或者著名人物的实物及文献、影像资料，以及具有重要纪念意义、教育意义或者史料价值的近代现代重要实物；反映各时代、各民族社会制度、社会生产、社会生活的代表性实物，某种具有鲜明特点的文化传承或技艺的重要具化物、固化物或音视频资料；当代具有特殊意义的代表性物品、能反映和代表当代徐州经济、社会、文化等各方面发展与历程的重要见证物[6]。

二、创新思路找突破

在长期的实践中，我国博物馆藏品搜集途径逐渐形成了社会搜集、民族学调查搜集、考古发掘和自然标本采集四种主要途径，其中社会搜集又包括专题征集、收购、接受捐赠、调拨、馆际交换、接收移交（拨交）等六种具体

方式[7]。各种征集途径中，考古发掘文物一直是博物馆藏品构成的主要来源。然而以往几乎全部划拨到博物馆库房的发掘文物，近年来开始了不同程度的分流。各地考古研究所纷纷单独挂牌，并建立自己的藏品陈列场所，不再将发掘品无条件地移交给博物馆。另外，非国有博物馆的迅速成长，图书馆、档案馆、艺术馆藏品收藏职能的拓展，也给博物馆藏品征集带来了新的挑战，所以博物馆藏品征集的视野还需要继续拓展。

美国历史博物馆藏品征集的敏锐性和大英博物馆超越时间概念的征集理念值得面临征集困难的博物馆借鉴。2021年1月6日，美国华盛顿发生暴民冲闯国会大厦事件，对美政治制度予以巨大冲击。为记载这一重要事件，1月7日，美国历史博物馆即到国会大厦附近，收集与此次集会游行及暴力冲突有关的旗帜、标语、标志、招贴画等物品，并着手归类建档，可谓藏品征集的时间敏锐性极强。另外，据统计目前全球约有5亿人口得不到电网供电，针对用电情况大英博物馆征集收藏了一盏在中国广州制造的毫不起眼的太阳能灯，用它来纪念创新、简单、实用、环保、新能源等众多概念。

在征集理念创新方面徐州博物馆积极吸收国内外博物馆的先进经验，树立"为明天而收藏今天"的理念。2020年初新冠疫情席卷全球，2月21日徐州博物馆迅速发出征集抗击新冠疫情相关见证物的公告，突破物质与非物质的界限，专题征集相关代表性见证物。徐州博物馆根据防疫、抗疫专题，有目的有计划地进行物件的征集工作，征集到徐州市机关事务管理局疫情防控党员先锋志愿服务队联合签名的旗帜、徐州矿务集团总医院医护人员的驰援武汉时穿的T恤衫，徐州市云龙区东方社区党员先锋服务队的袖箍等藏品。

值得注意的是，徐州博物馆灵活运用资源优势，深入挖掘身边的藏品信息。这种征集方

式具有目标明确、内容具体、工作主动、力量集中等特点，因而常常能够较快地取得需要的藏品，效果明显。徐州博物馆工作人员在梳理革命文物藏品中发现，馆藏的革命文物能够反映早期共产党人革命斗争史的藏品寥寥无几，而徐州博物馆离休干部钱树岩先生正是一位传奇的革命老人。1922年出生的钱树岩先生如今已逾百岁，他1944年6月参加革命工作，1945年12月在国民党黑暗统治下，于监狱中加入中国共产党，又在1947年敌强我弱的形势下，打入国民党徐州绥靖公署军务处，是中华人民共和国成立前潜伏在国民党的中共地下工作者。徐州博物馆为了充分挖掘钱树岩同志的革命事迹精神，专门筹划了"书写初心——钱树岩革命事迹暨百岁书法展"，以革命实物和钱老书法弘扬革命精神，传承红色基因。此次活动中钱树岩先生将自己在监狱中为难友理发的推子、从事文秘工作使用的刻字钢板、日常使用的书法工具、与他人的通信等数件日用品和10件书法作品捐赠给了徐州博物馆。

三、规范程序固根本

藏品征集质量的提高需要科学化、规范化的制度管理。完善的文物征集程序既是博物馆高质量发展的重要抓手，对于现代博物馆征集体系的建立也具有重要意义。规范的藏品征集工作，要在信息收集、真伪鉴定、价值评估、入藏和建档等各个方面有章可循、有序实施，确保征集的藏品无误、资金的使用无误。文物包含和承载着各种社会历史文化信息，对文物征集信息的记载是征集程序的重要环节，诸如历史背景、流传经过等都需收录其中。征集人员务必严格做好原始记录，完整保存好文物的征集调查记录，确保记录的真实、可靠、完整、准确。只有做到藏品征集手续完备、信息记录完整，才能按既定方案征集到符合入藏标

准的藏品，才能集中和节省有限的文物征集经费，才能防止和杜绝在文物藏品征集工作中可能发生的漏洞以及今后的权属纠纷。

徐州博物馆早期已制定《徐州博物馆藏品征集制度》《徐州博物馆藏品征集工作管理办法》《徐州博物馆藏品征集工作流程》等相关制度，2018 年又对其进行了大幅修订和完善。一是博物馆成立了专门的文物征集委员会，委员会在每年年底制定次年的征集计划，确定征集方向与意向，预防漫无目的的征集和防止在征集过程中出现与馆藏藏品重复的现象。二是在获得征集信息后由委员会进行充分讨论，确为本馆所需者，由文物征集部门提出书面申请，写清征集理由，并在博物馆网站上公布，然后进入专家委员鉴定、评估程序。三是具体评估程序的操作。先由本馆专家组进行初审，初审包括文物的现状、真伪、合法来源证明、价格等。单件价格在五万人民币以下，由征集委员会馆内专家讨论，确保拟征的文物藏品一定是真品，而且有收藏价值。形成的专家书面意见，提交馆长办公会审批后实施。单件价格在五万以上，由联合专家组进行复审，保证文物征集符合有关政策文件的一切规定。全票通过后形成专家组书面意见，提交馆长办公会审核批准后，委派专人负责征集、入藏事务。值得注意的是，在藏品征集的过程中需要及时向文物主管部门汇报相关进度并保持和财政部门有效沟通，一方面保障征集经费的充足，另一方面征集经费的使用与管理也接受财政部门的监督和审计部门的检查、审计。

四、结　语

有序的藏品征集能让人类文明的碎片不断

聚集，能让更多的人类记忆得以保留。藏品征集是博物馆工作的基础，也是博物馆的重要职责。藏品体现着博物馆的本质特性，也体现着博物馆在新时代的价值和意义。徐州博物馆坚持了藏品征集的总方向，在征集理念、征集途径、征集程序等方面寻找了一些突破点，积极探索构建相对完整的藏品体系。我国博物馆事业蓬勃发展，大批高质量博物馆正在崛起，对于中小型博物馆来说，藏品征集的困难仍然存在。这需要博物馆悉心谋划征集方案，精心寻找征集线索，耐心梳理征集程序；需要广大文博工作者立足当代，着眼未来。如此才能征集到适合地方博物馆发展的藏品，办出老百姓喜欢的陈列展览，更好地发挥博物馆促进社会发展的功能和作用。

参 考 文 献

[1] 高举中国特色社会主义伟大旗帜　为全面建设社会主义现代化国家而团结奋斗：习近平同志代表第十九届中央委员会向大会作的报告摘登 [N]. 人民日报，2022-10-17（2）.

[2] 博物馆条例 [J]. 中华人民共和国国务院公报，2015（7）：15-19.

[3] 中国大百科全书总编辑委员会《文物·博物馆》编辑委员会，中国大百科全书出版社编辑部. 中国大百科全书：文物·博物馆 [G]. 北京：中国大百科全书出版社，1993：21.

[4] 文化部文物局. 中国博物馆学概论 [M]. 北京：文物出版社，1985：55.

[5] 吕军. 博物馆藏品学管理 [M]. 北京：科学出版社，2020：79.

[6] 徐州博物馆. 徐州博物馆藏品征集制度 [A/OL].（2018-1-29）[2024-04-08]. https://www.xzmuseum.com/mobile/news_show.aspx?id=19341.

[7] 吕军. 藏品管理学 [M]. 长春：吉林大学出版社，1996：65-72.

博物馆开展爱国主义教育的路径分析
——以无锡博物院为例

金 茜

无锡博物院

摘 要：开展爱国主义教育是兼具历史责任与时代使命的重要课题。博物馆作为构建集体记忆和文化认同、传承国家历史与文化基因的重要场所，要充分发挥基层大学堂的阵地优势、资源优势、人才优势，以展教一体化的形式推广爱国主义宣教活动，以馆校联盟共建爱国主义教育基地，自觉肩负起、组织好、开展好爱国主义教育的时代使命，为实现中华民族伟大复兴的中国梦凝聚力量。

关键词：博物馆 爱国主义教育 无锡博物院

爱国主义是中华民族精神的根和魂，强调的是对国家的积极立场和支持态度，体现强烈的民族自尊心和自信心[1]，通俗地讲，就是想让国家变得更好。1919年，以爱国主义为核心的五四运动唤醒了全体人民，使中国走向民族独立；今天，站在"两个一百年"的历史交汇点，中国比历史上任何时期都更加接近、更有信心和能力实现中华民族伟大复兴的目标。博物馆是构建集体记忆和文化认同、传承国家历史与文化基因的重要场所，开展爱国主义教育是兼具历史责任与时代使命的重要课题。在实现中华民族伟大复兴的新征程上，将爱国之心作为判断是非、决定行动的指南，以爱国热忱激发干事创业的动力，博物馆组织好、开展好爱国主义教育，适逢其时。

一、博物馆开展爱国主义教育的历史必然和现实需求

爱国主义是中华民族的精神基因，是增强民族认同、提高文化自信的情感基础和力量源泉。五千多年来，中华民族能够始终生生不息、薪火相传，同深厚持久的爱国主义传统密不可分。爱国主义是动态的历史范畴，可追溯至国家形成前的氏族联盟，脱胎于氏族组织的早期宗法封建制国家具有家国同构、家国一体的特征，保其家邦是爱国主义起源时期的价值表达[2]。秦汉之后，大一统的中央集权制国家建立起来，爱国主义在"儒家意识形态与社会政治组织一体化"的基础上，集中表现为天下

为公的理想、家国一体的取向及忠君爱国的实践[3]。近代以来，抵御外侮、救亡图存、维护主权是爱国主义的主题，无数仁人志士上下求索、呼请实践。在长期的革命、建设和改革实践中，党的历代领导集体结合中国具体国情继承发展了马克思主义爱国思想，形成了独具中国特色的无产阶级爱国主义精神[4]。进入新时代，爱国主义是坚持爱国和爱党、爱社会高度统一，实现中华民族伟大复兴的中国梦是当代爱国主义最鲜明的主题。历史深刻表明，爱国主义自古以来就流淌在中华民族血脉之中，是中华人民和中华民族维护民族独立和民族尊严的强大精神动力，只要高举爱国主义的伟大旗帜，中国人民和中华民族就能在改造中国、改造世界的拼搏中迸发出排山倒海的历史伟力[5]。

爱国主义教育是巩固意识形态阵地的重要保障。爱国是做人的底线，但需知爱国情感并不是天然生成的，后天的熏陶和培养至关重要。故而，爱国主义教育的关键对象是处在"拔节孕穗期"的青少年群体。不可否认，全球化进程为我国发展带来巨大机遇，但客观上也对国家安全观、文化观、意识形态造成一定冲击。包裹着鲜亮外衣的西方话语体系和价值观念，敌对势力的寻衅滋事和恶意诋毁，部分媒体的混淆视听和错误思潮，都容易使价值观念、理想信念可塑性很强的青少年群体产生价值迷失问题。如不及时制止并加以引导，不但会形成爱国主义教育断层，导致青少年群体出现国家意识下滑、民族精神缺失，更甚者可能动摇中华文化根基，给国家安全带来严重威胁。博物馆是意识形态的前沿阵地，必须牢牢把握意识形态工作的话语权，以爱国主义教育引导公众自觉抵制不良思想入侵，防范外来文化渗透，自觉增强社会归属感、民族认同感、家国荣誉感。

博物馆是开展爱国主义教育的基层大学堂，爱国主义教育是博物馆社会教育的题中应

有之义。早前大多数博物馆的爱国主义教育是以革命文物、文献、图片等筹办展览向观众进行宣教。现如今，爱国主义教育融合了国防、医卫、科研、体育等各领域实现了教育内容的多元化；数字科技、动画制作、VR展示、3D技术等实现了教育展示的多元化；微博、微信、抖音、快手等新媒体实现了教育载体的多元化；云展览、小剧场、视频、故事会、舞剧、电影等实现了教育形式的多元化。所谓博物洽闻、通达古今，博物馆要用好历史这本教科书，以展教一体化的形式活化推广爱国主义宣教活动，优化资源整合，以多元链接打造深入人心的爱国主义教育课堂，让观众在参观体验中见人、见事、见精神，进而把对国家和民族的热爱逐渐演化为一种内生的、感性的、自然的力量。

二、无锡博物院开展爱国主义教育的多元路径

无锡博物院作为江苏省爱国主义教育基地，近年来，充分发挥阵地优势、资源优势、人才优势，整合资源、提炼主题、优化内容，以陈列展览、社教活动、融媒体宣传，构建起主题突出、导向鲜明、内涵丰富的爱国主义教育课堂，多维度、多路径开展爱国主义教育。

（一）举办红色展览，厚植爱国情怀

以常设展览"肩负民族复兴希望的无锡人""血与火的城市记忆——无锡革命简史"为主阵地，向社会免费开放，推动群众性爱国主义教育常态常新长效。展览以见证物、影像、雕塑、油画，表现近代以来无锡人民在重要历史时期做出的英勇斗争和辉煌业绩，进而引导观众构建起对无锡的地方认同。注重挖掘重大时节、引导时政热点，适时举办临展特展，如"迎接黎明——庆祝无锡解放70周年

图1 无锡博物院"深空深海重大科技成果展"展示
"嫦娥五号"返回舱及主降落伞

图2 无锡博物院"深空深海重大科技成果展"展示
"月球样品"

主题展""展红色书信 传革命精神——无锡博物院庆祝中国共产党成立100周年特展",承办"深空深海重大科技成果展"(图1~图3)、"只要跟党走 一定能胜利——庆祝中国共产党成立100周年新四军革命文物专题展"等。以丰富的教育内容,让人民群众深刻认识到国家和民族从何处来、向何处去,坚决反对历史虚无主义。

(二)开展红色活动,丰富教育内容

以红色活动为载体,推动青少年爱国主义教育有声有色有效。制作红色流动展览进校园,开展红色研学旅行及"忆光辉岁月 铸百年荣光""赓续红色血脉 培养时代新人"等红色主题教育活动,设计"红色主题绘本制作""摸着石头过河"等趣味游戏闯关主题活动,培养红领巾讲解员,征集童声红色小故事,举办"馆校联盟 同'塑'未来"建党百年文艺汇演等一系列活动。以红色润童心,在

图3 观众参观"深空深海重大科技成果展"现场

广大青少年心中种下爱国的种子,促进情感认同、习惯养成、行为自觉,让红色薪火代代相传。

(三)创排红色剧场,创新教育形式

依托院藏红色书信,组织员工创排"百年飞鸿见初心:红色书信小剧场"。创新"党史+舞台"形式,融合情景剧《手足情深》、配乐朗诵《战壕里的琴声》、锡剧《自古忠孝两难

全》等多种艺术表现形式，真实还原红色家书的历史风貌。舞台上的激情演绎不仅能近距离触动台下的每位观众，鲜活生动的学习模式还有助于提高教育质效，将红色文化的独特价值与精神内涵更好地传承下去。

（四）深挖馆藏资源，拓宽教育深度

为建党百年献礼，在院藏红色书信中遴选出 100 通集结汇编，出版《百年飞鸿见初心：无锡博物院藏红色书信选编》，盘活馆藏革命文物资源；举办"庆祝中国共产党成立 100 周年红色书信学术研讨会"，总结、完善研讨成果；举办"百年征程的无锡印记"讲座，进一步推动无锡地方革命史的研究。

（五）传播红色声音，拓展教育广度

为回顾百年奋斗，重拾峥嵘岁月，精心遴选出 15 封红色书信，特邀知名专家学者、行业精英、优秀学生代表录制朗读，联合无锡广电新闻中心制作推出 15 期《重温红色书信 牢记初心使命》专栏节目，打造云端上的"红色声音"，定期在电视台、广播电台、微信、微博上展播。充分运用新媒体"云"输出，将爱国主义教育从线下延伸至线上，让红色文化传播得更远。

三、优化新时代爱国主义教育的着力点

开展好爱国主义教育是新时代博物馆的重大使命。但爱国主义教育的内容陈旧、流于形式、节点教育等现实困境仍然普遍存在。接下来，笔者想就博物馆进一步优化新时代爱国主义教育谈几点思考。

（一）在新的历史方位中全面把握爱国主义精神的新内涵

爱国主义精神在时代发展进程中不断延续升华，爱国主义精神谱系在历史进步和人民实践中不断充盈丰富。1994 年我国正式启动北斗卫星导航系统工程，2000 年完成北斗一号建设，2012 年完成北斗二号建设，2020 年北斗三号全球卫星导航系统全面建成并开通服务，我国成为世界上第三个独立拥有全球卫星导航系统的国家。26 年间，参与北斗系统建设的全体人员培育了新时代北斗精神，使我国卫星导航领域不再受制于人。2020 年初，一场新冠肺炎疫情防控阻击战全面打响，举国上下、团结联动，在同世纪疫情的殊死较量中，我国彰显大国担当，铸就了伟大抗疫精神，向世界提供了中国经验、中国智慧。2022 年中国为世界呈现了一场无与伦比的奥运盛会，让世界看到一个更加从容自信的中国，在申办、筹办、举办冬奥会的 7 年间，广大参与者克服种种难题，共同创造了北京冬奥精神。上述这些孕育于新时代新实践的爱国主义精神，既是对以往爱国主义精神的继承与发展，又进一步丰富了内涵，体现出时代特征和发展要求。

博物馆开展爱国主义教育要融古贯今、与时俱进，把握好新时代爱国主义的新内涵。以策划展览为例，一方面，要注重加强红色基本陈列的提升改造。根据时代变化、观众需求、大众审美进行充实调整，不断提高展览的语言表达、技术手段、情景再现、艺术水准等，将文物史料与展览内容融合印证，讲清历史事件的关联性，突出文物展品的故事性，强调红色精神的时代性，实现史诗般的表达、艺术性的陈述和创新性的体验。另一方面，要注重结合时政热点策划临展。爱国主义是一个历史范畴，因而在策划爱国主义展览的题材选择和话语表达上，既要讲好革命传统教育，更应体现时代特色，不能让人产生"爱国主义只是革命年代的产物，距离新时代环境下的现实生活很遥远"的误解。譬如围绕科技创新，弘扬自主创新精神，福建福州举办"航天放飞中国

图4 "中国经验、全球分享",疫情之下中国为构建人类卫生健康共同体所做的努力
采自VR"人民至上 生命至上"抗击新冠肺炎疫情专题展览

梦"航天科普展暨中国航天成就展、中国国家博物馆举办"协同创新 自立自强——'两弹一星'精神展"、无锡博物院举办"深空深海重大科技成果展"等;围绕抗疫防控,弘扬伟大抗疫精神,湖北武汉举办"人民至上 生命至上"抗击新冠肺炎疫情专题展览(图4)、四川博物院举办"战疫——四川抗击新冠肺炎疫情专题展"等。博物馆开展爱国主义教育不可偏废,不仅要讲清历史,更要立足时代、面向未来。

(二)以价值引导和问题意识破解爱国主义教育难点

爱国主义教育不是"七一"、国庆、国家公祭日的节点日教育,而是长期性、常态化的教育,重要节日和纪念日只是进一步放大了爱国主义教育功能。博物馆是爱国主义教育的主体,必须注重价值引导,明确开展教育的本质、目的和意义,并在教育方法和侧重点上体现出不同受众群体的差异性,最终达成爱国主义教育的情感内化和实践外化。对广大群众要突出思想价值引领,以事说理、知其所来、明其将往,以大历史观还原历史真相,展现民族精神、激发情感共鸣和价值共识;对党员干部要突出理想信念教育,阐明历史和人民的必然选择,更好激发干事创业、积极作为的责任担当;对青少年群体要突出爱国情感养成,既有生动具体的理论灌输,又有红色主题的沉浸体验,在听故事、看电影、做游戏中加强启发引导,促进情感认同、习惯养成、行为自觉。

爱国主义教育不是宣誓、参观、打卡红色景点的形式主义,而是教育的仪式感,参观展览、祭扫英烈,只是开展爱国主义教育的形式而已。如果爱国主义教育随着形式结束而结束,思考价值、问题意识没有在参观后得到升华,不能激发思考、交流和思想碰撞,参观学习者的主体地位得不到彰显[6],长此以往爱国主义教育将形同虚设、难有收效。博物馆要注重激发受教育者的问题意识,在爱国主义教育开展过程中将"什么是爱国主义?""为什么要爱国?""我国爱国主义传统有哪些?"等问题抛出,并启发人们思考,究竟怎样去爱国?如何在新时代弘扬和传承爱国主义?这样才能使爱国主义教育达到触动心灵、震撼思想的效果。

(三)以馆校联盟共建爱国主义教育基地

学校和博物馆都是开展爱国主义教育的重要场所,馆校共建应发挥出"1+1>2"的效果。目前,无锡博物院与江南艺术幼儿园、江苏省无锡师范附属小学、无锡市新吴区南丰小学、江南大学、无锡城市职业技术学院、无锡旅游商贸高等职业技术学校等全市多家大中小学校探索开展馆校合作教学，以研学旅行、直播课程、小视频制作等多形式开展，把校内课堂与博物馆现场实践教学相结合，将一系列展览、讲座、体验课程送进校园，使博物馆丰富优质的历史文化资源与学校教学结合而相得益彰。博物馆要利用好文物资源优势，在课程研发、资源共享、研学实践上作出更多尝试。譬如，无锡博物院可以将院藏红色书信的研究成果送进学校，让学生品读、感悟红色书信；还可以将创排的红色剧本引入学校，让师生一起参与情景演出；甚至可以指导学生围绕书信自行编排短剧演绎，让爱国主义教育更加直观和丰富，更具感染力和说服力。与江南大学国际教育学院合作研发更为全面的传统文化主题感知课程，从中华优秀传统文化的内涵出发，讲好中国的历史文化积淀和价值观念，培养来华留学生理解中国思想、欣赏中国文化的情感，引发他们对中国文化深层次内涵的思考，成为知华、亲华、爱华的国际友人。

馆校共建实质上又是一个教学相长的过程。博物馆要建立完善活动效果评估机制，注意跟踪收集课程结束后师生的评价反馈，包括征文、心得、留言、建议等，定期开展能效评价，整体衡量教育成效，形成完整的教育闭环。如果达到预期的教育效果，那么要在总结做法、提炼经验的基础上进一步加强推广普及；如果没有达到，则要反思不足、查找原因，进一步优化课程设计，以此促进文物资源的生产供给与学校教育相适应。

（四）以人类命运共同体的时代视域推动爱国主义教育创新发展

新时代的爱国主义教育具有植根本土、面向全球的双重使命，即不仅肩负着凝聚中华民族伟大复兴力量的历史任务，也承担着对外彰显社会主义制度优越性、为广大发展中国家提供域外经验的重要使命[7]。构建人类命运共同体是中国应对国际秩序变革和全球化挑战的全新理念，同时也是新时代背景下爱国主义内涵的全新增量，使爱国主义的主题更加鲜明、定位更加科学。在抗击新冠疫情期间，中国秉持着人类命运共同体理念，与世界各国分享疫情防控经验、提供医疗物资援助、派遣医疗专家组远赴海外。新时代爱国主义与人类命运共同体的统一是爱国情感与世界情怀的兼收并蓄，倡导的是自尊自信、立足中国，而不是故步自封、更不是"中心主义"[8]。爱国主义要突破个体、地域、民族、国家的狭隘性和局限性，深入拓展到全球治理的大时代背景中，展现大国的责任与担当，使之成为更具生命力、影响力与时代张力的爱国主义。

开放包容是中华文明的根脉和底色，也是全球视域下爱国主义教育必须具备的价值视角和伦理判断。从"南海仲裁案"到"抵制新疆棉花"事件，一些非理性的爱国行为依然存在。有人盲目排外，打砸日货、仇视使用外货的国人；有人过分偏激，以舆论引战，将公共讨论酿成网络骂战；有人盲目乐观，拒绝正视国家发展中的不足。这不仅将群众的爱国情怀转变为破坏社会秩序的不法行为，更甚者会沦为敌对势力消解爱国主义的宣传工具，彻底背离爱国的初衷。博物馆要努力构建开放包容、互鉴互赏的爱国主义价值体系，宣传理性爱国、开放爱国、文明爱国，引导人们认识到致力于全球性问题的解决、谋求人类共同利益是全新意义上爱国主义的表现和关切[9]，特别注意与狭隘的民族主义区别开来，警惕和防止爱国主义走向极端。

四、结　语

爱国主义教育是全民教育，也是长期工作。新时代的博物馆要自觉肩负起时代使命和社会责任，充分利用馆藏、整合多方资源，打造深入人心的爱国主义教育课堂。注重与时代性、实践性的有机结合，讲清新时代爱国主义的新内涵；加强价值引导和问题意识，提高爱国主义教育实效；强化馆校联盟，合作共建爱国主义教育基地；彰显大国担当，着眼人类共同价值，避免狭隘极端的爱国主义倾向，呼吁理性爱国、开放爱国、文明爱国，让爱国主义更具时代张力和影响力。

参 考 文 献

[1] 蓝汉林，符灏. 新时代爱国主义教育的路径创新 [J]. 人民论坛，2021（23）：108.

[2] 石娜. 论新时代爱国主义精神 [J]. 贵州省党校学报，2021（1）：50.

[3] 陈蒙，雷振扬. 中华民族共同体意识的价值观基础探析 [J]. 西南民族大学学报（人文社会科学版），2021（2）：11.

[4] 石娜. 论新时代爱国主义精神 [J]. 贵州省党校学报，2021（1）：50.

[5] 习近平. 在纪念五四运动 100 周年大会上的讲话 [N]. 人民日报，2019-05-01（2）.

[6] 王禾. 新时代爱国主义教育实践的创新路径探析 [J]. 黑龙江生态工程职业学院学报，2021（2）：109.

[7] 吴桐，金昕. 人类命运共同体与爱国主义教育的创新发展 [J]. 思想政治教育研究，2019（4）：36.

[8] 林玲钰，蔡晓良. 论新时代爱国主义与人类命运共同体的统一 [J]. 福建商学院学报，2021（2）：94.

[9] 吴桐，金昕. 人类命运共同体与爱国主义教育的创新发展 [J]. 思想政治教育研究，2019（4）：38-39.

一次"复活"考古简报的尝试
——以《徐州考古资料集成：1953—1985》为例

李永乐　陈　钊

徐州博物馆（徐州汉画像石艺术馆）

摘　要： 20 世纪 50 年代徐州考古工作拉开序幕，大量遗址、墓葬被发现，为综合研究徐州社会物质、精神文化提供了丰富翔实的资料。《徐州考古资料集成：1953—1985》一书立足于已发表的考古报告、调查和发掘简报，对考古资料进行了辑佚、校勘和增补等方面的尝试，将三十余载已发表考古资料汇编成册，以期为徐州考古研究和成果应用提供一定帮助。

关键词： 徐州　考古　资料　辑佚　校勘

2018 年 12 月《徐州考古资料集成：1953—1985》（以下简称本书）[1]由江苏凤凰美术出版社出版，纵观全国文博界，考古资料集成类书籍出版数量相对较少，而此书在考古资料集成类书籍中有着差异化的特质，明显具有探索性的倾向，下文将此中的探索与思考介绍如下。

一、缘　起

文博行业反馈于公众最主要的方式就是新材料的发布以及新见解的发布，其中大量学术研究的基础均需参考考古调查、考古发掘报告和简报等，但这些资料不仅时间跨度大，在空间上也非常分散，而这类学术出版物由于造价高、受众小，印量不会太大，且基本不重印，所以存世量非常有限。有些资料需要反复参考，所以借阅时间较长，就会影响到其他研究者使用。由于时代的局限性，大批早期考古调查、清理和发掘资料认知水准较低，相对简单粗糙，提取信息的手段单一，加之出版之时的技术限制，提供的信息量不够，装帧、印刷等方面亦有较大缺憾，故"复活"这些考古简报于一册之中，可方便大家相对即时的阅读。

因为徐州地区早期遗址、墓葬的发掘单位不一，由多家单位介入，在文中列出的发掘单位有中国科学院考古研究所、中国科学院古脊椎动物与古人类研究所、上海纺织科学院研究文物整理组、厦门大学历史系、山东古代文物管理委员会、江苏省文物管理委员会、苏北文管会、南京博物院、南京博物院新沂工作组、江苏省文物工作队、江苏省植物研究所、徐州市文化处、徐州市博物馆、徐州博物馆、铜山县文化科、铜山县文化馆、沛县科委、沛县文化馆、邳县文化馆、邳县文教局、新沂县文教局、新沂县图书馆、睢宁县文化馆等，一些文物不在徐州（这在早期的省辖市级的考古工作中具有普遍性），早期遗址、墓葬的保存状况普遍堪忧，所以本书本着量力而行的原则，主体为对简报的重新出版。

二、尝　试

在本书的编写过程中，笔者尝试着做了以下工作。

（一）辑佚

徐州地区早期遗址、墓葬等的考古工作成果散见于《考古学报》《考古》《考古通讯》《考古学集刊》《文物》《文物参考资料》《农业考古》《东南文化》《文博通讯》等多家刊物，通过多方搜求本书范围内的文章，线上线下同步进行，然后在扫描的 JPG 格式和下载的 PDF、CAJ 之间择其善者以作底本。

开本和厚度参考了孙机先生的《汉代物质文化资料图说》[2]，初步议定在 600 面左右，在将已收集资料反复权衡字数及图版数量后，本书框定为"收录 1953 年至 1985 年间在学术期刊公开发表的徐州地区的考古发掘简报"，计简报 59 篇，28.3 万余字，彩版 2 幅、图版拓片 402 幅、线图摹写 237 幅。根据多位专家"系列化"的建议，下一本将从 1985 年始，收集至大致相当厚度而止，以此类推。

（二）字符识别

目前在"中国知网"等平台可以提供大多数考古简报的 PDF、CAJ 等格式文件，以影印的方式"复活"考古简报是最具权威性且最简单的做法，如《南京考古资料汇编》[3]，但是早期考古简报固有的缺陷无法得到任何改善。

用字符的方式录入考古简报的文字，则可以没有模糊不清的困扰，也可以转成 Word 等通用格式，还可以在其他平面印刷品中直接使用；可以使不同的杂志期刊之间、原书部分和新增部分之间达到风格一致。用这样的方式"复活"一篇篇简报，可读性应较影印方式更佳，权威性应较影印方式较差，也大大增加了技术难度及思想压力。文图录入的权威性只有通过反复地精校才能得以实现，而且按常理而言，论文作者不会直接引用本书的书名和页码，他会对照原文引用。

（三）分类

本书分类前阅读了许多考古界同仁的分类，仅以汉代墓葬而论，如李银德研究员（表 1）[4]、邱永生研究员（表 2）[5]、刘尊志教授（表 3）[6]均有精辟的见解，但最终均未采用，而采用了"以简报发表时间为主轴"这一考古领域罕见的分类法。原因有二，一则本书收录的多篇考古简报，时间跨度大，收录种类多，无法精确归入某一类中；二则如果分类科学但琐碎，就会出现一些文物点紧密的关系被割裂，或出现一些文物点承继的关系被颠倒，而这两种关系恰恰是笔者最为看重的。在此问题上会出现一个悖论，即或许最大的反对声音来自考古界的同仁，而对他们而言，无论本书分类乱到什么程度，都不会影响他们固有的分类及阅读。故本书最终采用这种相对粗线条的分类法。

本书分为四个部分：第一部分"新石器时代"，收录新石器时代遗址墓葬发掘简报 10 篇；第二部分"新石器时代—汉代"，收录跨越多个时代遗址墓葬的调查及简报 7 篇；第三部分"汉代"，收录汉代遗址墓葬发掘简报 38 篇，包括"遗址" 1 篇，"墓葬" 37 篇；第四部分"汉代—明代"，收录简报 4 篇。各部分均按发表时间先后为序。

表 1 李银德研究员关于两汉墓葬分类

		代表	一期：西汉早期（汉初—武帝元狩五年）	二期：西汉中期（武帝—宣帝时期）	三期：西汉晚期（元帝—王莽时期）	四期：东汉早期（光武帝—章帝时期）	五期：东汉晚期（和帝—汉末）	备注
竖穴墓	石坑墓		一型I式	一型I式				
	竖井石椁墓		一型II式	一型II式				
	双椁室墓		一型III式	一型III式				
	岩坑、土坑墓				一型I式			
	双椁夫妻合葬墓				一型II式			
	竖井、壁龛变浅变小				一型III式			
洞室墓	斜坡式墓道		二型I式					
	台阶水平式墓道		二型II式	二型II式				
	小型洞式墓		二型III式	二型III式				
	出现穹窿顶和檐枋等结构	卧牛山			二型I式			
		南洞山			二型II式			
石椁墓	石椁墓				三型I式			
	画像石椁墓				三型II式			
石室墓	单室墓					一型	一型I式	形制同三期三型I式
	凸字形墓					一型	一型II式	
	前、中、后三室					一型	一型III式	
砖室墓						二型	二型	
砖石墓	主体结构使用石料					三型	三型I式	
	主体结构用砖砌成					三型	三型II式	

注：采自李银德《徐州汉墓的形制与分期》，《徐州博物馆三十年纪念文集》，北京燕山出版社，1992 年。

表 2 邱永生研究员关于两汉墓葬分类

1、西汉王陵	一型：横穴岩洞墓
	二型：竖穴岩洞墓
2、竖穴墓	（1）竖穴洞室墓
	（2）石椁墓
	（3）东汉王侯陵墓
3、画像石墓	（1）石椁墓
	（2）石室墓
	（3）砖石墓

注：采自邱永生《徐州考古工作三十年》，《徐州博物馆三十年纪念文集》，北京燕山出版社，1992 年。

表 3 刘尊志教授关于两汉墓葬分类

一、西汉诸侯王（后）墓	
二、东汉诸侯王墓	
三、中小型墓葬	（一）石（土）坑墓
	（二）石椁墓
	（三）竖穴洞室墓
	（四）石室墓
	（五）砖室墓
	（六）砖石混合墓

注：采自刘尊志《徐州汉墓与汉代社会研究》，科学出版社，2011 年。

（四）繁体转简体

为方便更多的读者阅读，本书采用全简体编辑。

将部分原竖排版式改为横排版式，对繁体字进行了对应简体的转换，但立足 Word 2010 版本内置的内码，在繁体字无对应简体字时，保留繁体字，不以造字的方式解决。

文字部分对具有时代特征的且不妨碍理解的遣词造句予以保留，图版原刊物采用的大写序号统一改成小写序号。

（五）校勘与注疏

将简报内容与有关资料加以比较，勘正了原文的少量笔误或印刷失误，对笔误、印刷错误或其他有碍读者理解的词句以编者注的方式加以指出。如彩版 3-18-1 "东汉彭城相缪宇墓出土铜像"，标注"原刊［英］James C. S. Lin.《THE SEARCH FOR IMMORTALITY: TOMB TREASURES OF HAN CHINA》[7]，但该图在用反转片制版时误将左右印反，现为矫正后图"[8]。

还有一种是后文对前文的更正，如《铜山龟山二号西汉崖洞墓》[9]中有条脚注"《铜山小龟山西汉崖洞墓》，《文物》1973 年 4 期。简报中的地点小龟山应为龟山，北麓应为西麓"。同时在《铜山小龟山西汉崖洞墓》[10]中增加编者注"此墓后命名为'龟山 M1'"，使观者独立看此一篇也不会被误导。

有部分可移动文物功用识别错误，和后出的各类书籍中的名称出现较大差异，也以编者注方式加以统一。

对于影响大家理解的简报内容中一些人名、地名的变化也提供简短注解、注释。

（六）替换与修图

通过对诸多前辈的书籍进行学习，发现对漫漶的图片、线图进行修图也是业界论文引用出版时普遍的、负责任的做法。所以对于模糊的拓片，对确认为同一的画像石拓片择优选用，对无对应替换的拓片、残图则保留原状。本书依据同画幅的原则替换了 44 幅。

其余所有图版照片、线图摹写等均做了不同程度的修图处理，如断线补笔、残字重输、污渍擦除、降低灰度、去龟背纹、背景重置等工作（图 1）。在前言中建议有引用意向者在对照原文的前提下谨慎引用。

（七）增补

在原发掘简报基础上搜集增加了在 27 种出版物中的相关黑白图版（含黑白照片、拓片）30 幅、线图摹写 45 幅、彩色照片 95 幅，另增加笔者所绘线图摹写 3 幅、所摄徐州博物馆第一次全国可移动文物普查图片资料 39 幅（其中印刷为黑白图版 11 幅，彩色照片 28 幅），以部分地聊补缺憾（表 4）。

表 4　增补图版明细表

单位（幅）	原论文	替换	新增		
			总数	公开出版物	笔者摹写、拍摄
黑白图版	402	44	41	30	11
线图摹写	237		48	45	3
彩色照片	2		123	95	28

发掘简报发表后，公开发表及笔者绘制、摄制的线图、黑白照片增补于每篇简报之后。发掘简报发表后，公开发表、笔者摄制的徐州市全国第一次可移动文物普查文物图片增补于彩版部分。

增订后的最终成书开本 889 毫米 × 1194 毫米　1/16，印张为 38.75，全书 620 面。

（八）关键字检索

除附录二为"参考文献"外，考虑到本书

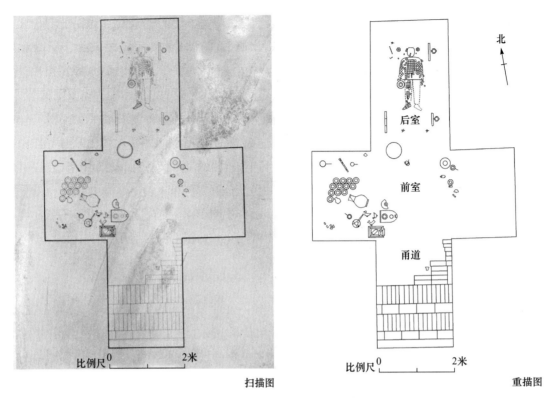

图 1　江苏省徐州土山后汉墓墓室平面图修图前后对比

的受众广泛，检索的需求会远大于通读的需求，所以特意增加附录一"关键词索引"，以汉语拼音为序，可供方便查找一些未在标题中出现的不可移动文物、被提及的简报名称，以及收录于本书中的起始页码，使之具有工具书的作用。

三、收　益

本书出版后，已呈现出多个方面的益处。

（一）考古简报的再整理

大批早期调查清理发掘资料的缺陷，已被有识之士认识到，蒋英炬、吴文祺先生的《汉代武氏墓群石刻研究》[11]，巫鸿先生的《武梁祠：中国古代画像艺术的思想性》[12]，均对图像类文物发掘报告的信息补充做了前瞻性、开创性的工作。梁勇先生也发文呼吁对早期汉画像石墓发掘报告进行重写。"在没有进行《田

野考古工作规程》意义上新的清理发掘的情况下，采用新的技术手段再记录与研究。按照《田野考古工作规程》要求编写新的研究报告，将其成果呈现出来。"[13]

本书即可为某些后续有出版考古报告或刊发简报需求的项目起到了前期资料收集的作用，如土山东汉彭城王墓、奎山西汉墓群等。

（二）陈列展览

第 26 届国际博物馆协会大会通过了新的博物馆定义："博物馆是为社会服务的非营利性常设机构，它研究、收藏、保护、阐释和展示物质与非物质遗产。向公众开放，具有可及性和包容性，促进多样性和可持续性。博物馆以符合道德且专业的方式进行运营和交流，并在社区的参与下，为教育、欣赏、深思和知识共享提供多种体验。"陈列展览是博物馆服务于大众的最重要的内容。

2019 年 4 月，历时 5 个月的徐州博物馆的

展厅提升改造工程结束，常设展览6个，分别是"古彭千秋——徐州历史基本陈列""大汉气象——徐州汉代文物陈列""天工汉玉——徐州汉代玉器精品陈列""汉家烟火——徐州汉代文物陈列""俑秀凝华——徐州出土历代陶俑陈列""金戈铁马——徐州古代兵器陈列"。而本书为本次提升改造工程提供了大量的展板文字、展板图片。

（三）讲解服务

历史类博物馆既有一般博物馆的基本特征，如实物性、直观性、广博性等，也有其独特的专业性、文化性、研究性。观众往往受到自身年龄、阅历、知识量和涉猎面的制约而无法充分理解文物的内涵，所以非常需要讲解员的讲解[14]。

为本次提升改造工程配套讲解的多媒体、语音讲解的参考资料中多处引用本书资料，为人工讲解所准备的讲解资料中也多处引用本书资料。

（四）文物数据录入

每件馆藏文物都将被登记、鉴定、分级、编目、制卡、建档，最终或上架展览，或入库保存。藏品档案主要用作详情记录，对于文物的时代、地区、材质、来源、出处、描述、来源、大小、线图、照片等内容有着详尽的说明。

馆藏文物的数字化方式不仅效率大为提高，还能准确、有效地记录文物真实信息，这对于实现资源共享，扩展文物展示空间，展示悠久的历史文化资源具有重要的现实意义。对于提高文物的保护、研究、展示及合理利用，发挥文物的社会功能，也具有十分重要的意义。

本书资料已同时成为徐州博物馆不可移动文物和可移动文物数据电子化的有机组成部分。

（五）文保方案

本书"复活"的简报中涉及徐州不可移动文物多处，其中不乏文物保护单位。

例如徐州土山东汉彭城王墓，位于徐州博物馆北侧，包含三座大型墓葬。1969年发现后，1970年7月中国科学院考古研究所与南京博物院同时来徐清理土山一号汉墓；1977年5月徐州博物馆发现并钻探土山二号汉墓，其后1982年又有一次发掘，从2004年起，土山汉墓的考古发掘每年都报请国家文物局审批，都有发掘执照，持续至今。本书对土山东汉彭城王墓的保护工程方案、设计图及相关技术文件、四有档案、勘察报告、实测图、照片等都做了资料整理的工作，发挥了积极的作用。

（六）媒体报道

徐州的地方传统媒体、新媒体等媒介，综合地运用图片、音频、视频等进行多样化传播，涉及汉文化的考古、研究、文创、应用、文旅等方面，其中许多内容都借助了本书资料。

特别是广播融媒体音频产品《徐州宝藏》，精心挑选了最能代表徐州2600多年历史文化的文物，讲述文物背后的故事，通过徐州广播四套频率以及广播微信矩阵、今日头条、腾讯新闻等多平台跨网播出，一经推出，就被江苏省文化和旅游厅官方微信"江苏文物"重点推介，还获颁"2019阿基米德声音盛典十大传统文化节目"奖、江苏省博物馆学会传媒与新技术专业委员会颁发的"2019年度江苏省'传媒＋新技术'最佳推荐案例"奖。

四、结　语

考古简报是考古报告的简短、简要版本，是快速将重要发现呈现给学术界的一种方式。已发表的考古简报数量总和远远超过考古报告，是文博界相互学习最常见的载体。

因为早期发表的考古资料存在着诸多认知、科技、经费、人才等方面的局限，使对某一区域内的上述资料进行汇编化、电子化、时代化的再整理具有现实意义。笔者结合工作实践，提出了"复活"考古简报的方法，其实质只是一种理想化的实验，既希望有志同者接续下去，更希望同仁们能提出真知灼见，使这项工作做得更好。

参 考 文 献

[1] 陈钊，李永乐. 徐州考古资料集成：1953-1985 [M]. 南京：江苏凤凰美术出版社，2018.

[2] 孙机. 汉代物质文化资料图说（增订本）[M]. 上海：上海古籍出版社，2008.

[3] 南京市博物馆. 南京考古资料汇编 [M]. 南京：江苏凤凰美术出版社，2013.

[4] 李银德. 徐州汉墓的形制与分期 [C]// 徐州博物馆. 徐州博物馆三十年纪念文集. 北京：北京燕山出版社，1992：108-125.

[5] 邱永生. 徐州考古工作三十年 [C]// 徐州博物馆. 徐州博物馆三十年纪念文集. 北京：北京燕山出版社，1992：40-56.

[6] 刘尊志. 徐州汉墓与汉代社会研究 [M]. 北京：科学出版社，2011.

[7] James C. S. Lin. The Search for Immortality: Tomb Treasures of Han China[M]. Yale University Press, 2012.

[8] 陈钊，李永乐. 徐州考古资料集成：1953-1985 [M]. 南京：江苏凤凰美术出版社，2018.

[9] 南京博物院、铜山县文化馆. 铜山龟山二号西汉崖洞墓 [J]. 考古学报，1985（1）.

[10] 南京博物院. 铜山小龟山西汉崖洞墓 [J]. 文物，1973（4）.

[11] 蒋英炬，吴文祺. 汉代武氏墓群石刻研究（修订本）[M]. 北京：人民美术出版社，2014.

[12] 巫鸿. 武梁祠：中国古代画像艺术的思想性 [M]. 北京：生活·读书·新知三联书店，2015.

[13] 徐州博物馆. 淮海文博：第 1 辑 [M]. 北京：科学出版社，2018.

[14] 陈钊，于征. 陈列讲解的层次与取舍初探：以历史类博物馆为例 [C]// 江苏省文物局. 江苏省文博论文集 2012. 南京：南京师范大学出版社，2013：50-54.

中小型博物馆如何利用藏品做好社会教育及文化传播
——以睢宁县博物馆社教活动实践为例

徐 娟

睢宁县博物馆

摘 要： 新时代背景下，为满足我国人民日益增长的美好生活需求，博物馆需要对既有的社教活动进行改进和创新，力求发挥好博物馆的社会教育作用。2023年全国备案博物馆总数达6833家，其中县级博物馆居于"金字塔"的最低端，数量最大，是我国博物馆体系的基础所在。基于庞大的县级博物馆数量优势，近年来领域内也发表了不少研究文章，但将研究视角放在县级博物馆社教活动上的文献数量和内容还是不够丰富。因此本文以睢宁县博物馆创新"馆校媒"联合方式打造品牌活动，探索社教活动活化文物的有效途径为例，对现今博物馆尤其是县级博物馆的社教活动提出优化建议，以期为今后的博物馆社教活动开展工作提供有益参考。

关键词： 社会教育 社教活动 睢宁县博物馆 文物资源

一、因时制宜，博物馆开展社教活动时代背景

博物馆是人类文化记忆传承与创新的重要阵地，对共同生活在这片土地上的民众有着不可复制的教育优势。党的十八大以来，我国博物馆的发展不断取得新进展，日益成为世界博物馆发展的中心和热点。但同时博物馆发展不平衡不充分与人民美好生活需要之间的矛盾仍很突出，博物馆的社会服务功能也被赋予了新要求。2021年5月，中央宣传部等九部委联合印发的《关于推进博物馆改革发展的指导意见》对博物馆社教工作提出一系列具体要求，明确指出要充分发挥教育功能[1]。2022年7月8日，在中国国家博物馆创建110周年之际，习近平总书记给中国国家博物馆老专家的回信中写道："希望同志们坚持正确政治方向，坚定文化自信，深化学术研究，创新展览展示，推动文物活化利用，推进文明交流互鉴，守护好、传承好、展示好中华文明优秀成果，为发展文博事业、为建设社会主义文化强国不断作出新贡献。"[2]

当前，教育作为博物馆的核心职能已成为

人们的共同认知，博物馆的收藏、研究与展示工作全部在围绕着社会责任与社会教育而展开[3]。在我国一些省份甚至提出博物馆要以文化大省发展战略为动力，充分发挥在资源保障、精神文化建设和文化信息资源共享方面的重要作用。近年来，在国家政策的有力扶持下，一批区县博物馆资源融入教育体系也取得阶段性成效，在社会教育方面取得了长足进展。例如位于甘肃省中东部的靖远县博物馆，虽馆舍规模小、人员数量少，但自 2016 年开始博物馆社教活动至今，其工作方法和观念不断变革，不仅做"活"了社教活动，而且创建了自己的社教品牌"乐知课堂"，使得博物馆服务效能显著提升，当地社会教育辐射范围充分扩大[4]。作为面向基层群众的区县级博物馆，顺应时代发展需求，积极开展社教活动、创新博物馆社教方式、突出博物馆藏品资源优势、提升文化传播服务水平是尤为重要的。

二、因地制宜，睢宁县博物馆 社教活动实践

睢宁县历史悠久，文化底蕴深厚。东汉时期，下邳国国都即位于睢宁县古邳镇，故睢宁县内有着众多下邳王陵及诸多贵族墓葬，境内出土的汉画像石亦在全国享有较高知名度，两汉文化遗存极为丰富。睢宁县博物馆于 1991 年正式建成开馆，自建馆以来不断发展，2017 年博物馆新馆在睢宁县文化艺术中心落成，是睢宁县文化艺术中心的重要组成部分，与图书馆、演艺馆、规划展示馆形成资源共享，文化互补之势。目前馆藏文物 4800 余件，文物种类齐全，体系完整。截至 2024 年 1 月，睢宁县总面积 1769 平方公里，人口 145 万，新改扩建学校 11 所，睢宁县博物馆作为本县唯一一所博物馆，理应承担起社会教育职责，全力办好人民满意教育。为了较好地利用博物馆

阵地，保护利用本县文物资源，满足人们日益增长的精神生活需求，睢宁县博物馆系统梳理了自身的优势和不足，形成了较为系统的工作思路。

（一）锤炼业务筑牢基，社教基础不可离

早期的博物馆公共文化服务工作偏向于宣传和博物馆展示，但随着博物馆免费开放以来，博物馆公共文化服务开始变得细化多元，各种展览、社教活动、服务态度、基础设施、文创消费等内容均纳入博物馆公共文化服务体系[5]。而扎实的业务建设可谓是博物馆开展社会教育工作的基础，因此睢宁县博物馆根据现有条件着重从以下四个方面提升业务水平。

一是加强文物征集，提升展览质量。藏品是博物馆全部业务活动的物质基础，陈列则是博物馆各项业务活动的中心[6]，县级博物馆承担着解读当地历史的使命，提高基本陈列的质量是必经之路[7]。睢宁县博物馆目前正在编制大纲，增加藏品总量，提升历史文物展陈列水平，把近年来一些新的考古成果融入其中，让观众及时了解睢宁最新考古发现，共享最新考古成果，提高人们参观兴趣。例如在以汉代饮食为主题的活动中，通过展示考古发现的仓、灶、井、猪圈模型明器、饮食器具、汉画像石中的相关内容、出土的动植物标本等系统介绍了当时的食物的生产、烹饪、礼仪等方面的内容，还利用相关学者对徐海地区陶磨出土情况的分析，还原了汉代小麦在包括睢宁在内的苏北广泛种植的情况，得出本地在汉代农业发展中的具有一定先进性的结论。

二是积极寻求互助，加强展览交流。博物馆自身功能在 2008 年免费开放后随着其影响的扩大和自身业务范围的拓展也发生了改变，即在其基本功能的基础上进行了相应的延伸和拓展，博物馆功能的外缘影响越来越和社会其他组织和机构联系在一起[8]。目前睢宁县博

物馆正在积极和其他博物馆对接，力求为本地市民提供更多文化大餐，开阔文化眼界。对于已举办活动，睢宁县博物馆充分利用媒体平台扩大活动影响力与参与度，如"与博物馆共成长——我是小小讲解员"活动开通线上全程直播新通道，"无线睢宁"媒体平台对比赛进行全程实时直播，每届活动的总收视、点击量突破 10 万余人次。

三是加强人才队伍建设，保障博物馆业务可持续发展。根据相关的调研，博物馆在人才梯队建设上面有严重的断层现象。骨干职员老龄化严重、专业技术人员相当匮乏，特别是文物整理、保护与研究这一块，专业的讲解员也很有限[8]。在人才建设方面，睢宁县博物馆与市博物馆合作建立人才培养、培训基地，制定相应合作计划，并引进大学生志愿者参与博物馆社教活动。

四是开展藏品数字化建设，搭建数字化管理系统，实现藏品资源的数字化、标准化、规范化管理，全面提升睢宁县博物馆藏品综合管理能力。只有加强博物馆数字化建设，盘活数字资源，拓展公共博物馆的业务范围，才能适应互联网时代的发展要求[9]。睢宁县博物馆是徐州市第一个实现文物数字化保护和展示的县级博物馆，如为了解决老年人参观博物馆时运用智能技术和视力困难，推出"智慧助老"服务——"扫码听文物"项目；为了吸引更多青少年走进博物馆，特开展 3D"数字文物阁"展览。睢宁县博物馆通过创新藏品管理机制，提高了管理效率，为提升公共服务能力和综合管理水平夯实了基础。

（二）社教活动俱参与，寓教于乐助成长

睢宁县拥有丰富的历史文化资源，下邳故城遗址便位于睢宁县古邳镇北侧，近年来，考古工作取得了丰硕成果，发现了至少具有东汉、西晋、宋金、明清时期的城址堆积四叠层

现象。美国哈佛大学著名学者霍华德·加德纳倡导和建议学校教育应注意吸收博物馆的社会场景化学习过程和社会场景化学习环境的有效成分[10]。因此作为基层群众，尤其是中小学生能够直接接触的文化场所，县级博物馆应积极参与中小学教育，充分利用区域文化资源，开展社会教育活动。睢宁县博物馆围绕下邳城遗址，策划组织了系列研学活动，如组织大学生、成年历史爱好者"探秘下邳故城"认识书籍之外的历史，并荣获江苏省考古学会 2020 年度"公众考古奖"；组织在校中小学生开展"我是小小考古学家——探秘下邳故城"青少年公众考古实践活动，设计了参观一次展览（参观睢宁县博物馆，由博物馆资深讲解员现场讲解）、听一次现场讲座（在博物馆工作人员的带领下，同学们和家长一起抵达下邳故城遗址，由南京博物院考古专家对遗址进行现场讲解）、发掘一次"宝物"（参加活动的同学们拿出自己的工具在活动现场寻宝）三项内容，逐步增强青少年的实践能力。

博物馆的社教活动要走出去，走进社区、学校开展历史文化的普及。在党的二十大召开前夕，睢宁县博物馆组织开展了展览进军营、进社区、进广场、进校园等"展览八进"活动。为探索馆校合作新模式，睢宁县博物馆开展了系列专题社会教育活动，如自 2018 年以来已连续举办五届、线下参与人数超过 3000 人的"我与博物馆共成长——我是小小讲解员"活动；"儿童画"说博物馆文物活动；联合全县中小学开展"行走的博物馆——文物进校园"的教育实践活动。博物馆的讲解员带着课件，走进校园，站上讲台，讲授睢宁源远流长的历史文化和故事，展示精品文物复制品、汉画像石精品拓片、"数字文物阁"3D 文物等，打破了博物馆传统的参观模式，让馆藏文物真正活起来。系列活动集知识性、趣味性、参与性为一体，让青少年儿童了解睢宁历史文化，逐步

开阔眼界，提高自身素质，培养文化自信。

博物馆的社会教育活动要走出去，也要请进来，将广大受众特别是青少年群体带入博物馆和历史文化遗存现场，在实物、实景面前更加直观地感受文化、触摸历史。睢宁县博物馆借助自身馆藏文物资源优势，利用每年的"5·18 国际博物馆日"、文化和自然遗产日、春节、端午、中秋等传统佳节及国庆等节日，开展相关的主题日、节日活动，真正成为弘扬优秀传统文化及群众文化活动的重要场所，普及了睢宁地方历史文化知识，激发了青少年热爱家乡、建设家乡、建设祖国的家国情怀，增强了孩子们的文化自豪感和社会责任感。

（三）扩大宣传创品牌，文化传承永流传

博物馆的推广策略对于博物馆品牌战略的实行具有重大意义，一般来说，博物馆活动推广可分为线下推广与线上推广两个部分。在线下推广活动的同时，博物馆可以鼓励参与活动的民众将此次活动经验分享到自己的社交网站中，进一步扩大活动影响力。线上推广活动主要与博物馆移动终端传递的信息数据有关，如微信公众号、微博、博物馆官方网站等[11]。为此睢宁县博物馆充分利用新媒体平台的即时性和高效的传播性，在抖音、微信等平台开设官方账号，推出"线上赏文物"活动，总浏览量突破 3000 万。目前有《馆藏精品丨睢宁博物馆：舞乐车马图汉画像石》《百灵藏丨江苏睢宁：明代彩绘砖雕墓三维展示》《江苏睢宁县博物馆：睢泗瑰宝的窗口》《江苏睢宁：童心向党 博物馆里学党史》等优秀原创新媒体作品上线，并被"学习强国"、徐州政府网公众号等平台转载推送，其中舞乐车马图汉画像石荣获 2022 年度江苏人气宝藏奖。

博物馆还可以主动与媒体相结合，通过电视、网络、平面媒体等开展线上博物馆活动，一方面提升了学校、学生参与社会教育活动的积极性，提高线上博物馆的影响力，扩大了博物馆的展览信息宣传渠道；另一方面正面的舆论引导也极大地促进了社会各个阶层走进博物馆。近年来睢宁博物馆团体及散客接待量、讲解服务场次逐年递增，特别是双休日、法定假日等更是观者如潮。

三、审时度势，博物馆社教活动优化思路

博物馆虽然在社会教育中具有资源、服务、氛围等方面的优势，但在进行社会教育功能发挥过程中，受到诸多现实因素的限制，故而下文对睢宁县博物馆的社教活动实践进行了反思，并结合县级博物馆普遍存在的问题提出以下优化意见，以期助力博物馆能够不断增强知名度和影响力，努力实现其应有的社会教育功能。

一是充分重视业务建设。在博物馆业务建设方面，地市级博物馆整体优势较大，相较而言，县级博物馆底子薄、人才少[12]，硬件设施相对滞后，各项业务工作开展相对较少，而社会教育活动开展的好坏直接与一个博物馆业务的水平密切相关。扎实推进和开展业务工作是做好社会教育的前提，社教活动更是要将当地历史文化进行系统准确的表达和阐释，这就要求博物馆在现有体制和资金支持的情况下，充分发挥主观能动性，兼顾活动的普及性、互动性，做到内容的科学性，并及时掌握新的研究动态，将新成果不断融入活动中去，形成良性的提高和优化机制。

二是人才队伍建设问题。做好馆员队伍建设工作的确是推动县级博物馆深入发展的必要途径[13]，但因现实生活条件等因素的限制，文博专业毕业生在就业时，更加倾向于某些国家级博物馆，导致县级甚至市区博物馆出现无人可招、人才容易流失的局面[14]。在这种情

况下，博物馆可以与当地高校开展馆校合作，定期开放大学生志愿者工作岗位，缓解自身人才储备不足的困境，帮助解决文博专业学生实习问题，还可以与邻近市区或县级博物馆合作建立人才培养、培训基地。此外，博物馆在职人员不能坐等观众上门，应当熟练掌握行业相关专业知识、技能，制定定期学习培训和考核制度，增强开拓意识，丰富服务手段，创新基本陈列，力求更好地满足民众的知识学习和文化体验需求。

三是树立"大社教"理念。"大社教"理念是指将博物馆教育活动置于全社会背景下去开展，突破博物馆单一性力量的束缚，融合社会各领域的专业智慧，关注受众的差异化需求，继而通过整合社会资源、细化受众群体，实现全社会在博物馆教育中各取所需和谐发展的格局[15]。这就要求博物馆建立起相对系统完善的以博物馆为中心的社会教育体系，要包含以博物馆藏品、业务体系为支撑的当地文化氛围的营造，不仅突出中小学生群体还要将当地的各社会阶层纳入其中，要对主要的服务群体以激发兴趣、开展知识普及为工作重点，也要兼顾层次较高的历史文化爱好者或者"发烧友"。

四是加强馆校媒合作，拓展影响力。不少博物馆的社教活动、推广宣传、文创产品同质化严重，运营缺乏活力，观众基数无法进一步扩大，限制了社会教育功能的发挥[16]。并且从社会教育角度看，博物馆虽然对青少年免费开放，但缺少与学校、家庭的联动机制[17]。馆校媒合作是推动博物馆社教工作，让文物活起来的重要手段。博物馆社教活动的成功与否，与学校、媒体及相关单位的配合、协作密不可分。因此，各级博物馆社教活动工作要充分利用多媒体平台推出优秀传统文化，立足于新时代社会需求，关注不同群体的不同需求，并在活动开展前，与校方或目标人群进行

交流、沟通、研讨，全面了解参与者的兴趣爱好及活动反馈，再结合现有文物资源，根据年龄不同分层次设计出相应阶段所喜爱的社教活动，增加本地群众特别是中小学生对乡土文化的认知和认同感。

四、结　语

博物馆中保存着不同历史时期不同文化内涵的文物，是当地历史文化生活的缩影。博物馆在保护和研究文物的同时，应当充分发挥社会教育功能，发挥历史文化资源的当代价值，面向社会大众大力宣传和普及文物知识，延续文化基因、推动传承发展、树立文化自信，真正实现文物存在的价值。

参 考 文 献

[1] 樊晓静. 新时代博物馆社会教育工作探析 [J]. 文化产业, 2022（3）: 85-87.

[2] 勾崇智. 权威的声音: 对博物馆构建主义教育的反思 [J]. 中国美术, 2023（1）: 114-117.

[3] 习近平给中国国家博物馆老专家的回信 [J]. 中国国家博物馆馆刊, 2022（8）.

[4] 赵允茸. 浅谈小馆如何做活博物馆社会教育: 以靖远县博物馆为例 [J]. 文物鉴定与鉴赏, 2020（2）: 114-117.

[5] 王立铎. 中国国家博物馆公共文化服务满意度及其影响因素研究 [J]. 文博, 2022（6）: 101-107.

[6] 张惠朗. 试论高校博物馆的功能 [J]. 中南民族学院学报（哲学社会科学版）, 1988（6）.

[7] 梁姗姗, 王秀伟, 黄文川. 浅析县级博物馆如何发挥第二课堂作用 [J]. 文史博览（理论）, 2013（8）: 53-55.

[8] 陈波, 耿达. 博物馆免费开放绩效评价指标体系研究 [J]. 艺术百家, 2013, 29（2）: 74-82.

[9] 刘京晶, 陆家玲. "危中觅机": 新冠肺炎疫情下公共博物馆数字文化服务应对和优化 [J]. 人文天下, 2020（7）: 35-40.

[10] 曾晓洁. 多元智能理论的教学新视野 [J]. 比较教育研究, 2001（12）: 25-29.

[11] 马颖. 浅析智慧旅游背景下博物馆营销策略 [J]. 经济研究导刊, 2017（14）: 95-96.

[12] 丁振. 浅析基层博物馆人才队伍现状及对策 [J]. 文物鉴定与鉴赏, 2021（16）: 122-124.

[13] 王敏. 新时期如何有效发挥县级博物馆社会教育功能 [J]. 文物鉴定与鉴赏, 2020（1）: 130-131.

[14] 李欢欢. 探析县级博物馆社会教育功能的发挥: 以舞阳县博物馆为例 [J]. 文物鉴定与鉴赏, 2022（22）: 98-101.

[15] 杨丹丹. 思维导图视角下的博物馆教育理念和实践创新再探讨: 以首都博物馆"读城"项目为例 [J]. 博物院, 2018（1）: 131-136.

[16] 许倩, 叶剑韬, 芮空空. 如何做好县级公共博物馆质量提升: 以金华市博物馆联盟为例 [J]. 文物鉴定与鉴赏, 2022（10）: 97-100.

[17] 廖晓飞. "双减"政策背景下公共图书馆协同育人实践与探索 [J]. 图书馆研究与工作, 2023（2）: 38-42.

徐州圣旨博物馆基本陈列中文物分类的思考及单元标题的探索

陈 钊[1] 周 珩[2]

1. 徐州博物馆（徐州汉画像石艺术馆）；2. 徐州圣旨博物馆

摘 要：展览是无数博物馆从业人员殚精竭虑的结果呈现，而这期间思考的过程、方案的取舍却鲜为人知，不利于对经验的发扬和对教训的汲取。本文将在策划和撰写徐州圣旨博物馆基本陈列大纲过程中，对文物分类的思考及标题命名的尝试公之于众，以利行业进步。

关键词：徐州圣旨博物馆 文物分类 单元标题

徐州圣旨博物馆新馆于 2009 年开馆运营，至 2020 年 12 月 21 日，根据《中国博物馆协会关于第四批国家一、二、三级博物馆名单的公告》，徐州圣旨博物馆成功晋级国家三级博物馆，成为民营博物馆的佼佼者。在其运营的 12 年间，开设分馆 3 处，境内巡展、临展 32 次，其基本陈列文物虽有调换，但分类结构始终没有改动，而境内展还或多或少地借鉴到了基本陈列的分类原则及标题命名，体现出强大的适应性。

在撰写徐州圣旨博物馆基本陈列大纲时，最大的挑战是藏品较国有博物馆为少，但种类却较为复杂，按照国家对不可移动文物的一级文物定级标准举例，大致有"玉、石器，陶器，瓷器，铜器，铁器，金银器，漆器，雕塑，石刻砖瓦，书法绘画，古砚，甲骨，玺印符牌，钱币，牙骨角器，竹木雕，家具，珐琅，织绣，古籍善本，碑帖拓本，武器，名人遗物"[1] 等，约有二十多个大类。以最常见的国有博物馆的相对单一的文物分类原则展出的话，会有很多归类冷门的藏品无法展出，因此需要在文物分类原则上有所突破与创新。

一、分类的尝试

（一）专题为先

经过对文物的梳理，发现该馆收藏圣旨 100 多幅，为其最核心展品，加上相关文物可以独立成一个基本陈列"中国古代圣旨陈列展"，最终呈现见附表 1；和科举相关的文物大致也可以独立成一个基本陈列"中国科举文物展"，最终呈现见附表 2；其余的所有质地的藏品统统放入一个基本陈列"馆藏文物精品陈列展"，最终呈现见附表 3。这样的弹性设置一直贯穿到单元，一方面尽可能地使所有藏品都有展出的机会，另一方面每个单元都不绝对地依赖某件展品，为将来换展、出展预留出空间。在反复打磨的过程中有一些预设的单元被替换，也有一些初定的单元名被更新，弃用的分类及标题见附表4。

（二）以质地为主

"馆藏文物精品陈列"依据展厅空间（图1中斜线部分），大致可分为9个相对独立的空间，遂决定打造9个单元。

先将文物质地化繁为简，分出几个大类：玉质文物数量适中，种类较为丰富，最先被确定为一个单元；有的单元因内在的接近而被合并，如陶器、瓷器有着紧密的继承关系被合并于一个单元，中国传统书法绘画作品因"书画同源"的内在逻辑也被合并为一个单元。

（三）同质地拆分

青铜器虽然是指用铜锡合制的青铜器物，但包括有炊器、食器、酒器、水器、乐器、车马饰、铜镜、带钩、兵器、工具和度量衡器等多种。《考工记》曰："金有六齐：六分其金而锡居一，谓之钟鼎之齐；五分其金而锡居一，谓之斧斤之齐；四分其金而锡居一，谓之戈戟之齐；三分其金而锡居一，谓之大刃之齐；五分其金而锡居二，谓之削杀矢之齐；金锡半，谓之鉴燧之齐。"[2] 实际上将青铜器分为礼器、兵器、工具、铜镜四大类。

根据馆藏青铜器的现实情况，兼受《考工记》的启发，将馆藏青铜器依其不同的精神气质、配比工艺拆分为青铜礼器和青铜兵器两个单元，以及铜镜半个单元，既体现了对青铜器的研究成果，同时也体现了唐·李白《战城南》"乃知兵者是凶器，圣人不得已而用之"。的人文情怀。

（四）不同质地合并

藏品中还有一些"像图"，民间俗称"祖宗像"，是照相技术诞生之前，中国人用工笔画技艺创作的，用于祭祀祖先或功臣的画作，流行于明清两代。如果按照材质分类，此类文物大致属于绘画作品，但如果放到以文人字画为主的字画单元中，风格相当违和，它即使可以算作绘画，也只能是匠气十足的庸俗之作，只有极低的艺术价值。馆藏文物中有不少的明清衣物、服饰可以独立成单元。按照常理，陈列时会佐以一些背景展板，如果以"祖宗像"来佐证明清衣物、服饰，它恰恰拥有极高的史料价值，既节约了陈列空间，又丰富了陈列手段，两类文物合并为一个单元，起到相得益彰的良好效果（图2）。

一楼展厅北部，即展线的正中部，为一较为狭窄的走廊，如放置平橱则影响通行，如不展文物又会造成空间与展线的浪费，后从唐·韦应物《感镜》中受到启发："如冰结圆器，类璧无丝发。形影终不临，清光殊不歇。一感平生言，松枝树秋月。"最后决定在一面墙上做壁橱，贴墙展示铜镜和玉璧，满足观众对"圆满"的喜爱，亦作为铜器的两个单元到玉器单元的过渡。

为使馆藏文物获得更高的展出率，特设置了一个将以上大类之外的文物一网打尽的单元，以杂项为主，质地多样，放在一起，相映成趣。

（五）重点文物前置

馆藏西汉青铜摇钱树为其特色文物，馆方希望能放置在醒目位置。可是按文物时代算，西汉距今只有2000多年；按青铜材质诞生时代算，距今也只有5000～4000年，与石器、陶器均相差较远；如对摇钱树释读为招财进宝，则文物价值不显，且整体格调流于媚俗。

笔者经认真思考，广泛参考了学界对摇钱树的最新研究成果，将摇钱树和印有"常青树"图案的画像砖放在一起，代表着扶桑、横木；

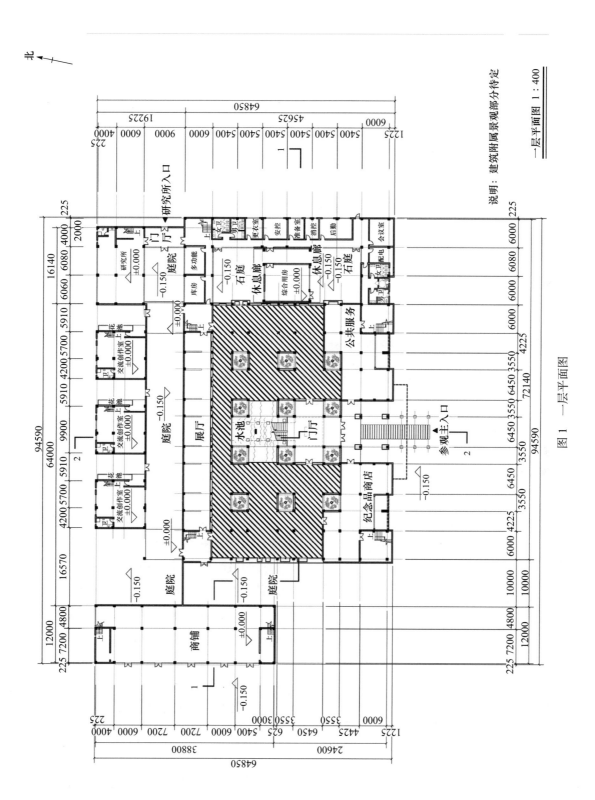

图1 一层平面图

图 2 "华冠丽服"单元

图 3 "仙山神树"单元

博山炉、香薰、博山铜镇象征着海上仙山，得以构建了先民的宇宙观，被郑重地放置在了第一单元（图 3）。

二、单元标题的探索

以上的分类方法决定了该馆基本陈列命名与现各国有博物馆的基本陈列命名有不同之处，且三个基本陈列之间也有不同的选择原则，因而在总标题及各单元标题名称上，我们尝试遵循的原则如下。

（一）典故及化用典故

为了追求古雅的整体风格，很多地方我们都选用了典故或化用了典故，如"十年寒窗"出自元·高明《琵琶记》："十年寒窗无人问，一举成名天下知。遥想当年同读郎，紫

荆城外求功名。""英雄入彀"为清·黄遵宪《人境庐诗草·杂感》"英雄尽入彀，帝王心始快。……三代学校亡，空使人材坏"中成句缩写。"春风释褐"为二处典故的合用，"春风"出自唐·孟郊《无题》："昔日龌龊不足夸，今朝放荡思无涯。春风得意马蹄疾，一日看尽长安花。""释褐"指脱去平民衣服，喻始任官职，出自汉·扬雄《解嘲》："夫上世之士，或解缚而相，或释褐而傅。"

再如青铜兵器单元，尽观古兵器成语，通常以"兵""戈""刀""枪""箭"等指代，无法准确涵盖馆藏青铜兵器中戈、戟、刀、矛、弓、弩、剑等全部类型，最终选择唐·王勃《滕王阁序》"腾蛟起凤，孟学士之词宗；紫电青霜，王将军之武库"中"紫电青霜"一语，指代了全部的武器，本身也含有精良之意。

"馆藏文物精品陈列展"的主标题"其藏也周"，典出《左传·昭公四年》："夫冰以风壮，而以风出，其藏之也周，其用之也遍，则冬无愆阳，夏无伏阴。"虽出典略显生僻，但字及词意均较为浅显通俗。

（二）遣词造句的时代性

通过词义分析，选择标题时尽量选择和文物时代最为契合的字词。

明清服饰衣物、饰物、祖宗像单元的候选命名如下：

①"霓裳羽衣"，典出唐·白居易《霓裳羽衣曲》，观众最为熟悉；

②"罗衣轻裾"，典出三国·曹植《洛神赋》："披罗衣之璀粲兮，珥瑶碧之华琚……践远游之文履，曳雾绡之轻裾。"

③"华冠丽服"，典出清·曹雪芹《红楼梦》第三回："又行了半日，忽见街北蹲着两个大石狮子，三间兽头大门，门前列坐着十来个华冠丽服之人，正门不开，只东西两角门有人出入。"

根据词义分析，"霓裳羽衣""罗衣轻裾"虽然也有服饰华美之意，但还暗含着"汉""轻薄柔软""出行""演出"等词义，和馆藏明清服饰的"明清""礼服""色调庄重""厚而挺括"等特征不符，最终选用时代接近，气质相符的"华冠丽服"一词。

（三）词汇来源统一

在"中国科举文物展"中，更强调词汇来源的统一性，最终选择了《幼学琼林》一书。

《幼学琼林》最初叫《幼学须知》，又称《成语考》或《故事寻源》，是中国古代儿童的启蒙读物。其"科第"篇解释了诸多科举名词：士人入泮曰"采芹"；举子登科曰"释褐"；宾兴为"大比之年"；还有"鏖战棘闱""荣膺鹗荐""鹿鸣""鹰扬""望朱衣之点头""取青紫如拾芥""宴罢曲江""名登天府""出头地""破天荒"占"鳌头""魁虎榜""赐宴琼林""探花杏苑""龙门点额""雁塔题名""金殿唱第""乡会放榜""入彀英雄""满城桃李"等[3]，其中"释褐""大比之年""鳌头""金殿唱第""入彀英雄"均被引用或化用为科举文物展的单元名。从来源上保证了风格的统一（图4）。

"中国古代圣旨陈列展"中标题"天下大明"为古日光镜中的成句；"清亮丕振"中"丕振"二字及"幽光不泯""锡光有庆"都是圣旨中的常用语，从而保持了名称与内容的契合。

（四）比喻喻体的统一

在"中国古代圣旨陈列展"中标题运用了比喻的修辞，特别注意到了比喻喻体的统一性。

比喻是根据事物之间的相似点，即思想的对象同另外的事物有了类似点，把某一事物比作另一事物，即用某一个事物或情境来比另一个事物或情境，从而把抽象的事物变得具体，把深奥的道理变得浅显的修辞手法。它在形式上，具有本体、喻体和比喻词三个成分。

比喻很简单，甚至多重、连续的博喻也不难，而一旦喻体发生变化，便使本体之间的比较成为不可能。在"中国古代圣旨陈列展"中便统一构思，特别注意到了喻体的统一性。

第一单元名"天下大明"，用来比喻圣旨制度在明代已经通行的情景。

第二单元名"清亮丕振"[4]，用来比喻圣旨制度在清代更加盛行的情景。

第三单元原名"幽光不泯"[5]，用来比喻圣旨制度在清代后虽不流行但仍存在的情景；后有专家提出，或有观众会对"幽光"二字产生歧义，后改为"锡光有庆"[6]，即"恩赐的荣光值得庆贺"。

通过"明""亮""光"的内在逻辑，达到了喻体的统一性，达到了直观比较本体的效果（图5）。

图4 蟾宫折桂——中国科举文物展

图5 奉天承运——中国古代圣旨陈列展

（五）合并同类项

中国传统绘画、书法单元的命名采用合并同类项方法。

中国的词汇中形容绘画的成语非常之多，笔者粗略统计了一下，形容绘画成语有妙笔生辉、画龙点睛、笔底春风、笔精墨妙、笔墨横姿、不拘绳墨、丹青不渝、丹青妙手、点屏成蝇、点指画字、画龙刻鹄、画中有诗、妙手丹青、银钩铁画等，不少于 38 个。

中国的词汇中形容书法的成语也非常之多，笔者粗略统计了一下，竟有笔墨横姿、笔力劲挺、笔力险劲、笔酣墨饱、春蚓秋蛇、笔精墨妙、笔走龙蛇、笔底龙蛇、笔底春风、笔扫千军、笔老墨秀、一字见心、丁真楷草、丁真永草、入木三分、力透纸背等，达到惊人的 189 个之多。

经查找适用于书、画两个领域的成语，优选并列格式，最终选定"笔精墨妙"。

（六）规避过于深奥

涉及青铜礼器的古文献较多，如《史记·货殖列传》："洒削，薄技也，而郅氏鼎食。马医浅方，张里击钟。"汉·张衡《西京赋》："击钟鼎食，连骑相过。"唐·王勃《滕王阁序》："闾阎扑地，钟鸣鼎食之家。"清·曹寅《题铜官秋色图》："都尉起家勋戚，钟鸣鼎列，极福终其身。"词义非常接近，但考虑到读者的熟悉程度，最终选择了"钟鸣鼎食"作为青铜礼器的单元名。

陶瓷器单元的命名也有多项选择，如"范金合土"，出自清·许谨斋《戏紫薇中丞》："网罗法物供品藻，三千年内纷纵横。范金合土陶最古，虞夏商周谁复数。""窑火陶烟"，典出清·郑风仪《浮梁竹枝词》："夜阑惊起还乡梦，窑火通明两岸红。"以及清·唐英《重临镇厂感赋志事》："依然商贾千方集，仍见陶烟五色长。"但考虑到馆藏陶瓷器中还有一定比例的陶俑，最终化用了"女娲抟土造人"的典故和《易·系辞上》"备物致用，立成器以为天下利，莫大乎圣人"的典故，合成了"抟土成器"四字。

（七）形式的统一

在"馆藏文物精品陈列展"中更强调标题的形式统一，最终基本采用并列词组形式。并列短语又叫并列词组，一般是由两个或两个以上的名词、动词、形容词、代词或数量词等组合而成，词与词之间是并列关系，中间常用顿号或"和、及、又、与、并"等连词。并列短语的构成词的次序一般前后可以互换位置，但有些并列短语是不能前后颠倒位置的，因为有一定次序，并列短语的构成词的词性一般要求相同，但个别也有不同。

"仙山神树、紫电青霜、华冠丽服"是两个偏正词组的并列词组；"钟鸣鼎食、镜圆璧合、笔精墨妙"是两个主谓词组的并列词组；"抟土成器"是两个述宾词组的并列词组；"昆山片玉、吉光片羽"虽实为偏正词组，然而也有着并列词组的外貌。

（八）嵌字扣字

在"中国古代圣旨陈列展"中笔者还尝试了嵌字的手法。嵌字也叫嵌名，指将特定的名称，多为人名、地名、事物名等专用名称，有时也为特定词语，嵌入文学作品中一定的位置，是汉字使用中的高级手段。

笔者所嵌字为徐州圣旨博物馆馆长"周庆明，字亮公"中姓、名、字三项中的 4 个字，即"其藏也周"中的"周"，"锡光同庆"中的"庆"，"天下大明"中的"明"，"清亮丕振"中的"亮"，既增加了标题的文学性、艺术性、趣味性，又于看似不经意间起到了"致敬"的作用。

（九）一语双关

笔者还尝试通过"一语双关"，即指一个词或一句话关涉到两个意思的修辞手段，来扩大要表达的词意内容。如"馆藏文物精品陈列展"标题为"其藏也周"，根据《新华词典》的解释，"周"有①圈子，环绕；②普遍、全面；③时期的一轮，亦特指一个星期；④完备；⑤给，接济；⑥中国朝代名；⑦姓等7个意思[7]。出典中的"周"是"完备"之意，嵌字的"周"是"姓"之意，因此"其藏也周"四字即拥有了双关之意，一意"收藏这些的人姓周啊"，二意"他的收藏多么完备啊"。两重含义可以叠加，扩大了要表达的词意内容（图6）。

本次的陈列大纲总体受到专家的首肯及观众好评，但笔者最大的遗憾是，因当时没有展示空间也没有明细的文物台账，对文物的解读不够，还有几百块木质牌匾亦未能逐一目睹，里面大量的充满了明清气息的字词在当时未能知晓，有遗珠之恨。直到笔者再次担纲苏州状元文化博物馆的陈列大纲文字撰写工作时才部分弥补了缺憾。

附记　笔者上述工作均在陈浩副研究馆员的具体指导及修改下得以完成，特此鸣谢！

图6　其藏也周——馆藏文物精品陈列展

参 考 文 献

[1] 国家文物局第一次全国可移动文物普查工作办公室编. 第一次全国可移动文物普查工作手册[M]. 北京：文物出版社，2013：337-339.

[2] 闻人军. 考工记译注[M]. 上海：上海古籍出版社，1993：122.

[3] 张为才. 国学启蒙经典：治家格言、增广贤文、笠翁对韵、幼学琼林[G]. 青岛：青岛出版社，2009：293-298.

[4] 周庆明. 中国圣旨大观[M]. 上海：上海辞书出版社，2006：85.

[5] 周庆明. 中国圣旨大观[M]. 上海：上海辞书出版社，2006：21.

[6] 周庆明. 中国圣旨大观[M]. 上海：上海辞书出版社，2006：47.

[7] 新华词典编纂组. 新华词典[M]. 北京：商务印书馆，1980：1098.

附表1　"奉天承运——中国古代圣旨陈列展"，共分3个单元，主题展示圣旨文化

单元序号	单元名	内容	文物种类
一	天下大明	明代圣旨类文物	圣旨、圣旨匣、圣旨盒、圣旨箱、铁券、木雕等
二	清亮丕振	清代圣旨类文物	圣旨、懿旨、圣谕牌、官服、朝珠、凤冠、牙雕等
三	锡光有庆	清代后圣旨类文物、国外圣旨类文物	民国大总统令；伪满洲国叙勋状；日本、越南等地圣旨

附表2　"蟾宫折桂——中国科举文物展"，共分6个单元，主题展示科举制度与文化

单元序号	单元名	内容	文物种类
一	十年寒窗	县试、府试和院试	试卷、文房四宝、四书五经等
二	大比之年	乡试	墨卷、朱卷、准考证、小抄、匾额等

续表

单元序号	单元名	内容	文物种类
三	金殿唱名	会试和殿试	试卷、匾额、手札、临帖等
四	独占鳌头	状元的诞生	试卷、皇榜、匾额、对联等
五	春风释褐	科举成为高级官员必经之路	官服、补子、朝珠、凤冠、霞帔等
六	英雄入彀	科举引发的争论	祖宗像、营册、铜镜、毕业文凭、新式课本等

附表 3　"其藏也周——馆藏文物精品陈列展"，共分 9 个单元，分类展示馆藏文物精品

单元序号	单元名	内容	文物种类
一	仙山神树	先民的宇宙观	摇钱树、香薰、铜镇、画像砖等
二	钟鸣鼎食	青铜礼器	鼎、鬲、甗、簋、爵、尊、卣、壶、盘、匜、钟等
三	紫电青霜	青铜兵器	戈、戟、刀、矛、弓、弩、剑等
四	华冠丽服	明清服饰	衣物、饰物、祖宗像
五	镜圆璧合	国人对"圆满"的喜爱	玉璧、铜镜
六	笔精墨妙	中国传统绘画、书法	书法绘画作品
七	昆山片玉	中国传统玉文化	玉器
八	抟土成器	古代陶瓷器	陶器、瓷器
九	吉光片羽	以上大类之外的文物	金银器、漆器、雕塑、古砚、玺印符牌、钱币、牙骨角器、竹木雕等

附表 4　弃用的分类及标题

序号	分类	标题	典出
1	古铜镜	秋月览影	唐·贯休《古镜词》："我有一面镜，新磨似秋月。" 宋·宗泽《览镜偈》："览镜影还在，掩镜影还去。"
2	古钱	铸金冶泉	元·吴莱《题毗陵承氏家藏古钱》："历山铸金史靡纪，泉府职币开其前。……冶卒铜工各鼓鞴，偏炉盗铸多烟烻。"
3	宣炉	香风紫烟	汉《玉台新咏·古诗》："香风难久居，空令蕙草残。" 唐·李白《望庐山瀑布》："日照香炉生紫烟，遥看瀑布挂前川。"
4	家具	运斤如风	金·元好问《续夷坚志·贾叟刻木》："平阳贾叟，无目而能刻神像……僧说贾初立木胎，先摸索之，意有所会，运斤如风。"
5	宜兴壶	紫砂涤烦	唐·施肩吾《逸句》："茶为涤烦子，酒为忘忧君。"
6	名石	灵髓补天	唐·苏味道《咏石》："何当握灵髓，高枕绝嚣氛。"以及女娲以石补天典

论博物馆对宣扬徐州文旅品牌积极推动作用
——以徐州博物馆为例

朱 笛

徐州博物馆（徐州汉画像石艺术馆）

摘 要： 汉文化历史名城徐州，在文化旅游事业发展中，始终把彰显汉文化品牌魅力置于突出位置，充分发挥汉文资源的优势。本文主要探讨博物馆对优化精品旅游层次的作用，通过充分利用博物馆汉文化资源，鲜明把握"两汉之源"这一定位，凸显地域特色，为两汉文化宣传助力。

关键词： 博物馆 徐州文旅 宣传汉文化

徐州是驰名中外的汉文化历史名城，在城市推动转型发展过程中，始终把文化旅游业发展摆在突出位置，不断彰显汉文化品牌魅力，近年来又先后推出"国潮汉风、快哉徐州、缤纷文旅共享生活"的文旅品牌[1]，不断推动文化旅游业高质量发展。

一、博物馆与徐州汉文化资源

在新时期的发展中，徐州地区博物馆事业蓬勃发展，据徐州市统计局公布的《2020年徐州市国民经济和社会发展统计公报》显示，目前全市博物馆共有18个[2]。其中，收藏展示宣传两汉文化资源，是徐州地区博物馆最核心的内容。

（一）徐州汉文化资源的优势

徐州汉文化遗存众多、资源丰富，两汉延绵四百余年的历史，均能在徐州找到发展轨迹。以汉墓、汉画像石、汉兵马俑为代表的"汉代三绝"，长期以来作为对外宣传徐州两汉文化的重点。徐州汉墓资源丰富、数量可观。截至2017年统计，徐州汉墓数量多达3000余座，其中西汉楚王墓9处19座，东汉彭城（下邳）王墓2处5座[3]。具有代表的高等级陵墓包括入选1995年度"全国十大考古新发现""百年百大考古发现"的狮子山楚王陵；规模巨大、建筑精美，在众多的王侯陵墓中独树一帜的龟山汉墓；入选2020年度"全国十大考古新发现"的土山东汉彭城王墓。此外，还有刘姓宗室墓、官吏豪强墓等较高规格的墓葬以及大量平民墓葬。

徐州是中国汉画像石集中分布区域之一，画像石以出现时代早、延续时间长、发现数量多、学术价值高为主要特色。上述瑰宝集中荟萃于徐州汉画像石艺术馆，该馆是全国范围内收藏展示汉画像石最多的博物馆。徐州汉画像石馆南馆，陈列的主题是"大汉王朝——石上史诗"，内容分为六大部分，依次陈展汉代陵墓前的大型神道雕刻、汉代祠堂建筑石刻、各类雕刻风格（高浮雕、浅浮雕、阴线刻等）的画像石、画像石墓葬复原、各类题材（牛耕、纺织、车马出行、建筑、宴乐、乐舞、东王公、西王母、历史故事、神话传说等）的汉画像石以及刻铭题记。

徐州汉俑数量庞大，是继陕西咸阳杨家湾兵马俑和西安临潼秦始皇兵马俑之后第三次重要发现。徐州也是继西安之后，全国发现汉俑数量最多、种类最丰富、工艺最精湛的地区。汉俑自成功发掘并对外开放以来，短短几十年就以其展现出的"粗犷、雄浑、博大、超越"大汉精神享誉海内外。列队齐整的狮子山兵马俑、优美典雅的驮篮山舞乐俑、色彩鲜明的北洞山仪卫俑、均为全国罕见的汉俑珍品。另有骑兵、战马、文吏、侍女，以及各类生动的动物俑等，均向观者呈现了丰富生动的两汉生活微缩画卷。徐州汉俑绝大多数陈展于坐落于云龙山北麓的徐州博物馆。

除以上汉文化资源外，徐州汉玉、汉代封泥等是近年来备受瞩目的新热点。徐州汉玉数量庞大、种类丰富、玉质玉工上乘，无论在数量、质量，还是工艺、门类等方面，均代表汉玉文化巅峰。以狮子山楚王陵出土的 200 余件玉器为代表的汉玉珍品，均陈展于徐州博物馆天工汉玉展厅，这是全国首屈一指的汉玉专题展厅。此外，徐州博物馆收藏汉代印章封泥数量庞大，总数超过 5000 枚，形制、材质、书体、工艺各具特色，堪称全国翘楚，具有较高的学术价值和观赏价值。

汉代文物承载着恢宏壮阔、醇厚精深的大汉文明，是历史时空变换过程中给予后人的无价之宝。这些厚重的历史文化资源，是弘扬徐州汉文化精神的得天独厚的物质条件，而收藏陈展这些珍宝的徐州博物馆即成为游客游览徐州必经打卡地。

（二）两汉文化宣传的不足

徐州对两汉文化的推广已积累了 30 余年的丰富经验，但与国内同样以汉文化为宣传主题的同级别城市相比，徐州汉文化的宣传仍略显逊色。

《2018 年城市旅游度假指数报告》统计，随着居民收入平稳增长，消费能力逐渐提高，居民愿意花费更多成本在高品质的出游上，而休闲度假成为当下旅游重要的目的之一。重庆、苏州、南京、成都、青岛、兰州、西宁、杭州、西安和长沙成为 2018 年游客增长数量最快的十大"网红城市"[4]。这些网红城市，或是美食之都，或是人文之城、或是古迹众多，或是滨临海景，城市特色鲜明，深入人心，其中不乏历史人文底蕴深厚、现代化建设的古城。

与国内同级别以汉文化为宣传主题的城市相比，徐州两汉文化宣传特色不鲜明，欠缺一分热度。诸如太原、宝鸡、汉中、永城等，均有各自代表性的汉文化品牌。相形之下，徐州虽拥有数量多、规模大的两汉文化遗存，但始终没有因这一独特性而脱颖而出。而独特性又恰是城市旅游品牌的重要支撑，如何能把握"两汉之源"这一定位，全面展示徐州独特的汉文化资源，系统发掘城市文化的深刻内涵，紧密联系当下潮流，更新内容形式以凸显城市文化底蕴和文化特色，增强文旅市场竞争力和综合实力，是徐州打造"两汉之源"城市旅游品牌的重要一环。

二、博物馆对优化精品旅游层次的作用

现代旅行者出行的方式和旅行的目的与以往不同，不再满足于传统的观光式旅游，更偏

爱文化内涵深厚、自身体验丰富的目的地。因此，顺应时代潮流，"从旅入手，向文挖掘"，深入发掘城市文旅资源，优化旅游品质，彰显城市精神，方能始终保持活力和吸引力。

（一）文旅转型的必要性

徐州作为人文城市，历史资源丰富，学术成果斐然，但这些成果大多侧重专业学术，与社会流行文化和大众的接受程度、欣赏水平存在一定距离。而传统的旅游品牌能提供的宣传内容、配套服务与体验又不能有效满足当下游客的心理预期和价值体验。因此，从打造"两汉之源"文旅品牌出发，将最新学术成果与历史资源结合并有效转换为大众文化，同时及时调整配套服务，借力网络宣传的巨大能量，让徐州在新一轮的"网红城市"中一鸣惊人，是优化精品旅游层次的必然途径。

长期以来，徐州旅游业种类较为单一，以观光类型为主要模式。随着时间的推移，最初的宣传热点正逐渐失去新鲜感和吸引力，表现出趋于老化的迹象，缺乏新意，因此，在与全国同类汉文化旅游城市的竞争中，没有占据有利优势，导致旅游客源增长较为缓慢，游客停留时间较短且故地重游率相对较低，逐渐失去市场竞争力。同时，汉文化的宣传推广内容较为传统，内容上亟待更新，宣传渠道也有待创新和改进。

实现旅游行业可持续发展是一个长期的过程，需要我们始终以饱满的热忱去经营完善。有鉴于此，徐州积极打造了一批紧贴时代文化主题的文旅创意项目，积极推动汉风文旅融合，以汉服、汉乐、汉舞、汉仪等元素为媒介，为游客营造别具一格的沉浸式汉文化体验。通过对汉文化资源的不断发掘，文旅功能不断完善，构建各有侧重的汉文化旅游路线和汉文化主题的活动，吸引游客保持游览的忠诚度。同时，借鉴国内同行中的成功案例，如西

安大唐不夜城的网红唐装不倒翁小姐姐的宣传模式，借助抖音短视频、头条指数等网络传播平台，助力舞动汉风系列活动宣传推广，让更多的游客来到徐州体验汉文化。

（二）博物馆研学促进优秀历史文化传承

随着人们收入平稳增长、消费能力逐年提高、价值审美水平和欣赏眼光不断提升，人们更乐于为文化买单，更倾向于选择高品质、优体验的出游模式。根据旅游目的不同，旅游可分为三种基本类型，从低到高依次为基本层次的旅游（包括一切观光活动和游览活动）、提高层次的旅游（休闲度假、娱乐购物等活动）和专门层次的旅游（各类专项活动，如健身、教育等带有专项目的）。近年来，人们开始改变以观光为主的基本层次的游览方式，转而选择各类参与型、体验型的高层次游览模式。在各类应运而生的高品质旅游模式中，"研学游"（研学＋旅游）逐渐成为其中亮点。

在教育学界，研学游被认为是学校教育的一个重要环节，通过借用社会多方力量，强化校内外教育结合，丰富中小学教育的途径和内涵，是实现课内外、校内外教育与学校、家庭、社会教育相结合的良好载体，充分发挥综合育人、实践育人和活动育人的教育价值，实现立德树人的教育根本任务[5]。历史教育是研学游的重要学习内容之一，研学游不同于传统的课堂教育，通过实地参观文物古迹、历史遗迹、观察历史文物等，开阔视界，提升审美力，培养潜移默化培养学生们历史学习兴趣，传承优秀历史文化。

2006年曲阜依托儒家文化资源首次举办研学旅游节，是国内较早开展研学活动的旅游城市之一，将儒家文化精华与当代社会完美结合，相继开发了中华成人礼、开笔礼、晨钟开城、暮鼓关城仪式、入泮礼、过大年民俗体验、背《论语》等若干研学项目，取得了良好

的社会反响和经济效益[6]。徐州博物馆在研学游中也发挥了领军人的示范作用,多年来致力于与各级院校开展教学合作项目,取得可喜成果,多次被授予科研教学基地称号。定期举办的专家讲坛活动向包括在校学生在内的社会大众宣讲两汉文化知识,收获诸多社会美誉。

近年来,徐州市委、市政府高度重视汉文化资源的保护传承、开发利用,明确赋予两汉文化在文化建设中的主导地位,以"挖掘汉之源、编创汉之赋、奏响汉之韵"为主抓手,策划实施"舞动汉风"文化建设工程,全面展现徐州汉文化独特魅力,放大汉文化品牌效应,有力提升徐州城市文化软实力。

习近平总书记指出:"城市是一个民族文化和情感记忆的载体,历史文化是城市魅力之所在。"[7]可见,历史的传承关乎民族文化和情感记忆,徐州以拥有丰富的历史文化资源而骄傲,将优秀的历史文化资源传承后世,是我们责无旁贷的使命和责任。要大力发展文化旅游,充分利用历史文化资源优势,树立徐州"两汉之源"文旅品牌,通过文博教育基地、文物保护单位、历史人文景区等各个单位的多方协作,依托博物馆、艺术馆、图书馆等现有资源和场地,打造适合研学旅游的精品线路,深入发掘传播优秀历史文化精髓。同时利用先进的技术手段,多方面展示两汉物质文化成就和独特魅力,将文旅融合作为践行"知行合一"教育理念的重要途径,让孩子们树立唯物史观、了解历史史料、培养爱国情怀,在此基础上提升徐州城市文化形象和软实力,增强人们的自豪感和文化自信心。

(三)以文旅带动城市经济发展

旅游业辐射面广、关联度大,在徐州城市经济发展中发挥着举足轻重的作用,整体带动旅行社、景区、餐饮、文创、休闲服务等多项产业的飞速发展。因此,做优做强两汉精品文旅品牌对徐州城市经济发展和综合实力的提升举足轻重。

随着我国经济发展进入新常态,人民生活水平逐渐提高,消费能力日益增强。国家统计局发布公告显示,2019年全国旅游及相关产业增加值为44989亿元,占国内生产总值(GDP)比重为4.56%[8]。而据徐州市统计局发布的《2019年徐州市国民经济和社会发展统计公报》数据,截至2019年底,全市地区生产总值(GDP)达到7151.35亿元,其中,旅游总收入854.16亿元。接待入境过夜旅游者19.32万人次,其中,外国人15.65万人次;旅游外汇收入5711.97万美元;接待国内游客6337.14万人次[9]。可见,旅游业是徐州经济发展不可或缺的重要产业。

值得注意的是,在旅游消费方面,人们越来越倾向具有文化附加值的旅游项目。中国旅游研究院数据显示,2018年国庆期间超过90%的游客参与了文化活动,78.3%的游客花在文化体验的停留时间为2天以上[10]。由此可见,随着居民收入平稳增长,消费能力逐渐提高,人们乐于为文化买单。有鉴于此,徐州近年来相继开展了一些类丰富文旅体验的新兴项目,据《徐州文旅招商推介项目》信息显示,总投资265亿元的大风歌城项目(包括九里山文化休闲区、汉园、汉风商业旅游街区等),吕梁山风景区休闲度假村项目,汉王镇汉文化景区项目等,纷纷融入徐州全域旅游大格局,打造徐州旅游新亮点[11]。

三、余　论

得区域地理条件和历史因素的惠泽,徐州市自古就拥有良好的文化资源赋和文化产业基础,现代文化产业发展条件优越,文化产业发展在经济浪潮的推动下实现了跨越性的发展。有得天独厚的历史积淀和地域优势,在当今打造"一带一路"国际合作新平台的背景下，探讨两汉文化内涵与旅游业的紧密联合，不断推动徐州汉文化产业增值，对打造徐州"两汉文化"名片系统和提升徐州历史文化名城形象，持续推动汉文化产业向更高层次发展，进而带动徐州城市整体的经济繁荣，实现全力打造世界级汉文化传承和旅游目的地，竭诚为广大游客提供更加丰富的文旅体验的宏伟目标，具有积极的推动作用。

参 考 文 献

[1] 范海杰，吴悠. 品两汉文化赏山水美景 打响"快哉徐州"文旅品牌 2021 中国（徐州）汉文化旅游节开幕［N］. 徐州日报，2021-09-30（1）.

[2] 徐州市统计局. 2020 年徐州市国民经济和社会发展统计公报［R/OL］.（2019-01-03）［2024-06-28］. http://tj.xz.gov.cn/xwzx/001004/20210323/3faca3ed-3a25-4bfb-8cec-36e60e1e0bb5.html.

[3] 梁勇. 徐州汉墓［M］. 南京：江苏凤凰美术出版社，2018：24.

[4] 中国新闻网. 2018 年城市旅游度假指数报告［R/OL］.（2020-02-27）［2024-06-28］. http://www.chinanews.com/business/2019/01-03/8719073.html.

[5] 甄鸿启，李凤堂. 研学旅行教育理论与实践［M］. 北京：旅游教育出版社，2020：8.

[6] 郎咸国. 儒家文化资源与曲阜研学旅游发展研究［D］. 曲阜：曲阜师范大学，2016：36-38.

[7] 习近平. 坚定文化自信，建设社会主义文化强国［J］. 求是，2019（12）：1.

[8] 陈斌. 2021 旅游商品谁主沉浮［N］. 中国青年报，2021-01-05（8）.

[9] 徐州统计局. 2019 年徐州市国民经济和社会发展统计公报［R/OL］.（2020-02-27）［2024-06-28］. http://tj.xz.gov.cn/xwzx/001004/20200327/9981f6f5-873f-48e5-a882-c1180ab98650.html.

[10] 范周著. 中国文化产业研究丛书 文化发展研究札记［M］. 北京：商务印书馆，2019：402.

[11] 张瑾. 21 个项目增色徐州人的文旅生活［N］. 徐州日报，2020-10-31（5）.

中小型博物馆传统节日社教活动策划方式研究

——以泰州市姜堰区博物馆为例

丁欣桐

泰州市姜堰区博物馆

摘 要： 中国传统节日作为深深植根于民族文化的"我们的节日"，为博物馆提供了宝贵的教育活动契机。这些节日不仅是中小型博物馆举办社会教育活动的有效载体，也是充分利用各类资源、进一步扩大社会影响力的关键时机。在传统节日社教活动中，中小型博物馆应深入挖掘并展示地域文化的独特魅力，积极整合各类社会资源，借助各类媒体的力量进行广泛宣传，开展有特色、有深意的传统节日活动。

关键词： 中小型博物馆 传统节日 社教活动

中国传统节日在人们生活中占据着不可或缺的地位，它承载着中华民族丰富多彩的历史文化底蕴。博物馆是中国传统文化宣传的窗口单位，做好传统节日社教活动是其职责，让观众在博物馆营造的节日氛围内深度体验传统习俗，对中国传统文化产生认同感、自豪感，也是新时代赋予博物馆的重要任务。泰州市姜堰区博物馆是一座区县级中小型博物馆，近年来努力打造"我们的节日"系列社教活动，在此类社教活动策划工作中取得了一些工作经验，以"可听、可看、可思、可及"作为活动策划准则，吸引观众走进博物馆，了解传统节日文化。

一、发挥传统节日假期优势，积极组织社教活动

中国传统节日如春节、元宵、清明节等，经过千百年来的代代相传，在全国范围内具有相当大的影响力。伴随着公众假期与阖家团圆的传统习俗，传统节日成为博物馆开展社教活动、扩大博物馆宣传影响力的重要时机。就泰州市姜堰区博物馆而言，存在规模较小、参观人数较少的问题，但在传统节假日期间，观众量会出现小幅上涨。2022年6月与9月分别有端午节和中秋节两个传统节日假期，根据泰州市姜堰区博物馆入馆参观扫码数据分析，传统节日的参观人数约占对应月份总参观人数的31%，除去公共假期给予观众更多空闲时间的影响外，博物馆所提供的公益社教活动也是使更多观众走进博物馆的主要原因。

2022年端午节假期为3天，人们更倾向于本地游或周边游。泰州市姜堰区博物馆把握此时间节点，推出了丰富的体验式社教活动，3天的端午节系列活动分别为"携艾系丝""龙

舟舞端阳""送展进社区"，观众可以根据公布的活动安排，选择自己想要参与的项目。其中，"携艾系丝"为汉服参观活动，鼓励观众身着汉服参与，博物馆在展厅为观众讲解姜堰地区的历史文化，由汉服爱好者为观众挂香囊、系五色丝。观众身着汉服，沉浸在历史的长河中，以独特的方式传承了传统的节日习俗。更重要的是，观众在活动中能感受到浓厚的文化氛围，深入思考传统文化的内涵与价值，从而获得一段美好而丰富的传统节日体验。

泰州市姜堰区博物馆举办的"中秋雅集 汉服之夜"活动，紧密贴合了中秋节阖家团圆的传统习俗。活动当晚，博物馆工作人员与观众共同身着汉服，一同做花灯、赏明月。自2020年起，此项活动已成为博物馆每年中秋节夜间开放计划的重要组成部分。中秋节期间，家人团聚共进晚餐后一同赏月是历史悠久的传统。泰州市姜堰区博物馆选择在这一时段举办活动，旨在让观众在享受家庭温馨之余，能够与亲朋好友一同来到博物馆，亲身感受传统文化的魅力，共度一个富有文化内涵的中秋佳节。经过近年的积累与发展，"中秋雅集 汉服之夜"已在本地形成了一定的品牌影响力，众多观众表示已将此项活动纳入他们每年的中秋庆祝计划中，期待每年都能与家人朋友共同参与到这一具有深刻文化内涵的盛会中。

二、充分挖掘地域文化特色，促进文化认同

传统节日作为中华民族文化的重要组成部分，除普遍习俗外，各地区亦保留着独特的文化特色。深入挖掘地域文化特色，对于提升公众对传统文化的认知，激发其温暖记忆与认同感具有重要意义，是实现传统文化有效传承的关键所在。

泰州市姜堰区博物馆在"年话年画"研学

活动中，为参与学生深入讲解了中国传统雕版年画的历史沿革，同时展示了本地年画的独特魅力。通过此次活动，学生们不仅了解了中国各地区年画的艺术特色，还将其与馆藏清代木版年画作品进行了比较分析。在欣赏本地年画的过程中，学生们惊喜地发现，其中既有北方特色门神的形象，也不乏江苏江南地区年画的经典元素，这使学生们对姜堰地处苏中、南北文化交融的地理文化特色有了更深刻的认识和理解。此次活动的成功举办，不仅丰富了学生的课外文化生活，也为传承和弘扬中华优秀传统文化注入了新的活力。

在2022年端午节期间，泰州市姜堰区博物馆举办了名为"龙舟舞端阳"的亲子活动，向观众介绍了"博物馆里的端午"以及姜堰地区独特的端午节习俗。为了更贴近当地文化，特别使用方言对《泰县志》中关于端午节的记载进行了解读。例如，将"五色丝"称为富有地方特色的"百脚绳"，并用方言准确地读出了"粽箬""艾草"等节日必需品的发音。这种具有地方特色的解读方式，不仅唤起了家长们对儿时端午节的记忆，还激发了他们向子女分享端午趣事的欲望。通过此次活动，我们成功地营造了一种温馨亲切的家庭氛围，同时也赋予了社教活动更深远的传承意义。

三、融合各类社会资源，破解小馆困境

区县级中小型博物馆往往受其规模限制，如人力资源有限、科研力量相对薄弱等。在策划大型传统节日活动时，若仅依赖博物馆自身力量，可能会面临活动形式单一、组织能力不足等挑战。为了克服这些困难，泰州市姜堰区博物馆积极寻求与正规社会组织、学校、社区等单位合作，通过协同合作、资源共享，实现了活动组织和内容深化的高效融合，有效提升了活动的影响力和参与度。这种合作方式不仅

优化了资源配置，还促进了多方共赢，达到了事半功倍的效果。

汉服文化是中华传统文化中的重要组成部分，近年来，"汉服复兴"也逐渐在各类宣传活动中得到越来越多的关注。2021年中国新汉服市场规模为101亿元，同比增长6.4%；消费者规模1021万人，同比增长14.4%[1]，从汉服产业相关数据中可以看出汉服文化正逐渐走进大众生活。博物馆作为历史与传统文化的宣传阵地，与"汉服复兴"所要表达的理念可谓不谋而合。在观众对汉服的兴趣逐渐升温的情况下，博物馆借助汉服文化的影响力举办相关活动，可以扩大社教活动影响力、增加活动的观赏性与趣味性，所以近年来，泰州市姜堰区博物馆亦举办了多场汉服主题的传统节日活动。由于本馆是人员较少规模较小的中小型博物馆，没有中国传统服饰文化的专业研究人员，为严谨对待汉服文化宣传当中关于服饰历史、审美等关键要素，泰州市姜堰区博物馆与姜堰区汉服文化协会达成长期合作，共同探讨活动内容及服装形制，以此保证活动质量。通过与汉服文化协会的合作，既丰富了活动形式，又得到了观众的普遍认可，达到了一举多得的效果。

除姜堰区汉服文化协会之外，泰州市姜堰区博物馆还与姜堰新父母学校合作举办了家庭教育沙龙，将学校打造的家长教育平台引入博物馆。此做法让博物馆社会教育活动更具有针对性，服务对象更为精准，活动组织更加有序。

四、利用融媒体宣传，扩大活动影响力

在博物馆社教活动策划工作中，宣传工作占据着举足轻重的地位，其重要性不亚于活动内容本身。社教活动的宣传工作涵盖活动的前期筹备与后期总结两个阶段，每个阶段都扮演着至关重要的角色。

在活动的筹备阶段，博物馆应积极开展前期宣传工作，以吸引广大观众的关注，并为活动聚集人气。在此过程中，博物馆应将宣传的焦点集中在活动的内容及其预期成果上，通过向观众展示详细的活动方案和精美的手工成品图等直观材料，使他们能够对活动有一个全面的了解，从而激发他们参与的热情和期待。2023年，在泰州市姜堰区博物馆"九九重阳写百寿"活动的前期宣传阶段，博物馆利用微信公众号向观众推送了活动信息及成品照片，观众从推文中不仅能够获取活动的基本信息，亦会对成品的制作产生美好的心理预期，该活动上线发布6分钟即名额报满。这样的宣传策略不仅有助于提升活动的知名度，还能为活动的成功举办奠定坚实的基础。

活动举办后期总结阶段，博物馆以观众的参与过程、观众反馈、活动精彩瞬间等为内容进行宣传。这些内容不仅激发了观众的共鸣，还引发了他们在社交媒体上的转发和分享，进一步扩大了活动在文化圈层内的影响力。文化圈层作为中间媒介，可以起到聚拢受众、引发共鸣的独特作用[2]。博物馆可以巧妙地运用与活动紧密相关的关键词进行宣传，以此激发文化圈层内的潜在关注，进一步提升网络空间中的浏览量。通过充分发挥观众在自媒体平台上的影响力，结合线上观众的搜索习惯，我们能够有效地拓宽宣传的覆盖面，并与观众建立起长期稳定的联系。这种宣传方式不仅为观众提供了更加丰富的活动参与选择，同时也为我们的后续活动打下了坚实的基础，为未来的发展积累了宝贵的资源。

五、对于新时期中小型博物馆传统节日社教工作发展的思考

（1）增强社教活动体验感，在深入挖掘传统节日文化内涵的基础上，举办适合各年龄层参与的互动体验活动。中小型博物馆仅指博物

馆的规模或人力等客观因素，但就博物馆所在地区而言，应是为全体人民群众服务的公益性机构。博物馆在社教活动策划的过程中，不能单以未成年人或年轻人为受众，要结合各年龄层次的观众需求，举办相应的活动，充分发挥博物馆社会教育功能。可以亲子活动为形式，让青年、老年群体逐渐融入社会教育活动中，同时开发技能要求更高、更有深度的教育内容。

（2）完善观众反馈机制，为观众提供多种发声渠道，从观众中来到观众中去。要充分利用留言簿、活动反馈表、微信公众号后台留言等多种形式聆听观众的声音，听取观众的意见和建议，以服务者的态度面对观众的各种反馈并积极回应。博物馆不仅要在活动举办的过程中增强观众的参与感，也要结合观众的需求，在活动策划中形成以观众为主的服务态度。

（3）破解活动同质化现象，开发个性化教育活动品牌，以特色活动作为基础策略。中小型博物馆同质化，即博物馆在自身运营和文化输出过程中产生类似的文化产品而逐渐丧失自身文化特质[3]。在社教活动中，同质化现象也较为严重，特别是以传统节日为主题的活动中，春节剪纸、端午节包粽子、中秋节做花灯等活动在各中小型博物馆中往往大同小异。中小型博物馆应结合当地文化特色，在保证活动符合传统文化背景的前提下，打造本馆的特色活动，以品牌活动形式突出活动的地域性与特殊性，才能在观众心中留下更深刻的印象。

六、结　　语

在博物馆教育活动日益发展的情势下，中小型博物馆所面临的既是挑战也是机遇，传统节日是中华民族共同的文化瑰宝，做好传统节日社教活动是博物馆发挥教育功能，宣传民族文化的重要工作。让观众在活动中体验，在体验中认同，是泰州市姜堰区博物馆作为中小型博物馆在传统节日社教活动探索出的一条小径，未来，也将继续前进。

参 考 文 献

[1] 艾瑞咨询. 2022年中国新汉服行业发展白皮书[R/OL].（2022-09-30）[2024-04-20]. https://www.iresearch.com.cn/Detail/report?id=4072&isfree=0.

[2] 何薇. 公共传播中的文化圈层策略探析：以广州广播电视台为例[J]. 科技与传播，2022（8）：53-62.

[3] 周璞，肖宇. 同异之道：中小型博物馆的同质化与个性化[C]//常州博物馆. 传承与创新：地方性博物馆变革与发展学术研讨会论文集. 南京：南京出版社，2018：270-275.

新时代基层博物馆助力乡村振兴发展探究

——以菏泽市为例

陈建辉

孔子博物馆

摘　要：基层博物馆是展示一个地区历史文化、社会发展和建设成就的窗口，在地方文化发展中具有极其重要的地位。基层博物馆应该加强自身建设，积极响应乡村振兴战略，为乡村振兴注入生机和活力，为乡村干部群众提供精神滋养和智力支持，建设成为宣传党的方针政策和社会文明新风的特色阵地。

关键词：基层　博物馆　发展　振兴

"中华文明植根于农耕文化，乡村是中华文明的基本载体。"党的十九大报告中提出了乡村振兴战略，在随后的多个中央一号文件指出，文化振兴是乡村振兴的灵魂，乡村振兴战略必须振兴乡村文化，深化农村群众性精神文明创建，加强乡土文明建设[1]。作为"天下之中"的菏泽紧抓机遇，加大投入力度，基层博物馆发展迈上快车道，为乡村振兴战略的深入推进贡献力量。

一、基层博物馆的发展现状

菏泽，传说是"伏羲之桑梓，尧舜之故里"，历史文化灿烂丰厚。2013年11月26日，习近平总书记亲临菏泽视察[2]，菏泽市深入贯彻落实习近平总书记视察时的重要讲话精神，各县区深挖地方文化资源，强化文化阵地建设，以县区博物馆为代表的一批具有特色优势的基层博物馆建设完成，成为收藏记忆、文化传承的重要场所。

切实加强并完善国有博物馆力量。2018年以来，菏泽市改建、新建县级博物馆6座，这些改新建博物馆无论是硬件和还是软件都得到了大幅提升；同时根据馆藏文物和地方文化特点合理设置专题展厅以及临时展厅，开设沉浸式教学课堂，不断提升社会服务能力。舒适的环境、特色的展览和热忱的服务使得博物馆逐渐成为人民群众感受中华优秀传统文化的参观打卡点。2018年，巨野县博物馆与成武县博物馆新馆相继建成开放，而郓城县和东明县原来负责文物工作的文物管理所顺应机构改革要求，建设开放了博物馆（图1）。这些博物馆根据馆藏文物和地方文化特点布置基本陈列展览（图2、图3），切实加强地方民俗文化的展示与宣传，并设有沉浸式教学课堂以便开展研学活动，为少年儿童了解地方文化提供便利。

图1 郓城县博物馆新馆

图2 地方文化展示

图3 民俗文化收藏与展示

其中成武县博物馆2020年被评定为国家二级博物馆，巨野县博物馆2024年被评定为国家一级博物馆。

除了文物部门主管的综合性国有博物馆，部分县区还注意地方民俗文化的挖掘，建立了民俗专题博物馆。单县民俗博物馆位于单县胜利路三元广场北侧，利用始建于明朝的朱家楼院这处文物保护单位，以朱家发展史为背景，通过大量的图片、实物、塑像等，充分展示鲁西南一代鲜明的民俗文化，既有效提升了文物利用效率，也促进单县民俗文化保护和展示。而巨野作为中华麒麟文化的发源地，突出抓好"麒麟文化"建设，建设了麒麟文化博物馆，搞好麒麟文化研究，深化旅游开发，促进文旅融合发展。

乡村振兴离不开乡村自身乡村文化的重塑与构建。各乡村也是在乡村振兴、经济社会发展进程中注意收集历史变迁的痕迹，建立了乡村记忆馆和博物馆[3]。如巨野县利用古祠堂、古街巷，收集传统文化资源，建成乡村记忆馆七处，它们在保护自然村庄的基础上，最大限度地展示和传承本土文化遗产，让群众在"乡愁"中感悟社会进步，在"记忆"中传承乡土文化；东明县小井村的乡村记忆馆从红色收藏到民俗收藏，从敢为人先的分产到户到改革开放，既有效保护和展现地方民俗文化，也展现了小井人敢为人先的精神魅力，为振奋时代发展提供了强大的精神力量。2022年，为振兴乡村文化、展示乡村文化、增强文化自信，山东省开展了全省首批乡村（社区）博物馆备案认定工作，以东隅韩氏宗祠乡村记忆博物馆为代表的菏泽市5家乡村博物馆成功入选。

二、基层博物馆促进乡村振兴的重要作用

基层博物馆，作为最贴近群众的文化事业单位，面对人民对于美好生活的新期待，面对公众日益多样化、个性化的文化需求，在乡村振兴战略实施中发挥着越来越重要的作用[4]。

收藏历史，传承文化。作为博物馆，最重要的功能是收藏与展示。基层博物馆充分发挥地方文化窗口作用，注意对地方民俗文物的收集，如东明县博物馆在黄河滩区居民迁建时走进滩区，征集滩区迁建过程中的日常用品和反

映滩区人民生活状态的用品，包括小木船、逃生用的轮胎、修筑房台用的工具等，留下社会发展变迁的记忆。单县张集镇刘庄社区的乡村民俗博物馆，收集展出 1300 余件老物件、240 余张老照片。而孟海镇历史文化展览馆更是用 3 天时间就征集了 1200 余件形态各异的老物件，每件都是时代生产力和群众智慧的再现。

展示传统，守望未来。基层博物馆通过不同的展览形式做好对地方文化传统的展示，激活了乡村记忆、传承了文化情怀、留住了美丽乡愁，成为乡村文化振兴成果展示的新窗口、新名片。巨野博物馆内部常设了民俗非遗展厅，以实物与多媒体多种形式相结合的方式，将本地的传统习俗以一种听得到，看得见，摸得着的方式展现出来，充分展示深厚的文化底蕴。在重要节日开设民俗专题展，如成武县打造木版年画展，新春过大年等，让群众感受到社会生活的变迁和时代的发展；东明博物馆打造"我们的节日"主题常态化展示和介绍，加强传统文化的宣传。作为乡村文化汇聚的乡村（社区）博物馆在展示民俗传统的基础上更是描绘未来美好的生活，人们在徜徉中回味生产生活的过往，感悟经济社会的变迁，尽享时代发展成果。如牡丹区安陵革命历史博物馆，既述说艰苦革命战争年代的实物见证，也展示时代发展的新成果，铭记老区精神，为新时代乡村振兴凝聚力量。

服务人民群众，促进乡村长远发展。基层博物馆的定位是服务广大基层群众。随着全面建成小康社会、乡村振兴战略的贯彻实施，以县域国有综合性博物馆为主体的基层博物馆顺应时代发展，积极走出去、下基层、进乡村开展多层次的巡回展览，让"高大上"的文物走进社会民众的生活中，让基层博物馆更有温度。如牡丹区博物馆每年开展系列"三下乡"送展活动，极大便利满足了新时代人民群众对精神文化的追求，受到了人民群众的高度

关注和好评。曹县博物馆与乡村社区加强沟通对接，整合乡村文化资源助力建设乡村文化馆，并不定期开展联合展演惠民活动，切实满足人民群众精神文化生活。

切实落实好利用博物馆资源，开展中小学教育教学工作，利用博物馆资源，开展主题研学、社教活动，送展进校园等，将优秀传统文化融入教学课程。如成武县博物馆专门开辟了传统文化公益教室，不定期开展非遗传统文化研学活动，扎染、拓印、绘画……丰富多彩的活动既让同学们感受传统文化的博大精深，也为孩子们种下一颗共建美好家乡的未来种子。考虑到偏远乡镇的不便，牡丹区、东明县等博物馆就优选馆藏文物制作其宣传板报送展进校园，由工作经验丰富的工作人员为同学们讲述地方优秀的历史文化，鼓励同学们为家乡建设奋发学习。

随着乡村振兴的推动，以乡土文化为核心乡村旅游也受到人们的追捧。作为地方文化的集中展示中心，基层博物馆紧紧抓住文旅融合发展重要机遇，延长旅游线路，使得人们在畅享乡村自然美景的同时更直观地感受中华农业文明发展的历程。巨野县核桃园镇前王庄村是鲁西南地区石砌建筑的典型代表，历史悠久，文化底蕴深厚，入选了第二批全国乡村旅游重点村。当地根据"修旧如旧"的原则，利用村里废弃民宅建设了乡村记忆展览馆，集中展示了前王庄村源远流长、淳朴厚重的民俗民风。而东明的玉皇庙村民俗博物馆作为玉皇新村生态旅游省重点建设项目的 9 个乡村旅游园区之一，里面收藏着大量反映鲁西南农耕文化的展览品，如同一幅新农村发展的历史画卷，对当地民俗文化保护传承和乡村旅游发展起到很好的示范带动作用。

三、新时代基层博物馆建设发展的建议

我们看到基层博物馆的快速发展，在加强

文物展示利用、地方文化宣传、社会教育方面发挥的重要作用。但现实中很多基层博物馆现在是硬件上逐步完善，受制于资金、人员认识、管理水平等的限制，在软件方面上还有诸多不足。随着人们物质生活水平的提高，乡村振兴战略的深入推动，加快基层博物馆发展是顺应时代发展的需要。要多措并举，不断增强基层博物馆文化服务功能。

提高思想认识，加强文化阵地建设。博物馆是留住文化根脉、传承文明的重要公共文化服务机构，要想发展首先还需政府重视。政府部门应织做好地方文化内涵的总结，加大资金投入，根据具体实际层次化协调县区国有综合性博物馆升级改造和民俗文化博物馆、乡村（记忆）博物馆等的建设；根据展示内容特点结合多媒体技术，改变原来传统单调的文字、图片、实物等静态展陈方式，加入全息影像、VR模拟技术等新科技，开展互动式展览，激发参观者兴趣[5]。

重点深入推进乡村记忆工程，根据地域文化特色，加强有特色、有吸引力、有凝聚力的乡村（记忆）博物馆建设，促进乡村文化旅游融合发展，一方面能够直观地反映乡村的地域特色和文化特色，加强对外展示；另一方面作为乡村重要的活动空间，能够为村民提供休闲娱乐的场所，增强村民的文化自信。

明确定位，多渠道加强文化宣传。基层博物馆，首先要明确自己的定位是服务广大基层群众。尤其是随着全面建成小康社会的深入推进，贯彻实施乡村振兴建设，基层博物馆要加强民俗文化的收集与传播，让"高大上"的文物走进社会民众的生活中，发挥好人们感怀乡愁、拓宽视野、文化传承的时代使命；积极走出去、下乡村、进校园开展多层次的巡回展览，使乡村博物馆走进课堂，切实落实好利用博物馆资源开展中小学教育教学工作，建立学生的博物馆意识和魅力家乡意识。

加强宣传、扩大影响离不开新媒体。近年来互联网成为博物馆服务民众、文化宣传的重要载体。尤其是抖音、快手等短视频展示和直播，既能直观宣传乡村民俗文化，提高社会关注度，促进文旅融合发展，也能深化地方宣传，在促进文化宣传的同时，助力地方电商产业发展，深化地方产业发展链条。

挖掘地方特色，推动文化创新。基层博物馆发展的天然趋势在于突出地域文化特色。在推动乡村博物馆建设进程中无论是展出内容还是展览形式，要结合当地的实际情况及特点，深入挖掘地方特色，如突出地方文化遗产、传统手工艺、非遗传统以及独特村史等，注重对乡村独特文化进行重点详细介绍，做到人无我有、人有我优，使观者对当地的特色文化有充分的了解[6]。如大黄集镇是鲁西南革命老区，在乡村发展中突出打造红色文化，整合民俗文化资源，将域内红色村庄协同发展打造"革命路"、建设安陵革命历史博物馆，成为全市集爱国主义教育、乡村游于一体的文化乡镇。

博物馆理论和文化研究是博物馆工作的灵魂，基层博物馆在提供陈列展览做好社会教育的基础上，还应做好地方历史文化的研究和宣传。一方面，要加强对馆藏文物资源和资料的整理和研究，梳理出基层博物馆自己最有特色的文化资源；另一方面，要安排专门人员，通过自主研究或对外沟通交流，加强对地方文物资源的宣传。这样既能加强当地人才专业技术水平，也有利于地方文化资源的整合利用，促进地方文化资源的开发，以吸引更多地人前来欣赏。

加强对外交流和互动。基层博物馆作为地方文化收藏展示窗口，要发挥好为服务功能需要更多地借鉴吸收他人之长。县区国有综合性博物馆要发挥好统揽作用，在做好地方文化研究展示的基础上注意对乡村博物馆建设规划指导；乡村博物馆之间取长补短，找到差异在突出自身特色上下功夫。持续开展好文物下乡活动，对乡村博物馆日常展示内容交流更新，吸引更多地群众参与到博物馆中来，增强群众的文化认同感和归属感。积极加强对外交流和合作，要更多地引进举办有意义的临时展览，常展常新，满足地方民众精神文化需求。

巨野县博物馆近年来在做好基本陈列展览的基础上引进大家关注的展览。其中"昌邑故国——海昏侯墓精品文物展"以"海昏侯回家"为宣传主题，与红土山汉墓出土文物联袂展出，给当地人民带来了历史文化的一场盛宴。同时巨野县博物馆在引进临展的同时出借文物交流展出，如南越王博物院"齐鲁汉风"展、长沙市博物馆"雄踞东方——山东地区汉代文明展"等这些对外交流互动让更多地人关注巨野，关注昌邑故城、金山崖墓等多处全国重点文物保护单位，对加强地方文化旅游起到重要引流作用。

"博物洽闻，通达古今；存物观世，以启来者。"乡村文化是中国传统文化的重要组成部分，作为地方文化收藏展示的重要场所，基层博物馆在乡村振兴中承担着越来越重要的作用。相信随着基层博物馆不断加强自身建设，增强基层博物馆文化软实力，定会为乡村振兴注入生机和活力，为乡村干部群众提供精神滋养和智力支持，成为宣传党的方针政策和社会文明新风的文化阵地。

参 考 文 献

[1] 中共中央 国务院印发《乡村振兴战略规划（2018—2022 年）》[A/OL].（2018-09-26）[2024-06-28]. https://www.gov.cn/zhengce/2018-09/26/content_5325534.htm?tdsourcetag=s_pcqq_aiomsg.

[2] 砥砺奋进再向前：论深入学习贯彻习近平总书记视察菏泽重要讲话精神 [N]. 菏泽日报，2018-11-26（1）.

[3] 谭安，陈舒琪. 新时代文明实践中心建设助力乡村文化振兴 [J]. 安徽农业科学，2022（2）：273-274+277.

[4] 张春静. 乡村振兴背景下博物馆走近农民的有益尝试：以上海市金山区博物馆为例 [J]. 文物鉴定与鉴赏，2020（11）：146-147.

[5] 朱小军，王瑢瑢. 乡村振兴视野下的乡村博物馆设计研究 [J]. 工业设计，2020（10）：97-98.

[6] 朱小军，王瑢瑢. 乡村振兴视野下的乡村博物馆设计研究 [J]. 工业设计，2020（10）：97-98.

考古发现及研究

江苏淮安徐家湖东侧地块明清墓葬考古发掘报告

徐州博物馆（徐州汉画像石艺术馆） 淮安市文物保护和考古研究所

摘 要： 2022 年 2～4 月徐州博物馆、淮安市文物保护和考古研究所联合对淮安徐家湖东侧地块墓葬进行了考古发掘，清理明代墓葬 16 座、清代墓葬 75 座，出土陶瓷器、金银铜器、玉石器、买地券等器物 300 余件（组），为淮安地区明清时期丧葬习俗和物质文化的研究增添了新的资料。

关键词： 淮安 徐家湖 明清 墓葬

江苏淮安徐家湖东侧地块位于淮安市清江浦区清安街道，承德南路西侧、延安东路南侧，南部距离京杭大运河约 400 米，占地面积 111335 平方米（图 1）。地块内地势较为平坦，原为村庄后进行了拆迁。2022 年 2～4 月淮安市文物保护和考古研究所联合徐州博物馆对该地块进行了考古调查勘探，并发掘了墓葬 91 座，其中明代墓葬 16 座、清代墓葬 75 座（图 2）[①]，

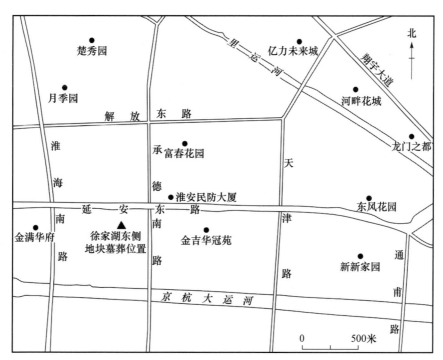

图 1 徐家湖东侧地块墓葬位置示意图

---

① 墓葬编号至 M93，M33、M52 销号。

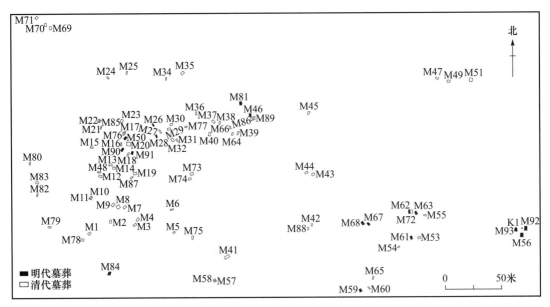

M71
M70 M69

M24 M25 M34 M35   M47 M49 M51   北

M81
M36   M46   M45
M22 M85 M23 M26 M30 M37 M38 M86 M89
M21 M17 M27 M29 M77 M66 M39
M76 M50
M15 M16 M20 M28 M31 M40 M64
M90 M91
M13 M18
M80   M48 M14   M44
M83   M12 M87 M73 M43
M82   M11 M10 M74
M79   M9 M8   M62 M63
M1 M2 M4 M6   M42 M67 M72 M55
M78 M3 M5 M75   M88 M68 M61 M53 K1 M92
M41   M54 M93 M56

■ 明代墓葬   0   50米
□ 清代墓葬   M84   M58 M57   M65
M59 M60

图 2　徐家湖东侧地块墓葬分布图

出土各类器物 300 余件（组）。现将发掘收获报告如下。

一、明 代 墓 葬

（一）墓葬形制

16 座。土坑墓 13 座，其中单棺墓 4 座、双棺合葬墓 9 座。砖室墓 3 座，为 1 组家族墓，其中 2 座为双砖室合葬、1 座为单砖室和单棺合葬，墓地中部有 1 座明堂。

1. 土坑墓

13 座，以 M28、M68 为例。

M28　长方形竖穴土坑墓，方向 316°。墓口距地表深 2.4、墓底距地表深 3.22 米。墓口长 2.8、宽 1.2～1.3 米，墓底长 2.7、宽 1.08～1.2 米。木棺保存较差，棺盖板已朽烂塌至棺内，木棺残长 2、头端宽 0.64、足端宽 0.45、底板残厚 0.05 米，由 4 块木板拼合而成。人骨保存较差，仅可辨肢骨及头骨，头向西北。棺外西端放置釉陶瓶 1 件（图 3）。

M68　长方形竖穴土坑墓，方向 167°。墓口距地表深 2、墓底距地表深 2.92 米。墓口长 2.8、宽 1.95～2.03 米，墓底长 2.68、宽

1.82～1.9 米。双棺保存较完整。左棺长 2.13、头端宽 0.65、足端宽 0.58、高 0.78、侧板厚 0.09、头端挡板厚 0.1、足端挡板厚 0.05、底板厚 0.08 米。右棺长 2.15、头端宽 0.62、足端宽 0.56、高 0.77、侧板厚 0.08、头端挡板厚 0.06、足端挡板厚 0.04、底板厚 0.06 米。双棺内底部均铺一层草木灰，人骨保存较差，可辨头骨、肢骨等，墓主均头南足北。随葬品 7 件，双棺外南侧各放置硬陶罐 1 件，左棺内放置金耳环 2 件、铜钱 1 组，右棺内放置铜钱 1 组、铜镜 1 件（图 4）。铜钱为万历通宝。

2. 砖室墓

3 座，以 M56 为例。

M56　长方形竖穴土坑砖室墓，方向 170°。墓口距地表深 2.3、墓底距地表深 3.87 米。墓口长 3.31、宽 2.43～2.79 米。墓内填土为黄褐色五花土，土质较软，含白灰、砖渣。左右并列双券顶砖室，左砖室完整，右砖室顶部局部被破坏。左砖室长 3.29、宽 0.96～1.4、砖室高 1.18、券顶残高 0.37 米；右砖室长 3.21、宽 1.12、砖室高 1.08、券顶高 0.39 米。砖室顶部为双层灰砖砌筑，上层平砌，下层立砌，南北两端用 5 层灰砖砌筑成半圆形与券顶相接，砖

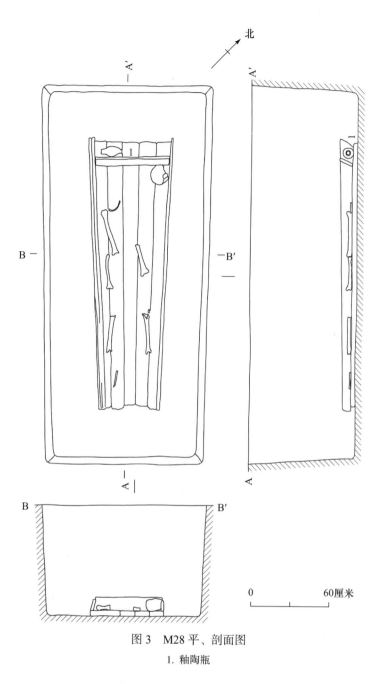

图 3　M28 平、剖面图

1. 釉陶瓶

室四壁用 17 层灰砖错缝平砌，墓室底部用 1 层砖铺底，较为平整。灰砖尺寸基本相同，长 0.24、宽 0.08、厚 0.04 米。砖缝之间用白石灰、沙子混合勾缝胶结，两砖室中间用白石灰填满，砖室与两侧墓圹之间的缝隙用 1 层灰砖平砌填满。两砖室内各置一梯形木棺。左棺长 1.98、头端宽 0.7、足端宽 0.52、高 0.67、侧板厚 0.09、头端挡板厚 0.06、足端挡板厚 0.03、底板厚 0.1 米；盖板由 2 块木板拼合而成，棺

内底部铺白石灰。右棺长 2.2、头端宽 0.64、足端宽 0.61、高 0.75、左侧板厚 0.09、右侧板厚 0.07、头端挡板厚 0.05、足端挡板厚 0.06、底板厚 0.13 米；盖板由三页板组成，棺内底部铺白石灰。双棺内人骨保存较差，可辨散乱的肢骨、肋骨等，头骨稍有移位，墓主均头南足北。随葬品 9 件（组），其中左棺外南侧放置釉陶瓶、铜镜各 1 件，棺内放置银戒指、银簪各 1 件，棺盖上用 1 件铁棺钉钉住盖板，右棺外南侧放

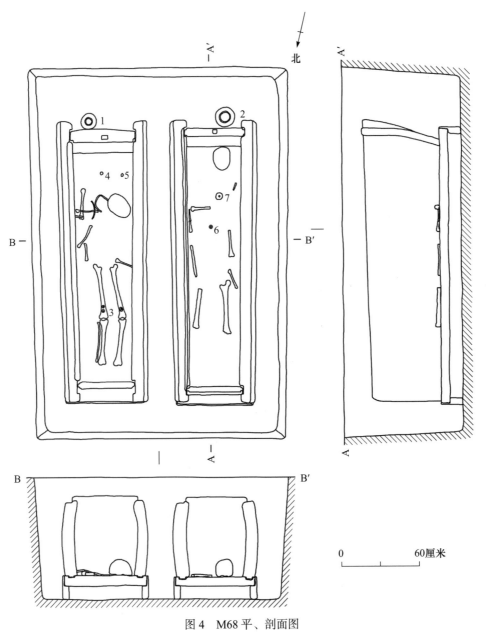

图 4　M68 平、剖面图

1、2. 硬陶罐　3、6. 铜钱　4、5. 金耳环　7. 铜镜

置买地券、釉陶瓶各 1 件，棺内放置铜镜 1 件、铜钱 1 组（图 5～图 7）。铜钱有太平通宝、万历通宝，买地券载时代为明万历十七年。

（二）出土器物

出土器物 65 件（组）。主要有硬陶器、釉陶器、金属器、买地券等。

1. 硬陶器

硬陶罐　4 件。M67：2，短直口，圆方

唇，束颈，折肩，微折腹，平底。肩部修刮成竖向瓜棱状。口径 8.4、腹径 21.2、底径 7.5、高 23.5 厘米（图 8-1、图 9）。M68：1，短直口，圆唇，束颈，溜肩，鼓腹，平底。颈部有两道凸楞和修刮痕。口径 10.7、腹径 24、底径 8.4、高 27.5 厘米（图 8-2）。

2. 釉陶器

22 件。釉色有酱釉、黑釉、青黄釉，器类有瓶、罐。

图 5　M56 平、剖面图

1、2. 釉陶瓶　3. 买地券　4、8. 铜镜
5. 银戒指　6. 铜钱　7. 棺钉　9. 银簪

　　釉陶瓶　18 件。小口微敛，重唇，短束颈，溜肩，平底。内外壁均有制作轮旋纹。红褐色胎。器表薄施一层酱釉。依腹部不同分两型。

　　A 型　12 件。鼓腹。M56：1，口径 3.4、腹径 13、底径 4.6、高 20.1 厘米（图 8-3、图 10）。

　　B 型　6 件。弧腹。M59：2，口径 3.1、腹径 8.1、底径 3.1、高 19.4 厘米（图 8-4、图 11）。

　　酱釉四系罐　1 件。M91：1，直口，方唇，短束颈，溜肩，弧腹，平底。肩部贴塑

图 6　M56 清理前

图 7　M56 清理后

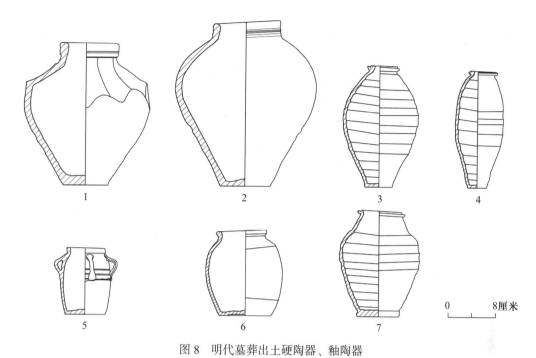

图 8　明代墓葬出土硬陶器、釉陶器

1、2. 硬陶罐（M67∶2、M68∶1）　3. A 型釉陶瓶（M56∶1）　4. B 型釉陶瓶（M59∶2）
5. 酱釉四系罐（M91∶1）　6. 黑釉罐（M92∶3）　7. 青黄釉罐（M61∶1）

图 9　硬陶罐（M67∶2）

图 10　A 型釉陶瓶（M56∶1）

图 11　B 型釉陶瓶（M59∶2）

图 12　酱釉四系罐（M91∶1）

图 13 黑釉罐（M92：3）

图 14 青黄釉罐（M61：1）

对称四系。肩饰三道凹弦纹。黄褐色胎。上腹部施酱釉。口径 5.5、腹径 8.4、底径 6.7、高 10.9 厘米（图 8-5、图 12）。

黑釉罐　2 件。M92：3，敞口微撇，圆唇，短束颈，折肩，弧腹，平底。褐色胎。口内及器表施黑釉，施釉不及底。口径 7、腹径 13、底径 8.7、高 14.1 厘米（图 8-6、图 13）。

青黄釉罐　1 件。M61：1，敞口，尖圆唇，口外一圈凸棱似母口。颈部斜直，溜肩，弧腹，平底。内外壁均有制作轮旋纹。红褐色胎。器表施青黄釉。口径 6.7、腹径 13.8、底径 6.9、高 17.6 厘米（图 8-7、图 14）。

3. 金属器

33 件（组）。包括金银器和铜铁器，器

类有耳环、簪、耳勺、戒指、棺钉、镜、钱币等。

耳环　2 件。M68：4，金质，圆环形，不闭合。内径 1.2、外径 1.5 厘米（图 15-1）。

簪　4 件。M92：7，银质，器身较短，簪杆呈扁锥形，尾端尖。簪首为圆形，簪杆与簪首连接处呈竹节状。长 4.4 厘米（图 15-2）。M93：3，银质，簪杆修长为五棱形，顶端圆形，尾端尖锐。簪首为树状，簪杆与簪首连接处有细颈，颈上饰数道凹弦纹。长 14.6 厘米（图 15-3）。

耳勺　1 件。M61：4，银质，长条状，截面为近圆形，顶端为圆勺。长 8.2 厘米（图 15-4）。

戒指　7 件。M93：7，银质，戒环由扁长

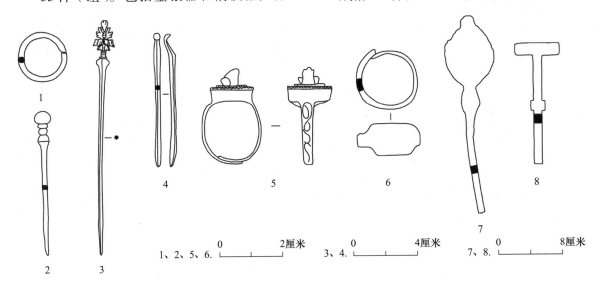

图 15　明代墓葬出土金属器

1. 金耳环（M68：4）2、3. 银簪（M92：7、M93：3）4. 银耳勺（M61：4）5、6. 银戒指（M93：7、M56：5）
7、8. 铁棺钉（M92：5、M56：7）

图 16　银戒指（M93∶7）

图 17　素面镜（M56∶8）

银条弯曲而成，活口可调节大小，戒环面錾刻 S 形纹。戒面呈圆台状，由边框和芯子两部分组成，边框錾刻呈一朵圆菊花形，中部下凹，芯子锤揲成一立体蟾蜍，四脚伏地，昂首挺胸，造型生动。戒环直径 1.9、戒面直径 1.4 厘米（图 15-5、图 16）。M56∶5，银质，戒环圆形，活口可调节大小，戒面长方形。戒环直径 1.9 厘米（图 15-6）。

棺钉　2 件。M92∶5，铁质，葫芦形。长 24.5 厘米（图 15-7）。M56∶7，铁质，T 形。长 14.9 厘米（图 15-8）

镜　6 件。其中 2 件为素面镜，其余 4 件为仿古镜，正面平整，背面纹饰不甚清晰。

M56∶8，素面镜。圆形，柱状印章式钮，钮面有"近泉铸造"四字。直径 10.2 厘米（图 17、图 18-1）。

M56∶4，仿唐海兽葡萄镜。圆形，伏兽钮，一圈凸起连珠纹带将镜背面分为内外两区，内区有 4 只高浮雕瑞兽嬉戏于葡萄藤蔓之间，外区有 6 只雀鸟环绕于葡萄藤蔓间，镜缘凸起，饰一圈花瓣纹。直径 10.6 厘米（图 18-2、图 19）。

M68∶7，仿汉乳钉纹镜。圆形，圆钮，其外一圈饰大乳钉 16 个，间饰小乳钉 13 个，

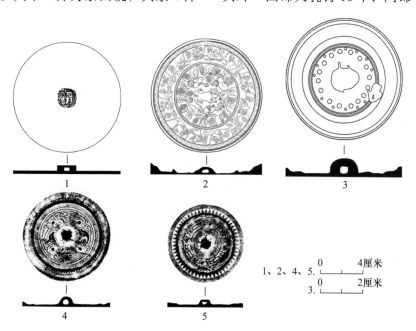

图 18　明代墓葬出土铜镜

1. 素面镜（M56∶8）　2. 仿唐海兽葡萄镜（M56∶4）　3. 仿汉乳钉纹镜（M68∶7）
4. 仿汉四乳四神镜（M92∶6）　5. 仿汉博局镜（M62∶1）

图 19　仿唐海兽葡萄镜（M56∶4）

图 20　仿汉乳钉纹镜（M68∶7）

图 21　仿汉四乳四神镜（M92∶6）

图 22　仿汉博局镜（M62∶1）

两圈凸弦纹上加铸一字铭，字迹模糊不可辨识。镜缘较宽，缘边凸起。直径 5.6 厘米（图 18-3、图 20）。

M92∶6，仿汉四乳四神镜。圆形，圆钮，内区饰 4 个带圆座乳钉纹，间饰四神兽，外区饰两道凸弦纹和一圈栉节纹。宽缘，缘面饰一圈锯齿纹，缘边凸起。纹饰中间加铸长方形字铭，字迹模糊不可辨识。直径 8.3 厘米（图 18-4、图 21）。

M62∶1，仿汉博局镜。圆形，圆钮，钮顶面较平。背面主体纹饰为 2 圈凸弦纹，间饰 4 组带座乳钉纹，两乳钉间饰简化的 T 形长方框和两朵云纹。纹饰中加铸"吕"字。其外饰一圈栉节纹。宽缘，缘面饰一圈锯齿纹。纹饰基本被磨平。直径 7.2 厘米（图 18-5、图 22）。

钱币　11 件（组）。以万历通宝最多，少量开元通宝、太平通宝、泰昌通宝、崇祯通宝。方穿，对读。

M92∶2-1，开元通宝，直径 2.4、穿径 0.7 厘米（图 23-1）。

M56∶6-1，太平通宝，直径 2.5、穿径 0.6 厘米（图 23-2）。

M81∶3-1，泰昌通宝，直径 2.6、穿径 0.7 厘米（图 23-3）。

M92∶2-2，万历通宝，直径 2.5、穿径 0.5 厘米（图 23-4）。

M56∶6-2，万历通宝，直径 2.4、穿径 0.5 厘米（图 23-5）。

M68∶3-1，万历通宝，直径 2.9、穿径 0.6 厘米（图 23-6）。

4. 买地券

6 件。陶质，方形，券文阴刻涂朱，部分字迹潦草、漫漶不清晰，时代集中在明代万历、崇祯年间。少量买地券背后有八卦图案。

M56∶3，边长 37.7 厘米，从左向右竖书 20 行，券文如下：

图23 明代墓葬出土钱币

1. 开元通宝（M92：2-1） 2. 太平通宝（M56：6-1） 3. 泰昌通宝（M81：3-1）

4～6. 万历通宝（M92：2-2、M56：6-2、M68：3-1）

维／大明万历十七年岁次己丑三月
戊申朔日十七日甲子黄道开山破土至／
二十六日癸酉黄道十全大吉安厝掩／浙江
湖州府乌城县人氏□於／直隶淮安府山阳
县清江浦运河北岸居住奉／神保安信士孝
男吴雷等／伏缘故考吴公讳富神主骨殖奄
逝未卜茔溃凤夜忧思不遑／所厝遂今日者
卜此高原来去朝迎地占袭吉地属山阳县
安乐／乡氏人张慎思曹云寺净一段堪为
吉兆出备价银十八两二十贯文／买为茔
业其地课作南北长一百六十八步东西阔
一百四十六步左至／青龙右至白虎前至朱
雀后至玄武幽堂清净快乐逍遥当日银契两／
相交付凡有故气伏尸永不侵争□□承阡陌
永作证盟久用银贡／此地永保子孙荣上至／
青天界下至水泉□是亡者□存殁两安宁牙
保现於契乃许地祇□如／有逢兟者执斯者／
阴为北方使者女青律令今亡者收执永为照
证／大明万历十七年三月六日亡过吴公讳
富神主／立券人高里大神知见人岁月主者／
代保人／年直符神后之神／月直符天罡之
神／日直符河魁之神／

二、清代墓葬

（一）墓葬形制

75座。均为竖穴土坑墓，其中单棺墓40
座，双棺合葬墓32座，三棺合葬墓3座。

1. 单棺墓

40座，以M85为例。

M85 长方形竖穴土坑墓，方向42°。墓
口距地表深0.3、墓底距地表深1米。墓口长
2.7、宽1.05～1.2米，墓底长2.6、宽0.93～
1.09米。木棺残朽，棺盖朽塌于棺内，残长
2.26、头端宽0.7、足端宽0.54、高0.41、侧
板厚0.08、底板厚0.1米。棺内底部铺一层
白石灰，厚0.17米。墓主人骨保存较差，可
辨头骨、肢骨、肋骨等，较为散乱。仰身直
肢，头向东北。头骨下有厚厚的"石灰枕"，
头骨两侧整齐叠放纵向排列的"石灰卷"，每
个长0.14、宽0.05、厚0.04米。随葬品10件
（组），棺外北侧置红陶罐1件，棺内置银簪、
玉片饰、玉扁方、铜钱、串珠各1件（组），
银手镯、银耳环各2件（图24、图25）。

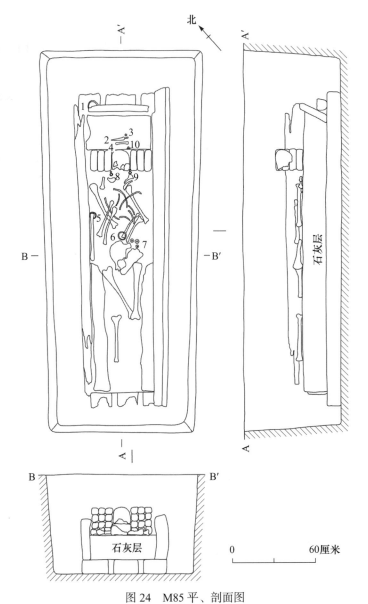

图 24　M85 平、剖面图

1. 红陶罐　2. 银簪　3. 玉片饰　4. 玉扁方　5、6. 银手镯　7. 铜钱　8、9. 银耳环　10. 串珠

图 25　M85

2. 双棺墓

32 座，以 M49 为例。

M49　长方形竖穴土坑墓，方向 283°。墓口距地表深 0.3、墓底距地表深 1.1 米。墓口长 2.85、宽 1.76～2.08 米，墓底长 2.75、宽 1.65～1.95 米。双棺均为梯形木棺，保存较好。左棺长 2.12、头端宽 0.61、足端宽 0.57、高 0.65、侧板厚 0.1、底板厚 0.08 米；右棺长 2.12、头端宽 0.67、足端宽 0.57、高 0.66、侧板厚 0.08、底板厚 0.08 米。两棺人骨均保存一般，头骨位移，仰身直肢，头向西北。随葬品 11 件（组），两棺外西侧各放置墓志砖 1 件，左棺内置银押发、银簪、银坠饰、铜钱各 1 件（组），银镯、铜戒指各 2 件，右棺置铜钱 1 件（组）（图 26、图 27）。铜钱有康熙通宝等。

3. 三棺墓

3 座，以 M51 为例。

图 26　M49 平、剖面图

1、2. 墓志砖　3、4. 银镯　5、6. 铜戒指　7. 银簪　8. 银押发　9、10. 铜钱　11. 银坠饰

图 27　M49

M51　近方形土坑竖穴墓，方向 20°。墓口距地表深 0.2、墓底距地表深 1.6 米。墓口长 2.92、宽 2.61～2.7 米，墓底长 2.82、宽 2.51～2.6 米。三棺棺木均残朽，左棺长 2.27、头端宽 0.72、足端宽 0.54、高 0.71、侧板厚 0.1、底板厚 0.18 米；中棺残长 1.95、足端宽 0.5、头端宽 0.56、残高 0.29、侧板残厚 0.06、底板残厚 0.1 米，棺内底部铺白石灰；右棺长 2.11、头端宽 0.58、足端宽 0.52、高 0.69、侧板厚 0.08、底板厚 0.15 米。三棺墓主人骨保存一般，均头向东北。随葬品 7 件（组），左棺外北侧置红陶罐 1 件、左棺内置银押发 1 件、铜钱 2 件（组），中棺外北侧置红陶罐 1 件、中棺内置银戒指 1 件，右棺内置铜钱 1 件（组）（图 28）。铜钱有康熙通宝、乾隆通宝等。

（二）出土器物

出土器物 234 件（组）。其中陶瓷器 74 件，金属器 117 件（组），玉器 31 件，石器 3 件，木器 1 件，骨器 1 件，墓志砖 2 件，买地券 5 件。

1. 陶器

红陶罐　10 件。泥质红陶。依腹部不同分两型。

A 型　4 件。直腹。M85：1，直口，方唇，直腹，平底。口外有两圈凹弦纹。口径 7.4、底径 6.4、高 5.7 厘米（图 29、图 30-1）。

B 型　6 件。弧腹。M51：4，直口，方唇，颈部微束，弧腹微鼓，平底。口径 7.1、腹径 8.5、底径 5、高 6.5 厘米（图 30-2）。

2. 硬陶器

硬陶罐　1 件。M42：1，直口微敛，圆方唇，束颈，溜肩，鼓腹，平底。颈部有一道凸楞。夹粗砂红褐色胎。口径 10.3、腹径 21.3、底径 7.3、高 23.2 厘米（图 30-3）。

3. 釉陶器

63 件。釉色有酱釉、绿釉、黄釉，器类有瓶、执壶、碗、罐。

釉陶瓶　36 件。小口微敛，重唇，短束颈，溜肩，平底。内外壁均有制作轮旋纹。红褐色胎。器表薄施一层酱釉。依腹部不同分两型。

A 型　12 件。鼓腹。M37：2，鼓腹，下腹急收。口径 3、腹径 13.2、底径 3.7、高 19.9 厘米（图 30-4）。

B 型　24 件。弧腹。M13：2，弧腹。口径 2.9、腹径 7.6、底径 3.6、高 17.6 厘米（图 30-5）。

绿釉执壶　2 件。M44：1，盘口，平

北

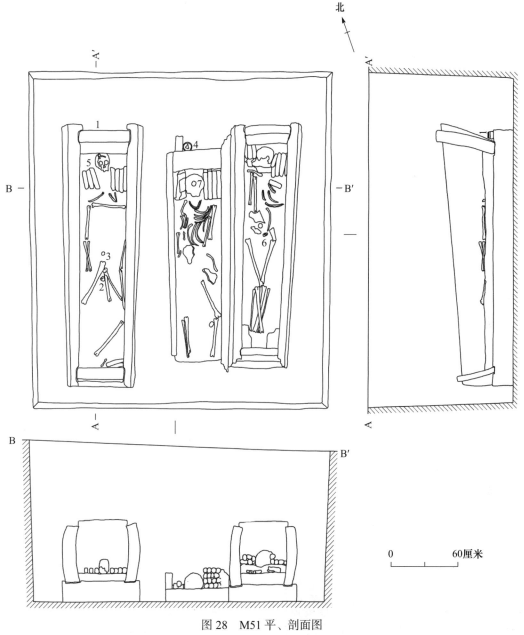

图 28　M51 平、剖面图

1、4. 红陶罐　2、3、6. 铜钱　5. 银押发　7. 银戒指

图 29　A 型红陶罐（M85：1）

沿，束颈，溜肩，弧腹，平底内凹。一侧置流，流口上部与器身颈部有把手相连接。黄色胎。口内及器表施绿釉，施釉均不及底。口径 5.8、腹径 7.7、底径 7、高 12 厘米（图 30-6、图 31）。

　　黄釉瓷碗　1件。M8：1，敞口，尖圆唇，斜弧腹，圈足。灰白胎。釉色呈黄白色，釉面有开片。口径 9、底径 4、高 5 厘米（图 30-7）。

0　　　　　　60厘米

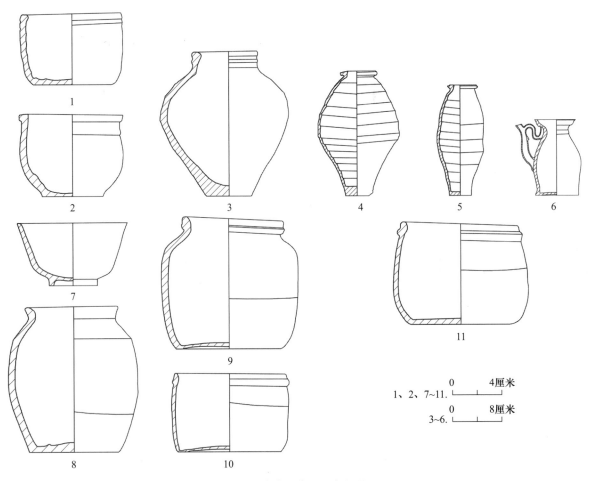

图 30　清代墓葬出土陶瓷器

1. A 型红陶罐（M85：1）　2. B 型红陶罐（M51：4）　3. 硬陶罐（M42：1）　4. A 型釉陶瓶（M37：2）
5. B 型釉陶瓶（M13：2）　6. 绿釉执壶（M44：1）　7. 黄釉瓷碗（M8：1）　8、9. A 型酱釉罐（M66：1、M71：2）
10. Ba 型酱釉罐（M23：1）　11. Bb 型酱釉罐（M4：10）

图 31　绿釉执壶（M44：1）

酱釉罐　24 件。红褐色胎。口内及外壁施
酱釉，施釉均不及底。依颈部不同分两型。

A 型　4 件。束颈。M66：1，侈口，圆

唇，束颈，折肩，鼓腹，平底。口径 7.3、腹
径 10.7、底径 7.3、高 11.6 厘米（图 30-8）。
M71：2，敞口，圆唇，口外一圈凸棱，折肩，
弧腹近直，平底。口径 8、底径 8.7、高 10.5
厘米（图 30-9）。

B 型　20 件。无颈。依腹部不同分两个
亚型。

Ba 型　7 件。直腹。M23：1，直口，圆
唇，口外一圈凸棱，直腹，平底内凹。口径 9、
底径 8.5、高 6.2 厘米（图 30-10）。

Bb 型　13 件。垂腹。M4：10，敞口，圆
唇，口外一圈凸棱，溜肩，垂腹，平底。口径
9.1、底径 8.1、高 8.1 厘米（图 30-11、图 32）。

图 32　Bb 型酱釉罐（M4：10）

4. 金属器

117 件。主要为金银器、铜铁器，器类有耳环、戒指、簪、扁方、押发、镯、镜、挂

饰、珠子、棺钉、钱币等。

耳环　18 件。M9：3，金质，金丝弯成环形钩状，一端圆球形。长 3、环径 2 厘米（图 33-1）。M29：6，银质，环形，不闭合，一端呈尖头状。环径 1.2～1.4 厘米（图 33-2）。M8：5，银质，扁长银条弯曲呈 C 形，上端錾刻呈鼠头状。环径 2.7 厘米（图 33-3）。

戒指　7 件。M4：8，银质，戒环由扁长银条弯曲而成，活口可调节大小，戒面中部凸起呈锥形。环径 2.5 厘米（图 33-4）。M51：7，银质，圆形，活口，戒面由五个铜钱连接在一起，钱文可辨识为"大□五十""五十"及满

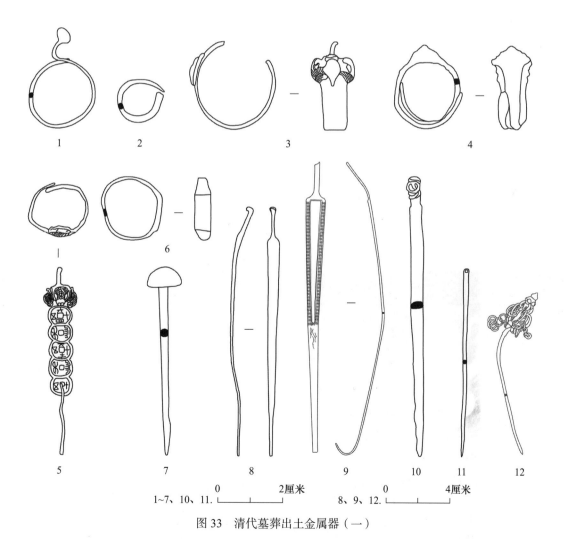

图 33　清代墓葬出土金属器（一）

1～3. 耳环（M9：3、M29：6、M8：5）　4～6. 戒指（M4：8、M51：7、M29：4）
7～12. 簪（M20：7、M23：3、M85：2、M49：7、M11：3、M17：6）

文，上端錾刻瑞兽。环径 1.8 厘米（图 33-5）。
M29：4，铜质，环形，戒面呈长方形。环径
1.9 厘米（图 33-6）。

簪　7 件。M20：7，银质，簪杆锥形，簪
首半球形。长 5.7 厘米（图 33-7）。M23：3，
银质，簪杆扁长，上宽下细，簪尾尖锐，簪首
勺形，簪杆和簪首连接处有细颈。长 15.1 厘米
（图 33-8）。M85：2，银质，簪杆扁平，上宽
下细，细颈，簪首残，整体弯曲变形。簪面中
部无纹饰，两侧錾刻菱形纹、三角形纹、V 形
纹。长 17.7 厘米（图 33-9、图 34）。M49：7，
银质，簪杆锥形，簪首银丝缠绕呈圆形。长
8.5 厘米（图 33-10）。M11：3，铜质，簪杆锥

图 34　银簪（M85：2）

形，簪首有一圆孔。长 11.5、孔径 0.15 厘米
（图 33-11）。M17：6，银质，簪杆锥形，簪首
由银丝缠绕成禅杖形，杖顶呈葫芦状，一侧为
5 个银环相套。长 9.8 厘米（图 33-12）。

押发　5 件。M43：5，铜质，簪体扁平，
两端弧弯，中间微凹。长 12.8 厘米（图 35-1）。

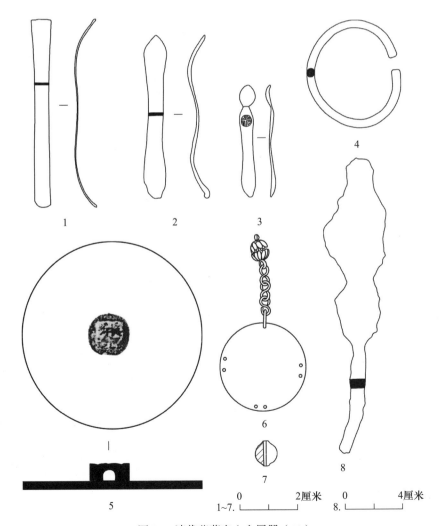

图 35　清代墓葬出土金属器（二）

1~3. 押发（M43：5、M20：7、M49：8）　4. 镯（M85：6）　5. 镜（M6：2）　6. 挂饰（M25：4）
7. 珠子（M73：3）　8. 棺钉（M16：1）

M20：7，铜质，簪体扁平，中间收腰，两端弧弯，整体呈 W 形。长 11.1 厘米（图 35-2）。

M49：8，银质，簪体扁平，两端弧弯，中间收腰，簪首为勺形，正面上端錾刻圆形几何纹。长 7.6 厘米（图 35-3）。

镯　8 件。M85：6，银质，环形，不闭合。外径 7.3、内径 6.2 厘米（图 35-4）。

镜　1 件。M6：2，素面镜，圆形，柱状印章式钮，钮面文字不清晰。镜面平整。直径 6.4 厘米（图 35-5）。

挂饰　4 件。M25：4，银质，圆牌，牌面上左、右、下各有 3 组小圆孔。上端有一银环套接的链子用于系挂。通长 6、圆牌直径 3、孔径 0.1 厘米（图 35-6）。

珠子　1 件。M73：3，银质，圆形，中空，上下端微凸，直径 0.8、孔径 0.2 厘米（图 35-7）。

棺钉　1 件。M16：1，铁质，葫芦形。长 20.1 厘米（图 35-8）。

钱币　63 件（组）。除少量宋代和明代钱币外，均为清代钱币。方穿，对读。

M41：2-1，治平通宝，直径 2.4、穿宽 0.7 厘米（图 36-1）。

M25：3-1，元丰通宝，直径 2.3、穿径 0.6 厘米（图 36-2）。

M2：3，宣和通宝，直径 2.5、穿径 0.6 厘米（图 36-3）。

M76：2-1，天启通宝，直径 2.4、穿径 0.6 厘米（图 36-4）。

M76：2-2，崇祯通宝，背穿下为"捌"，直径 2.4、穿径 0.6 厘米（图 36-6）。

M76：2-3，顺治通宝，背穿右为"户"，直径 2.6、穿径 0.5 厘米（图 36-7）。

M76：2-4，顺治通宝，背穿右为"东"，直径 2.4、穿径 0.5 厘米（图 36-8）。

M40：2，康熙通宝，直径 2.6、穿径 0.5 厘米（图 36-5）。

M85：7-1，乾隆通宝，背穿左右为满文"宝泉"，直径 2.3、穿径 0.5 厘米（图 36-9）。

M85：7-2，嘉庆通宝，背穿左右为满文"宝泉"，直径 2.3、穿径 0.5 厘米（图 36-10）。

M20：10-1，道光通宝，背穿左右满文不清晰，直径 2.2、穿径 0.6 厘米（图 36-11）。

M29：2，咸丰重宝，背穿上下为"当、二十"，左右为满文"宝苏"，直径 4、穿径 0.9 厘米（图 36-12）。

M20：10-2，咸丰通宝，背穿左右为满文"宝泉"，直径 2.2、穿径 0.6 厘米（图 36-13）。

另有铜铃铛、铜扁方各 1 件，残朽严重。

5. 玉器

31 件（组）。器类有扁方、押发、簪、镯、耳环、朝珠、翎管、片饰等。

扁方　7 件。簪体扁平，长条状。M35：1，侧面为弧形，簪首弯折卷曲，簪尾圆弧。青白玉质。长 15.1 厘米（图 37、图 38-1）。M85：4，簪首方形，正面浅浮雕似瑞兽。簪首与簪身交界处弯折。青玉质。长 12.7 厘米（图 38-2）。

押发　3 件。M83：2，簪体扁平，两端弧弯，中间收腰。青玉质。长 9.8 厘米（图 38-3）。

簪　4 件。M7：8，簪杆锥形，侧面略弧，背面较平，簪尾尖，簪首勺形，簪杆和簪首连接处弯折有细颈。白玉质。长 13.9 厘米（图 38-4）。M42：2，簪杆圆锥形，簪尾略尖，簪首半球形，簪首与簪杆连接处弧弯。白玉质。长 8.3 厘米（图 38-5）。M9：8，簪杆上部扁方，透雕扁圆形小孔，下部锥形，侧面弧弯，簪首勺形，簪杆与簪首连接处折弯有细颈。白玉质。长 20.6 厘米（图 38-6、图 39）。

镯　9 件。M4：6，环形，不闭合。青白玉质。外径 8.2、内径 6.2 厘米（图 38-7）。M11：2，环形。青白玉质。外径 7.5、内径 5.5 厘米（图 38-8、图 40）。

耳环　2 件。M53：1，整体呈 C 形，上端有细钩，正面雕刻短线纹。白玉质。最大径

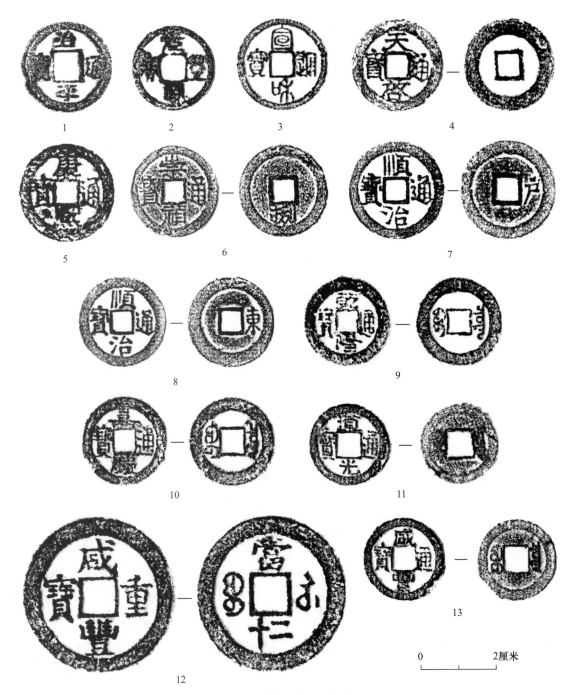

图 36　清代墓葬出土钱币

1. 治平通宝（M41∶2-1）　2. 元丰通宝（M25∶3-1）　3. 宣和通宝（M2∶3）　4. 天启通宝（M76∶2-1）
5. 康熙通宝（M40∶2）　6. 崇祯通宝（M76∶2-2）　7、8. 顺治通宝（M76∶2-3、M76∶2-4）　9. 乾隆通宝（M85∶7-1）
10. 嘉庆通宝（M85∶7-2）　11. 道光通宝（M20∶10-1）　12. 咸丰重宝（M29∶2）　13. 咸丰通宝（M20∶10-2）

图 37　玉扁方（M35∶1）

2.6 厘米（图 38-9）。

朝珠　2 件（组）。由坠角、佛头塔、分珠、珠子、背云等部分组成，不完整。

坠角　1 颗。M20∶9-1，呈水滴形，顶端有一穿孔，用于系挂。蓝色琉璃质。长 3.3、

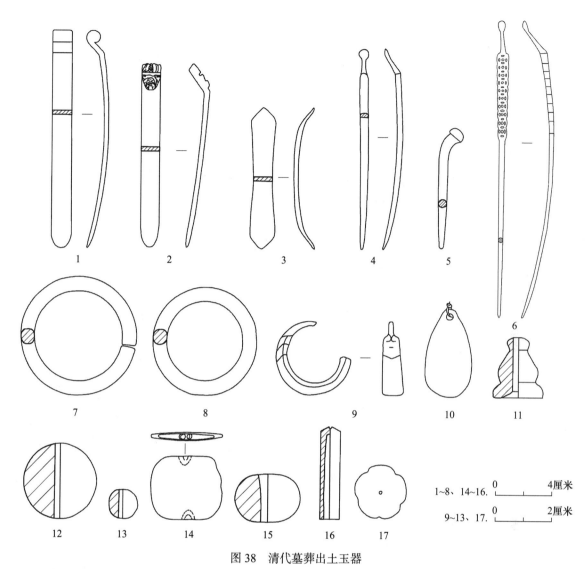

图 38　清代墓葬出土玉器

1、2. 扁方（M35:1、M85:4）　3. 押发（M83:2）　4~6. 簪（M7:8、M42:2、M9:8）　7~8. 镯（M4:6、M11:2）
9. 耳环（M53:1）　10. 坠角（M20:9-1）　11. 佛头塔（M20:9-2）　12. 分珠（M20:9-3）　13. 珠子（M20:9-4）
14、15. 背云（M20:9-5、M22:4）　16. 翎管（M20:12）　17. 片饰（M85:3）

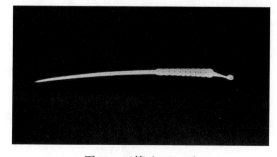

图 39　玉簪（M9:8）

图 40　玉镯（M11:2）

最宽 1.6、最厚 1 厘米（图 38-10）。

佛头塔　3 颗。M20:9-2，葫芦形，中有
穿孔。红色碧玺质。高 2.1 厘米，宽 0.3~1.8

厘米，孔径 0.4 厘米（图 38-11）。

分珠　6 颗。M20:9-3，圆形，中有穿孔。
红色碧玺质。直径 2.6、孔径 0.4 厘米（图 38-12）。

珠子 23 颗。M20：9-4，圆形，中有穿孔。青白玉质。直径 1、孔径 0.3 厘米（图 38-13、图 41）。

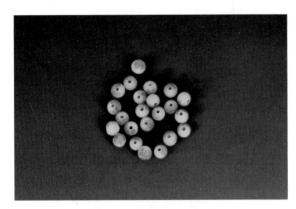

图 41 珠子（M20：9-4）

背云 2 片。扁方形，四角圆弧。M20：9-5，上下端均有小孔用于穿绳。红色碧玺质。长 5、宽 4.4、厚 0.2~0.5 厘米（图 38-14）。M22：4，中有穿孔。绿色琉璃质，长 4.6、宽 3.3、孔径 1~1.2 厘米（图 38-15）。

翎管 1 件。M20：12，圆柱形，上端鼻残，器身中空，用来插入翎子。白玉质。长 6.4、宽 1.4、孔径 0.8 厘米（图 38-16）。

片饰 1 件。M85：3，花形薄片，中有穿孔。白玉质。直径 1.8、厚 0.1、孔径 0.1 厘米（图 38-17）。

另有散开玛瑙串珠 2 件。

6. 石器

砚台 3 件。M4：13，箕形，三边凸起，横截面为"凹"字形。青石质。长 5.2、宽 4.3、厚 1 厘米（图 42-1）。

7. 木器

木牌 1 件。M47：6，薄板，上端梯形，中间有一穿孔，下端方形。边缘微凸。长 9.6、宽 6.2、厚 0.6、孔径 0.3 厘米（图 42-2）。

8. 骨器

簪 1 件。M35：3，锥形，簪尾尖，簪首有一穿孔。长 8.2、孔径 0.1~0.2 厘米（图 42-3）。

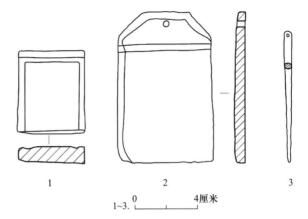

图 42 清代墓葬出土砚台、木牌、骨簪
1. 砚台（M4：13） 2. 木牌（M47：6） 3. 骨簪（M35：3）

9. 其他

墓志砖 2 件。陶质，正面朱书墓主姓名，不清晰，无法识读。

买地券 5 件。陶质，时代集中在清顺治、康熙年间，正面券文阴刻涂朱，部分字迹潦草、漫漶不清晰。背面多阴刻八卦图案，涂朱。

M39：1，长 35.7、宽 35.2 厘米，正面从右向左竖书 14 行券文（图 43），背面简刻八卦图及"中央黄帝成为勾陈"八字（图 44、图 45）。券文如下：

大清国顺治十六年岁次己亥闰三月辛酉朔越十七日丁丑□□／原扬州府江都县人氏见于清江浦山东厂头牌地方居住／祭主孝男王世太伏缘／先妣李氏孺人神主奄逝未卜茔坟凤夜忧思不遑所／措遂今日者择此高原来去朝迎地占袭吉此地属山阳／县此茔坐落□家沟之原堪为宅兆掷出备价银三两五／钱□到阴地方东西三丈五尺南北四丈东至青龙西至／白虎南至朱雀北至玄武内方勾陈分擘四域丘承墓／伯封步界畔道路将军齐正阡陌致使千年百载永无殃／咎若有干犯并令将军亭长缚付河伯今备牲牢酒脯百味／香新共为信契财地相交各已分付令工匠修营安厝已后／永保休吉知见人岁月主故气邪精不得干犯先有居者／永

图 43　买地券（M39：1）券文拓本

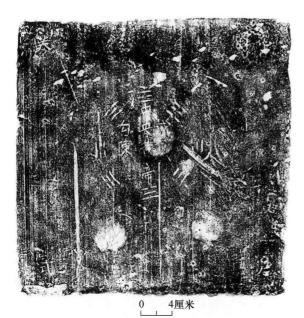

图 44　买地券（M39：1）背面拓本

图 45　买地券（M39：1）背面八卦图

避万里自当其祸若违此约主内外存正悉皆安吉女／青如五帝王者急急如律令／

M63：3，边长 35.5 厘米，券文不清晰。

背面刻乾坤巽艮四卦，以"东、西、南、北"四个字间隔开，中心刻"丙山壬向"四字，其外刻一圈八卦配以天干地支文字，最外圈配置九星（图 46、图 47）。

图 46　买地券（M63:3）背面拓本

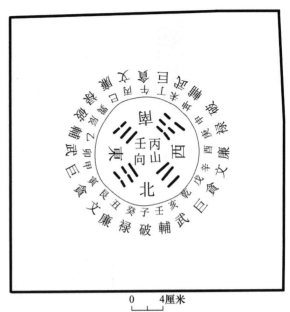

图 47　买地券（M63:3）背面八卦图

三、明　堂

在三座明代砖室合葬墓组成的家族墓地中部设置明堂 1 座，即 K1。

（一）形制结构

K1　平面近似圆形，方向 180°。坑口距地表深约 2.3 米，打破生土。坑口长 0.92～0.96 米，坑深 0.77 米，坑壁粗糙，内填黄褐色土，土质较软（图 48）。顶部塌陷，散乱的碎砖堆砌在一起，大体可判断为砖砌圆形向心结构顶（图 49）。坑内用灰砖砌成六边形，每边平砌 7 层灰砖，6 列砖之间留有空隙，不相接，坑底用 300 余枚铜钱双行摆出六边形，每个转角位置均向内辐射再摆一排铜钱（图 50）。随葬品 9 件，陶灯、瓷瓶各 2 件，买地券、青花瓷碗、砚台、铜镜、铜钱各 1 件（组）（图 51）。

（二）出土器物

陶灯　2 件。K1:2，豆形灯，豆盘中部有柱形高烛台，烛台顶部有一铁质灯芯。灯把

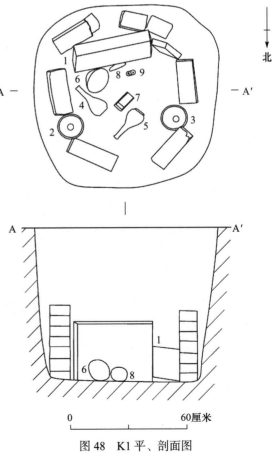

图 48　K1 平、剖面图

1. 墓志　2、3. 陶灯　4、5. 瓷瓶　6. 青花瓷碗
7. 砚台　8. 铜镜　9. 铜钱

图 49　K1 碎砖块清理前

图 50　K1 底部铜钱

中间鼓凸，下端台阶状。泥质灰陶。盘径 13.3、底径 11.3、高 29.2 厘米（图 52-1、图 53）。

　　瓷瓶　2 件。K1：4，小口，圆唇，细长颈，溜肩，垂腹，矮圈足。灰白胎。仿哥釉，釉面有开片。口径 2.4、底径 5.7、腹径 8.9、高 18.7 厘米（图 52-2、图 54）。

　　砚台　1 件。K1：7，箕形，两边缘微凸，一端有凹槽。青石质。长 9.6、宽 4.7、厚 1 厘米（图 52-3、图 55）。

　　青花瓷碗　1 件。K1：6，敞口，圆唇，斜弧腹，圈足，内足墙外斜，足跟外向斜削，外底微凸。口沿内壁饰两道弦纹，内底三道弦纹内饰团花纹，外壁饰缠枝莲托八宝纹。灰白胎。器身施满釉，底足无釉。口径 13.4、底径 4.4、高 6.3 厘米（图 52-4、图 56）。

　　铜镜　1 件。K1：8，圆形，圆钮，内区饰龙虎对峙纹及一枚五铢钱纹，其外饰两圈凸弦纹和一圈栉节纹。宽缘，缘面饰两圈锯齿纹。直径 8.6 厘米（图 52-5、图 57）。

图 51　K1 随葬品

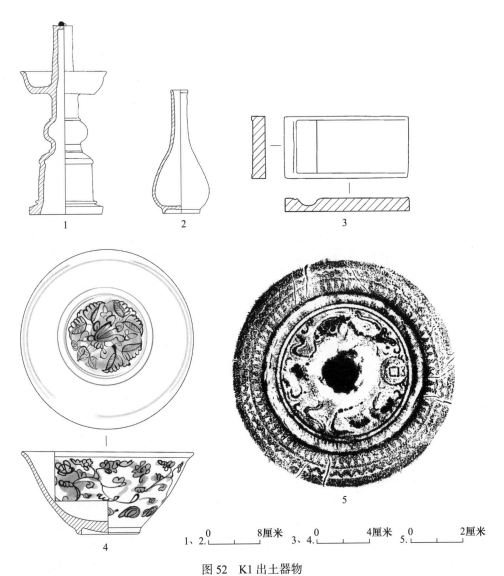

图 52　K1 出土器物

1. 陶灯（K1：2） 2. 瓷瓶（K1：4） 3. 砚台（K1：7） 4. 青花瓷碗（K1：6） 5. 铜镜（K1：8）

图 53　陶灯（K1：2）

图 54　瓷瓶（K1：4）

图 55　砚台（K1∶7）

图 56　青花瓷碗（K1∶6）

图 57　铜镜（K1∶8）

0　　4厘米

图 58　买地券（K1∶1）背面拓本

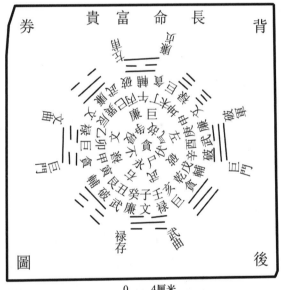

0　　4厘米

图 59　买地券（K1∶1）背面八卦图

铜钱　300 余枚。钱文均为万历通宝。

买地券　1 件。K1∶1，陶质，边长 37 厘米。正面券文不甚清晰，背面有四角为"背后券图"四字，横额"长命富贵"，中部刻"故气伏尸永不侵争"八个字环绕"贪"字，其外分别刻九星、八卦、天干地支等文字组合，再刻一圈八卦图和部分九星名字。图文均阴刻涂朱（图 58、图 59）。

四、结　语

（一）墓地时代及特征

徐家湖东侧地块发掘墓葬 91 座，其中明代墓 16 座，清代墓 75 座。以土坑墓为主，仅有一组明代家族墓为砖室结构。明代墓葬中合葬墓占 75%，清代墓葬中单人墓和合葬墓基本各占50%。墓葬多集中分布于地块中西部和东南部，其余区域零散分布。明代墓均为南北向，清代墓以南北向为主，少量东西向。墓葬基本未受破坏，地层关系明确，为研究墓葬形制、器物演变等提供重要资料。木棺多为梯形，头端大，足端小，用木板拼接而成，棺内底部铺石灰或草木灰，个别石灰厚层厚达10余厘米，用以防潮。清代流行墓主头部垫厚厚的"石灰枕"，头部和身体两侧整齐堆叠"石灰卷"用以固定尸体，石灰卷用黄纸包裹①。这种做法在淮安地区清代墓葬中较为流行，尤其是清江浦一带，如文庙三期安置房地块清代墓葬[1]中也有很多"石灰卷"发现，该葬俗一直延续到近代。

随葬品较为丰富，尤以清代墓葬为甚。所出陶瓷器与淮安地区已经发掘的山头墓地明代墓[2]、翔宇花园明代墓[3]、文庙三期安置房地块清代墓[4]以及夹河明清墓群[5]等如出一辙。木棺头端多放置一件陶瓷器，器物变化也十分明显。从明代晚期到清代顺治、康熙时，硬陶罐减少，釉陶瓶大量出现，成为棺前放置的主要器物，乾隆以后釉陶瓶减少，棺前以放置小型酱釉罐和红陶罐为主。明代墓葬中饰品较少，而清代墓葬中押发、扁方、发簪、耳环、手镯、戒指等饰品则较多，质地以银、铜、玉为主。铜钱中可见万历通宝、康熙通宝、乾隆通宝、嘉庆通宝、道光通宝、咸丰通宝等。出土买地券12块，券文显示时代多为明万历、崇祯和清顺治、康熙时期，乾隆后的墓葬中鲜放买地券。买地券正面券文字迹潦草，背面刻有八卦图，内容繁简不一，均阴刻涂朱，道教色彩相当浓郁。根据墓葬形制和有明确年号的铜钱、买地券等判断，该墓地从明代晚期一直延续到清代晚期。墓主多为住在清江浦的居

民，以普通百姓为主。

（二）明代家族墓地及明堂

M56、M93、M92为一组家族墓，南向北呈"人"字形，M92与M93所出器物相似，这种家族墓的排列与吴信家族墓一样[6]，为常见的"左昭右穆"排序方式。其中M56为祖墓，双棺室合葬，显示出一定的地位和财力；M93虽为双砖室，但一个墓室券顶，另一个墓室只有砌砖四壁，无券顶；M92只有一个墓室砌砖四壁，亦无券顶，另一个墓葬直接用木棺合葬。M92与M93随葬品几乎相同，显示出嫡子位于"昭穴"，庶子位于"穆穴"的排列方式，而家族的衰落直接表现在三组墓葬营建上。墓地中部设有一座明堂，该明堂也是淮安地区首次正式考古发掘的一座，六边形的砌筑方式与海淀区行知实验小学明代明堂相似[7]，唯两边之间是留有空隙，但墓底部沿砖边摆设铜钱并向内辐射的做法也是罕见。明堂也叫券台或明堂位心，是丧葬过程中在墓地举行斩草仪式时用于埋放买地券的一个设施，宋代至明清时期多种葬书对此都有记载。根据构筑方法的不同，明堂可以分为两大类：砖砌明堂和土坑明堂。其中砖砌明堂占绝大多数，即在土坑中用砖砌筑成一定的结构，后放置买地券等物品[8]。据《地理新书校理》[9]载买地券"其他一埋于名堂位心，其一置于穴中枢前埋之"，对比K1中的买地券与家族墓M56中西棺外放置的买地券，券文内容相似，券背后图也一样，是为同时制作的两件买地券，也确实埋在不同的位置，一个置于明堂内，一个置于棺外前端。"从券台出土的器物可以看出，除了墓券外，券台中多数都有铜镜、砚台、铜钱、灯和铁犁头（犁铧）、球形物等"[10]，K1中也放

---

① 淮安市文物保护和考古研究所发掘在其他墓地的清代墓葬时，发现了完整未腐烂的黄纸折叠包裹在石灰卷外侧。

置了买地券、陶灯、砚台、铜镜、铜钱，还有两件瓷瓶，且铜钱的数量很大，多达300余枚。

（三）余论

近年来淮安地区经过考古发掘的明清墓地已有多处，与徐家湖东侧地块墓地距离相近的主要有位于其东北部1.3千米的文庙三期安置房地块清代墓葬[11]、西南部3.5千米的禧徕乐西侧地块清代墓葬群和东部1.8千米的保利地块明清墓葬群，位于当时清江浦的东部和南部，几处墓地葬俗较为一致，但是随葬品数量和种类差别较大，徐家湖东侧地块墓地随葬品最为丰富。M56券文载此处属山阳县安乐乡，M39券文亦载属山阳县，明清两代墓主均住在清江浦，但最后都选择了里运河以南2.4千米的"高原"处作为宅兆吉地。M56开口于距离现代地表2.3米左右的黄泛层下，打破生土，表明该处至少在明万历十七年时为没被黄泛土覆盖的一块净地，适宜安茔，而清代顺治、康熙年间的墓葬已经开始打破黄泛层了，可知此地在明清之交已经慢慢淤积沙土，但墓地已经形成，故从明末到清末一直沿用了下来。本次徐家湖东侧地块墓葬的发掘确认了明清时期清江浦居民的又一处公共墓地，有利于淮安地区明清墓地选址分布的研究，尤其是新发现的明堂和买地券背后的八卦图，都为我们综合研究淮安地区明清时期居民的丧葬习俗提供了重要资料。

项目负责人：赵李博
发掘：薛玲玲、赵李博、王梦珊、段臣晖、赵丰富、王计划

绘图：孙新如、付欣雅
摄影：王梦珊
执笔：薛玲玲、赵李博、王梦珊、单士鸥

参 考 文 献

[1] 徐州博物馆，淮安市文物保护和考古研究所. 淮安文庙三期安置房地块墓葬群发掘简报 [C]// 浙江省博物馆. 东方博物：第八十二辑. 上海：上海书画出版社，2022.

[2] 淮安市博物馆. 江苏淮安山头遗址墓地发掘简报 [J]. 考古与文物，2010（6）.

[3] 淮安市博物馆. 淮安楚州翔宇花园明清墓葬群发掘简报 [J]. 东南文化，2012（1）.

[4] 徐州博物馆，淮安市文物保护和考古研究所. 淮安文庙三期安置房地块墓葬群发掘简报 [C]// 浙江省博物馆. 东方博物：第八十二辑. 上海：上海书画出版社，2022.

[5] 南京博物院. 大运河两岸的历史印记：楚州、高邮考古报告集 [M]. 北京：科学出版社，2010：1-15.

[6] 淮安市博物馆. 淮安楚州翔宇花园明清墓葬群发掘简报 [J]. 东南文化，2012（1）.

[7] 北京市文物研究所. 海淀区行知实验小学明代明堂发掘简报 [C]// 北京文博文丛：2014年第4辑. 北京：北京燕山出版社，2014.

[8] 翟鹏飞. 墓地明堂位心研究 [C]// 文化遗产研究与保护技术教育部重点实验室，等. 西部考古：第17辑. 北京：科学出版社，2019：245-265.

[9] 王洙，等. 地理新书校理 [M]. 毕履道，张谦，校. 湘潭：湘潭大学出版社. 2012：427.

[10] 董坤玉. 北京地区出土墓券与券台特点研究 [J]. 北方文物，2022（1）.

[11] 徐州博物馆，淮安市文物保护和考古研究所. 淮安文庙三期安置房地块墓葬群发掘简报 [C]// 浙江省博物馆. 东方博物：第八十二辑. 上海：上海书画出版社，2022.

徐州韩山东墓群六朝及明清墓发掘报告

徐州博物馆（徐州汉画像石艺术馆）

徐州市文物保护和考古研究所

摘　要： 徐州地区历史时期墓葬多分布于市区附近的山体上，韩山及其西南的小长山是市区附近重要墓葬埋藏区，徐州考古工作者已发现过众多汉墓。韩山东墓群涵盖了汉墓、六朝墓、宋墓及明清墓，墓葬分布有序，墓群延续时间长，可为本地区葬俗演变提供参考样本。本文选取部分具有时代特点的少数墓例进行公布，供学界参考。

关键词： 六朝墓　明清墓　韩山　盘口壶　韩瓶

一、墓 群 概 况

韩山东墓群位于徐州市泉山区韩山东侧原韩山村所在区域（图 1）。墓群所在地块于 2020 年被绿城房地产公司取得，用于住宅开发。徐州博物馆于 2022 年 1～5 月对其进行抢救性发掘。

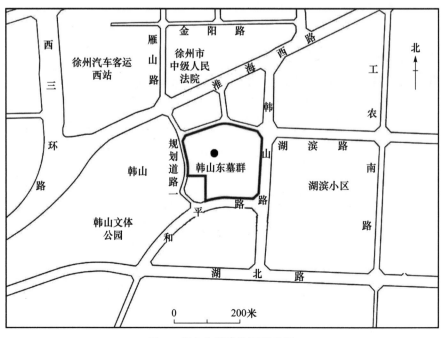

图 1　韩山东墓群位置示意图

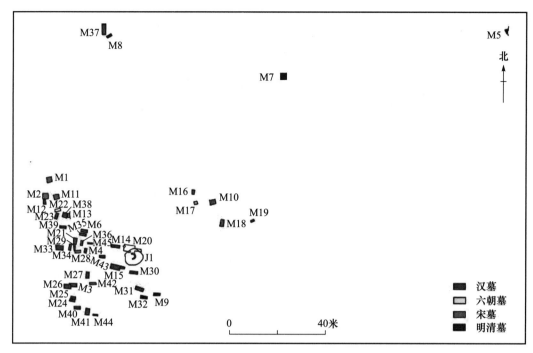

图2　韩山东墓群墓葬分布图

韩山位于徐州市区西部，海拔约70米。韩山东墓群分布于韩山东坡及山脚，地势西高东低。此次发掘共揭露墓葬45座，墓葬年代自西汉延续至明代（图2）。其中汉墓28座、六朝墓1座、宋墓11座、明墓3座、清墓2座。本墓群中汉墓和宋墓皆以竖穴土坑墓为主，另有少量砖室墓；六朝墓为砖室墓，明墓皆为竖穴土坑墓。葬俗可见单人葬和合葬。该墓群中六朝墓与明墓数量较少，墓例较典型，现分述如下。

二、六　朝　墓

六朝墓1座，M17，位于墓群中部。为砖室墓，单人葬。

墓室西部被施工破坏，墓顶不存。未发现墓道痕迹，M17平面呈长方形，东西残长约1.4、南北宽约1.5、残深0.8米。墓向259°（图3）。

墓室以青砖砌筑，墓砖多用楔形砖，砖多长约30、宽13~18、厚7厘米。砌筑方式为"横平错缝"。南北两侧墓壁因受外侧填土挤压，墓壁上部向内收缩弯曲。墓底无铺地砖。墓室中部以单砖砌筑南北向棺床，葬具腐朽不见，附近残存数枚铁棺钉。该墓墓室狭窄，应为单人葬。墓主骨骼腐朽不存，头向不明。依据六朝时期砖室墓内随葬品常置于墓室四角或棺床外侧的现象推测，墓主头向应朝西。墓室中东部随葬青瓷盘口壶、青瓷钵各1件。

青瓷钵　1件。M17：1。灰胎。敞口，圆唇，弧腹，平底。素面，器内及器表上部施青釉，局部可见釉面剥落。通高4.2、口径9、底径4.7厘米（图4）。

青瓷盘口壶　1件。M17：2。灰胎。盘口平浅，尖唇，长颈，圆肩，肩塑两组双系耳，斜腹，平底略内凹。素面，通体施青釉，腹部以上釉面较厚，腹部以下釉面薄。壶体腹部可见流釉现象，下腹部局部釉面有剥落。通高22.6、宽14.5厘米（图5）。

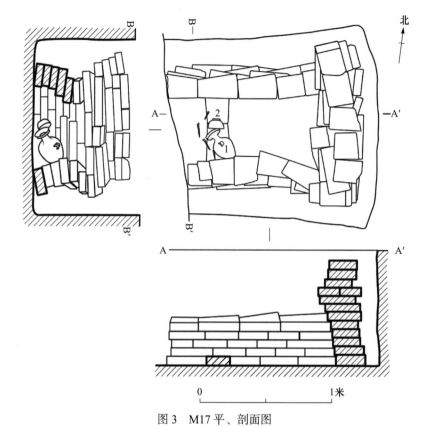

图 3　M17 平、剖面图

1. 青瓷钵　2. 青瓷盘口壶

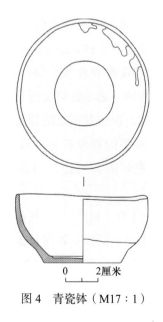

图 4　青瓷钵（M17：1）

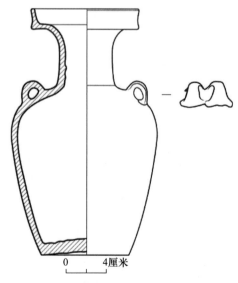

图 5　青瓷盘口壶（M17：2）

三、明　墓

明墓 3 座，皆为竖穴土坑墓。此类墓葬埋藏较深，开口于黄泛层之下。墓主使用单木棺，葬俗上有单人葬和合葬。墓内随葬品以铜钱、韩瓶等器为主。

（一）M8

位于墓群北部，临近韩山。单人葬。开口

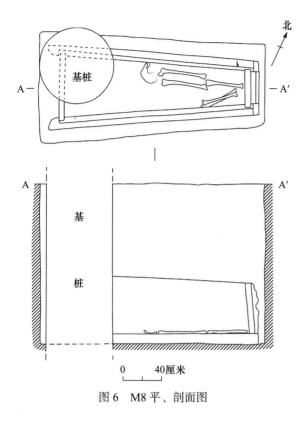

图 6　M8 平、剖面图

深度约 2.7 米。

M8 平面呈长方形。东西长约 2.3、南北宽约 0.8～1.1、深 1.6 米。墓向 245°。墓圹西北角被水泥基桩打破（图 6）。M8 木棺西宽东窄，棺长 2.16、宽 0.52～0.8。棺体以杉木修制，未髹漆。棺盖板为多块木板拼合制成。棺板厚约 6 厘米。棺体西端被水泥基桩打破。

棺内墓主头向西，仰身直肢。墓主人骨腐朽严重，保存较差，残存下肢及部分盆骨。从肢骨看，墓主已成年，性别不明。未出土随葬品。

（二）M9

位于墓群中南部，临近韩山。单人葬。开口深度约 2.7 米。

M9 平面呈长方形。墓圹东西长约 2.7、南北宽约 1.2、深 1.1 米。墓向 270°（图 7）。M9

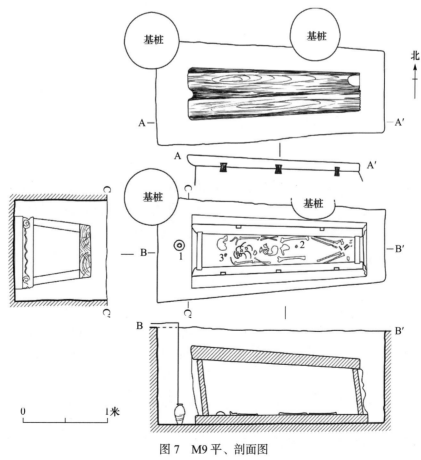

图 7　M9 平、剖面图

1. 韩瓶　2、3. 铜钱

单层木棺保存较好，东西向放置。木棺西宽东窄，西高东低。棺体以杉木修制，棺外髹红漆。棺室盖板为两块木板拼合制成，内以长铁钉水平固定。盖板底面凿出凹槽，其与侧板间以子母口扣合。棺盖外侧与侧板间以燕尾形榫卯固定，底板四缘以木板下展，构建框型裙部。其中底板西侧面雕饰花纹。棺长 2.1、宽 0.6~0.96、西端高 0.9、东端高 0.74 米。

墓主骨骼腐朽，保存较差。墓主头向西，仰身直肢。墓主为成年，性别不明。墓主木棺西端外侧随葬韩瓶一件，墓主头南侧及盆骨下方各随葬铜钱 1 枚，钱文皆锈蚀严重。

韩瓶　1 件。M9∶1，敛口，束颈，鼓腹，小平底。器表施褐釉。高 21.8、口径 4.8、腹径 11.8、底径 4.4 厘米（图 8）。

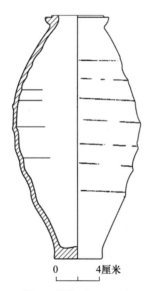

图 8　韩瓶（M9∶1）

铜钱　2 枚。M9∶2，出土于墓主盆骨下方。残，锈蚀。内外有郭，背素无文。直径 2.5、缘厚 0.1、穿宽 0.5 厘米。正面楷书钱文，直读，隐约辨为"万□□宝"，推测其应为万历通宝（图 9）。M9∶3，出土于墓主头部南侧。锈蚀严重。内外有郭，背素无文。直径

2.3、缘厚 0.1、穿宽 0.65 厘米。正面楷书钱文，旋读，隐约辨为"□祐元宝"，或为北宋仁宗时期的皇祐元宝（图 10）。

0　　　　　2厘米　　　　0　　　　　2厘米

图 9　万□□宝　　　　图 10　□祐元宝
（M9∶2）　　　　　　（M9∶3）

（三）M32

位于墓群中南部。单人葬。开口深度约 2.5 米。

M32 平面呈长方形，墓圹长约 2.8、宽 0.8~1.2、深 0.9 米。墓向 290°（图 11）。M32 为单层木棺，木棺西宽东窄，西高东低。棺长 2.1、宽 0.6~0.96、西端高 0.9、东端高 0.74 米。棺体以杉木修制，棺表髹红漆。棺盖板为多块木板拼合制成，内以长铁钉水平固定，厚约 0.12 米。盖板底面凿出凹槽，其与侧板间以子母口扣合，北侧凿设 3 个燕尾榫口，南侧设置 2 个。棺盖边缘与棺体侧板间以燕尾榫铆定。

墓主头向西，仰身直肢。墓主骨骼腐朽，保存较差。从骨骼看墓主已成年，年龄与性别暂不明。棺外西端随葬韩瓶 1 件。

韩瓶　M32∶1，近直口，双唇，束颈，溜肩，鼓腹，小平底。器表施褐色釉。高 18.8、口径 4.8、腹径 11.6、底径 4.8 厘米（图 12）。

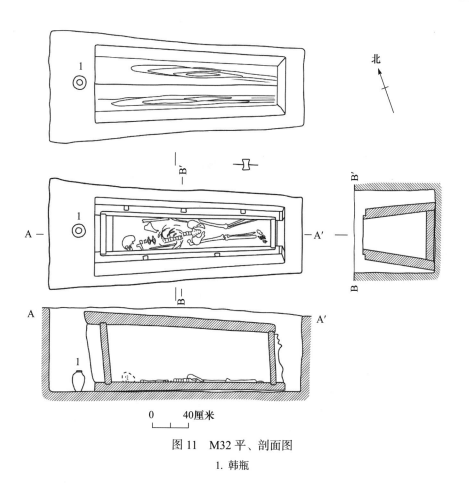

图 11　M32 平、剖面图
1. 韩瓶

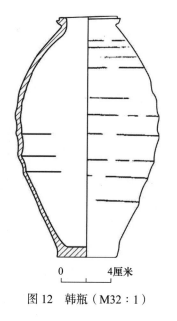

图 12　韩瓶（M32∶1）

四、清　墓

清墓 2 座，皆为竖穴土坑墓。此类墓葬开口较浅，向下打破黄泛淤积层。墓主使用单木

棺，葬俗上有单人葬和合葬。墓内随葬品以铜钱、韩瓶为主。

（一）M5

位于墓群东北部，远离韩山山脚。单人葬。开口深度约 0.5 米。

M5 主体部分被施工破坏，仅存墓室西北部。墓圹南北残长约 1.7、东西残宽约 0.84、残深 0.42 米。墓向 345° 或 165°（图 13）。墓主用单木棺，残存棺北端局部。棺外髹褐漆。墓主骨骼不存，葬式不明。未出土随葬品。

（二）M7

位于墓群北部。双人合葬。开口深度 0.9 米。东西长 2.56、南北宽 2.5、深 1 米。方向 270°（图 14）。

M7 双棺南北并列，南棺先入葬，北棺后

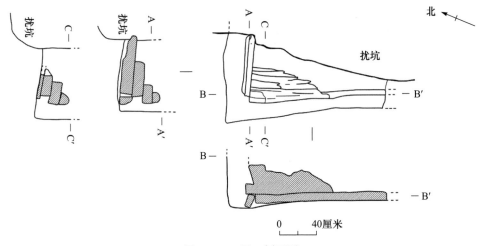

图 13　M5 平、剖面图

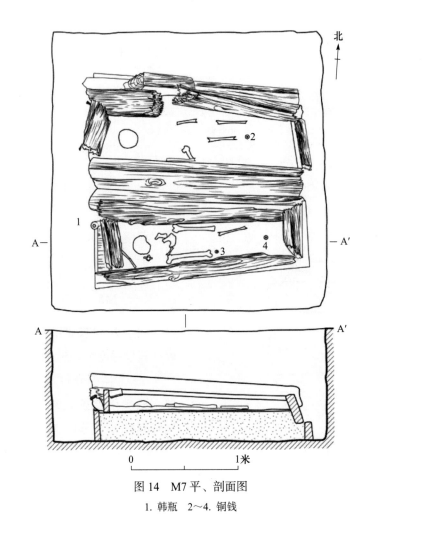

图 14　M7 平、剖面图

1. 韩瓶　2～4. 铜钱

入葬。形制皆为西宽东窄，棺顶西高东低。西端棺盖上放置陶瓦各 1 件，与民间小瓦无异，应与葬俗有关。

二棺保存较差，顶板开裂，内髹褐漆。棺体以杉木修制，棺盖与侧板以燕尾形榫卯固定，底板四缘以木板下展，构建框型裙部。北侧棺长 2.1、宽 0.84～1、西端高 0.62、东端高 0.48 米。南侧棺长 2、宽 0.64～0.9、高 1 米。棺内墓主身下铺垫白灰，厚约28厘米，应作防潮之用。

两墓主骨骼腐朽，骨骼有移位，保存较差。从残迹看，墓主头向西，仰身直肢。北侧墓主头骨及少数肢骨尚存，南侧墓主头骨与盆骨相近，应为下葬后受地下水影响，头骨移位所致。墓主皆为成年，年龄与性别暂不明。南侧墓主木棺西端外侧出土韩瓶1件，南棺墓主右侧髌骨、踝骨处各出土1枚铜钱，北棺墓主胫骨处出土1枚铜钱，钱文皆锈蚀严重。其中2枚钱文隐约可辨，其中一枚为"崇□□宝"，应为崇祯通宝；另一枚似为"□治通宝"，应为同治通宝。

韩瓶　1件。M7:1，器体呈橄榄形，敛口，束颈，弧腹，小底略内凹。器表施红褐釉。口径4.2厘米，腹径6.8厘米，高15.6厘米，底径3.2厘米（图15）。

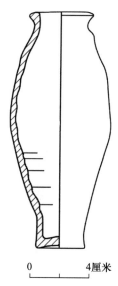

0　　　　4厘米

图15　韩瓶（M7:1）

铜钱　3枚。M7:2，位于北侧墓主下肢髌骨附近。残缺，锈蚀严重，钱文无法识别。复原直径1.9、缘厚0.05、穿宽0.5厘米。M7:3，出土于南侧墓主腰部右侧。残，锈蚀。内外无郭，背素无文。直径2.1、缘厚0.1、穿宽0.5厘米。正面楷书钱文，直读，隐约可辨为"崇□□宝"，推测其应为崇祯通宝（图16）。

M7:4，出土于南侧墓主足部。残，锈蚀严重。内外有郭，背素无文。直径2.2、缘厚0.1、穿宽0.5厘米。正面楷书钱文，直读，隐约可辨为"□治通宝"，推测其为清末的同治通宝（图17）。

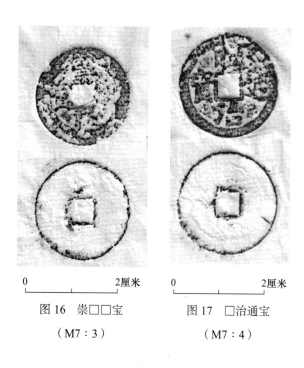

0　　　　2厘米　　　　　0　　　　2厘米

图16　崇□□宝　　　　图17　□治通宝
　（M7:3）　　　　　　　（M7:4）

五、结　语

（一）M17时代辨析

南北朝时期墓葬在徐州发现较少，多为北朝时期"凸"字形单室券顶墓，少量为砖石混筑墓，部分墓葬墓室前部设有砖砌排水沟。已发表资料有茅村内华北朝墓[1]、云龙区骆驼山北朝墓M1[2]、东甸子M1、M2[3]、金山桥开发区石桥M1[4]及楚岳山庄北齐墓M1[5]等，另有徐州汉兵马俑博物馆北朝墓18座[6]并未完全发表，在《中国考古学年鉴·1987》上有所提及，对该墓群出土器物略作简介。其中比较完整的M25出土盘口壶、十系罐、八系罐、四系莲花罐、钵、盏等器[7]。另有学者在《徐州地区北齐墓葬探析》一文中提及狮子山砖瓦厂87M65和88M1（以下简称狮87M65、狮 88M1）两座墓葬可以明确为北齐时期墓葬[8]。

韩山东 M17 可资断代的器物很少，缺少文字类证据。该墓出土青瓷盘口盘和青瓷钵，前者时代特征相对明显，常作为断代依据。韩山东 M17：1 器型瘦高，盘浅口直，溜肩，弧腹略呈橄榄形，下部内收明显。徐州地区已有考古资料中与其相似者仅为 1987 年狮子山砖瓦厂 M65 中出土的盘口壶（狮 87M65：65），该壶器型瘦高，颈部修长，肩部捏塑双系，与韩山东 M17：1 相似。但狮 87M65：65 盘口已具有明显外侈的趋势，具有较晚时代特征，这一特征在骆驼山北朝墓 M1 出土的青瓷盘口壶（M1：21）[9]，表现更为明显。与韩山东 M17：1 相比，狮 87M65：65 颈部更为修长，腹上部外鼓明显，二者应时代接近，但后者更晚。

与 M17：1 器型更为接近者见于南京地区东晋六朝时期墓葬中。其中南京北郊东晋墓 M1 中出土的 II 式盘口壶[10]、南京卫校晓庄校区六朝墓 M1 出土盘口壶（M1：2）[11] 和南京西善桥 M23、M24 出土盘口壶（M23：21、M24：2、M24：11）[12] 与韩山东 M17：1 近乎相同。发掘者将南京卫校晓庄校区六朝墓 M1 时代推断为南朝早期[13]，而南京西善桥 M23、M24 推断为东晋晚期至南朝早期[14]。

M17 为单室砖室墓，未见甬道、墓道。虽墓室西端被破坏，全貌不明，但与东晋南北朝时期流行的"凸"字形砖室墓略有区别，具有早期汉晋砖椁墓特征。综合墓室形态及出土器物形制，笔者推测 M17 时代为南朝早期，具体应为刘宋时期。

（二）明清墓葬形制及葬俗变化

韩山东墓群中明清墓葬木棺形制与汉、六朝及宋墓有别，平面由长方形转变为"头宽足窄"的梯形，同时木棺侧板斜向内收，木棺截面呈上窄下宽的梯形。

明墓棺椁形制的变化应与来自北方的元代统治者有关。北魏建立之后，北方草原游牧族群的墓葬形制开始对中原地区形成影响，北方地区竖穴土坑墓中木棺开始出现"头宽足窄"的梯形棺。

南北朝时期徐州处于南北势力争夺地带，刘宋早期徐州属于南朝，宋明帝泰始二年（466 年）刘宋徐州失守，之后徐州更长时间为南北双方拉锯战场。唐宋时期徐州地处汉地，丧葬风俗上保持着汉族风格。本墓群的宋墓中木棺皆为"头足同宽"的长方形，仍保持着汉俗。反观明清墓葬，木棺形制上则转变为"头宽足窄"的梯形，徐州地区葬俗演变应与蒙元一统有关。

此外明墓棺上头端多置放小板瓦。"棺上放瓦"的现象在云龙山东坡明代墓葬里也有发现，瓦上或朱书文字，或朱书符箓，学界称其为"符瓦"。该现象在本墓群的宋墓中未发现，显示"宋—明"之间丧葬思想上有了重要变化。明代之后，徐州地区民间葬俗已经与现代趋同。

附记：该项目参加发掘人员有田二卫、赵晓伟、周光祥、王立国、程扩、吕大龙、黄圣茜。线图由周光祥、黄圣茜、程扩绘制，拓片由张亚制作，照片由田二卫、赵晓伟拍摄。

执笔者：田二卫、赵晓伟

参 考 文 献

[1] 徐州博物馆. 徐州内华发现南北朝陶俑 [J]. 文物, 1999（3）: 19-24.

[2] 徐州汉兵马俑博物馆, 徐州狮子山楚王陵. 江苏徐州云龙区骆驼山北朝墓 M1 发掘报告 [J]. 东南文化, 2020（6）: 65-72.

[3] 徐州博物馆. 江苏徐州市北齐墓清理祭简报

［M］．北京：中国大百科全书出版社，2000：222-237.

［4］ 徐州博物馆．江苏徐州市北齐墓清理祭简报 ［M］．北京：中国大百科全书出版社，2000：222-237.

［5］ 徐州博物馆．江苏徐州市楚岳山庄北齐墓发掘简报［J］．中原文物，2010（3）：4-8.

［6］ 王恺，邱永生．徐州市兵马俑博物馆北朝和唐代墓群［C］//中国考古学年鉴：1987．北京：文物出版社，1988：147-148.

［7］ 王恺，邱永生．徐州市兵马俑博物馆北朝和唐代墓群［C］//中国考古学年鉴：1987．北京：文物出版社，1988：147-148.

［8］ 胡选奇，贾飞．徐州地区北齐墓葬探析［J］．东南文化，2021（4）：102-112.

［9］ 徐州汉兵马俑博物馆，徐州狮子山楚王陵．江苏徐州云龙区骆驼山北朝墓 M1 发掘报告［J］．东南文化，2020（6）：65-72.

［10］ 南京市博物馆．南京北郊东晋墓发掘简报［J］．文物，1983（4）：315-322.

［11］ 南京市博物馆．南京卫校晓庄校区三座六朝墓发掘简报［C］//南京文物考古新发现：第三辑．北京：文物出版社，2014：131-137.

［12］ 南京市博物馆，南京市雨花台区文化局．南京西善桥两座六朝墓发掘简报［C］//南京文物考古新发现：第三辑．北京：文物出版社，2014：108-124.

［13］ 南京市博物馆．南京卫校晓庄校区三座六朝墓发掘简报［C］//南京文物考古新发现：第三辑．北京：文物出版社，2014：131-137.

［14］ 南京市博物馆，南京市雨花台区文化局．南京西善桥两座六朝墓发掘简报［C］//南京文物考古新发现：第三辑．北京：文物出版社，2014：108-124.

临沂朱保中学餐厅改造项目考古发掘报告

李贞光　　王士义

临沂市文物考古研究院

摘　要： 为配合临沂市兰山区朱保中学餐厅改造项目，经国家文物局批准，山东省文物考古研究院联合临沂市文物考古研究院于 2023 年 3 月至 2023 年 4 月对在建设过程中新发现的墓葬、沟进行了考古发掘。此次共发掘墓葬 9 座，灰沟 1 条，出土有铜镜、铜钱等。根据出土遗物及墓葬形制结构判断，墓葬年代约为东汉晚期至魏晋时期。此次发掘为研究临沂地区东汉晚期至魏晋时期丧葬习俗提供了新资料，对于临沂地区的历史文化具有一定的价值。

关键词： 临沂　朱保中学　墓葬　考古发掘

为配合临沂市兰山区朱保中学餐厅改造项目，经国家文物局批准，山东省文物考古研究院联合临沂市文物考古研究院于 2023 年 3 月至 2023 年 4 月对在建设过程中新发现的墓葬、沟进行了考古发掘。

一、概　　况

朱保中学餐厅改造项目位于山东省临沂市兰山区义堂镇义刘路南，朱保中学院内西北侧，南北长约 90、东西宽约 20 米，面积约 1800 平方米（图 1）。区域内原地上建筑现已拆迁整平，基坑已基本挖掘完成，且已挖掘至设计标准。此次共发掘墓葬 9 座、灰沟 1 条，

墓葬根据被发现的先后顺序进行编号（图 2）。M3 位于 M2 基槽东侧的基坑隔梁之下，通过西侧剖面观察，已被原有建筑基槽破坏殆尽，故未做清理。此次发掘的 9 座墓，分为砖室墓和砖椁墓两大类，其中长方形土坑竖穴砖室墓 7 座、长方形土坑竖穴砖椁墓 2 座。M1 位于墓地北侧为东西向；其余墓葬均为南北向，砖室墓由墓道、前室和后室组成，墓道位于墓室南部。墓葬被盗扰破坏严重，大部分墓室用砖已被取走另作他用，有的墓葬仅剩墓圹，不见铺地砖。由于墓葬被盗扰、破坏，葬具、人骨基本已不存。经发掘确认该墓地时代为东汉晚期至魏晋时期的家族墓地。出土随葬品有铜镜（残）、铜钱等。

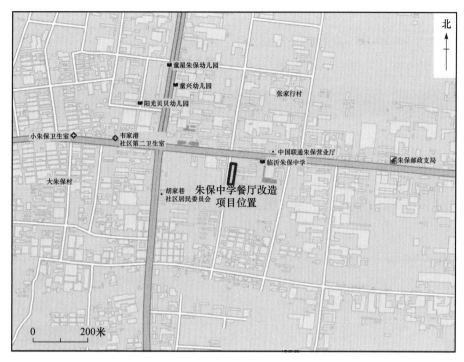

图 1　朱保中学餐厅改造项目位置图

图 2　朱保中学餐厅改造项目墓葬及沟分布图（上为北）

二、发 掘 情 况

此次共发掘墓葬 9 座、沟 1 条。根据墓葬有无墓道，将墓葬分为砖室墓和砖椁墓两大类。其中砖室墓 7 座，砖椁墓 2 座。墓葬内填土基本相同，为深褐色黏土夹杂较多碎砖块。下面就墓葬及沟的发掘情况进行逐一介绍。

（一）砖室墓

1. M1

M1 位于发掘区北部，东西向（图 3），方向 100°。墓圹东西长 2.65、南北宽 2.08 米。开口于②层下，墓葬开口距地表 0.8 米，墓口距墓底深 0.85 米至铺地砖，打破生土。

M1 为长方形土坑竖穴夫妻合葬砖室墓，由墓道、墓室组成。墓葬被盗扰破坏严重，券顶已不存。墓道位于墓室东部，长 1.92、宽 0.83、深 0.12～0.4 米。呈斜坡状通往墓室，填土为深褐色黏土夹杂少量黄土块，较致密，未发现夯打痕迹。墓室被深褐色黏土和碎砖块填

113

图 3　朱保中学餐厅改造项目 M1

满，南侧中部出土一堆碎陶片，北侧中部偏西出土一组铜钱。墓室底部存在铺地砖为"人"字形，墓地中部铺地砖塌陷，四周墓室墙为顺砖错缝垒砌，封门砖仅在南侧保留 5 行青砖，底部为两块青石，保存较完整。墓室所用青砖为素面，长 0.36、宽 0.14、厚 0.05 米，青石宽为 0.34、南侧长 0.67、北侧长 0.73 米。墓室平面呈长方形，南北内长 1.45、东西内宽 2.14、残高 0.39 米。墓葬被盗扰，人骨已不存，墓室内未发现葬具痕迹。墓室出土铜钱、陶片、锈铁。

2. M2

M2 位于发掘区南部，南北向（图 4）。东距 M3 约 1.35 米，方向 185°。墓圹东西宽 1.55、南北残长 0.59 米，开口于②层下，墓葬开口距地表 0.8 米，墓口距墓底深 0.75 米至铺地砖，打破生土。

M2 为长方形土坑竖穴夫妻同穴砖室墓，墓葬破坏严重，券顶已不存，墓门不存，仅在南隔梁保留部分墓道，宽 0.78 米，其余墓道已不存，墓室北部剩余少量墓室砖和铺地砖，其余部分已不存。直壁、平底，壁面较规整，打破黄生土。壁面未发现工具痕迹。由于墓室被破坏，南北内长不详，东西内宽 1.25、残高 0.55 米，墓室北部底部铺地砖，为"人"字形 0.65 米，其余部分已不存。

3. M6

M6 位于发掘区东南部，南北向（图 5）。南距 M8 约 1.5 米，西距 M5 约 2.1 米。方向 190°。墓圹南北长 3.75、东西宽 1.11 米。墓葬开口于②层下，墓葬开口距地表 0.8 米，墓口距墓底深 0.6 米至铺地砖，打破生土层。

M6 为长方形土坑竖穴单室砖室墓，由墓道、墓室组成，墓道位于墓室南部。墓道位于墓室南部，长 2.36、宽 0.79、深 0.1～0.52 米，呈斜坡状通往墓室，填土为深褐色黏土夹杂少量黄土块，致密、较硬，未发现夯打痕迹。墓门为两块青石置于东西两侧底部，东侧长 0.54米、西侧长 0.39 米，青石上方为两层青砖，青砖上方东侧为一块青石高 0.43、宽 0.42 米。墓室南北内长 2.23、东西内宽 0.68、高 0.6 米。

图 4　朱保中学餐厅改造项目 M2

图 5　朱保中学餐厅改造项目 M6

墓室底部铺地砖保存完整，铺地砖为"人"字形铺设。墓北壁及墓门均以青砖铺底，上部用石板代替青砖，墓室北壁有两个壁龛。墓壁由底向上错缝平铺垒砌。在清理过程中，墓室中部东侧填土位置出土一组五铢钱。在墓室北部残存头骨，南部残存腿骨，推测头骨位于北部。

图 6　朱保中学餐厅改造项目 M7

4. M7

M7 位于发掘区东南部，南北向（图 6）。西距 M8 约 1 米，北距 M6 墓道 1.3 米。方向为 182°。墓葬开口于②层下，墓葬开口距地表 0.8 米，墓口距墓底深 0.96 米，打破生土。

M7 为长方形土坑竖穴砖室夫妻合葬墓，由墓道、前室和后室组成。墓葬被盗扰破坏严重，券顶已不存。墓圹南北长 5.1、东西宽 2.26 米，墓室被深褐色黏土和碎砖块填满，墓室底部存在铺地砖为"人"字形。后室平面呈长方形，南北内长 2.8、东西内宽 1.37、高 0.86 米。底部设有铺地砖，为"人"字形，东西北三面墓墙由底向上为三顺一丁垒砌。墓室用砖为素面，尺寸相同，长 0.37、宽 0.17、厚 0.07 米。后室至前室中间底部铺有青石，东西长 1.67、南北宽 0.48 米。前室略低于后室 0.07 米，东侧底部为长方形青石，南北长 1.18、东西宽 0.32 米，上方错缝平铺 3 层青砖，前室东北部设有铺地砖为"人"字，其余部分已无存。在清理过程中发现，墓室填土出土少量陶

片，出土铜钱一枚置于墓室南部，墓室内未发现葬具痕迹，墓室北部出土头骨、腿骨。在后室前部和前室东北部进行了解剖，铺地砖下 0.2 米到生土层，剖面颜色相同，呈深褐色，未发现新的遗迹现象。

5. M8

M8 位于发掘区东南部，南北向（图 7）。东距 M7 约 1 米。方向为 183°。墓圹南北长 5.3、东西宽 2.33 米。墓葬开口于②层下，墓葬开口距地表 0.8 米，墓口距墓底深 0.7 米至铺地砖，打破生土。

M8 为长方形土坑竖穴砖室夫妻合葬墓，由墓道、前室和后室组成。墓葬被盗扰破坏严重，券顶已不存。墓室被深褐色黏土和碎砖块填满，墓室底部存在铺地砖为"人"字形。在清理过程中发现，墓室南部出土铜钱，西北部出土铜镜残片，墓室内未发现葬具痕迹。后室平面呈长方形，南北内长 2.88、东西内宽 1.45、残高 0.74 米，东西两面墓墙底部均铺有青石由底向上为五顺一丁垒砌，北面墓墙由东

图 7　朱保中学餐厅改造项目 M8

西两块青石组成,东侧长 0.42、西侧长 1.06、高 0.2 米。墓室所用青砖为素面,尺寸相同,长 0.37、宽 0.17、厚 0.07 米。前室略低于后室 0.12 米,后室至前室中间底部设有一块青石,东西 0.36、南北 0.44 米,其余部分已无存。墓门设有封门砖,有一块青石为平行四边形,东西 0.5、南北 0.32 米,仅在东侧残存部分封门砖为错缝平铺内含青石混合组成,残高 0.53 米。在后室前部进行了解剖,铺地砖下 0.2 米到生土层,剖面颜色不一致,大部分呈深褐色,中间一小部分与两边不同,呈浅褐色。

6. M9

M9 位于发掘区南部,南北向(图 8)。西距 M10 约 3.67 米,东距 M8 约 4.07 米。方向为 185°。M9 大部分被现代坑打破,墓圹东西内宽 2.52 米,南北不详,墓道长 3.1 米,墓室前方底部残留几块青砖。

M9 为长方形土坑竖穴砖室墓,墓室南北向,平面呈长方形。砖椁东西内宽 1.82、高 0.7 米。直壁、平底,壁面较规整,打破生土

层,壁面未发现工具痕迹。墙厚 0.16 米。根据残留墓室铺地砖推测为"人"字形铺设,砖墙为由底向上错缝平铺垒砌。砖为素面,尺寸相同,长 0.32、宽 0.15、厚 0.05 米。墓室内未发现葬具和人骨。

7. M10

M10 位于发掘区南部,南北向(图 9)。东距 M9 约 3.4 米,方向 185°。墓圹东西宽 2.04、南北残长 2 米。开口于②层下,墓葬开口距地表 0.8 米,墓口距墓底深 1.26 米至铺地砖,打破生土。

M10 为长方形土坑竖穴夫妻同穴砖室墓,由墓道、墓室组成。墓葬被盗扰破坏严重,券顶、墓门已不存。墓室被深褐色黏土和碎砖块填满,在清理过程中发现少量骨骼。墓室底部存在少量铺地砖,为"人"字形,墓室东、西两壁底部为青石上方为五顺一丁垒砌,垒至 0.96 米处起券,东侧券顶残存 6 层砖,西侧券顶残存 8 层砖,北侧券顶残存 4 层砖。北面为四块青石板上下叠压,底部一块青石、中部由

图 8　朱保中学餐厅改造项目 M9

图 9　朱保中学餐厅改造项目 M10

两块组成，上部一块青石，青石表面隐约浮现阴线刻。墓室所用青砖为素面，长 0.36、宽 0.14、厚 0.05 米；墓室东侧青石内宽为 0.24 米，内长由南往北依次为 0.94、0.16、0.85 米，西侧青石内宽为 0.24 米，内长由南往北依次为 0.82、0.53 米，北侧青石底部内宽 1.33、高 0.23 米；中间部分由两块青石组成，西侧内宽为 0.77 米，东侧内宽为 0.6 米，高 0.35 米；上

图 10　朱保中学餐厅改造项目 M4

方青石内宽 1.3、高 0.51 米。墓室东侧土内含有碎砖块，通过刮面画出墓圹范围，范围较规整，南北长 5.3、东西宽 2.93 米，分析应为墓葬，时期早于 M10，M10 所用砖石可能盗于东侧墓葬。

（二）砖椁墓

1. M4

M4 位于发掘区南部，南北向（图 10）。北距 M5 约 1.02 米。方向为 187°。墓圹南北长 3.4、东西宽 1.3 米。开口于②层下，墓葬开口距地表 0.8 米，墓口距墓底深 0.2 米至铺地砖，打破生土。

M4 为长方形土坑竖穴单室砖椁墓，墓葬被盗扰破坏严重，墓葬顶部已不存，墓室被深褐色黏土填满，仅剩一层土圹和铺地砖。在清理过程中发现，在墓室北部出土一枚铜钱。墓室底部存在铺地砖为"人"字形，打破生土。墓室内未发现葬具痕迹，人骨已不存。

2. M5

M5 位于发掘区南部，南北向（图 11）。

东距 M6 约 2.1 米，西距 M4 约 1.11 米。方向为 183°。墓圹南北长 2.35、东西宽 1.06 米。墓葬开口于②层下，墓葬开口距地表 0.8 米，墓口距墓底深 0.46 米至铺地砖，打破生土层。

M5 为长方形土坑竖穴单室砖椁墓，墓葬被盗扰破坏严重，墓室顶部已不存，墓室被深褐色黏土和碎砖块填满。墓室底部存在铺地砖为"人"字形，打破生土。墓室内未发现葬具痕迹，人骨已不存。墓室南北向，无墓道。平面呈长方形。砖椁南北内长 1.95、东西内宽 0.57、高 0.67 米。土圹南北长 2.35、东西宽 1.06 米。直壁、平底，壁面较规整，打破生土层，壁面未发现葬具痕迹。墓室铺地砖为横竖铺设，墓墙由底向上错缝平铺垒砌。墓室所用青砖为素面，尺寸相同，长 0.32、宽 0.15、厚 0.05 米。墓葬被盗扰，人骨已不存，未发现葬具及随葬品。

（三）沟

G1 位于发掘区中部偏南位置，位于南部墓

图 11　朱保中学餐厅改造项目 M5

图 12　朱保中学餐厅改造项目 G1

区 的 M2、M3、M4、M5、M6 北 部（图 12）。
沟口位置距现地表 0.67 米，沟底距现地表 1.2
米，开口于②层下，自深 0.01～0.25 米。平面

呈东西向不规则长条形，西部稍宽，东部稍
窄。西部宽 4.75 米，东部宽 2.1 米。横截面为
下凹半圆形，深度最深处为 0.25 米。

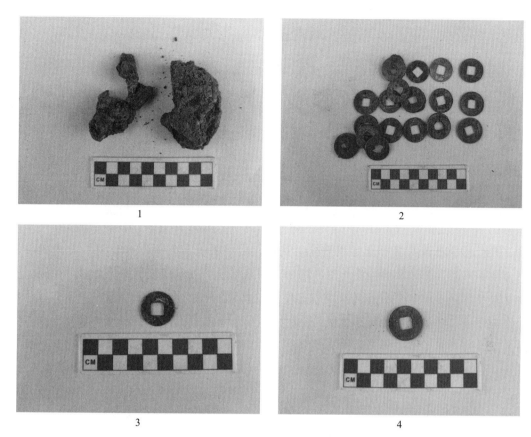

图 13 朱保中学餐厅改造项目部分出土随葬品
1. 铜镜残片 2～4. 铜钱

G1 填土分两层，水平状分布。第①层厚 8 厘米，土色为灰褐色，土质稍硬，较纯净，含少量水锈，内含青砖残块、红陶片、小石块等。第②层厚 17 厘米，土色为浅红褐色，土质较硬，含有大量水锈，内含青砖残块等。

三、出土遗物

本次考古发掘出土遗物有铜钱、铜镜等（图 13），其中铜钱主要出土于 M1、M4、M6、M7、M8，出土的铜钱为五铢钱，这批五铢钱包括建武五铢、剪轮五铢等；铜镜残片出土于 M8。

四、整体认识

本次考古发掘的墓地具有家族墓地特点，集中分布，排列有序，除了最北面的 M1 为东西向，其余墓葬方向一致，时代相近，大多数墓葬排列有序。墓地中部的 G1 位于 M2、M3、M4、M5、M6 北部，其开口位置与以上单位一致，均开口于②层下。通过 G1 的平面位置、地层与出土器物分析，得知 G1 与 M1、M2、M3、M4、M5、M6 年代一致，且位于东西向的 M1 与南区的 M2、M3、M4、M5、M6 中间位置，不能排除 G1 为墓地兆沟的可能，对于研究东汉至魏晋墓地墓区划分，及家族墓地的结构有重要意义。根据出土遗物及墓葬形制结构判断，墓葬年代约为东汉晚期至魏晋时期。此次发掘为研究临沂地区东汉晚期至魏晋时期丧葬习俗提供了新的资料，对于研究临沂地区的历史文化具有一定的价值。

汉代土墩墓性质新论

闫桂林　于晓雪

山东省文物考古研究院

摘　要： 土墩墓最早起源于青铜时代的吴越地区，发展至汉代，其性质已变得较为复杂。学界对汉代土墩墓的性质大致有两种不同认识，一为家族墓地，一为公共墓地。本文选取了部分典型墓葬作为例证，从土墩分布格局、土墩内单体墓葬排布规律、单体墓葬文化面貌、出土文字材料等角度入手，对汉代土墩墓的性质进行讨论，认为汉代土墩墓已无法简单归结为家族墓地或公共墓地，就同一座土墩而言，应存在家族墓地、多个姓氏共同使用的公共墓地、上层统治集团高等级墓葬三种性质。

关键词： 汉代土墩墓　性质　家族墓地　公共墓地　上层统治集团墓葬

土墩墓最早产生于青铜时代的江南地区，是世代生活于吴越地区的人群创造出的区域种族文明，当时的土墩墓具有相当程度的标识种族以及考古学文化的功能。从东周时期开始，特别是战国时期以来，由军事战争引发的政治版图变迁，进而导致的人口迁徙促进了土墩墓葬俗向外传播。原先生活于吴越地区的人群或继续生活在当地，或开始向外迁徙。向外迁徙的这部分人群到了迁入地归因于对族群传统文化的继承，开始在迁入地营建土墩。从东周至汉代的几百年时间里，土墩葬俗虽然被继承了下来，但墓葬内部的文化面貌已经与时俱进了。土墩墓发展到汉代，已经包含了吴越文化、楚文化、迁入地土著文化、统一汉文化等多重文化因素，部分墓葬由于使用人群的不同，或受到汉代社会背景、土地制度的影响，性质已经发生了变化。从空间分布来看，苏南、浙北地区的汉代土墩墓由于离起源地较近，与吴越土墩墓一脉相承，其性质通常比较简单明确，受吴越土墩葬俗影响最深。这一地区的高温釉陶器是本地产物，是对吴越文化因素的继承与延续。山东东南沿海及胶东半岛地区、湖南常德的汉代土墩墓与原产地相距遥远，是吴越土墩葬俗向外传播的结果，属于舶来品，从墓葬文化面貌来看已经被严重"楚化""汉化"了，大多数仅仅使用了土墩葬俗，随葬品更多体现出楚文化因素、地方土著文化因素以及统一汉文化因素，吴越地区的高温釉陶器从始至终都处于次要地位，这些地区的汉代土墩墓性质比较复杂。

目前所见汉代土墩墓，按照单体墓葬数量可分为一墩多墓、一墩一墓；从土墩空间分布来看存在两种情况，一种是多个土墩成群分布，多个土墩或两个成为一组或无明显规律共同构成一个大规模的土墩墓群；另一种是单个土墩独立存在。部分一墩多墓土墩内，单体墓葬分布有较为明显的规律，不同时期的墓葬极少有打破关系，土墩内墓葬空间分布格局体现出明显的规划理念。此外，还有部分土墩内部墓葬分布无规律可循，相互之间叠压和打破现象较多。一墩一墓较为少见，此类土墩多采用"版筑法"堆筑，墓葬规模较大，随葬品丰富，显示出较高的规格，明显不同于一墩多墓的墓葬特点。以上几种情况表明，汉代土墩墓的性质似乎不能一概而论，可能存在多种情况。笔者在《汉代土墩墓初步研究》[1]一文中，曾提出汉代土墩墓应当有一部分是家族墓地，一部分是公共墓地的观点，下文将就此问题展开讨论。

一、单一家族（姓氏）墓地

目前，学界有部分学者认为汉代土墩墓为家族墓地。刘建安认为汉代土墩遗存是家族茔地的典型代表[2]，施劲松认为汉代土墩墓反映了聚族而葬的丧葬观念[3]。由于土墩存在于地表，长期遭受人为因素及自然因素的影响，导致大多数土墩遭到了不同程度的破坏。现有的考古发现能够直接表明汉代土墩墓为家族墓地的材料很少，多数墓葬中人骨已经荡然无存，基本不可能开展体质人类学研究。判断是否属于家族墓地主要还是依靠土墩空间分布离散程度、土墩内部单体墓葬分布及排列规律、墓葬之间有无叠压打破关系、随葬品种类和组合等。

已有考古发现中，有一部分墓葬被明确定性为单一姓氏的汉代家族墓地，如湖南常德南坪汉代土墩墓D3、D8。D3内部有12座单体墓葬，年代为西汉中期至王莽时期[4]。其中D3M27中出土了"长沙郎中令印""廖福私印"，D3M26中出土的一枚玉质印章刻有"廖

宏"字样，印章材料表明这两座墓葬的墓主姓氏相同。另外，D3内部的12座单体墓葬呈两排分布，12座墓葬人骨头向基本一致，均头向西，约285°，墓葬之间无打破关系，D3内的12座单体墓葬空间布局显然经过了详细规划，且墓葬年代具有连续性，因此D3为家族墓地应无疑义，在《沅水下游汉墓》[5]中，称其为廖氏家族墓地。再如，D8M3的葬具为双椁双棺，可能为夫妻同穴合葬墓，出土的印章表明墓主为"赵玄友"。观察D8的墓葬分布规律可知，以D8M3为中心，外围有D8M4、D8M7分布，整个土墩内单体墓葬构成了向心式的分布格局，具有明显的分布规律，报告称其为赵玄友家族墓地[6]。另外，在D3、D7、D8土墩边缘以及不同单体墓葬之间均发现了用青灰土构筑起的标志墙作为兆域，这表明土墩与土墩外部有明确的界线，应当是对家族墓地范围的界定；而单体墓葬之间的标志墙则是家族内部尊卑长幼、地位高低的体现。2018年12月至2019年3月发掘的江苏新沂前沟汉代墓地D1（图1）、D2（图2）共清理汉代墓葬47座[7]①。其中D1内部有27座汉代墓葬，所有墓葬均为东西方向，且头向东；D2内部有20座汉代墓葬，所有墓葬均为南北方向，且头向南。两座土墩内部的单体墓葬均排列整齐，朝向一致，具有明显的规律可循，与前述湖南常德南坪汉代土墩墓D3内的单体墓葬在排列方式上具有一致性，发掘者认为D1、D2应当各自为一处汉代家族墓地。以上例证表明，出土相同姓氏印章、单体墓葬排列有序、有标志墙作为兆域的土墩应当为单一姓氏的家族墓地。

对土墩墓群单个土墩的空间分布规律进行观察，似乎也可以看出部分墓地的家族性质。湖南常德南坪土墩墓群（图3）有9座土

---

① D1M25、D2M12为清代墓葬，本文不作介绍。

墩，其分布格局大致可以分为六组：D1、D2、D4 为一组，D5、D6 为一组，D3、D7、D8、D9 各自为一组，从空间距离看，属于同一组的土墩紧密相邻，不同组之间的土墩相距多在 100 米以上。出土印章有廖氏、赵氏等不同姓氏，表明不同组的土墩分别属于不同的家族。与之情况相似的还有浙江湖州杨家埠墓地 D1～D15[8]（图 4），墓地范围内的 15 座土

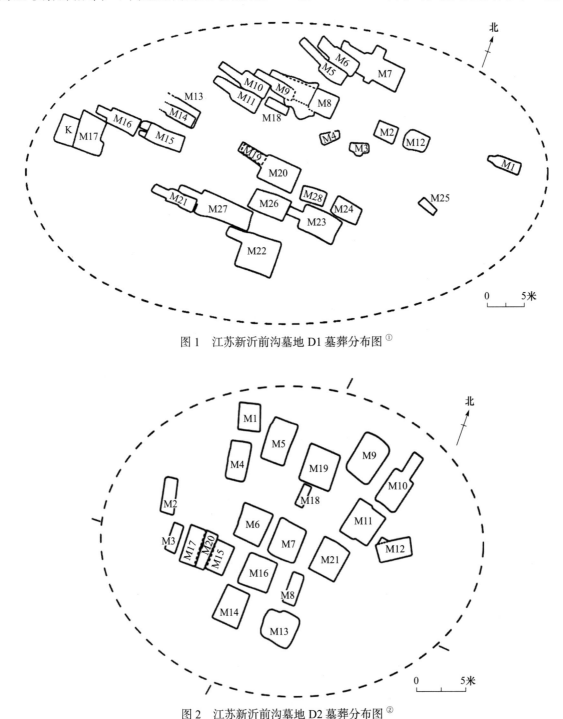

图 1　江苏新沂前沟墓地 D1 墓葬分布图[①]

图 2　江苏新沂前沟墓地 D2 墓葬分布图[②]

① 采自徐州博物馆、新沂市博物馆：《江苏新沂前沟汉代墓地 D1、D2 发掘简报》，《东南文化》2021 年第 6 期，图三。

② 采自徐州博物馆、新沂市博物馆：《江苏新沂前沟汉代墓地 D1、D2 发掘简报》，《东南文化》2021 年第 6 期，图二〇。

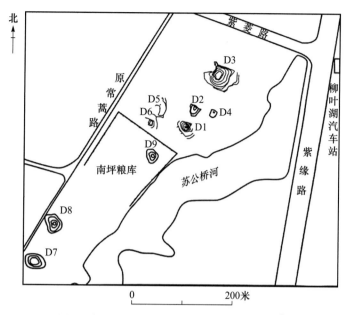

图 3　湖南常德南坪汉代土墩墓平面分布图 ①

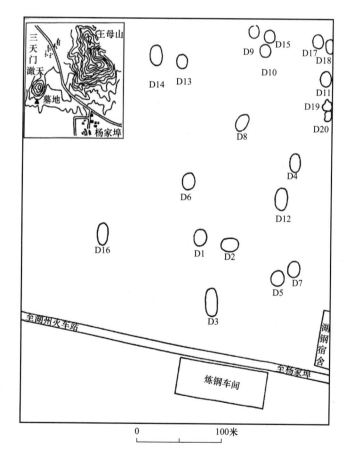

图 4　浙江湖州杨家埠 D1～D15 平面分布图 ②

①　采自湖南省常德市文物局、常德博物馆、鼎城区文物局，等：《沅水下游汉墓》，文物出版社，2016 年，第 41 页图七。

②　采自浙江省文物考古研究所、湖州市博物馆：《浙江省湖州市杨家埠古墓发掘报告》，《浙江省文物考古研究所学刊》（第七辑），杭州出版社，2005 年，第 144 页图一。

墩分布于南北 500 米东西 400 米的范围内，土墩之间的距离各不相同，但可以看出在整个大的土墩墓群里，部分土墩扎堆集中分布。按照土墩之间的距离大致可以将其划分为 10 组：D1、D2 为一组，D5、D7 为一组，D9、D10、D15 为 一 组，D13、D14 为 一 组，D3、D4、D6、D8、D11、D12 各自为一组。每组或仅有 1 个土墩，或包含 2~3 个土墩，其间距一般在 20 米左右。不同组之间的土墩分布则相对较远，距离多在 50 米以上。10 组土墩可能为几个不同家族的墓地，每一组内相距较近的土墩，可能为同一家族的墓地。上述两处汉代土墩墓均分布于 0.2 平方千米范围之内，在如此狭小的空间范围内，自然环境相同，地形地貌一致，可以排除自然因素对土墩选址造成的影响，应当是建造者有意为之，通过构建土墩，划定墓地范围，明确家族界限，并与其他家族进行区分。家族葬为汉代社会流行的丧葬习俗，其重要特征是"在一个大墓地中，出现了若干不同姓氏的、以家族为单位的茔域"[9]。浙江湖州杨家埠墓地和湖南常德南坪汉代土墩墓群呈现出的"大杂居、小聚居"的空间分布特点正是印证了这种观点。在这些大的土墩墓群中，仅就单一土墩或距离较近的成组土墩而言完全可能是同一姓氏的家族墓地。

二、多个家族（姓氏）共同使用的公共墓地

现存的汉代土墩墓也有相当一部分不是单一家族墓地，而是多个家族（姓氏）共同使用的公共墓地。山东日照海曲汉代墓地[10]一号封土下共包含 31 座墓葬，其中 2 座墓葬为南北方向，其余的为东西方向。封土下 3 座不同单体墓葬内出土了 3 枚铜质印章，M106 出土的"公孙昌印"表明墓主姓氏为"公孙"；

M129 和 M130 两座墓葬出土的印章分别为"从庆之印""从光之印"，这 2 座墓葬墓主姓氏与 M106 墓主姓氏显然不同。3 座墓葬内的人骨已腐朽，无法进行人类学研究，依据出土的不同姓氏的印章，结合单体墓葬东—西、南—北两种方向，判断一号封土应当是作为多个家族共同使用的公共墓地，至少包含了公孙氏和从氏两个家族。湖州杨家埠古墓群 D4（图 5）内部包含 13 座单体墓葬，其中先秦时期墓葬 2 座（D4M11、D4M13），汉代墓葬 11 座（D4M1~D4M10、D4M12）。这 13 座墓葬有 4 座为东西方向，9 座为南北方向，相互之间有 6 组打破关系，空间分布较为杂乱，无明显的规律；年代分为两段，早段为西周早期至春秋中期前后，晚段为西汉中期至王莽时期。从 D4 内墓葬所表现出的分布无序、墓向多样、年代跨度长且有时代缺环等特征推断，其应为一处埋葬了不同时期不同家族成员的公共墓地。

在同一座土墩之下，存在时代相同，但墓葬文化面貌迥异的情况。山东青岛土山屯 F1、F2[11] 两座封土下各有 2 座单体墓葬，但 F1、F2 内的两座单体墓葬形制、方向、随葬品组合均不相同。以 F1 为例，F1M7（图 6-1）为长方形岩坑竖穴砖木混椁墓，"井"字形木椁结构，随葬品组合为鼎、壶、盆，质地为泥质陶或夹砂陶；F1M8（图 6-2）为甲字形带斜坡墓道的岩坑竖穴砖木混椁墓，棺椁结构为"人"字形椁顶，随葬品组合为高温釉陶（报告中称为原始青瓷）壶、罐。这两座墓葬在形制、棺椁结构、随葬品组合等方面均不相同，墓葬文化面貌迥然相异，F1M8 的"人"字形木椁顶以及出土的高温釉陶器属于典型的吴越文化因素，而 F1M7 更多地表现出楚文化因素和土著文化因素，因此很难认为他们属于同一家族。F2 下的两座墓葬在文化面貌上同样存在较大的区别，F2M5 为长方形岩坑竖穴砖椁

墓，面积约 4.3 平方米，墓向 350°，随葬品数量较少，器类有高温釉陶壶、泥质陶罐、铜镜；F2M6 为同茔同穴双室"甲"字形带斜坡墓道的砖木混椁墓，面积约 26 平方米，墓向 184°，随葬品以铜器、铁器为主，器类有环首铁削、铜刷、铜盆、铜镜、铜带钩等，其中一号棺内还出土了玉佩、玉塞、玉印、玉带钩、玉琀蝉等玉器。与 F2M5 相比，F2M6 墓葬规模明显较大，规格较高，两座墓葬年代均为西汉晚期至东汉早期，但两者墓葬形制、墓葬方向、棺椁结构及构建材料、随葬品组合均不相同。

综上所述，汉代土墩墓部分土墩内单体墓

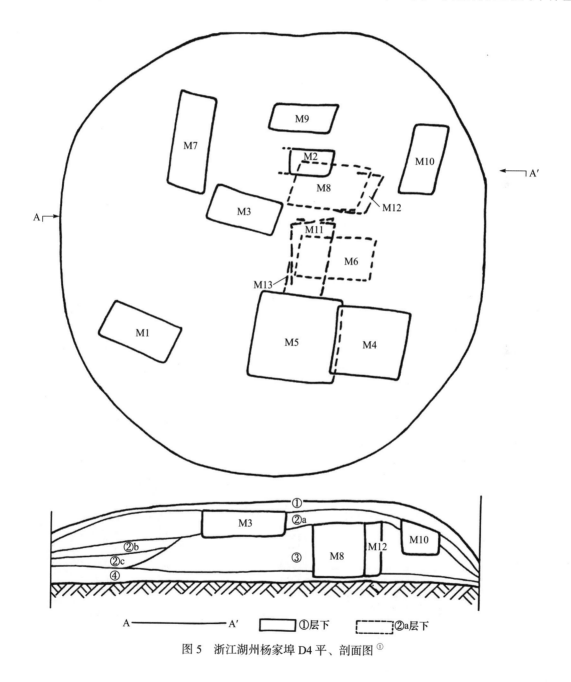

图 5　浙江湖州杨家埠 D4 平、剖面图[1]

---

[1] 采自浙江省文物考古研究所、湖州市博物馆：《浙江省湖州市杨家埠古墓发掘报告》，《浙江省文物考古研究所学刊》（第七辑），杭州出版社，2005 年，第 218 页图五七。

127

葬之间存在多组叠压打破关系，墓葬平面分布格局无明显的规律；部分土墩内墓葬中出土了不同姓氏的印章，亦存在墓葬时间跨度过长及年代缺环、墓葬文化面貌迥异等现象，这些墓葬的主人应当分属于不同的家族，这些家族可能是具有不同文化背景的诸多族群支系。山东日照海曲墓地一号封土、浙江湖州杨家埠古墓群 D4、山东青岛土山屯 F1、F2 应当是多个姓氏或家族共同使用的公共墓地。

汉代实行土地私有制度，土地作为私有财产，与所有者的经济实力紧密相关。当时的地主阶层和强宗豪族拥有大量的财富，获得土地的手段和机会更多，导致土地兼并现象严重。越来越多的土地集中到了地主和贵族阶层手中，而普通农民手中的土地越来越少，这些普通农民甚至在死后无处安葬。《后汉书·曹褒传》："营舍有停棺不葬者百余所，褒亲自履行，问其意故。吏对曰：此等是建武以来绝无后者，不得埋掩。褒乃怆然，为买空地，悉葬其无主者，设祭以祀之"[12]。可以看出，当时存在为官者通过购买空地，将不同来源的死者葬入其中的情况。可以推测，汉代土墩应当有一部分属于公共墓地，内部可能埋葬了通过购买墓地葬入的不同家族、不同姓氏的死者。这种公共墓地的出现应当和当时的土地制度、社会背景密切相关。

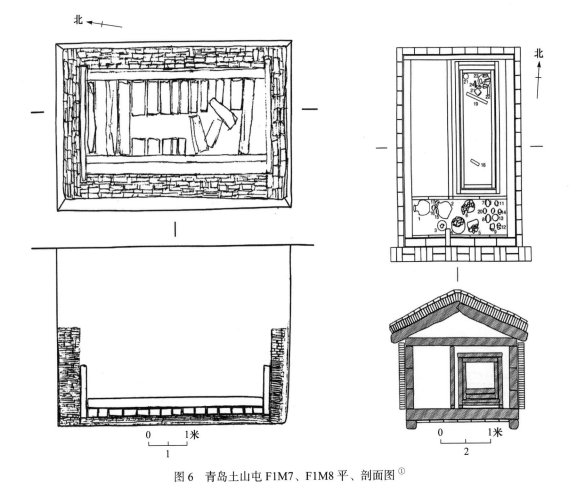

图 6　青岛土山屯 F1M7、F1M8 平、剖面图 ①

1. F1M7　2. F1M8

————————

① 采自青岛市文物保护考古研究所、黄岛区博物馆：《琅琊墩式封土墓》，科学出版社，2018 年，第 81 页图一三七、89 页图一五三。

三、一墩一墓的富贵阶层墓葬

汉代土墩墓除了一墩多墓之外，还有一墩一墓的情况存在，如湖南常德南坪 D1（图 7）、浙江湖州杨家埠 D54（图 8）、山东青岛廒上村一号封土[13]。这些一墩一墓无法体现出聚族而葬的概念，因此不应该视为家族墓地，其性质又作何解呢？

湖南常德南坪 D1 内部发现了 M2 一座墓葬，D1 的营建过程为：首先在修筑台基之前预留出一定的空间作为墓坑的位置，预留墓坑的位置采用修建标志墙或版筑法层层夯筑，之后在墓坑四周修筑台基。M2 位于 D1 的中心位置，墓口长 5.5、宽 3.8 米，推测为双层椁室，墓底填充白膏泥和青膏泥，面积约 21 平方米，由于多次被盗，随葬品已不多，其中出土的滑石印章印有"孱陵丞印"。青岛廒上村一号封土下同样只有 M1 一座墓葬，墓室长 5、宽 3.44 米，面积约 17.2 平方米，葬具结构为两椁重棺，紧贴墓坑的为砖椁，砖椁内壁紧贴有一层木椁，木椁内分箱，由头箱、脚箱、两个边箱组成，木椁盖板上有木炭和厚约 5 厘米的灰膏泥，出土器物有高温釉陶壶、铜刷、玉璧等。湖州杨家埠 D7 内同样只有 M1 一座墓葬，为长方形券顶砖室墓，墓坑长 4.8、宽 2.2 米，面积约 11 平方米。还有一部分土墩为一墩两墓，如江苏泗阳陈墩汉墓[14]、山东青

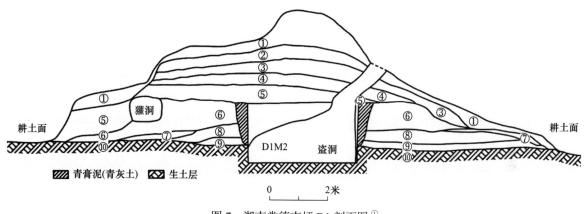

图 7　湖南常德南坪 D1 剖面图①

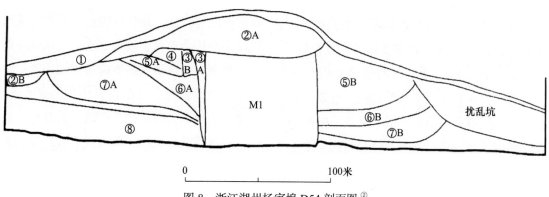

图 8　浙江湖州杨家埠 D54 剖面图②

① 采自湖南省常德市文物局、常德博物馆、鼎城区文物局，等：《沅水下游汉墓》，文物出版社，2016 年，第 42 页图八。
② 采自中国社会科学院考古研究所、浙江省文物考古研究所编：《秦汉土墩墓考古发现与研究——秦汉土墩墓国际学术研讨会论文集》，文物出版社，2013 年，第 48 页图四。

129

岛土山屯四号封土墓葬[15]。江苏泗阳陈墩汉墓 M1 和 M2 为同坟异穴的合葬墓，两座墓葬面积均在 10 平方米左右，葬具结构为木椁分箱，均使用了大量的白膏泥。出土器物相当丰富，包含大量的铜器、玉器、漆器、丝织品，漆器多印有"张氏"字样。M1 出土的龟纽铜印证明墓主人为"张廷意"，M1 和 M2 应当是张廷意夫妇的合葬墓。在泗阳陈墩的周围，还分布有大青墩等多个土墩。其中大青墩汉墓结构复杂，墓葬规格较高，其中的一块椁盖板上书有"泗水王冢"，因此认为大青墩应当为汉代泗水国的王陵。包括泗阳陈墩、大青墩在内的众多土墩墓共同构成了泗水国王陵和高级贵族墓群。山东青岛土山屯四号封土下有 M147、M148 两座墓葬，M147 墓室面积 24.18 平方米，为两层椁、两层棺的砖木混椁墓，出土器物种类丰富，有陶瓷器、金属器、玉器、玻璃器、骨角器、竹木漆器、织物、木牍，其中包含玉温明、玉席。出土的"萧令之印""堂邑令印"表明墓主生前曾担任一定的官职，这些墓葬规格通常比较高。

观察以上墓葬，它们具有四个共同的特点：一是墓葬规模普遍较大，土墩堆筑之前多预留墓坑，利用修建标志墙或版筑法，墓坑面积多在 10~20 平方米；二是棺椁结构比较复杂，通常为多层棺椁和分箱做法；三是随葬品通常较多，器类丰富，除陶瓷器外还有铜器、漆木器、玉器、印章出土；四是多使用青膏泥、白膏泥、灰膏泥、木炭等加固、绝氧、防潮材料。这些特点表明，一墩一墓或一墩两墓的墓葬通常规格较高，木椁及分箱结构、漆木器随葬、青膏泥白膏泥使用均体现出了浓厚的楚文化因素。与一墩多墓的小型墓葬不同，这些墓葬未体现出聚族而葬的家族观念，墓葬内楚文化因素占据主导地位，吴越文化因素居于次要地位，可能与战国时期以来楚文化的势力扩张和政治版图变迁有关。李晖达将浙江地区

的汉代土墩划分为三式，其中Ⅲ式土墩为汉代自筑的大型土墩，部分墓葬为楚文化风格，属于上层统治集团的墓葬，认为这种土墩不再是先秦土墩的真正继承者[16]。对一墩一墓者观察可知，其与李晖达提出的Ⅲ式土墩具有相似性，土墩营建方式、土墩内墓葬规格与一墩多墓者有所差异。因此，一墩一墓、一墩两墓应当为当时社会上层贵族或具有较高身份等级的人群，通常在当时的社会担任一定的官职，体现出墓主人具有较强的经济实力或较高的社会阶层，可能为上层统治集团的墓葬。

四、结　语

综上所述，汉代土墩墓的性质比较复杂，不可一概而论，定义某一座土墩墓的性质应就其内部具体情况进行分析并确认。具体来说，存在以下三种情形：一是继承了吴越文化土墩葬俗并受到家族葬理念影响的单一家族墓地，这种土墩内的墓葬排列有序、方向一致，个别墓葬中出土同一姓氏的印章，整个土墩内单体墓葬下葬之前经过了详细规划；二是多个家族（姓氏）共同使用的公共墓地，这种土墩内的墓葬表现出排列无序、多叠压打破关系、不同单体墓葬文化面貌迥异、同一土墩内出土印章姓氏不同等特征，这种性质的土墩墓与战国时期以来的社会动荡、政权更迭、人口迁徙以及两汉时期的土地私有制度应有密切关系；三是一墩一墓的情况，它既没有体现出家族墓地，也没有体现出公共墓地的性质，具有相对特殊性，与前述两种情况存在人群、阶层方面的区别，墓主人"非富即贵"，严格来讲已经超出了吴越土墩墓的范畴，性质可能更接近汉代大中型封土墓，应为上层统治集团的墓葬。汉代土墩墓是吴越文化同楚文化、秦文化、地方土著文化相互碰撞交织并逐步被统一的汉文化所兼收并蓄的产物，其传播过程见证了东周时期

割据战乱、社会变迁、人口迁徙以及汉代经济发展、土地兼并的时代背景，汉代土墩墓与早期的江南地区商周土墩墓相比，性质已经变得较为复杂，不再是单纯的家族墓地，而是多重性质并存的情况，已经不具备标识族群的功能。

参 考 文 献

[1] 闫桂林. 汉代土墩墓初步研究 [D]. 长春：吉林大学，2019.

[2] 刘建安. 汉代土墩遗存为家族茔地论：以浙江汉代土墩遗存为例 [C]// 中国社会科学院考古研究所，浙江省文物考古研究所. 秦汉土墩墓考古发现与研究：秦汉土墩墓国际学术研讨会论文集. 北京：文物出版社，2013：84-90.

[3] 施劲松. 商周两汉的土墩墓 [C]// 中国社会科学院考古研究所，浙江省文物考古研究所. 秦汉土墩墓考古发现与研究：秦汉土墩墓国际学术研讨会论文集. 北京：文物出版社，2013：12-22.

[4] 龙朝彬，文智，徐小林. 湖南常德南坪西汉长沙国郎中令廖福家族土墩墓群发掘简报 [M]// 湖南省博物馆馆刊：第八辑. 长沙：岳麓书社，2012：121-136.

[5] 湖南省常德市文物局，常德博物馆，鼎城区文物局，等. 沅水下游汉墓 [M]. 北京：文物出版社，2016：53-131.

[6] 湖南省常德市文物局，常德博物馆，鼎城区文物局，等. 沅水下游汉墓 [M]. 北京：文物出版社，2016：146-163.

[7] 徐州博物馆，新沂市博物馆. 江苏新沂前沟汉代墓地 D1、D2 发掘简报 [J]. 东南文化，2021（6）.

[8] 浙江省文物考古研究所，湖州市博物馆. 浙江省湖州市杨家埠古墓发掘报告 [M]// 浙江省文物考古研究所学刊：第七辑. 杭州：杭州出版社，2005.

[9] 韩国河. 论秦汉魏晋时期的家族墓地制度 [J]. 考古与文物，1999（2）.

[10] 山东省文物考古研究所. 山东日照海曲西汉墓（M106）发掘简报 [J]. 文物，2010（1）.

[11] 青岛市文物保护考古研究所，黄岛区博物馆. 琅琊墩式封土墓 [M]. 北京：科学出版社，2018：6-129.

[12] 范晔. 后汉书：卷三十五 张曹郑列传第二十五 [M]. 北京：中华书局，2007.

[13] 青岛市文物保护考古研究所，黄岛区博物馆. 琅琊墩式封土墓 [M]. 北京：科学出版社，2018：131-167.

[14] 江苏泗阳三庄联合考古队. 江苏泗阳陈墩汉墓 [J]. 文物，2007（7）.

[15] 青岛市文物保护考古研究所，黄岛区博物馆. 山东青岛土山屯墓群四号封土与墓葬的发掘 [J]. 考古学报，2019（3）.

[16] 李晖达. 试论浙江汉代土墩遗存 [J]. 东南文化，2011（3）.

文物研究

沛县新出土明代陶伯达墓碑文考释

刘　娟[1]　周　兴[2]

1. 徐州市文物保护和考古研究所；2. 舟山市文物保护考古所

摘　要： 2021 年 12 月底，在江苏省徐州市沛县创新产业园一期工地建设期间，发现明代墓葬一座，墓前有碑一块。墓碑撰文者和书丹、篆额者皆有史可考，碑文内容主要记述了陶伯达家族生平和事迹，同时还原了其当时所处的特定社会历史背景，具有较高的文物价值和史料价值。在补阙史料之不详的同时，还丰富了明代沛县地区陶氏家族资料，为明代商贾碑传、明代士绅阶层墓葬形制和明代家族墓地地面建筑形制等研究提供了新的资料。

关键词： 沛县　明代　陶伯达　碑文

2021 年 12 月底，徐州博物馆配合沛县创新产业园一期工地[1]建设清理明代墓葬一座。该墓出土有墓碑一块，证实为陶伯达及其夫人莫氏合葬墓，这是迄今沛县乃至徐州地区为数不多保存完好、纪年明确、形制完整、经正式考古发掘的明代墓葬之一。墓碑由碑身和底座组成。墓碑青石质，制作规整，表面光滑，四周阴刻有植物花卉图案，唯碑额略残缺。长0.86、宽 0.16、高 1.52 米，插榫长 0.62、宽0.12、高 0.28 米。底座呈长方形，长 1.26、宽1、高 0.28 米；上部长方形略小于底部，东西长 1.18、宽 0.9 米；上部中间凿有凹槽，长0.64、宽 0.2、深 0.28 米。底座正面浅浮雕长方形图案，长 0.98、宽 0.72 米，内饰菱形，菱形四边正中部位有 4 组对称的十字穿璧图案，为汉画像石改制而成（图 1）。墓碑正面阴刻行楷碑文，字体工整隽秀，共 17 行，满行 34

字，共计 517 字[2]（图 2）。

墓碑正面录文如下：

> 乐静处士陶公伯达墓表
> 沛邑，当南北之要冲，界徐济之灵境。古为帝王将相之乡，恒多故家名阀、端人正士，有若 / 陶公伯达，是已按状。公自少时负有奇气，聪敏过人、态度详雅。早承令先君庭训，知古今 / 达事变，有古君子之风。既以少孤、终鲜兄弟，遂灰仕进之心，偕其阃政莫孺人，协力同理 / 家政，克勤克俭。营为绩纺以乐所事，是致家饶于赀，有润屋、润身之美，且天性好施，与遇 / 人之急辄为周济，务遂其情。观其救几躯之命、完未成之婚，凡此历历皆可指陈，悉难枚举。/ 尝以族大、以蕃殷富有为编充里正，从公论也！每致一邑之事，各得均平。眼则教震器，曰 / 纲、

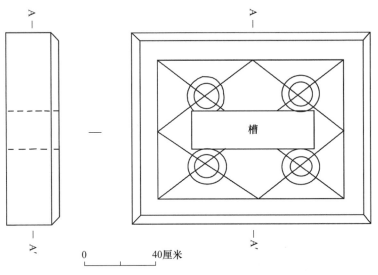

图 1　碑座平、剖视图

图 2　墓碑正面拓片

字文纪者读儒书、修行谊，兼习法律、字学、古今事变。以故名闻上下，由从事有声上/天卿，试魁部元，历官登仕郎阶，所至丕著廉勤之誉，以禄养公者前后六十余载。噫！若公/者，可谓能教其子、能享诸福者矣。公享寿八十有六，生于洪武辛未、卒于成化丙申^{甲辰}。娶里/人莫氏孺人，有令德，享寿九衾。生于洪武甲戌、卒于成化甲辰。子男二人：长即文纪，娶王/氏，生二子、四女；次曰纶，娶骨氏，生二子，娶适皆名门。公于寿终，震器文纪以坟茔岁久窄/临，弗堪埋玉，乃改卜葬于沛城西五里许、泡河北今之新茔，宗公为始祖也！前以仕宦未/及表题，特索文载行，勒石于墓，用彰永久，使后来者有所观焉！/大明弘治六年岁次癸丑仲秋吉旦/本邑石作^{辛广辛佐}造/

赐进士第奉议大夫吏部考公郎中彭城孙珩撰　文林郎邑人高恺书丹　篆额/登仕佐郎奉祀哀子纲　孙男宁宦立石/

墓碑背面内容为陶伯达家族世系表（图 3）。

辛未年（1391 年），卒于明成化丙申年（1476年），享寿 86 岁，实际年龄 85 岁；其妻莫氏生于明洪武甲戌年（1394 年），卒于明成化甲辰年（1484 年），享寿 90 岁。明弘治六年（1493 年）其长子陶纲将二人迁坟合葬于此处、立碑。陶伯达及其妻莫孺人共生有二男二女，长男名陶纲，字文纪，娶正室王氏生二子四女，另有侧室吴氏、周氏生一子二女；二男名陶纶，娶胥氏生二子。男孙五人，分别名为宦、宁（娶路氏、张氏）、容（娶于氏）、安（娶汤氏）、寰；女孙六人，分别名为晚翠、果儿、银台、铉（孙婿曹德和）、钺（孙婿王本仁）、□（孙婿韩天佑）。其中宁、容、安三室已成家，生有重孙四人：招儿、关儿、余粮、丑儿。长子陶纲、嫡孙陶宁、陶宦为其立碑。具体世系如表 1。

墓碑文主要是对墓主人陶伯达生前行事与德行的叙述。陶伯达虽然史书无载，但有"处士"之称，为当地名流。在古代，"处士"是指那些有德才而隐居不愿做官的人。这表明墓主人生前是一位读书人，在当地有较高的社会地位，但没有做官。据碑文记载，陶伯达自幼天资聪颖，有古时君子之风，但因自幼孤身一人，无心考取功名。夫妇二人以纺织为营生，克勤克俭，以故富庶。德行方面，陶伯达天性乐善好施，重仁义，一方面大方接济有困难的

图 3 墓碑背面拓片

一、墓主家世与生平

根据碑文内容可知，墓主为陶伯达，号乐静，沛邑（今徐州沛县）人，生于明洪武

表 1 陶伯达家族世系表

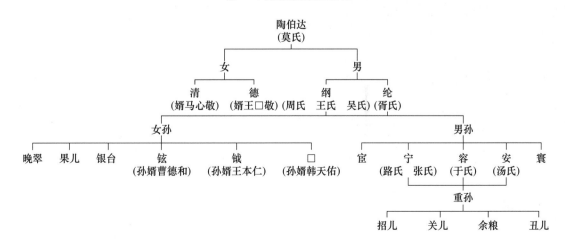

族党、乡邻，另一方面积极扶助社会上需要帮助的人，包括救人性命、助人完婚等善举不胜枚举。

其妻莫氏碑文中被尊称为"孺人"。《礼记·曲礼下》载："天子之妃曰后，诸侯曰夫人，大夫曰孺人，士曰妇人，庶人曰妻。"[3]《明史·职官志》载："公曰某国夫人，侯曰某侯夫人，伯曰某伯夫人，一品曰夫人，后称一品夫人，二品曰夫人，三品曰淑人，四品曰恭人，五品曰宜人，六品曰安人，七品曰孺人。"[4] 可见按明制七品官之妻称"孺人"，陶伯达之妻按制应不能获得"孺人"封号，此处应仅是尊称。

"暇则教震器，曰纲……以禄养公者前后六十余载。"陶伯达教子有方、治家有道，其长子陶纲，字文纪，饱读儒书，高中魁首，跻身官场，官至登仕佐郎，形成"父商子士"的家庭结构。登仕郎，文散官名。明正九品初授将仕郎，升授登仕郎。从九品，初授将仕佐郎，升授登仕佐郎[5]。

陶伯达子女婚嫁之人均出自名门，二女所嫁之婿分别为儒掾、义官各一人，孙女三人所嫁之人为廪生二人、儒掾一人。儒掾，掾，古代副官、佐吏的通称。义官，万历《大明会典》"预备仓"条记载："凡民愿纳谷者，或赐奖敕为义民，或充吏，或给冠带、散官。"[6] 明人称之为"义民官"或"义官"。廪生，廪膳生员之省称。一般而言，明代生员和民间俊秀可通过考试、立功、孝行、敕封、恩荫、捐纳等途径成为廪生[7]。由此可见，陶伯达女儿、孙女所嫁之人均为贤达之士或有一定官职之人。

二、墓碑撰文者等人的情况

"碑是综合设计、雕刻、书法、文学、历史，集实用性、观赏性与文献性于一体的艺术作品。"[8] "碑传是集传记、书法、雕刻、绘画为一体的综合体，墓碑文与其他传记不同，它还是造型艺术，它在文字、书法、雕刻等方面也有其独特的价值。"[9] "凡是参与立碑——包括叙状、请铭、撰文、书丹、题额、校阅、镌字、勒石等一系列流程的人士，都可以称作墓表的创作者。"[10] 据碑文记载，陶伯达墓碑撰文者、书丹和篆额者、勒石工这三个流程作者是明确的。

墓碑撰文者为孙珩。孙珩，字邦玉，彭城（今徐州）人。明天顺六年（1462年）中举人，明成化十四年（1478年）登进士（三甲三十一名），任奉议大夫。明万历刊本《徐州志》卷四《选举·举人》载："孙珩，六年壬午科。"同卷《选举·进士》载："孙珩，十四年戊戌科，任参、议，见传。"卷五《人物》载："孙顺，字以敬。性温厚谦谨。初由国子生为河南彰德同知，有惠政。迁贵州铜仁知府，莅政公平，夷民信服之。其孙珩，字邦玉。登成化戊戌进士，历官广东左参议，莅官行已，不忝世美。"[11] 清同治本《徐州府志》卷二十二上之中《人物传》载其"有声于时"[12]。"赐进士第奉议大夫吏部考公郎中彭城孙珩撰"，落款署名采用功名级别+官职名称+籍贯人名的模式，这是出于尊显祖先父母的需要，后代通过中间人介绍，邀请当时知名的名士撰写墓表。正如许烺光所言："碑文作者封号和刻写碑文者的封号应高于死者的封号，这样可以给家庭增添荣耀。"[13] 同时文人官员也乐于为他人撰写墓表，特别是为同乡，以此获得不菲的酬劳。

墓碑书丹、篆额者为沛邑人高恺。明嘉靖本《徐州志》中《职官表》记载，高恺于成化元年（1465年）任沛县知县[14]。知县为七品，明制正七品文官授文林郎。

刻工为沛县本地石工辛广、辛佐二人。辛氏或是明代中期沛县地区一个以碑刻为业的匠人家族。

三、墓葬地理位置及自然灾害研究

"震器文纪以坟茔岁久窄隘，弗堪埋玉，乃改卜葬于沛城西五里许、泡河北今之新茔，宗公为始祖也！"说明该墓为迁葬墓，因原来的墓地年久失修且规模较小，故陶纲决定迁其父母墓葬到此处，并且也表明了墓葬所在地位于明弘治年间沛县县城的西约五里、泡河[15]以北处，参考明嘉靖本《徐州志》[16]中的沛县地图（图4），可知古泡水位置就在今天的沛县政府以南不远处（图5）。

陶伯达墓碑立于明弘治六年（1493年），在此之后的数十年间，沛县县城遭遇水灾的记载在明代典籍中屡见不鲜，其中多次明确提到泡河。明武宗正德二年（1507年），因黄河东迁，河水泛入泡河，沛县遭受水灾，洪水淹死庄稼，冲毁民宅。冬，武宗下令免除沛县当年

的税粮[17]。明嘉靖本《徐州志》记载："正德二年，黄河东徙，入泡河，沛县大水。坏民禾稼、民舍。"[18]这说明在陶伯达夫妇迁葬于此地14年后，沛县即遭遇了一次较为严重的水灾。明正德四年（1509年）夏，由于黄河决口，河水泛滥，徐州本州及丰县、沛县遭受水灾[19]。《明史·河渠志》载："正德四年六月，黄河又北徙一百二十里，至沛县飞云桥，俱入漕河。"[20]明正德十年（1515年）六月，由于泡河泛滥，沛县、丰县大水[21]。明世宗嘉靖三年（1524年），沛县护城堤被水冲溃多处，朝廷放赈[22]。此外，《明史·河渠志》载"嘉靖五年六月黄陵冈决，河徙不常……截运河，注鸡鸣台口……其出飞云桥者，漫而北，淤数十里"[23]；"嘉靖六年十月，（黄河）……冲入鸡鸣台，夺运河，沛城淤填七八里"[24]。

据"宗公为始祖也"可知，此处是陶氏家族新选的一处家族墓地，但目前仅发现陶伯达

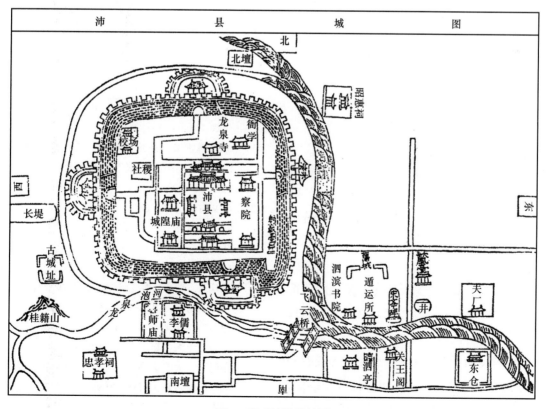

图4　明嘉靖沛县城图

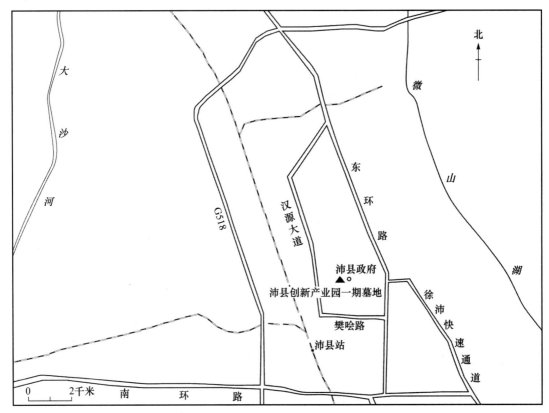

图 5　沛县创新产业园一期墓地位置示意图

夫妇合葬墓这一座明墓，这可能与墓地后期多次遭洪水灾害，后人又迁新址有关。墓地范围内出土大量的河蚌、螺蛳壳等也证明了该区域曾多次被河水淹没过。

四、小　结

"前以仕宦未及表题，特索文载行，勒石于墓，用彰永久，使后来者有所观焉！"明代通过立碑表墓来弘扬先人的功业美德是尊亲尽孝的重要方式。《孝经·开宗明义》载："立身行道，扬名于后世，以显父母，孝之终也。"[25] 陶伯达墓碑碑文既传颂了墓主的美德善行，还以文字形式展现了家族兴旺发达的现况。其碑文的释读对研究明代沛县历史地理和明代中期"父商子仕"家庭社会生活等具有一定的历史价值，同时还能与史志记载相参照，可补史阙，又丰富了明代沛县地区陶氏家族资料，为明代商贾碑传、明代士绅阶层墓葬形制和明代家族墓地地面建筑形制等研究提供了新的资料。

参 考 文 献

[1] 徐州博物馆，沛县博物馆．江苏徐州沛县创新产业园一期汉代墓地发掘简报 [J]．东南文化，2022（6）．

[2] 碑文右侧残存 "成化八年" 字样，应为改制旧碑残存的痕迹．

[3] 礼记正义 [M]．北京：北京大学出版社，2000：171．

[4] 张廷玉．明史：卷七十二：志第四十八　职官一 [M]．北京：中华书局，1974：1739-1740．

[5] 申时行．大明会典：卷六：续修四库全书 [M]．上海：上海古籍出版社，1995：115-116．

[6] 申时行．大明会典：卷二十二：预备仓 [M]．上海：上海古籍出版社，1995：152．

[7] 展龙．明代廪生释论 [J]．社会科学辑刊，2015

（2）: 137.

[8] 王文广. 中国古代碑之设计 [M]. 北京：荣宝斋出版社，2013: 1.

[9] 张新科. 中国古典传记文学的生命价值 [M]. 北京：人民出版社，2012: 51.

[10] 黄开军. 碑刻所见明清商人传记研究 [D]. 重庆：西南大学，2020: 83.

[11] 姚应龙. 徐州志 [M]. 明万历五年刻本.

[12] 刘庠. 徐州府志 [M]. 清同治十三年刻本.

[13] 许烺光. 祖荫下：中国乡村的亲属、人格与社会流动 [M]. 王芃，徐隆德，译. 台北：南天书局，2001: 49.

[14] 梅守德. 徐州志 [M]. 明嘉靖间刊本. 台北：成交出版社有限公司，1983: 180.

[15] 泡河，亦名包水，又名丰水、泡水、苞水。泗水支流，在沛县西南。

[16] 梅守德. 徐州志 [M]. 明嘉靖间刊本. 台北：成交出版社有限公司，1983: 35.

[17] 赵明奇. 徐州自然灾害史 [M]. 北京：气象出版社，1994: 132.

[18] 梅守德. 徐州志 [M]. 明嘉靖间刊本. 台北：成交出版社有限公司，1983: 213.

[19] 赵明奇. 徐州自然灾害史 [M]. 北京：气象出版社，1994: 133.

[20] 张廷玉. 明史：卷七十二：志第五十九　河渠一 [M]. 北京：中华书局，1974: 2026.

[21] 赵明奇. 徐州自然灾害史 [M]. 北京：气象出版社，1994: 135.

[22] 赵明奇. 徐州自然灾害史 [M]. 北京：气象出版社，1994: 139.

[23] 张廷玉. 明史：卷七十二：志第五十九　河渠一 [M]. 北京：中华书局，1974: 2027-2028.

[24] 张廷玉. 明史：卷七十二：志第五十九　河渠一 [M]. 北京：中华书局，1974: 2029.

[25] 十三经注疏·孝经注疏：第 1 卷 [M]. 北京：北京大学出版社，1999: 4.

江苏地区出土汉代玺印文字形体初探

张婧涵

江苏师范大学历史文化与旅游学院

摘　要：江苏地区是两汉时期主要的政区之一，自 1949 年以来，江苏地区已进行考古发掘的汉墓多达数千座，诸侯王高级墓葬以及中小型墓葬等级齐全，墓葬中出土的各类形制风格的玺印是重要的文字资料，具有重要的学术价值。玺印盛行于战国秦汉时期，汉印文字的形体变化反映出古文字隶变的特点，早期玺印文字的篆书风格偏多且篆体更加规范、方正，后期玺印文字的隶书风格较重且由于各种因素导致玺印文字对篆书的改造较大。玺印文字形体发生变化的另一个原因是印面有限，汉字不能合理地安排在印面上，部分小篆或隶书的字形整体纤细修长，故需变形部分笔画篆刻在印面上。本文主要从汉代玺印分期及字体特点与玺印文字讹变两个方面，探究江苏地区出土汉代玺印文字形体的演变规律。

关键词：江苏地区　玺印文字　演变规律

江苏地区是两汉时期主要的政区之一，主要有东海、会稽、临淮、丹阳等郡，吴、楚、荆、江都、广陵、泗水等诸侯国。自 1949 年以来，江苏地区已进行考古发掘的汉墓中，诸侯王高级墓葬以及中小型墓葬等级齐全，对研究两汉时期的相关问题具有重要意义。秦汉之际是我国玺印发展的高峰期，且两汉时期是汉字隶变的重要时期，玺印文字不仅包括各种质地的玺印上的文字，还包括遗留在封泥、陶器、漆木器、纺织品等物品上的玺印抑盖痕迹[1]。玺印文字的风格变化多样，是研究汉字的形体演变的重要实物资料。本文以江苏地区汉代墓葬、遗址的发掘报告、简报、考古学年鉴等发表的玺印文字为基础，结合部分出土文献探究汉代玺印的形体演变规律。

一、江苏地区出土汉代玺印分期及字体特点

据不完全统计，江苏地区出土汉代玺印的墓葬、遗址共 80 余处，出土了金、银、铜、玉、滑石、陶、木、玛瑙、琥珀、泥等不同材质的玺印，按照各时期的字体风格可分为五期。西汉早期为高帝至景帝时期（公元前 206～前 141 年），西汉中期为武帝至宣帝时期（公元前 140～前 49 年），西汉晚期为元帝至孺子婴时期（公元前 48～公元 8 年），新莽时期（公元 9～23 年）与东汉时期。

（一）西汉早期

西汉早期的玺印延续了秦印的风格，西汉早期的玺印仍具有秦印的特点。秦印的特点是具有清晰可辨的界格，主要为"田"字格或"日"字格，且印面文字为秦篆。西汉初期的部分玺印也具有明显的界格，如江苏仪征刘集联营 59 号墓[2] 出土的"范胥奇"玉印（图 1-1）、扬州西湖万科金色梦想项目建设工地墓群[3] 出土的"臣庆"双面穿戴木印（图 1-2）、徐州绣球山西汉墓[4] 出土的"薛毋伤"鎏银铜印（图 1-3）、徐州骆驼山西汉墓 M29[5] 中出土的"段翘、妾翘"鎏金双面铜印（图 1-4）。"范胥奇"印面为"田"字界格，"臣庆"、"薛毋伤"、"段翘、妾翘"印面为"日"字界格，且印面文字均为篆书，可见印文沿用了秦印的风格。

图 1　江苏地区西汉早期玺印
1."范胥奇"玉印　2."臣庆"木印
3."薛毋伤"铜印　4."段翘、妾翘"铜印

（二）西汉中期

西汉中期的玺印是汉印发展的高峰期，这一时期的玺印形制不再具有秦印的风格，界格消失，笔画逐渐平直，整体章法稳定平衡，形成方正宽博、饱满刚劲、布局均匀的总体特点。如徐州东郊陶楼汉墓[6] 出土的"君侯之印"龟钮银印（图 2-1）、连云港海州西汉墓[7] 出土的"凌氏惠平"龟钮铜印（图 2-2）、连云港海州西汉侍其繇墓[8] 出土的"侍其繇"龟钮银印（图 2-3）等。就玺印形制而言，四字印多数为自右起上下释读，三字、五字等单数文字印最后一行为单字，文字排列方式规整，各单体字大小一致，笔画平直。秦篆的文字特点为线条圆转，到了西汉中期玺印文字上的小篆各笔画变成直画或折画，使起笔和收笔更加直观，笔画的书写顺序更加清晰。

图 2　江苏地区西汉中期玺印
1."君侯之印"银印　2."凌氏惠平"铜印
3."侍其繇"银印

（三）西汉晚期

西汉晚期的玺印文字是西汉中期的风格延续，印文的排列进一步规范，笔画更加饱满、雄健刚劲，布局严谨丰满。如仪征盘古山汉墓[9] 出土的"戚中公印"虎钮铜套印（图 3-1）、扬州西汉"妾莫书"木椁墓[10] 出土的"妾莫书"龟钮银印（图 3-2）、徐州顾山西汉墓[11] "兒忠之印"瓦形钮铜印（图 3-3）等。这一时期的玺印文字的笔画明显更加饱满，印面文字留白较少，且此时印面文字的篆书字体已经不再

图 3　江苏地区西汉晚期玺印
1."戚中公印"铜套印　2."妾莫书"银印
3."兒忠之印"铜印

规范，部分笔画、构件发生变化，与早期篆书不同。如"妾莫书"印中的"莫"字，《说文》卷一《茻部》载："莫，日且冥也。从日在茻中。"[12] "莫"本从"茻"，下部应为"艸"，但在此印中"莫"字的下部变为"𠃍"。

（四）新莽时期

新莽政权仅存在 15 年，但由于王莽托古改制，对新莽玺印的发展起决定性影响。王莽在位期间更改了许多西汉的官名和地名，这些内容在新莽时期的玺印上充分体现。如邗江杨寿乡宝女墩新莽墓[13] 出土的"寻阳令印"桥钮铜印（图 4-1）、徐州后山西汉墓[14] 出土的"明音私印"铜印（图 4-2）、金湖徐梁花园墓葬群[15] 出土的"裘尊信印"铜印（图 4-3）、淮安金湖塔集闸墓地[16] 出土的"兒登、臣登"双面铜印（图 4-4）等。

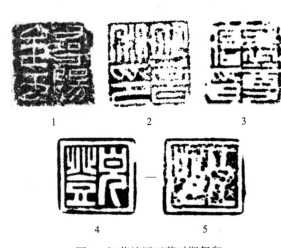

图 4　江苏地区王莽时期玺印
1. "寻阳令印"铜印　2. "明音私印"铜印
3. "裘尊信印"铜印　4. "兒登、臣登"铜印

（五）东汉时期

东汉时期的玺印制度是西汉制度的延续，故玺印的形制与印面文字风格与西汉晚期、王莽时期区别较小，直到东汉中晚期的玺印才略有不同。东汉时期，古人逐渐不熟悉篆书写法，渐渐地退出实用领域被隶书所取代，玺印

上的小篆文字也逐渐不规范，直接导致印章水平的下降。如高邮邵家沟汉代遗址[17] 出土的"天帝使者"封泥（图 5-1）、赣榆汉代古城盐仓城[18] 出土的"别部司马"铜印（图 5-2）、邗江甘泉二号汉墓[19] 出土的"长乐无极"铜印（图 5-3）、"广陵王玺"金印（图 5-4）、南京江宁湖熟东汉墓 M1[20] 中出土的"都乡"铜印（图 5-5）等。

图 5　江苏地区东汉时期玺印
1. "天帝使者"封泥　2. "别部司马"铜印
3. "长乐无极"铜印　4. "广陵王玺"金印　5. "都乡"铜印

二、江苏地区出土玺印文字讹变举例

汉代玺印不同时期的字体整体特点是由公正、规范、方正的小篆字体变为略不规整的隶书，部分单个汉字或构字字元也有明显的变化，主要以单体字变化与部分字符的变化两种为主。

（一）单体字变化

江苏地区出土玺印的印面文字有部分汉字在各个时期均有出现，且字形与字形之间有细微的变化，如笔画粗细、书写规律等，以下作举例说明。

1. 之

《说文》卷六《之部》载："之，出也。象艸过中，枝茎益大，有所之。一者，地也。凡之之屬皆从之。"[12] "之"的小篆字形为"业"，本义为出、生出、滋长，小篆字形左侧笔画收笔处略低于右侧笔画。西汉早期玺印上的"之"字为"业"（虹之左尉），西汉中期为"业"（王霸之印），西汉晚期为"业"（兒忠之印），江苏地区的新莽时期的墓葬中未出土带有"之"字的玺印，但是在罗福颐先生《古玺印概论》收录一枚"姚豐之印信"，其"之"字为"业"。西汉早期的"之"字左侧笔画收笔处略低于右侧笔画，西汉中期两个笔画收笔处高度相差无几，西汉晚期两个笔画收笔处完全收于一处，王莽时期由于"托古改制"，这一时期的"之"字反而书写相对规范，字形具有从趋近正方变为细长的特点。

2. 印

《说文》卷九《印部》载："印，执政所持信也。从爪从卪。凡印之屬皆从印。"[12] "印"的小篆字形为"图"，上半部分是手爪，下半部分跪着的人，合起来表示用手按人使之跪拜，本义为官印。西汉早期玺印上的"印"字为"图"（楚御府印），西汉中期为"图"（王霸之印），西汉晚期为"图"（戚中公印），王莽时期为"图"（明音私印），东汉时期为"图"（徐州贾汪官庄汉墓群出土"□□利印"）。秦印中的印字写法为"图"（宜阳津印），"印"的最后一笔为向下弯曲的短竖，西汉早期的玺印延续了秦印的风格，但是笔画相比秦印更加规范、平直。西汉中晚期，"印"的最后一笔变得平直，且各笔画更具有线条化的特点，转弯处弯曲痕迹甚少。

3. 臣

《说文》卷三《臣部》载："臣，牵也。事君也。象屈服之形。凡臣之屬皆从臣。"[12] "臣"的小篆字形为"臣"，小篆字形为一只竖立的眼睛形，人在低头时，眼睛即处于竖立的位置，字形正表示了俯首臣服之意，"臣"字为两汉时期玺印上常出现的文字。西汉早期玺印上的"臣"字为"图"（郭羲、臣羲），西汉中期为"图"（刘颀、臣颀）、"图"（臣奉世），新莽至东汉时期为"图"（兒登、臣登）。"臣"字整体变化不大，大多数出现在诸侯王及官员的私印上，一般都是双面印，其中一面为墓主人的名字，另一面为"臣X"。由于印面多数只有两个字，"臣"字的字形修长，西汉早期印面"臣X"二字在印面左右平分，各占印面一半，到了西汉晚期"臣"字更加修长，只占印面约右侧三分之一。

4. 楚

《说文》卷六《林部》载："楚，丛木。一名荆也。从林疋聲。"[12] "楚"的小篆字形为"楚"。楚国大致位于现江苏省徐州市的管辖范围内，是两汉时期的封国，共存在 220 年。西汉早期玺印上的"楚"字为"图"（北洞山），西汉晚期为"图"（夏侯楚印）。"楚"字的变化或为古人逐渐不熟悉篆书写法之故，使得汉字的形符、意符符号化严重。"楚"本义是灌木名，又名荆、牡荆，甲骨文字形为"图"，象人从树林中穿过。《诗经·周南·汉广》："翘翘错薪，言刘其楚。"[21] 此处的"楚"为木名，即牡荆。但是随着汉字词义的变化，汉代玺印上的"楚"字已经变为国名，后人对"楚"字的字义的认知已发生变化，在书写时也不能正确理解字形的本义，故"楚"字各字元形态发生变化在情理之中。就现有的出土资料而言，西汉晚期的"楚"字下半部分的"疋"字变为"图"，已无原貌。

（二）部分字符的变化

每个汉字都由不同的字符构成，在玺印发展的过程中，部分玺印文字大体上并无过多变化，只是其中的字符发生微小变化，以下作举例说明。

1. 人

《说文》卷八《人部》载："人，天地之性最贵者也。此籀文。象臂胫之形，凡人之属皆从人。"[12]"人"是独体象形文字，在已发现整理的甲骨文中，有十余种不同的异体字，但是只有方向不同，分别为向左的"↑"与向右的"↑"，象人侧立之形。"人"的小篆字形为"↑"，笔画更加匀称规整、字形瘦长，象形意味稍为削弱，使"人"字更加符号化。玺印文字中的字元"人"的形态也与小篆有所不同，部分玺印中的字元"人"，字形相对规范，如出土于徐州北洞山楚王墓[22]的"楚御府印"铜印（图 6-1），其中"人"字形为"↑"；出土于徐州龟山汉墓[23]的"刘注"龟钮银印（图 6-2），人"字形为"↑"，此二印的"人"字形更接近小篆。连云港海州西汉侍其繇墓[8]出土的"侍其繇"印（图 6-3），人"字形为"↑"，此印中的"人"字形已与小篆字形大不相同，无法区分"人"字形的左右方向。

图 6 江苏地区出土带有"人"字元的玺印
1. "楚御府印"铜印 2. "刘注"银印 3. "侍其繇"银印

2. 女

《说文》卷十二《女部》载："女，妇人也。象形。"[12]"女"的小篆字形为"↑"，象一个敛手跪着的人形，本义为女性、女人。江苏地区出土的玺印中带有"女"字的玺印较少，如扬州西汉晚期的"妾莫书"木椁墓[10]中出土的"妾莫书"龟钮银印（图 7-1），其中的"女"字形为"↑"；仪征张集团山西汉墓[24]

出土的"郜晏"桥形钮铜印（图 7-2），其中的"女"字形为"↑"。这些玺印中的"女"字形整体与小篆字形相似，但笔画的书写习惯发生变化，如"妾"字中的"女"为适应印面尺寸右下角本应为延伸的笔画变为与印的边缘平行，"晏"字中的"女"同样是为适应印面尺寸整体字形变得修长，本应弯曲的笔画完全拉直，变为竖。

图 7 江苏地区出土带有"女"字元的玺印
1. "妾莫书"银印 2. "郜晏"铜印

三、结　语

江苏地区出土的汉代玺印数量众多、形制多样，具有极高的艺术价值与学术价值。两汉时期的出土的玺印总共可分为五期，总体演变规律即为汉字在两汉时期完成了汉字发展史上"隶变"这一重要环节。早期玺印文字的篆书风格偏多且篆体更加规范、方正，后期玺印文字的隶书风格较重且由于各种因素，如古人逐渐不熟悉篆书写法、形符、意符符号化严重、古人已对字符的本义不了解等原因，导致玺印文字对篆书的改造较大。玺印文字形体发生变化的另一个原因是印面有限，部分小篆或隶书的字形整体纤细修长，不能合理地安排在印面上，故需变形部分笔画篆刻在印面上。汉代疆域辽阔，江苏地区仅为两汉管辖范围内的一部分，不能完全反映出汉代玺印发展变化的全貌，故未来可结合更多地区玺印文字对此问题进一步研究，从而更科学地分析汉代玺印文字形体的变化规律。

参 考 文 献

[1] 石继承. 汉印文字研究[M]. 上海：上海古籍出版社，2021：1.

[2] 南京博物院. 玉润中华：中国玉器的万年史诗图卷[M]. 南京：江苏凤凰文艺出版社，2023：243.

[3] 江苏省文物局. 江苏考古：2014-2015[M]. 南京：南京出版社，2015：122.

[4] 徐州博物馆. 徐州绣球山西汉墓清理简报[J]. 东南文化，1992（3-4）.

[5] 徐州市文物保护与考古研究所. 江苏徐州骆驼山西汉墓 M29 发掘简报[J]. 文物，2023（4）.

[6] 徐州博物馆. 徐州市东郊陶楼汉墓清理简报[J]. 考古，1993（1）.

[7] 连云港市博物馆. 江苏连云港海州西汉墓发掘简报[J]. 文物，2012（3）.

[8] 南波. 江苏连云港市海州西汉侍其繇墓[J]. 考古，1975（3）.

[9] 李则斌. 江苏仪征盘古山发现汉墓[J]. 东南文化，1985.

[10] 扬州市博物馆. 扬州西汉"妾莫书"木椁墓[J]. 文物，1980（12）.

[11] 徐州博物馆. 江苏徐州市顾山西汉墓[J]. 考古，2005（12）.

[12] 许慎. 说文解字[M]. 徐铉，校定. 北京：中华书局，2013.

[13] 扬州博物馆，邗江县图书馆. 江苏邗江县杨寿乡宝女墩新莽墓[J]. 文物，1991（10）.

[14] 徐州博物馆. 江苏徐州后山西汉墓发掘简报[J]. 文物，2014（9）.

[15] 淮安市文物保护和考古研究所，金湖县图书馆. 江苏金湖徐梁花园战国至汉代墓葬群发掘简报[J]. 东南文化，2023（2）.

[16] 淮安市博物馆. 江苏淮安金湖塔集闸墓地发掘简报[J]. 考古与文物，2019（2）.

[17] 朱江. 江苏高邮邵家沟汉代遗址的清理[J]. 考古，1960（10）.

[18] 李克文. 江苏赣榆发现东汉武氏职官印[J]. 东南文化，1994（5）.

[19] 南京博物院. 江苏邗江甘泉二号汉墓[J]. 文物，1981（11）.

[20] 东南大学艺术学院，江宁区博物馆. 南京江宁湖熟东汉墓 M1 清理简报[J]. 东南文化，2020（6）.

[21] 阮元. 十三经注疏（附校勘记）[M]. 北京：中华书局，1980.

[22] 徐州博物馆，南京大学历史系考古专业. 徐州北洞山西汉墓发掘简报[J]. 文物，1988（2）.

[23] 尤振尧.《铜山龟山二号西汉崖洞墓》一文的重要补充[J]. 考古学报，1985（3）.

[24] 南京博物院，仪征博物馆筹备办公室. 仪征张集团山西汉墓[J]. 考古学报，1992（4）.

徐州地区汉代建筑明器研究

张胜男

徐州博物馆（徐州汉画像石艺术馆）

摘 要： "建筑明器"是汉代墓葬中集生产生活、娱乐休闲等为一体的特殊门类，它们不仅是反映汉代社会生活、科学技术、生产力发展水平的重要实物资料，也是古人"事死如事生"丧葬习俗的体现。本文以徐州地区出土的汉代建筑明器为例，在分类、起源、发展演变等方面进行初步研究。

关键词： 徐州 建筑明器 丧葬文化

人类的建筑史，经历了从穴居、巢居到摩天大楼的漫长发展过程。作为人类生存的基本条件之一，它是人们生产生活资料的重要载体，在社会生产中占有极其重要的地位。由于需要投入大量的人力、物力、财力，建筑发展的整体水平也成为衡量一个时代政治、经济、文化发展的标志。中国古代建筑作为我国传统文化的重要组成部分，受时代更迭，地缘地貌的变化，以及我国科学文化发展的影响，在经历了不断发展、演变后，形成了自己独特的风格和完备的体系。

汉代作为历史上强盛且统一的封建王朝，在长达四百余年的时间里，其建筑水平呈现出空前繁荣的景象。无论是城市建筑、宫殿苑囿，还是祭祀楼阁、民居院落都得到了巨大的发展，工艺精湛的单体建筑与气势恢宏的群体建筑交相辉映。目前，通过考古发掘，出土了大量的画像石（砖）、壁画、明器，以及各种器皿上的建筑图案，让我们可以直观形象地看到汉代建筑的形制特征和技术成就，并成为研究当时社会生活、科学技术、生产力发展水平的重要实物资料。

一、建筑明器的出现

明器者，冥中所用之器，故称明器（冥器），它们是仿照现实生活中的物品制作而成的形状相同、体积缩小数倍的器物，其种类繁多，生产量极大，材质除陶、木、石之外，还有玉、铜、漆、瓷等。制作这类器物的行为早在史前就已出现，但开始有意识地探讨明器的性质则是在东周时期。明器虽没有实用功能，却承载着古人"事死如事生"忠孝礼制的丧葬观。

建筑明器作为丧葬文化的重要组成部分，是明器家族中最具特色的一个门类。所谓建筑明器就是一种缩小比例的建筑模型，是制作者根据设计图样，通过设计构思制作而成的近乎真实的各类建筑，它来源于生活，却高于生活。目前我国考古资料中所知最早的建筑模型是甘肃新石器时代遗址中出土的陶屋[1]。在徐州地区邳州境内也曾经出土过新石器时代的陶屋模型，并且其"四壁及屋顶的坡面上均刻有狗、羊等动物形象"。而墓葬中发现最早的"建筑明器"则是浙江绍兴坡塘306号战国墓葬中出土的铜屋模型[2]。在经历了从简入繁，从朴拙到奢华的过程后，建筑明器的发展在西汉初期时已较为成熟，如西汉早期淮阳汉墓出土的规模雄伟的三进陶院落[3]。汉代以降，墓葬中的"建筑明器"多有出现，并对宗教建筑的发展产生了巨大影响。

二、徐州地区汉代建筑明器功用及分类

汉代建筑明器出土数量众多，形式多样。根据其不同的功能许多学者作出了分类。张勇按用途划分为供人居住的楼院、庄园，供储存粮食的仓廪，供登高瞭望的楼阁，供表演乐舞百戏的戏楼，供舂米磨面加工粮食的作坊，供烹饪做饭的灶具，供饲养家畜的羊舍、猪圈，以及供满足人们其他生活需要的厕所、水井等，认为"凡是人们日常生活中所涉及到的建筑，明器中可以说应有尽有"[4]。周学鹰和宋远茹在《汉代"建筑明器"的性质与分类》中把建筑明器分为单体建筑、群体建筑，单体，如亭榭、仓房、楼阁、阙观、坞堡、作坊、厕所（往往与猪圈结合在一起）、水井及住房等。群体建筑，如一进四合院或三合院，多进或多进多路的院落等[5]。

徐州地区出土的汉代建筑明器种类繁多，陶楼、仓囷、猪圈、陶井等或朴拙或精细，或单一或复杂，或小巧或繁琐，无一不是如实模制，忠实记录当时的建筑风貌，成为汉代墓葬中不可或缺的部分。

（一）陶楼

"登高望远"是古人美好的追求和理想。"登高"不仅可以远眺美景、防御瞭望，还可以满足古人接近仙人的愿望，《史记》中载"武帝好求仙，仙人好楼居"，可见陶楼不仅有其实用功能，也被古人赋予特殊的意义。徐州地区的陶楼多出土于西汉中期及东汉时期的墓葬中，如铜山周庄一号墓、凤凰山汉墓、拉犁山汉墓、班井汉墓M1、十里铺汉画像石墓、韩山东汉墓等。这些陶楼多以民间建筑居多，为规模较小的住宅，建筑的体量不高，多是二层或三层的单体建筑。陶楼均开有门窗，方便通风和瞭望，房屋平面布局多为长方形或方形，已经形成以墙体围合的院落为基本单元的构成模式，屋顶样式以四面排水的庑殿（也称五脊殿、四阿殿）和两面排水的悬山最多。

徐州韩山汉墓出土的绿釉陶楼（图1），长37.2、宽25.4、高49厘米。由院墙、二层楼墙、带腰檐隔板、庑殿五部分组成。陶楼上层为正面开门，有两窗，两侧山墙及院墙均为花墙，门窗及花墙旁均装饰斜方格纹和三角纹装饰。底层正面开两门，门旁饰三角和双圈纹，有长方形洞通向上层。该陶楼院墙为灰褐色，未施釉，楼体为夹砂红陶，质地较坚硬，外表施釉，釉色莹润，同一楼体施两色釉，为同期墓葬所少见。

徐州拉犁山三号汉墓出土的东汉绿釉陶楼（图2），高60、宽46厘米。陶楼平面呈长方形，分为上下两层，均出檐。底层四周有院墙，院墙正面两侧留有通道，上层四周设有回廊。陶楼内胎呈砖红色，陶楼施绿色釉，属铅釉陶，釉面光亮，平整光滑。

徐州十里铺汉画像石墓出土的陶楼（图3），进深15.2、面宽38、高63.5厘米。为两层楼房，由围墙、楼层、平座、腰檐、屋顶五部分

图 1　徐州韩山汉墓出土绿釉陶楼

图 2　徐州拉犁山三号汉墓出土绿釉陶楼

图 3　徐州十里铺汉画像石墓出土陶楼

组成，四面矮墙，门洞中央立有挡门扉的闑，为同期汉墓所少见。矮墙前面有横式栏杆，门扉饰铺手衔环，这种类型的陶楼具有典型的时代特征，样式与中原地区东汉墓出土的陶楼接近。

徐州凤凰山汉墓出土的陶楼（图 4），为庑殿式建筑，顶为正方形，有三层重檐，四面墙上均开有长方形门，门外两壁彩绘武士纹。陶楼整体结构虽是单层建筑，但从外观上与重屋建筑相似，目前全国仅出土两件，另一件是 1953 年河南荥阳城关乡魏河村出土的七层灰陶仓楼。

图 4　徐州凤凰山汉墓出土陶楼

（二）仓

农业是汉代经济的支柱，在天时、地利、人和等诸多因素的促使下，汉代农业生产稳定发展，粮食产量迅速增加，为了使粮食得以最长时间的储藏，储存农作物的设施设备也逐渐增多，粮贮被视为"天下之大命"，汉代人修缮了各式储藏粮食用的建筑或容器。两汉时期，少量的粮食一般储存在罐、瓮等内，只有大量的粮食才储存在仓、囷里。徐州出土的汉代建筑明器中，陶仓和陶囷的数量最多，形制复杂。目前发现随葬陶囷的多为西汉早期的墓葬，如徐州凤凰山 M1 墓、徐州后楼山汉墓、徐州九里山汉墓等。而陶仓则多出土于西汉中晚期及东汉的墓葬中，如奎山汉墓 M1、火山汉墓等。徐州地区出土的陶仓多为楼阁式和平房式两种，其中单体仓楼数量较多。根据形状主要可分为方仓、仓楼，有的仓体上大下小，顶有横脊，仓盖有呈四面坡的方形仓盖和圆形仓盖。

徐州凤凰山西汉墓出土的一件陶困（图5），仓体呈上宽下窄的圆台形，敛口、斜壁、平底，由圆形仓盖和仓体两部分组成，仓盖的直径略大于仓径，一侧开长方形窗，外侧窗棱中间各有一凸出带孔的钮，应为固定封堵窗口之用。仓体上皆施彩，瓦檐涂朱，仓盖底口外侧绘红彩弦纹。

图5　徐州凤凰山西汉墓出土陶困

徐州后楼山西汉墓 M6 出土一件陶方仓（图6），呈长方形，由身（墙体）和盖（屋面）扣合而成。屋面为起脊四面坡式，用红色绘出筒瓦瓦当，仓身以彩绘手法表现，上下两层楼，斗拱结构，多用红色绘出。正面上层左右各设一门，门框凸出于墙体，门中心以白色各绘一铺首衔环。左、中、右以红色各绘一斗拱，下层左右也各绘一斗拱。中间有两道楼梯

通向楼上，两侧和后侧亦以红色绘出斗拱，惜多已剥落不清，仓底周围有地台伸出，仓内中间设一隔墙。[6]

图6　徐州后楼山西汉墓 M6 出土陶仓

徐州铜山班井村东汉墓出土的仓楼（图7），四阿顶，除顶外各部分连为一体。整体分上下两层，两层间前部出檐，仓体上口为抹角方形，底略呈椭圆形，上层前部有两窗孔，顶施酱色釉，仓体正面及左右两侧施黄褐色釉。

图7　徐州铜山班井村东汉墓出土仓楼

（三）猪圈

我国有着悠久的家禽饲养史，在许多新石器时代遗址中就发现了大量的家禽遗骨。徐州地区汉墓中多有猪圈模型和各类家禽陶俑出

土，充分体现出汉代繁荣发展的家禽养殖业。徐州出土的陶猪圈多为厕所和猪圈的组合建筑，圈外高台上建厕所，下部与猪圈相通。这种猪圈和厕所相连的建筑，名"溷"，在汉代很普遍，这样的设计反映出汉代已经足够重视农业生产中肥料的收集利用。根据平面形状主要分为长方形、圆形。长方形猪圈多由小院、圈棚与厕所三部分组成，还有仅有小院、厕所两部分组成装饰较简单的小型猪圈。

徐州后楼山西汉墓 M6 出土陶猪圈（图 8），呈长方形，院落式，四面围墙，前面有伸出地台。右侧墙上开有一长方形门，门内为厕所，厕所屋面为起脊两面坡式，瓦楞分明，四面有墙，其中两面借用院墙。厕所门内靠左墙设一长方形蹲坑，从墙上所设一拱形洞通向猪圈。猪圈内靠前墙为一长方形猪槽，靠后墙右侧俯卧一猪，左侧角落亦侧卧一猪，有四只小猪仔正趴在其腹下吃奶。母猪上方是同厕所一样的屋顶，架在两面围墙上。墙头为起脊两面坡式，有檐伸出。四面墙上皆以红色绘有斗拱，两个屋面亦以红色绘出梁和瓦当等。

图 8　徐州后楼山西汉墓 M6 出土陶猪圈

徐州沛县出土汉代陶猪圈（图 9），四边有整齐、宽敞的围墙，围墙一角搭有栅屋，对侧盖有门楼，正面墙有一缺口，便于添食喂养。建造结构合理完整，圈中有一陶猪，正拱土觅食，猪体肥胖有神，逼真。

图 9　徐州沛县出土汉代陶猪圈

徐州韩山东汉墓绿釉陶猪圈（图 10），分上、下两层，下层为圆形圈墙，无底，一侧有6 级台阶通向上层厕所，庑殿，瓦垫清晰。厕所正面开门，有门坎，门右侧开 2 个长方形气孔，厕内底部有长方形泄粪孔，门外有平座和矮墙，红陶质，满施黄绿色釉。厕所瓦垄间积釉过多，晶莹光亮，直径 18.6、高 18.5 厘米。

图 10　徐州韩山东汉墓出土绿釉陶猪圈

（四）灶

灶作为日常生活中必不可少的物品，在汉代非常受重视。《汉书·五行志》载："灶者，生养之本。"西汉中期之后的墓葬中，随葬陶灶的数量日益增多，不同地区出土的陶灶形制上也有所不同。从徐州地区出土随葬陶灶来看，西汉时多为素面，单火眼的方头灶，灶眼上还放置有釜、甑等配套的灶具。西汉晚期至东汉时，陶灶的面积逐渐增大，火眼的数量增多，灶头的形状兼有方头和圆头，多设有烟囱，有的陶灶为求写实还在灶面上模印或刻划出各种厨具和食品。根据灶上所开火眼的数量可分为单眼灶和双眼灶，单眼灶按照平面形状可分为长方形、猪耳形和圆形；双眼灶又可细分成无伸出的火膛和有伸出的火膛型。

徐州铜山凤凰山出土的单眼陶灶（图11），灶长25.6、宽13.2、高10.2厘米。泥质灰陶，灶身呈长方形，前部有拱形火门，窄灶身呈长方形，前部有拱形火门，后有上窄下宽的挡火墙，无烟囱，底部有孔，前端有曲尺形平台伸出。灶身上部开有两火眼，前置一套釜甑，后置一釜，皆为泥质红陶，灶身两侧面以红彩绘"田"字形框，两端绘长方形框。

图11　徐州铜山凤凰山出土西汉单眼陶灶

徐州韩山东汉墓出土绿釉陶灶（图12），长27、宽18～19.5、高12.5厘米。泥质红陶，施绿釉，灶体平面略呈梯形，前面有长方形灶门，后有圆形出烟孔。灶台上有2个火眼，分别架小釜和釜甑，甑底有6个小孔，灶台四周饰双圈纹，灶、釜、甑均施满釉，釉层较薄。

图12　徐州韩山东汉墓出土绿釉陶灶

徐州后楼山西汉墓M8出土的双眼灶（图13），通长39、宽14、通高18.2厘米，灶身呈长方形。灶门为拱形，前有凸出的地台，两侧各有高出的平台，平台外侧中空，后端有曲尺形挡火墙和曲尺形烟囱。烟囱顶盖为四面坡形，有镂空的小出烟孔，并阴刻菱形、三角形纹。烟道为方柱形。烟囱为分制而成，一端插进灶体的烟孔内，灶上设2个火眼，前置釜甑1套，后置釜1件，灶体内部有2个火眼，中间有隔墙，亦设拱形火门。

图13　徐州后楼山西汉墓M8出土陶灶

（五）井

水是人类的生存之本，为了更好的获取水源，先民们在长期的生产实践中发明了井。作为生活饮水和农田灌溉的建筑装置，井在汉代空前繁荣的农业生产中发挥着极其重要的作用。在徐州地区的考古遗址中就曾发现汉代生活水井的遗迹，徐州汉画像石庖厨图中也有利用辘轳在井中取水的刻画。陶井明器在徐州汉代墓葬中多和磨、仓、灶等建筑明器同时出土，且多以圆形井桶为主，内有汲水工具。徐州汉墓中出土的陶井，主要由井身、汲水瓶两部分组成，井身呈圆筒形、上部宽而下部窄，有些陶井还带有支架、辘轳等。

徐州后楼山西汉墓M6出土陶井（图14），口径11.4、底径11、高9.6厘米。整体呈筒状，平口宽平沿，上细下粗，至底部略内收，平底，身部饰凸弦纹两道，中间周圈遍饰乳钉状窝纹，两边四个交叉勾划相连组成七组图案，并在相连线上涂朱。在第一、第二道凸弦纹下饰凹弦纹各一道并彩绘红色弦纹，井沿上以红色绘 6 个复合三角纹。

图 14　徐州后楼山西汉墓 M6 出土陶井

徐州十里铺汉画石墓出土的陶井（图 15），口径 25.9、通高 30.2 厘米。井身圆筒形，上口较底部稍窄，口沿和近底处均有折沿，沿面两侧有对称的长方形孔，以安井架。井架系仿木结构，由 6 根构件组成，每根构件具有榫头及便于榫接的刻划符号，有的构件表面还具切割过的弧形断面，井架正中置有滑轮，井身饰有模印花纹。

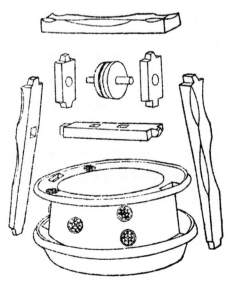

图 15　徐州十里铺东汉墓出土陶磨线描图

徐州米山汉墓出土的陶井（图 16），筒形，口径 12、高 11.4 厘米。宽平口，卷沿，井壁上部比下部略大，平底。井外壁上部有一周内凹的宽带，上饰螺旋状乳钉纹。

图 16　徐州米山汉墓出土陶井

徐州铜山凤凰山西汉墓陶井（图 17），口径 9、底径 7.6、高 8.2 厘米。泥质灰陶，器形完整，侈口，平沿稍凹，斜腹，平底。井身饰两道红色弦纹。

图 17　徐州铜山凤凰山西汉墓出土陶井

（六）徐州地区汉画像石中的建筑

汉代建筑的实物资料除了以随葬明器的形式展示之外，汉画像石（砖）、汉代壁画也以二维的表现形式展现出汉代建筑的平面空间。二者相互结合，形象再现了徐州地区汉代建筑艺术的全貌。正如蒋英炬先生认为"这种早期画像石所显示的初始萌动态势，完全和墓葬随葬品生活化的变化趋势相一致，这些画像石一定程度上所起的作用，就是随葬品的代替、扩展和延伸"[7]。

1. 院落楼阁

西汉中期以后，高台建筑逐渐被高层建筑所取替代，汉代楼阁建筑逐步脱离了高层夯土台的限制，以重屋之楼的形式出现在历史舞台上。由文献及徐州出土的汉画像石可知，汉代已经有了多重院落组合的居住庭院，"高楼池苑，堂阁相望"，成为当时的一种社会风尚。

徐州贾汪青山泉白集汉墓中有四幅建筑图。其中三幅是楼阁建筑，其中祠堂东壁的建筑图为一座临水的三层楼阁（图18），该建筑由九个单元建筑组成。廊庑相接，鳞次栉比，第一层刻画楼前迎宾，第二、第三层为宾客凭栏赏景交谈，还有一人在垂钓，由此可见楼阁在建筑空间构图中发挥了相当大的作用。

邳州占城祠堂后壁画像是一幅刻画逼真的"楼阁建筑庄园图"（图19）。建筑组群大多高低错落，外部轮廓线条丰富，房屋用不同形式的斗拱挑高，为一局部三层的建筑组群，院落内高楼叠起，房屋之间"接比相连，云起波骇"，每层面阔逐渐减少，高低错落的楼阁间有空中阁道连接，阁道两边刻"琐文窗"和"结绮窗"，左阁楼二、三层及右阁楼三层刻"支摘窗"，可供宾客观看乐舞表演、眺望风景；右阁楼是一座临水景观建筑，二层一人垂钓。整体建筑布局错落有致，正如班固《西

图18 徐州贾汪青山泉白集汉墓祠堂东壁建筑图拓片

都赋》所写"辇路经营，修除飞阁"。为描绘汉代高楼建筑最为精彩的画像石刻之一。

2001年邳州邢楼出土画像石"庭院图"（图20），纵0.73、厚0.25米，采用了阴线刻的雕刻技法，用正立面和鸟瞰式结合的构图方法，描绘一处大型的庄园建筑。门楼与正后方的厅堂形成庄园的中轴线，轴线向左右延伸附属建筑，形成了较为对称的庄园建筑。庄园大门是身份的象征，高于两旁次间的配房，门楼屋面为悬山式，后方是高大的厅堂，屋柱采用一斗二升曲拱，堂内二人对饮；门楼连接四周廊庑式附属建筑组成的围墙，整个空间形成封闭式院落。从徐州出土的汉画像石来看，东汉庄园建筑已经普遍采用三合院、四合院，并以

图19 邳州占城祠堂后壁画像石"楼阁建筑庄园图"拓片

图 20　邳州邢楼出土画像石"庭院图"拓片

其为基本单元组成多边或多轴线院落群组的住宅，较为真实地再现了汉代地主或贵族的居住情况和建筑功能[8]。

2. 阙

阙为高台建筑，是大门外侧两边的夯土墩台。其主要作用是观望，登上可远观。《说文》："阙，门观也。"汉代高规格建筑的入口处都设阙，作为表示身份、威仪的建筑，可分为宫阙、墓阙、庙阙、宅阙等。汉阙具有严格的使用制度，有些为皇家所专用。其中最著名的是汉武帝建章宫所建的凤阙，《史记·孝武本纪》说它"高二十余丈"。汉阙种类较多，在徐州汉画像石题材中多有表现。

徐州茅村画像石墓中室南壁的"楼阁栉比图"（图 21），纵 56、横 270 厘米，为横式的平列式构图，由右至左共五进院落。第一进院落突出高大的门阙和对称式的门厅，门阙采用

正立面表现方法，耸立在门厅屋檐后方，阙身刻画龙虎，阙下立两名执戟卫士。

徐州铜山洪楼祠堂后壁的建筑图（图 22），年代为东汉中晚期，题材为现实生活的场景。下层庭院前面矗立一对子母双阙，阙前迎宾、宾客拜谒、车马随行，阙后是堂，堂的檐下帷幔高悬，主宾子母双阙建筑是主人身份的标志，阙前车水马龙，主宾相见，阙后是堂，会见宾客。这幅建筑图中的阙为翼阙，又称双出阙、子母阙，等级较高，一般为二千石左右的官吏所使用。

徐州贾汪东汉墓出土的石阙（图 23），上部保存完好，下段残缺，该阙仿建筑阙的样式简化，上窄下宽，画面为羽人戏凤，分为上、中、下三层，上层刻一只凤鸟，中层刻一建筑，前边人凭几而坐，后有侍者，柱子外面二人，手捧笏板，屈膝拜谒。中层与下层之间刻

图 21　徐州茅村汉画像石"楼阁栉比图"拓片

图22　徐州铜山洪楼祠堂后壁建筑图拓片

有方框，框内饰有十个圆状凸形物，下层刻二龙相对。

3. 榭

榭，为高台之上的木结构建筑，临水而建的榭称之为水榭，据文献记载，我国自春秋战国时期，就已经开始兴建水榭。因其多临架于水面之上，又被称为"水上云台"，供贵族们避暑娱乐。两汉时期，徐州境内水域丰富，因而"水榭园林"屡见不鲜。在徐州、山东等地的汉画像石中水榭建筑也多有体现。

徐州贾汪祠堂画像石"水榭图"（图24），画面分为两层，上层刻水榭。水中立有一柱，柱头设有栌斗，栌斗上承接伸出的曲拱，曲拱连接着由地面斜出的楼梯，曲拱上面又设一层

图23　徐州贾汪东汉墓出土石阙

图24　徐州贾汪祠堂画像石"水榭图"拓片

同样的曲拱，两层曲拱出挑后，上面为高台建筑，一人在台上垂钓，水面中有许多鱼在争食鱼饵。汉代水榭的建造主要是斗拱技术，斗拱的承重决定着高台的外伸程度和建筑的造型优美。

徐州铜山大庙画像石"楼阁图"（图25），前面是一间宽阔的厅堂，后面则是架空的台榭。一根栌斗承接着大型云台，云台有一斗两升的斗拱支撑，上面有人物登高眺望，云台旁边有楼梯连接[9]。《后汉书·梁统传》载："台阁周通，更相临望；飞梁石磴，陵跨水道。"

图25 徐州铜山大庙画像石"楼阁图"

三、徐州地区汉代建筑明器研究

（一）时代背景

自西汉中期开始以陶质建筑明器随葬日益普遍，且时间越晚种类愈多，至东汉晚期几乎与日常生活有关的物品无不作为陪葬纳入墓中，东汉之后厚葬之风衰退，陶质建筑明器种类和数量渐减，代之以瓷质器皿。徐州地区汉代墓葬中出土的建筑明器种类繁多，器形复杂、生活气息浓厚。其中既有日常生活用具灶、井、磨等，也有忠实记录当时建筑风貌的

楼、阙、榭，从生产领域到生活领域无所不有。从墓葬形制及器型特征，可区分其大致的时代。仓、灶、井、猪圈的明器组合一般出现在西汉早期偏晚，并一直延续到的东汉末。其中仓、灶、井的组合，在西汉初期就已在墓葬中成组出现，但并不是所有墓葬中都有发现，直到西汉中期，出土数量才有所增加，并逐步普及。陶猪圈、陶楼等明器作为主要陪葬品则出现在西汉中晚期和东汉的墓葬中。

徐州地区汉代建筑明器有着明显的地域特点，与当时的人文地理、政治制度、经济发展、丧葬理念等都有着密切的关系。西汉初年，楚国实力强盛，为彰显楚王的尊优地位，不惜人力、物力、财力大兴土木，修建王陵，厚葬各类随葬品，以求来世荣华富贵。因此，徐州汉墓发现的陶仓、陶楼等建筑明器普遍出现于西汉中期及整个东汉时期，这一时期也正是徐州地区汉代崖洞墓逐渐被砖室墓取代的时期。西汉末年，由于社会动荡，诸侯国势力的衰落，地方大地主、庄园经济逐渐发展壮大，随之而来人们的丧葬理念也发生了变化，以礼器为主的随葬品逐渐被墓主人生前所需要的生活用品所替代。陶楼、陶仓、猪圈等平民化的建筑明器明显增多，人们更加看重与现实生活密切相关的生活物品，认为它们比那些奢华稀有的随葬器物更有意义，可以创造更多的财富，既满足了生产生活的需要，又符合当时丧葬礼制的要求，出现了明器式建筑墓葬向砖室墓中用建筑明器过渡的趋势[10]。

（二）发展演变

徐州地区的汉代建筑明器经过发展演变，根据使用性质可分为生产性、娱乐性、生产与生活相结合等类型，从生产领域到生活领域无所不有，是徐州两汉时期地主庄园经济繁荣发展的真实反映。

陶楼多出土于西汉中期及东汉时期中小型

墓葬或贵族墓中，房屋平面布局多为长方形或方形，以民间建筑居多，已经形成以墙体围合的院落为基本单元的构成模式，多为两层，少有多层。楼顶多为悬山顶，并全面采用木结构屋顶覆瓦的形式，其中以抬梁式和穿斗式建筑在规模和变化上最为多样。建筑风格上既与中原地区出土的陶楼有相同之处，也有着明显的地域特征，其多为立体式建筑，少部分为四合院式，在建筑设计上，从建筑形制到屋顶、斗拱、门窗等构件，都具有现实的象征意义，陶楼材质多为灰陶和红陶，还有一些使用绿釉、黄褐釉、黄绿釉和红釉等薄釉装饰。屋顶样式、斗拱、平坐、门窗、踏步、脊饰等构件所采用的木材、砖瓦等材质的质感无一不是如实复刻。虽然这些陶楼在规模和体积上与河南等地出土的陶楼相比较小，但结构布局紧凑，充分反映出汉代徐州地区建筑的风格。

楼阁庭院建筑在徐州汉画像石中多有表现，规模宏大、建构精巧比陶楼建筑更为壮观，是汉代庄园建筑真实存在的缩影，集娱乐、休闲为一体。高大的门阙多为双阙、三重檐、两层，是墓主人身份和地位的象征，多进院落，楼宇栉比，多层斗拱结构有更大程度的外伸，使建筑造型更加富丽堂皇。水榭建筑多为单层，立于水面，造型以正方形或长方形为主，斗拱层层挑出，结构精巧，四面开阔，视野极佳，是贵族垂钓、纳凉休憩的场所。

汉代徐州地区农业生产占重要地位，仓、井、灶、猪圈等建筑明器成组的出现，体现出徐州农业发展已经达到了一定的水平。徐州地区中小型汉墓中水井发现模型较多，西汉时期多为圆形井筒，多无井栏、井架，如韩山西汉墓、铜山凤凰山西汉墓等，陶井的形制经历了由瘦深到扁浅、窄小的发展过程。至东汉时，井身呈罐状，短浅，井口从敞口—直口—敛口不断变化。器形多为卷沿、弧壁、低部稍鼓，有些井身上部还有凸出的乳钉纹装饰。徐州十

里铺东汉墓中的陶井还配有井架和汲水的工具，可见当时徐州地区已广泛利用水井灌溉。

井及汲水、灌溉工具的使用，极大促进了农业生产，粮食产量迅速增加，因此储存农作物的设施设备逐渐增多。徐州地区出土的陶囷大多为西汉早期，而陶仓出现时间较陶囷晚，据考古发现，徐州地区最早的陶仓出土于徐州凤凰山 M1 和后楼山西汉墓 M8 中，均属西汉早期墓，形制多考究，火山汉墓陪葬墓出土的陶仓上，还绘有高粱的图案。西汉早中期后开始出现多层的陶仓楼，制作更加精细，斗拱、门窗处多施彩绘，徐州凤凰山西汉墓出土陶仓楼的瓦楞上还发现阴线刻铭文"六""廿"。后楼山汉墓 M9 出土的 6 件陶仓内皆有粟、黍等碳化物，徐州发现的汉画像石上也有表现粮仓、农耕、舂米的图案的内容。

汉代农业、手工业的发展提高了人们对饮食质量的需求。灶的基本功能已完全具备，随之陶灶明器也大量出现在墓葬中。徐州大孤山二号墓、碧螺山五号西汉墓、顾山西汉墓、贾汪官庄汉墓等墓葬出土的陶灶均具有西汉早期特点，灶体为长方形，单灶眼，灶眼上放置釜、甑等灶具，灶身前壁有门，烟囱时有时无。西汉中晚期后，陶灶的面积逐渐增加，灶体的形状不再只有长方形，还出现了梯形灶，灶眼增至 3~5 个，灶面上还模印出各种食物及灶具，陶灶明器的设计更加精巧。

汉代墓葬中随葬圈舍和家畜俑的情况十分常见，从出土的陶猪圈可见，养猪业已成为当时农业经济的重要组成部分。据史料记载，汉代养猪业已由放养模式逐步转化为圈养，汉代猪圈往往与厕所建成一体，作为小型建筑，根据不同的生活习惯、环境条件进行建造，成为民居、宅邸不可缺少的组成部分，为积肥造肥创造了良好的条件。徐州东郊陶楼汉墓、九里山汉墓、李屯汉墓、拖龙山西汉墓、铜山凤凰山西汉墓出土的陶猪圈多为泥质灰陶，平面基

本呈长方形，皆为两面坡顶，由厕所、猪圈棚、小院组成，厕所和猪圈利用两面围墙对角设立，猪圈内多置成猪躺卧喂养小猪的模型。西汉晚期至东汉时期，陶猪圈的建造结构更加合理完善，从陶猪圈模型的设计和建造充分反映出汉代养猪技术已经达到了很高水平。

四、徐州地区汉代建筑明器的性质及意义

建筑明器作为随葬品中重要的组成部分，在厚葬之风盛行的汉代是一种特殊的文化符号，被赋予特殊的历史意义，有着浓厚的宗教色彩和文化内涵，是汉代社会生活、经济、风俗、人文理念的缩影。通过对徐州出土的汉代建筑明器年代、类型、起源、发展演变的探究，从某些方面能够窥知当时科学技术和生产力的发展水平，也是研究汉代建筑技术和艺术以及社会生活的重要实物资料。

西汉中期后，社会经济发展较快，地主庄园经济成为社会主导阶层，因此汉代建筑明器便成为"地主庄园经济"下的产物。它们打破了王室贵族以礼器为主的随葬方式，在墓葬中仿照生前的生活场景，随葬很多日常生活物品。徐州地区出土的汉代建筑明器作为对墓葬建筑的补充，具有象征性和示意性，它们不仅仅是对现实生活的直接复刻，而是一种现实生活方式的缩影，寄托的是墓主对身后生活的一种理想。

对汉代建筑明器的研究，不仅可以向世人展示汉代的社会生活和人文理念，更可以利用这些资料最大可能还原当时社会的生活、经济、风俗等各个方面的情况，成为我们了解汉代徐州地区历史文化的重要依据。

参 考 文 献

[1] 马承源. 甘肃辉地儿及青岗岔新石器时代遗址的调查 [J]. 考古, 1961（7）: 355.
[2] 浙江省文物管理委员会等. 绍兴 306 号战国墓发掘简报 [J]. 文物, 1984（1）: 10.
[3] 淮阳县博物馆. 淮阳出土西汉三进陶院落 [J]. 中原文物, 1987（4）.
[4] 张勇. 河南出土汉代建筑明器 [J]. 中原文物, 1999（2）: 76.
[5] 周学鹰, 宋远茹. 汉代"建筑明器"的性质与分类 [J]. 华夏考古, 2010（4）.
[6] 徐州博物馆（徐州市文物考古研究所、徐州汉画像石艺术馆）. 江苏省徐州市后楼山西汉墓 M6、M7 墓发掘简报 [J]. 淮海文博, 2022（3）: 1-16.
[7] 蒋英炬. 关于汉画像石产生背景与艺术功能的思考 [J]. 考古, 1998（11）.
[8] 刘姝姝. 徐州汉画像石中的建筑图赏析 [J]. 文物天地, 2023（7）: 12-15.
[9] 孟强. 江苏徐州大庙晋汉画像石墓 [J]. 文物, 2003（4）.
[10] 张勇, 刘超. 徐州汉墓出土明器看汉代徐州农业经济 [J]. 淮海工学院学报（社会科学版·人文纵横）, 2010（3）: 1-3.

周代金文书体与分期断代研究
——以山西垣曲北白鹅墓地出土铜器铭文为例

苏 超[1] 张 婕[2]

1. 重庆师范大学；2. 杭州师范大学

摘 要：2020 年山西省考古研究院对位于垣曲北白鹅村东的几座墓葬进行了发掘，在 M3、M5 墓中出土的铜甗、铜簋等铜器上发现铭文，其铭文风格具有典型时代特征，代表着两周时期山西地区某一时段的金文书体类型。本文采取考古类型学方法，引入"金文字形类型学"理念，对两周时期具有代表性的典型金文字体各期风格按期进行排序，并对各期字体按先后期列表分析，对各期书体特征逐一进行细节描述。然后，依据金文字形分期表对 M3、M5 出土有铭铜器的时代作出初步推断，得出 M3、M5 出土铜器铭文的时代与 C14 测年相符，为春秋早期的结论。

关键词：垣曲北白鹅 书体 金文字形类型学 铜器断代

一、引 言

通过铜器铭文分期对目标铜器进行断代，这种研究方法于中外学者如夏含夷（Edward L. Shaughnessy）*Sources of Western Zhou History: Inscribed Bronze Vessels*[1]、刘华夏《金文字体与铜器断代》[2]、马承源《中国青铜器》[3]与刘志基《西周金文"贝"之字体再研究——兼论断代分期视角的青铜器铭文字体研究的"字体"界定问题》[4]等论著中均曾提及，但相比于器物类型学研究，则明显滞后许多。张懋镕亦论及："20 世纪铭文字形书体研究对西周铜器断代发挥了重要的作用，但必须看到，这方面的研究还远远落后于形制、纹饰的研究，迄今，类型学的研究方法尚未在文字形体的分析中充分运用，轻视文字的断代功能的倾向依然存在。"[5] 因对两周铜器断代牵涉多领域学科，至今西周铜器断代中纷争不已的问题，其重要一部分原因在于研究者对文字字形书体特点的驾驭并不熟练。

因此，如何运用古文字书体的时代特点，对两周铜器的年代作深入细致的分析，是铜器断代研究的一项重要工作。丛文俊认为："近年出土文字材料极多，自商周金（铭）文以降，刻石、简牍帛书、文书写经等无所不备，哪一种类型、哪一批材料、哪一种视角，都可以产生若干好的选题。"[6] 由此，本文选取两周铜器铭文作为研究材料，按考古类型学"先分类，再分型"的研究方法，将"金文字形类型学"植入对两周金文研究的工作中，根据古文字演变规律的相关理论，以及以往对金文字形的演变分型分式的研究成果，首先从金文字形的字体结构、形体笔势和笔画形态的变化等三个角度考察；其次，根据铜器器形书体并非完全同步演变的情况，需要将书体分析与金文字形研究相结合，避免武断结果产生；最后，运用实证材料，依据陕西考古研究院吴镇烽先生著《商周金文资料通鉴》4.0 系统 [7] 收录的铭文图像资料，划定选字范围，厘清选字标准，每个字的确切年代均依据吴镇烽先生《商周青铜器铭文暨图像集成》著作中记载的年代标准，单字出处在论文中均标注有原著代码（如《铭图》13127）。鉴于山西省考古研究院通过对垣曲北白鹅墓地 ^{14}C 测年绝对年代为

春秋早期的观点，又鉴于"无证不信，孤证不立"的原则，本论文特选取西周晚期至战国时期金文铭文中出现频率颇高的"寶""尊（鐏）""令（命）""子"诸字，依照其时代先后进行排列，对字形特征作详细分析，然后将书体按字形变化进行分期。

二、"寶"字字形型式分析

"寶"字在金文中出现频率很高，本论文搜集"寶"字标本涵盖春秋早中晚、战国各时段、各器类，金文"寶"字从"宀"、从"玉"、从"贝"、从"缶"，根据"宀"部与"贝"部的形态，可将"寶"字分为 Aa/Ab/Ac/Ad/Ae/Af/Ag 类型九阶段（表1）。

表 1　春秋至战国时期"寶"字分期与型式表

期段	型式	A						
		a	b	c	d	e	f	g
春秋早期	早段				AdI秦公鼎 b（《铭图》1558）		AfI鲁伯愈父匜（《铭图》2905）	
	中前段	AaII昶仲匜（《铭图》14953）	AbII杞伯簋（《铭图》4854）	AcII子商匜（《铭图》14961）	AdII敔伯父簋甲（《铭图》4893）			
	中后段			AcIII伯氏鼎（《铭图》2443）				
	晚段			AcIV郘慶鼎（《铭图》1947）				

续表

期段 \ 型式	A						
	a	b	c	d	e	f	g
春秋中期	AaⅤ樊君夔盆（《铭图》6261）		AcⅤ伯遊父罍（《铭图》14009）				AgⅤ國差罎（《铭图》19256）
春秋晚期 早段	AaⅥ仲義君簠（《铭图》5885）	AbⅥ良夫盤（《铭图》14521）	AcⅥ蔡太師鼎（《铭图》2372）	AdⅥ番君召簠（《铭图》5914）		AfⅥ孫叔敖簠（《铭图》19223）	AgⅥ裒簠乙（《铭图》493）
春秋晚期 晚段	AaⅦ夫申鼎（《近出》2.354）	AbⅦ許公買簠（《铭图》5966）	AcⅦ郑太宰簠蓋（《铭图》5972）	AdⅦ良夫匜（《铭图》15000）	AeⅦ尊父鼎（《铭图》2096）		
战国 早段					AeⅧ初吉残片（《铭图》19457）		AgⅧ叔子盈（《铭图》19237）
战国 晚段							AgⅨ司馬楙鎛丁（《铭图》15770）

演变趋势：春秋初期"寶"字的变化主要集中在"宀"部、"貝"部与"口"部，"宀"部左右是否耸起，是否折肩，左右是直线下拉还是向外翘起；"貝"部是翘贝壳状还是海贝壳形；春秋中期开始，"寶"字"宀"部左右竖笔普遍拉伸，具有隆重修饰性，类似于鸟虫篆[8]，并且"宀"左右部一般为溜肩形，"貝"部分为翘贝壳与海贝壳形，翘贝壳形"貝"部下两笔逐渐缩短，海贝壳"貝"部下两笔有逐渐拉伸的趋势，"口"部分为"未封闭"与"封闭"两种状态，"未封闭"现象一般出现在翘贝壳形"貝"部旁，"封闭形"一般出现在海贝壳形"貝"部旁。另外，自春秋早期以后，开始出现西周时期铜器铭文上的"寶"字写作"保"的情况，其字形变化趋势为早期加"王"字，中期字形拉长，晚期字形省减。

三、"尊"字字形型式分析

"尊"字金文从双"手"为"廾"字，从

"酉"、从"阜"，多训为奉献祭祀之名，常与 "寳"字、"彝"字连用。"尊"字形结构继承 自殷墟甲骨文，表示双手奉酒以祭祀的"尊"，

根据"尊"字双手是否粘连与字形的繁简变 化，可将西周晚期至战国时期的铜器金文细分 为 Aa/Ab/Ba/Bb/Ca/Cb 型八阶段（表 2）。

表 2 西周晚期至战国时期"尊"字分期与型式表

期段 \ 型式		A		B		C	
		Aa	Ab	Ba	Bb	Ca	Cb
西周晚期	早段	AaI晋侯对鋪（《铭图》6153）	AbI晋侯对甗甲（《铭图》5647）				
	晚段	AaII晋侯蘇鼎（《铭图》1989）	AbII函皇父鼎（《铭图》2111）				
春秋	早期	AaIII郑羲白鼎（《铭图》2237）／AaIII陈侯簋（《铭图》30588）	AbIII仲姜簋（《铭图》4535）／AbIII郑公平侯鼎（《铭图》2417）	BaIII鑄叔皮父簋（《铭图》5126）	BbIII晋侯簋（《铭图》4713）／BbIII芮公父壶（《铭图》12245）	CaIII佣缶（《铭图》14055）	CbIII潘仲匜（《铭图》14963）
	中期	AaIV考叔父簋（《铭图》5950）		BaIV江叔鬲（《铭图》2930）			
	晚期	AaV昭王之即缶（《铭图》20909）	AbV復公仲簋（《铭图》5105）	BaV景之定簋（《铭图》4979）	BbV蔡侯申鑑（《铭图》15054）		CbV蔡侯申缶（《铭图》14064）
战国	早期		AbVI初吉残片（《铭图》19457）			CaVI商鞅方升（《铭图》18819）	CbVI邳伯夏子缶（《铭图》14090）

期段	型式	A		B		C	
		Aa	Ab	Ba	Bb	Ca	Cb
战国	中期				BbⅦ曾姬無卹壶甲（《铭图》12424） BbⅦ令狐君孺子壶（《铭图》12435）		CbⅦ少司马癸壶甲（《铭图》31051）
	晚期				BbⅧ十三年右工室尊鐠（《铭图》21010）		

演变趋势：西周金文中，"尊"字的变化主要集中在双"手"形的"廾"部与"酉"部，"酉"的底部是逐渐从瘦窄的尖底部变为圆圜底，下部的双手象征手指聚拢状逐渐加强，两掌心从相对伸出转向两两向上伸展。"酉"上两笔与顶部的分离的写法一般出现较晚，A型比B型演变要更连贯，C型比A、B型更简化，更接近汉篆结构，至春秋时期，"阜"部开始变化，结构省略，整体书写更显草率，字形则呈上下拉伸之势。

四、"令"字字形型式分析

西周金文中，"令"字一般从"ᐱ"从"卩"，林義光《文源》指出："'令'字，按'卩'即人字，从'口'在人上，像口发号（施令），人跽伏以听也。"[9] 根据"令"字的形态变化，可将西周晚期至战国时期的铜器金文字形分为一型八阶段（表3）。

表3　西周晚期至战国时期"令"字分期与型式表

期段		型式			
西周晚期	早段	Ⅰ五年师旋簋（《铭图》5248）			
	晚段	Ⅱ逨钟二（《铭图》15634）			
春秋	早期	Ⅲ戎生钟丙（《铭图》15241）	Ⅲ秦公钟乙（《铭图》15566）	Ⅲ秦子鎛（《铭图》15771）	Ⅲ秦公鎛甲（《铭图》15824）

期段		型式				
春秋	中期	Ⅳ子犯钟A乙 （《铭图》15201）	Ⅳ齐侯镈 （《铭图》15828）			
	晚期	Ⅴ蔡侯申歌钟乙 （《铭图》15534）	Ⅴ蔡侯申镈甲 （《铭图》15820）			
战国	早期	Ⅵ骉羌钟戊（《铭图》 15429）	Ⅵ司馬枡镈甲 （《铭图》15767）	Ⅵ齊侯壶甲 （《铭图》12449）		
	中期	Ⅶ虡令周盉壶 （《铭图》14779）	Ⅶ令狐君孀子壶 （《铭图》12435）	Ⅶ燕王職壶 （《铭图》12406）	Ⅶ中山王嚳壶 （《铭图》12455）	Ⅶ鄆孝子鼎 （《铭图》2098）
	晚期	Ⅷ上官鼎（《铭图》 2136）	Ⅷ京令戈（《铭图》 17099）	Ⅷ許令魏□戈 （《铭图》17141）	Ⅷ陽邑令戈 （《铭图》17156）	Ⅷ邢令鉻庶戈 （《铭图》17196）

演变趋势：两周金文中，"令"字变化主要集中在"卩"结构形态。第一期"卩"结构象形意味浓重，身体腾曲呈三道弯，仿佛人踞跪在地，"卩"结构呈"卩"形，已经出现后期篆书的面貌，从西周晚期开始，"卩"结构增加弯度，呈现为"卩"形，春秋中期，"卩"结构尾端弧线上扬，美化大篆风格形成，颇具修饰[10]。战国时期笔画变得较为短促，率意不工，字形结构也参差不齐。

五、"子"字字形型式分析

"子"，《说文》曰："十二月阳气动，万物滋，人以为偁。"段玉裁注："子本阳气动，万物滋之偁，万物莫灵于人，故因假借为人之偁……象物滋生之形，亦像人首与手足之形也。"[11]两周金文中"子"字，表示"子孙"之"子"，字形就像一个四肢尚未强健并且张开双臂的大头孩子。根据"子"字头部的形状与象征孩童四肢的笔画形态不同，可分为一型九阶段（表4）。

演变趋势：头部的笔画由半圆到略圆再变为水滴状或者倒三角状，双臂由圜举到直举再到斜举，下肢由短促，逐渐拉伸边长，并呈现迁曲之姿。

表 4　西周晚期至战国时期"子"字分期与型式表

期段		型式				
西周晚期	早段	 Ⅰ多友鼎 （《铭图》2500）				
	中段	 Ⅱ大克鼎 （《铭图》2513）	 Ⅱ虢季子白盘 （《铭图》14538）			
	晚段	 Ⅲ逨盘 （《铭图》14543）	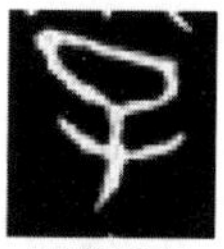 Ⅲ散氏盘 （《铭图》14542）	 Ⅲ兮甲盘 （《铭图》14539）	 Ⅲ颂簋 （《铭图》5390）	 Ⅲ颂壶 （《铭图》12452）
春秋	早期	 Ⅳ上曾太子鼎 （《铭图》2381）	 Ⅳ子耳鼎 （《铭图》2253）	 Ⅳ鄀公敄人簋 （《铭图》5201）	 Ⅳ召叔山父簠 （《铭图》5944）	 Ⅳ申公彭宇簠 （《铭图》5958）
	中期	 Ⅴ徐王量鼎 （《铭图》2309）	 Ⅴ黄子鼎 （《铭图》2038）	 Ⅴ黄君孟鼎 （《铭图》2003）	 Ⅴ叔师父壶 （《铭图》12414）	
	晚期	 Ⅵ王子午鼎 （《铭图》2468）	 Ⅵ蔡太师鼎 （《铭图》2372）	 Ⅵ伯怡父鼎 （《铭图》2348）	 Ⅵ曹公盘 （《铭图》14486）	
战国	早期	 Ⅶ爰子鼎 （《铭图》1671）				
	中期	 Ⅷ郾孝子鼎 （《铭图》2098）				

续表

期段		型式				
战国	晚期	Ⅸ太子左枳室鼎 （《铭图》2040）	Ⅸ王子中府鼎 （《铭图》2041）			

六、山西垣曲北白鹅墓地铜器铭文书体的分期断代

"在利用文字的形体和表现形式方面曾有许多专著和论文报告谈到如下一些特点：殷商铜器上的族氏铭文象形意味很浓，商末周初多用肥笔，吴、楚、越、蔡喜用错金鸟书，春秋钟铭字多细长，而不少文章在试图判断个别铜器年代时也零散提到书体风格或某些字的点画结构或某些语词文例与某些标准器相似"[12]，尽管张振林教授提出了此类研究著述，但至今为止，整个学界在利用铭文书体的分期变化对铜器进行断代的研究成果仍相当薄弱。鉴于此，本文引用了王帅先生著作中的"金文字形类型学断代法"[13]：此方法是建立在对两周金文字形的演变规律梳理基础之上，首先，确定需要进行书体断代的铜器或铜器组；其次，结合铜器铭文书风特征、行款以及字体结构等情况对铜器铭文进行分期；再次，选取铭文中的高频单字与金文字形分期表对照，查找与之相符合的时段；最后，确定铜器铭文所属的时代。

2020 年 4 月至 12 月，山西省考古研究院组织考古队对山西垣曲北白鹅墓地进行抢救性发掘，在 I 区与 II 区共发掘出 9 座墓葬，根据对垣曲北白鹅墓地进行 ^{14}C 测年的结果，以及杨及耘、曹俊等考古研究人员对出土铜器铭文的研究，确定"北白鹅 M2 和 M3 的时代为春秋早期"[14]，"M5 出土的铜器及墓葬时代为春秋早期"[15]。关于墓葬的族属，第一种观点认

为可能为召氏后裔匽（燕）仲的家族墓地，即历史上的"北燕"[16]。第二种观点认为是匽（燕）仲的家族南迁河南延津县之前的墓地，即史书上的"南燕"[17]。第三种观点认为当与匽（燕）仲的家族无关，而是春秋时期垣曲当地土著贵族的墓葬[18]。

本论文对垣曲北白鹅墓地的族属不作深入探讨，而是主要通过运用"金文字形类型学"的研究方法论证出土青铜器铭文的时代是否与墓葬 ^{14}C 测年、考古简报整理者所认为的铜器所属时代为春秋早期的观点相符合。根据《山西垣曲北白鹅墓地 M2、M3 发掘简报》[19]、《山西垣曲北白鹅墓地 M5 出土有铭铜器》[20]与"2020 年度全国十大考古新发现"评选汇报会记载，现公布了 M3、M5 出土的 11 件有铭青铜器具体情况，分别为 M3∶35 铜簋、M3∶21 铜簋、M3∶10 铜甗、M5∶10 铜壶、M5∶8 铜盨、M5∶26 铜盘、M5∶23 铜盉、M5∶12 铜簋、M5∶25 铜鼎、M5∶20 铜鼎。通过对 M3、M5 出土铜器铭文中的高频单字进行整理、分析（表 5），同时与前文统计列表的西周晚期至战国时期铜器铭文标准字"寶""尊""令""子"诸字结构进行细节比较，总结得出垣曲北白鹅墓地出土的 11 件青铜器铭文所属时代。

（一）M3∶35 铜簋

从字形角度观察（图 1-1），"寶"字字形接近 AaⅡ型，与春秋早期昶仲匜（《铭图》14953）的"寶"字相似（图 1-1）。"令"字

表5　垣曲北白鹅墓群出土铜器铭文高频单字统计例举表

高频铭文单字 \ 高频单字器号	M3：35 铜簋	M3：21 铜簋	M3：10 铜甗	M5：10 铜壶	M5：8 铜盨	M5：26 铜盘	M5：23 铜鬲	M5：12 铜簋	M5：25 铜鼎	M5：20 铜鼎	M5：28 铜匜
宝											
令											
尊											
子											

上部的左右两笔画向两边延伸，"卩"部斜向，口朝下，尾部向右弯曲摆动，字形处于春秋早期Ⅲ秦公镈甲（《铭图》15824）与春秋中期Ⅳ子犯钟A乙（《铭图》15201）"令"字之间。"尊"字的"阜"部笔道短促、窄小，"酉"部与顶部笔画断裂，"酉"部底部为圆圜底，顶部两短划呈外八字，并缺一短横，下部"廾"部与"酉"部分离，双手朝上分开，部件笔画较短，此类字形特征与春秋早期BbⅦ晋侯簋（《铭图》4713）"尊"字基本一致。"子"字头部呈椭圆形和扁圆形，双手倾斜向上环举，颈

部短小，肢体向左下拉伸延长，呈弯曲之势，其字形与Ⅳ上曾太子鼎（《铭图》2381）、Ⅳ申公彭宇簋（《铭图》5958）"子"字非常接近，此类"子"字属于西周晚期向春秋早期过渡字体。

从书体角度观察，M3：35铜簋属于春秋早期金文铭文。

（二）M3：21铜簋

M3：21铜簋（图1-7）与M3：35铜簋铭文的"宝""尊""子""令"诸字字形与结构

完全一致，因此，其书体也应属于同一时代，为春秋早期金文铭文。

（三）M3：10 铜甗

从字形角度观察，"寶"字贝部下端两笔拉长，"宀"部两边不穿头，两边横画略倾斜，耸肩，"宀"部左右末笔向左右两边拉伸延长，整体字形与春秋早期早段 AfI 鲁伯愈父匜（《铭图》2905）与春秋早期中段 AcⅢ伯氏鼎（《铭图》2443）保持一致（图 1-2）。

从书体角度观察，M3：10 铜甗属于春秋早期金文铭文。

（四）M5：10 铜壶

从字形角度观察，"寶"字"宀"部为 A 型 c 式，双肩略倾斜，左右两笔向下拉伸，字形与春秋早期中段 AcⅢ伯氏鼎（《铭图》2443）略微接近，又与春秋早期晚段 AcⅣ郳慶鼎（《铭图》1947）"寶"字相近，但是左右两笔比 AcⅢ型式略长，却不及 AcⅣ郳慶鼎（《铭图》1947），因此，"寶"字带有过渡性字体特征（图 1-3）。"尊"字"酉"部为圆圈底，"酉"部与下部"廾"部双手断裂，也与顶部两短竖笔分离，"廾"部双手掌心朝上，"阜"部为方角旗状，属于 Bb 型，与春秋早期 BbⅦ晋侯簋（《铭图》4713）字形保持接近。"子"字头部呈椭圆形，双手外伸环举，与春秋早期早段Ⅳ申公彭宇簠（《铭图》5958）字形接近。

从书体角度观察，M5：10 铜壶属于春秋早期金文铭文。

（五）M5：8 铜盨

从字形角度观察，"寶"字局部字形存在变形，但"宀"部与春秋早期晚段 AcⅣ郳慶鼎（《铭图》1947）近似，应属于春秋早期字形（图 1-4、图 1-5）。"子"字头部为倒三角形，双手向上合抱，双臂环举，肢体短小，并

且向右倾斜，字形与西周晚期Ⅲ颂壶（《铭图》12452）、春秋早期Ⅳ子耳鼎（《铭图》2253）、春秋中期ⅩⅠ黄子鼎（《铭图》2038）"子"字接近。综合来看，其字体基本为西周晚期向春秋早期过渡字形，局部字形可能延续到春秋中期风格，但西周中期其他标准"子"字铭文不似此字形。

从书体角度观察，M5：8 铜盨主体属于春秋早期金文铭文。

（六）M5：23 铜鬲

从字形角度观察，"寶"字的"宀"部件与春秋中期 AaⅤ樊君夔盆（《铭图》6261）近似，左右笔画略微倾斜，但并未穿头，下部构件"口"部篆体与 AaⅤ樊君夔盆（《铭图》6261）写法一致，呈 V 形，右边部分"贝"部与春秋早期中段 AbⅡ杞伯簋（《铭图》4854）的写法类似，尾部笔画交叉（图 1-12）。"尊"字上部字形与春秋早期 BaⅦ鑄叔皮父簋（《铭图》5126）相近，但铭文反写，"廾"部写法笔画粗犷，双手显得颀长，"酉"部两竖笔并未贯穿内部，又与春秋早期 CbⅢ潘仲匜（《铭图》14963）"酉"部写法一致。"子"字头部较大，为椭圆形，双臂向上圈举，肢体显小，尾部向右倾斜，与春秋早期Ⅳ郜公敄人簋（《铭图》5201）字形类似。

从书体角度观察，M5：23 铜鬲属于春秋早期金文铭文。

（七）M5：26 铜盘

从字形角度观察，M5：26 铜盘（图 1-9）"寶"字的"宀"部件与 M5：8 铜盨铭文的"寶"字部件相似，但"贝"部笔画浅泐，不甚清晰。"子"字头部为倒三角形，与 M5：8 铜盨的"子"字字形非常相似，左右双手向上合抱，双臂环举，肢体短小，但向左倾斜，此类字形与西周晚期Ⅲ颂壶（《铭图》12452）、

春秋早期Ⅳ子耳鼎（《铭图》2253）"子"字一致，属于西周晚期向春秋早期过渡性字形。

从书体角度观察，M5∶26铜盘应与M5∶8铜盨情况一致，主体属于春秋早期金文铭文。

（八）M5∶25铜鼎

M5∶25铜鼎通篇铭文书写草率，文字不易辨识（图1-8）。从字形角度观察，"寶"字的"宀"部件写法与春秋早期中段AbⅡ杞伯簋（《铭图》4854）接近，两竖笔笔画顾长，但存在内部笔画泯失，"贝"部不存的情况。"尊"字右部残泯，"阜"部反书，"酉"部窄小，横笔向左穿壁，上部无短横、短竖笔画，"阜"部为翘旗状，"廾"部左右断裂，掌心向上，笔画拉长，字形与春秋早期BaⅦ鑄叔皮父簋（《铭图》5126）与春秋早期CbⅢ潘仲匜（《铭图》14963）略为接近。"子"字头部为倒三角形，与春秋中期Ⅴ黄子鼎（《铭图》2038）接近，但其双臂斜伸合抱，双手短小，下肢短促，字形与春秋早期Ⅳ子耳鼎（《铭图》2253）又类似。因此，M5∶25铜鼎铭文字形主要为春秋早期，部分字形由春秋早期向春秋中期过渡。

从书体角度观察，M5∶25铜鼎仍然属于春秋早期金文铭文。

（九）M5∶12铜簋

从字形角度观察，"子"字头部为倒三角形，双臂短小，向上环举，肢体很短，并向左倾斜，与西周晚期Ⅲ虢季子白盘（《铭图》14538）、春秋早期Ⅳ子耳鼎（《铭图》2253）与春秋中期Ⅴ黄子鼎（《铭图》2038）写法接近，属于西周晚期向春秋早期过渡性字体（图1-6）。西周中期大部分铭文"子"字铭文仍旧为水滴头，而非倒三角形，Ⅴ黄子鼎（《铭图》2038）这种现象仍属特例。

从书体角度观察，M5∶12铜簋大致属于春秋早期金文铭文。

（十）M5∶20铜鼎

从字形角度观察，"寶"字的"宀"部件写法与M5∶10铜壶铭文写法接近（字形与春秋早期中段AcⅢ伯氏鼎（《铭图》2443）略微接近，又与春秋早期晚段AcⅣ郳慶鼎（《铭图》1947）相近），两竖笔笔画顾长，"贝"部为篆书体字形，下边两笔短促（图1-10）。"尊"字反书，与"廾"部分离，"酉"部上有两竖笔呈外八字形，"阜"部为翘板旗状，"廾"部双手左右分离，掌心向上，字形与春秋早期AbⅢ郜公平侯鼎（《铭图》2417）、BbⅢ晋侯簋（《铭图》4713）接近，又与春秋晚期AbⅨ復公仲簋（《铭图》5105）"尊"字类似。"子"字头部为倒三角状，字形与西周晚期Ⅲ分甲盘（《铭图》14539）与春秋早期Ⅳ子耳鼎（《铭图》2253）接近，另外，"子"字双臂环举，肢体弯曲，并向右延伸，又与春秋早期Ⅳ召叔山父盨（《铭图》5944）字形接近。因此M5∶20铜鼎主体铭文属于春秋早期，局部铜器铭文由西周晚期向春秋中晚期过渡。

从书体角度观察，M5∶20铜鼎大致属于春秋早期金文铭文。

（十一）M5∶28铜匜

从字形角度观察，"寶"字的"宀"部件左边残泯，右边为斜肩，溜肩型，右边字形与春秋早期中段AcⅢ伯氏鼎（《铭图》2443）略微接近，右竖笔笔画向外撇，"贝"部无象形意味，下部有两短竖，口部未封闭，字形又与春秋早期晚段AcⅣ郳慶鼎（《铭图》1947）相近（图1）。"尊"字为反书，与"廾"部分离，"酉"部上横画代替两短竖笔，"酉"中部笔画泯去，不易辨识，"阜"部为锯齿旗状，"酉"部与"廾"部分离，"廾"部讹写严重，"廾"部下面，外八字上部短横略去，与春秋中期BaⅧ江叔鬲（《铭图》2930）字形写法相似。

171

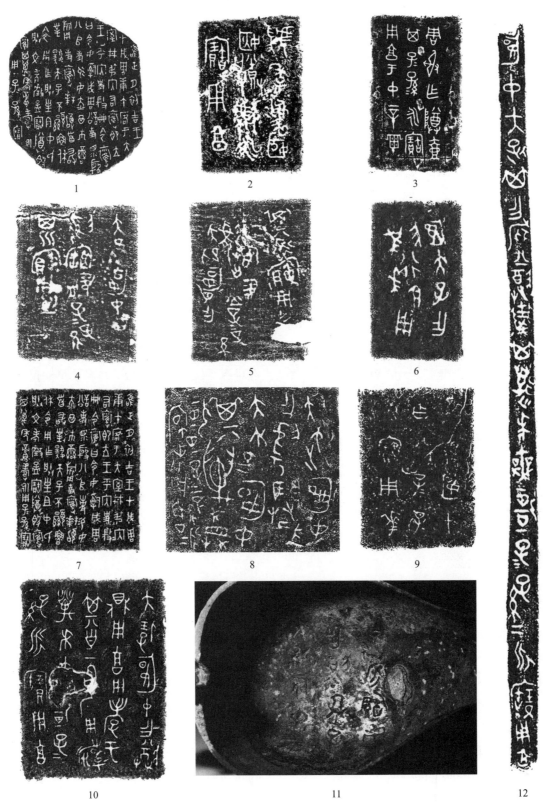

图 1 垣曲北白鹅墓地出土铜器铭文拓本

1. 青铜簋（M3：35） 2. 青铜甗（M3：10） 3. 青铜壶内壁（M5：10） 4. 青铜盨底（M5：8） 5. 青铜盨盖（M5：8）

6. 青铜簋内底（M5：12） 7. 青铜簋内底（M3：21） 8. 青铜鼎内壁（M5：25） 9. 青铜盘内底（M5：26）

10. 青铜鼎内壁（M5：20） 11. 青铜匜内底（M5：28） 12. 青铜鬲颈部（M5：23）

"子"字头部为倒三角形，双手合抱，双臂环举，肢体倾斜，笔画粗犷，向右胜曲，字形与西周晚期Ⅲ兮甲盘（《铭图》14539）、春秋早期Ⅳ子耳鼎（《铭图》2253）接近。综合来看，M5：28 铜匜主体铭文时代仍为春秋早期，局部铭文与 M5：20 铜鼎变化规律类似，由西周晚期向春秋早中期过渡。

从书体角度观察，M5：28 铜匜属于春秋早期金文铭文。

七、结　语

本文一是借用了考古类型学"先分类，后断代"的基本原理，对两周金文字形的演变规律进行探索。二是结合了商周金文字自身特点，在字形上，选取铭器中历史阶段出现频率较高、形体结构有明显时代特征的单字，从字体结构、笔画形态等方面进行细致划分；在书体上，从字形轮廓、行款布局、笔道粗细等方面梳理器铭整体风貌。三是根据金文书体演变规律，进行"金文字形类型学"研究，在研究过程中，发现金文书体的发展变化具有一些独立性，字与字的发展节奏也并不均衡，但是从整体上来看，字体与器形的发展同步性是主流，差异性是支流。四是在对垣曲北白鹅墓地 M3、M5 出土铜器铭文的研究中，先将字形按时代先后分期，建立金文字形类型学框架，然后运用"金文字形类型学断代法"对垣曲北白鹅墓地 M3、M5 墓出土铜器铭文进行书体断代，若在一件铜器铭文中出现多个时代字形风格时，依据铭文的主要字形风格特征确定其所属时代。鉴于 M3、M5 墓大多数铜器铭文的书体特征与春秋早期铭文风格接近，最终推断出铜器铭文的年代大致为春秋早期，与 ¹⁴C 绝对年代测年、考古简报整理者的观点大体相符。但研究者在对铜器铭文字形分析的过程中也发现 M3 墓出土 M3：21、M3：35 铜簋铭

文中局部字形存在从西周晚期向春秋早期过渡的特征，M5 墓出土 M5：8 铜簠、M5：20 铜鼎与 M5：28 铜匜等铜器局部铭文存在从西周晚期向春秋中期，甚至向春秋晚期过渡的情况，M5 铜器部分铭文中发现春秋中期及春秋晚期的铭文字形特征，而 M3 墓出土铜器铭文没有出现此类特征，这说明 M5 墓的时代可能比 M3 略晚，年代接近于春秋中期。本文限于篇幅，也存有不足之处，金文字体的演变与时代进步的差异性还受其他诸多因素影响，比如工作坊制度[21]，工匠手书的风格差异[22]，中央王朝、地方诸侯国以及边疆民族铭文书写的差异性等[23]，这些因素此前也曾作考虑，但鉴于研究论据不够充分，因此未将其引入文章中。希望在未来能将地域"分区"概念引入到"金文字形类型学"对铜器铭文的研究中，那么，论文势必将更有说服力。

参 考 文 献

[1] SHAUGHNESSY E L. Sources of Western Zhou History: Inscribed Bronze Vessels[M]. Berkeley: University of California Press, 1991: 123, 126, 125.

[2] 刘华夏. 金文字体与铜器断代 [J]. 考古学报，2010（1）：43-44.

[3] 马承源. 中国青铜器 [M]. 上海：上海古籍出版社，1988：384—386.

[4] 刘志基. 西周金文"贝"之字体再研究：兼论断代分期视角的青铜器铭文字体研究的"字体"界定问题 [J]. 中国文字研究，2016（2）：18.

[5] 张懋镕. 金文字形书体与 20 世纪的西周铜器断代研究 [C]// 古文字与青铜器论集：第二辑. 北京：科学出版社，2006：30.

[6] 丛文俊. 书法史研究的课题选择与学术视野 [J]. 美术观察，2021（8）：18.

[7] 吴镇烽. 商周金文资料通鉴 4.0[DB]. 根据著作《商周青铜器铭文暨图像集成》研发的文字与图像载体科研软件系统.

[8] 苏超. 徐国青铜礼器铭文探微：以结构、分类及铸造方式为中心 [C]// 山东大学《东方考古》编

辑部. 东方考古：第 22 辑. 北京：科学出版社，
2023：45.

[9] 林义光. 文源：卷 6[M]. 上海：中西书局，2012：
222.

[10] 苏超. 新出曾国同铭金文字体文字差异现象
研究 [C]// 湖南博物院. 湖南博物院院刊：第
十九辑. 长沙：岳麓书院，2024：182.

[11] 许慎. 说文解字注 [M]. 段玉裁，注. 南京：
凤凰出版社，2015：1288-1289.

[12] 张振林. 试论铜器铭文型式上的时代特征 [C]//
中山大学古文字研究室. 古文字研究：第五辑.
北京：中华书局，1981：52.

[13] 王帅. 中国古代青铜器整理与研究：西周金文
字体卷 [M]. 北京：科学出版社，2018：14-
15.

[14] 山西省考古研究院，运城市文物保护中心，垣
曲县文化和旅游局. 山西垣曲北白鹅墓地 M2、
M3 发掘简报 [J]. 文物季刊，2022（1）：30.

[15] 山西省考古研究院. 山西垣曲北白鹅墓地 M5
出土有铭铜器 [J]. 考古与文物，2021（3）：
123-129.

[16] 冯嘉欣，张爱民. 山西垣曲北白鹅墓地 M5 出
土春秋早期金文书法述略 [J]. 中国书法，2024
（1）：106.

[17] 韩巍. 垣曲北白鹅墓地族姓解谜：兼论春秋
初年关中世族的动迁 [C]// 中国文化遗产研究
院. 出土文献研究：第二十辑. 上海：中西书
局，2021：41.

[18] 黄锦前. 垣曲北白鹅墓地族属及有关问题 [J].
文物季刊，2023（1）：77.

[19] 山西省考古研究院，运城市文物保护中心，垣
曲县文化和旅游局. 山西垣曲北白鹅墓地 M2、
M3 发掘简报 [J]. 文物季刊，2022（1）：3-10.

[20] 山西省考古研究院. 山西垣曲北白鹅墓地 M5 出
土有铭铜器 [J]. 考古与文物，2021（3）：123-
129.

[21] 袁艳玲. 楚系青铜礼器的生产与流通 [M]. 北
京：科学出版社，2019：134.

[22] 苏超. 倗国金文的书法美 [J]. 中国书法，2024
（1）：101.

[23] 李凯. 谁是西周金文书法的书手 [J]. 国学论
衡，2022（7）：208-209.

南京博物院"墨田——历代砚台珍赏"策展解析

许逸清

南京博物院

摘　要：随着中国博物馆事业的发展，博物馆的角色也在逐渐发生转变。展览选题更加贴近社会日常生活，增添人文关怀。1998 年，南京博物院举办了第一次砚台展，院藏的三十余方砚台首次以专题形式展出。时至 2022 年，南京博物院再次举办"墨田——历代砚台珍赏"展览，力求从更高的维度对砚台文物进行阐释。本文分析了展览的内容与形式设计，策展中以多元化叙事逻辑勾勒历史脉络，并以新颖的辅助形式为展览增色，以中国故事诠释中国传统价值，让观众对中国传统文化有更深入的认识。

关键词：砚台　多媒体展示　多元化叙事　文化价值　展览策划

一、引　言

随着中国博物馆事业的发展，博物馆的角色也在逐渐发生转变，从陈列展览这一角度来看，展览选题更加贴近社会日常生活，增添人文关怀。展览内容设计不仅越来越重视文化的传承与发扬，还更加重视文物的"活化"，让摆放在博物馆的文物真正活起来，以全新姿态向观众生动展示优秀文化。在策展时真正把握"以物为中心到以人为中心"的重大观念转变，唯有如此，观众才能在展厅驻足时感受文物之美，以更舒适的心态深入了解文物背后的故事。

1998 年，南京博物院举办了第一次砚台展，院藏的三十余方砚台首次以专题形式集体出现在观众面前。时至 2022 年，南京博物院再次举办"墨田——历代砚台珍赏"展览，力求从更高的维度对砚台文物进行阐释。

今时不同往日，新时代下，如何在先辈展览的基础上进行创新，讲好中国故事，展现其背后的思想力量和精神力量是本次展览先行研究的核心问题，这一问题在本次展览中自然而然产生了以下难点。一，展品为单一种类器物，且砚台颜色多灰暗，如果按照传统展示方式进行或密集或稀疏的陈列，极易让观众在参观时产生倦怠感；二，作为一件中国传统实用器物，时至今日，砚台已经失去了实用功能，平日接触到砚台的除了书法爱好者外便罕有其人，观众对于砚台这种器物多少会有些陌生，这又进一步增加了观众对于砚台的陌生感；三，国内的博物馆举办以砚台为主题的展览较多，然而叙事逻辑上都较为单一，实际策展文案大多雷同，在社会审美越发多元化的当下，如何让关注点不同的观众群体"各美其美"，成为该主题策展人不得不面对的关键问题。

因此，围绕砚台这个中国特有的文房用

具，既要对传统研究视角下砚台的工艺、材质、形制等问题做进一步辨析，更要对院藏每一方砚台背后的历史文化故事进行考据，从藏品研究出发，对砚台所包含的种种文化因素进行分析、提炼、重构，让砚台文物"活"起来，以生动有趣的形式向观众展示院藏砚台文物。本文通过介绍本次展览的策展思路，讲述策展人如何通过对院藏一百余件文物的解读，全方位展现砚台文化在物质、精神、历史等多个维度对于中国社会产生的影响。以新颖的展览内容设计回应新时代下该主题展览需要面对的问题，从而更好地服务社会大众，传播中华优秀传统文化。

二、以多元化叙事逻辑勾勒历史脉络

为了避免单一、线性的历史解释，有助于观众更全面地理解砚台历史和发展过程，在讲述历史时，应采用多种角度、观点和方法来展现历史的复杂性和多面性。就砚台来说，无论是其本身的制作工艺还是其使用者都自有其历史线索，为了解决单一历史逻辑叙事的弊端，多元化历史叙事逻辑不仅要以多角度分析、以多方观点呈现，更要强调历史变迁以及在叙事中对历史事件给予更深入的分析与评价，避免盲从和偏见。

明晰起点是历史研究的基石。在计划将何种何件文物请上展柜之前，策展人首先要做的即弄清典藏文物的来龙去脉。针对单种类型文物的展览，更需明晰该种器物最初形态与作用为何，其在后来的历史发展进程中又因为哪些原因发生了哪些变化，砚台也不例外。

南京博物院作为一家综合性博物馆，地处人文荟萃的形胜之地，砚台藏品文物的来源渠道多样，既有考古挖掘出土的汉代石板研与六朝青瓷砚，也有省内流传有序的明清砚台，更有清宫御用文房用品：馆藏砚台品类多样齐全

为多元化的展览叙事提供了必要的保证。策展人既可以讲述砚台几千年来的发展历史，也可以对单个砚台进行细读，还可以将不同种类的文物进行组合，展示古代书写者的实际书写场景。通过对这些文物的整理研究与阐释，一幅砚台发展的历史画卷正向我们徐徐展开。

本次展览按照时代先后分为 4 个单元，然而每个单元的侧重点各有不同，第一单元根据院藏文物，通过对相关古籍的考察，重点介绍了砚台的起源与早期发展。

东汉许慎《说文解字》云："砚，石滑也。"清段玉裁注曰："谓石性滑利也。《江赋》曰：'绿苔鬖髟乎研上。'李注：'研与砚同。'按，字之本义谓石滑不涩，今人研墨曰砚，其引伸之义也。"[1] 从语义出发，我们得知"砚"字由"研"字引申而来，而从工艺角度来看，砚的材质由滑而不涩的石头制作而成。而其本字"研"，则释为"礦"。段玉裁注曰："亦谓以石礦物曰研也。""礦"则释为"石磑"。"礦，今字省作'磨'，引伸之义为研磨。"[2] 也就是说，今天的砚，由古代作为研磨器的"研"而来，其用法是以石磨物。

根据出土文物情况来看，属于仰韶—龙山文化遗存的陕西临潼姜寨遗址于 20 世纪 70 年代出土过由石研、石磨棒、研盖、灰陶水杯及黑色料块组合而成的一套绘画工具[3]。此时，石研及磨棒还十分粗糙，先民首先将颜料块放置在石研凹槽中，加水以磨棒反复研磨，以成绘画用的颜料。同遗址出土的还有数十件制作精良，纹饰瑰丽的彩陶器，或许是先民利用这套研磨器所出颜料绘画的，而这套石研距今已有六七千年，这可能是砚台最初的形状。

逐渐真正用于研墨的书写砚则成型于春秋战国时期。从战国晚期至秦代的云梦睡虎地 M4 出土的石研、研墨石、墨的组合来看，石研为"不太规则的菱形鹅卵石加工制成"，研墨石的材质与石研相同[4]。2006 年，云梦睡

虎地又发现一座编号 M77 的西汉文帝时期墓葬。出土的石研与研磨石也均以自然鹅卵石制成，石研形态"略呈圆饼形，扁平。周缘圆溜，通体光滑"[5]。此时，专门用于书写的砚台逐渐定型。

南京博物院所藏秦汉石研，多来自苏北地区的考古发掘。总的来说，南京博物院所藏石研的形制一为长方形平板，二为圆形，其中一面光滑，另一面粗糙，多带有研墨器。其中的长方形平板研，除了用于书写用的石研板，也有用于女性化妆用的石黛板。如泰州新庄汉墓出土的三件置于漆盒之内的大理石质黛板，与由变质岩制成的研墨器同出，板上还有黛墨痕迹[6]。除此之外，邳州刘林遗址、盱眙东阳城墓葬、盐城三羊墩墓葬等也出土有多件长方形石研。而大云山墓中所出土的石则为圆形，与长方形研板相同，使用者将墨块放置在石研上，加水以研磨石研磨成墨。

"砚者墨之器"，由"研"至"砚"的形制转变，与墨的形制转变有着直接联系。人们将墨的坯料抟成可以直接握住研磨的形状，手握研墨的方式使石研的材质和制作工艺逐渐提升。至东汉中晚期，现代意义上的砚台诞生。

值得注意的是，从中国大历史进程来看，秦汉时期，国家逐渐向大一统迈进，专制政府对于司法、户籍信息管理的需求大幅提高；同时，先秦时期的思想文化文本逐渐在两汉时期成型并经典化①。此时文房用具制作技艺的进步，与思想、制度的进步相伴随，渐成后代文房用具发展的基础。

受限于秦汉石研的"颜值"与其考古品的身份，大多数砚台收藏家与学者并未将眼光投向中国最早期的这批砚台；从展览的角度出发，就笔者所寓目的相关展览图录来看，国内

也罕有博物馆砚台展将砚台发展的这段关键历史配合这批石研向大众展示说明，包括 1998 年南京博物院的第一次砚展也并未展出这批石研。这与其所应有的历史地位不甚相符。

为了能够让观众明晰砚台发展的最初历史，本次展览在撰写文案与设计展览形式时特地将院藏秦汉砚台加以筛选并展出，并配上汉人在书写时用以删字的削刀、笔洗、印章、印泥等相关文物，加以整理重构，力求让观众在阅读砚台发展史实的同时，以最直观的形式感受并想象汉人实际的书写情境，对于砚台类展览无疑是一次创新。这一创新不仅仅在于新展出了若干文物，更是一次观念上的转变，即从梳理历史脉络开始，从文化史、思想史等的角度考察砚台文物，由物及人，由人及史，实现了历史叙事的多元化，超越了就器物说器物的传统展览策划理路。在后面几个单元，也同样遵循了多元化这一叙事逻辑，有重点地向观众介绍了砚台工艺、相关人物以及在中国历史上产生的影响。

然而，实现多元化历史叙事也面临一些挑战。例如，如何在众多的观点和角度中筛选出最具代表性和说服力的内容，如何确保叙事的客观性和公正性，以及如何平衡不同观点之间的冲突等。因此，在运用多元化历史叙事逻辑时，需要谨慎权衡各种因素，以确保叙事的准确性和有效性。

三、以新颖辅助形式为展览增色

在本次展览中，对观众最具吸引力的展品当属"鎏金银嵌宝石兽形铜砚盒"。如何将这件"镇院之宝"以更全面的方式展现在观众面前是本次展览需要解决的一大问题。

---

① 徐兴无认为"在中国，这些经典的文本生成及经典化过程大约跨越两周至两汉的漫长时期"。见《早期经典的形成与文化自觉》，南京大学出版社，2023 年，第 3 页。

鎏金银嵌宝石兽形铜砚盒出土于徐州土山彭城王墓，铜制，通体鎏金银。盒形似蟾蜍，凸起的眉上生有龙角，身长双翼，后有卷尾，蜷伏于地，张口露齿。身上饰卷云纹，并镶嵌红珊瑚、青金石、绿松石。背中有桥形按钮，可以执此开盒。以蟾形器具为文房用品之风俗源于西汉。蟾蜍形器物用于文房用品，原因在于蟾蜍与水关系紧密。因其为两栖动物，不可远离水源。在汉代的阴阳观念中，蟾蜍为"阴极"，以之求雨解旱就再合适不过，《春秋繁露·求雨》中就详细地记载了以蟾蜍为求雨礼仪用具。正文"春旱求雨，令县邑"之下，清凌曙注："《通考》：'后汉制，自立春至立夏，尽立秋，郡国上雨泽，诣少府，郡县各扫除社稷。其旱也，公卿长官以次行雩礼。'《论衡》：'夫雩，古而有之。故《礼》曰雩祭，祭水旱也。故有雩礼，故孔子不讥，而仲舒申之。'"[7] 由此可知，春旱时求雨的礼仪古而有之，发展至两汉时期，才有了一系列繁琐细致的流程。其"凿社通之于闾外之沟，取五虾蟆，错置社之中。池方八尺，深一尺，置水虾蟆焉。"凌曙引《焦氏易林》注云："虾蟆群聚，从天请雨，云雷集聚，应时辄雨，得其所愿。"[8] 汉人认为，在雩礼实行时聚拢一定数量的蛤蟆，上天就会满足求雨者的愿望，广布云雷，施降大雨。有关于《春秋繁露》是否为董仲舒本人所著一直有所争议，学者多以为大多篇章为后人撰写，即便如此，根据《论衡》所言，迟至东汉时期，已经有一套传为董仲舒所述方法则可以确信。作为一种文房用品，漆木器毕竟不适合长期存放，而铜制砚盒相比于漆木器不仅更坚固，更有利于保存。在研墨时，亦需在池中添加适当清水以化开墨色。这与《春秋繁露》记载的求雨之法完全相通，汉人的天人观念在蟾形器物上体现得淋漓尽致。

这件砚盒兼具极高的历史文化价值与工艺价值。如何将这件明星文物向观众进行展出，是本次展览要面临的一大问题。在空间布局与位置选择上，设计师将重点展品置于展厅入口的显眼位置，并在设计展示方案时，特地将其作了详细的文字介绍，讲述汉代人的思想观念，引导观众关注和欣赏这件重点展品。为了有效提升观众的参与度和体验感，使展览内容更加生动有趣，展览还运用了交互式多媒体展示技术，融合文字、图像、音频、视频等多种媒体元素，让观众能看能听，甚至还能与之互动，从而带给观众以全新体验。

策划团队对铜砚盒进行了全方位的拍摄与扫描，再以数字动画、模型的形式展现在观众面前。通过触控屏的点击或滑动，观众可以操控界面上的虚拟文物，改变文物的视角或位置，从多角度、多层面观察砚盒的细节和特征；观众甚至还可以点击铜砚盒的按钮，打开砚盒看到内部的砚石。砚盒鎏金银、嵌宝石等巧夺天工的技艺得以清晰地呈现出来，这是传统的展示手段所无法做到的。这种技术不仅提升了观众对文物的观赏体验，还有助于观众更深入地了解文物的历史、文化和艺术价值。在展览期间，众多观众通过触控屏欣赏这件珍宝，这种新颖的辅助展示尤其受到了小孩子们的喜爱，有力地消除了观众在观展时的倦怠感，增添了展览的趣味性。

除此之外，展览还利用了图像的方式辅助展品展示。展览第二单元展出的文物以六朝时期青瓷砚为主，这一时期，北方处于分裂割据的状态，江南地区则得到了发展，南北经济逐渐趋于平衡，浙江地区出现了以越窑为首的众多青瓷窑厂，江苏地区出现了宜兴均山窑等本地瓷窑。人口的流动、民族的融合促进了文化的交流。砚台与文化生活紧密结合，青瓷砚的出现与成熟成为这一时期砚台发展的最显著特征。此时，以"无"为本的玄学思想影响了社会的方方面面，人们逐渐摆脱了汉代儒教统治下的礼法束缚，欣赏人格个性之美，尊重个人价值。"人的自觉"带动了文化艺术的创作自觉。在此时代风气影响下,对砚台的审美也由外形升华到内在,砚材从较为粗糙的石质与陶质向细腻的瓷质转变,砚台不仅追求坚实、美观,也有了发墨细腻、滋润等特点。而《庄子》所谓"注焉而不满,酌焉而不竭,而不知其所由来"的观念,正对应砚台不竭不满、无盈无虚等特质,从而构筑了以小见大的意境,故砚台又有"砚田""墨海"之称。

青瓷产地主要在江东地区,而南京又为南朝皇室贵族所居之地,青瓷砚遗存甚多,故南京博物院保有的青瓷砚数量因此居全国前列。为了能够在展示这些青瓷砚的同时,让观众感受到青瓷砚背后六朝风流及其背后的玄学哲思,特地将《北齐校书图》作为整个单元的背景板。《北齐校书图》中,四位气度风流的学士在胡床上居中而坐,或展卷沉思,或执笔书写,或欲离席,或挽留者,神情生动,而四位学士的中间,恰好是一方圆形多足瓷砚。相传这幅画描绘的是北齐皇帝高洋聘用的文士编定《五经》等书的场景,在画面中,砚台成为勾连四位学士的关键道具:恰巧是这方圆形四足瓷砚,对每一位使用它的人展现同样的角度,这使得画面中的四位学士都能够轻松囊笔;假设图中出现的是一方长方形砚,则四位学士绝无可能围绕砚台而坐,圆形砚台在《北齐校书图》中实际成为一个隐而不显的核心要素。

四、以中国故事诠释传统文化价值

砚台是中华文化的独有瑰宝,蕴含着丰富的历史信息和文化内涵。南京博物院举办本次展览,首次采用了"策展人说"这一形式配合展览,其视频不仅在线下展馆大堂屏幕播出,也通过线上的方式在微信公众号以及其他官方网络平台播出。

策展人在策展初期即精选出数十方能考据出有趣而有内涵的历史故事的砚台,通过对典藏文物的重新整理,将它们背后所蕴含的历史文化价值相串连,以"文士—工匠"关系为重点,凝练成为几个不同于展览文案的解说文本。通过讲述砚台背后故事的方式,并配以关联的视频,意图让展览更具传播性,让更多人了解砚台背后的中国传统文化价值。

唐宋以降,砚台的制作因文儒的高度参与而逐渐丰富,尤其是在宋明理学的影响下,儒者们有意识地将天道、自我及器物相连接。宋儒常常以砚台来抒发自己的情感,追求君子的品格。苏轼《龙尾砚歌》:"君看龙尾岂石材,玉德金声寓于石。"《端石砚铭》:"懿矣兹石,君子之侧。匪以玩物,维以观德。"以德喻砚,是儒者自身德行追求的物化体现;以美砚傍身,儒者将自我与砚台视为君子之交。

明清时期为中国古砚发展的最后繁荣阶段。此时,砚台的雕饰日趋复杂,选材更加广泛,造型也越发多样,更出现了不少纯为赏玩的砚。砚台逐渐成为极富审美意味的艺术品,成为古人的价值寄托。以下简要介绍本次展览"策展人说"栏目故事三则。

(一)闺阁铁汉蔡玉卿

在此次展出的明清砚台中,最能突出体现传统文化核心价值的当属明代理学名臣黄道周妻蔡玉卿端砚。蔡玉卿,字润石,为明代理学家蔡烈之女,天启六年春嫁黄道周为继室,博通经史,并善诗书画,其书法模仿黄道周,几可以假乱真①。

与她的丈夫黄道周一样,蔡玉卿痛恨时

---

① 黄锡蕃云:"玉卿工书法,与先生逼似。"见《闽中书画录》,民国三十二年合众图书馆丛书本,第13卷,第2页。

弊，总是毫不留情地揭露大臣在大厦将倾之时仍贪恋荣华，如《口占寄石斋》：

逢迎欣得色，金带便横腰。加赋困黎庶，仗钱纵美娇。[9]

与此诗相呼应，黄道周在崇祯中也多次呼吁君王"反申、商以归周、孔，捐苛细以崇惇大之时"。黄道周因为上疏言辞激切，不谐流俗，屡次为君王贬斥。她伴随丈夫经常处于艰难困苦的逆境之中。明亡，黄道周于隆武元年被俘，蔡玉卿写信劝丈夫尽忠，有"自古忠贞，岂烦内顾，身后之事，玉卿图之"[10]语。黄道周殉国后，蔡玉卿赋诗追悼黄道周云：

夫志炳日月，苦节终以贞；万里归孤榇，碧血撒钟陵；捐躯事则已，岂顾儿女情？

在派其长子与黄道周门人前往南京寻得黄道周遗骨并归葬福建漳浦后，受到亡国丧夫之痛的强烈刺激，蔡玉卿独自抚养黄道周众子，隐居龙潭深山，以卖字为生，并不许后代读官学出仕。蔡玉卿的思想因其世家传统以及黄道周而被理学深深影响。黄道周精研《孝经》，又曾在狱中书《孝经》120本。后蔡玉卿亦多临《孝经》，有行书存于世，字迹与黄道周相仿不可辨。蔡玉卿之临写《孝经》，著录于《西清札记》："蔡玉卿书《孝经》，绢本，楷书款，明忠烈文明伯武英殿大学士黄道周妻蔡氏玉卿书于石养山中。"[11]钤印：玉（白文）、卿（白文）、蔡玉卿印（白文）、润石、（朱文）、玉卿（白文）。

南京博物院所藏蔡玉卿砚为长方形抄手砚，砚背有一石眼，砚侧刻行书"玉卿自用写孝经研第五"。可知这方砚台正是蔡玉卿专门用以临写《孝经》之具，集中体现了蔡玉卿的理学信仰，寄托了她的家国情怀，最终凝结为不朽的历史见证。在展览设计中，本砚独自安放在一处僻静的独立柜中，与其他的砚台形成了一定的距离，这也象征了本砚的主人蔡玉卿不流于俗，坚贞不屈的优良品质。

（二）吴门名家顾二娘

在清代众多制砚高手中，顾二娘以其女性身份尤其引人注目。二娘本姓邹，江苏吴县人，嫁与制砚名家顾德麟之子，后在苏州专诸巷中制砚二十余载。二娘制砚，非端溪佳石不奏刀，尤能精辨砚石。她将砚石原料放在琢砚用的车机上，用脚踩踏机轴绳索，根据绳索抖动状况即可辨砚石之优劣，或用脚尖轻踢砚石，即可明砚石之品种。或许得益于女性身份，大江南北前来找二娘制砚之文人墨客络绎不绝，二娘砚台成为名牌。在购砚者中，黄任对顾二娘所制之砚可谓情有独钟，有《赠顾二娘》诗云：

一寸干将切紫泥，专诸门巷日初西。如何轧轧鸣机手，割遍端州十里溪。[12]

二娘吸收苏派、徽派、粤派之长，所制砚品温润古雅与华美兼之。她对雕砚有自己的独到见解，常言："砚系一石琢成，必圆活而肥润，方见镌琢之妙，若呆板瘦硬，乃石之本来面目，琢磨何为？"[13]

南京博物院所藏顾二娘荷叶砚，由整块椭圆端石雕琢而成，质润腻，四周沿边琢出微卷荷边，反面雕刻荷叶梗与叶脉纹，叶脉清晰可见，莲蓬之褶皱亦惟妙惟肖。自然凹处落作者款，阳刻篆书"二娘"二字。该砚的设计与做工恰好与顾二娘制砚"圆活而肥润"的理念相同。在策展时，因其外形典雅、技艺精湛，特地将其与一组雕工精细艺术价值高的砚台组合在一起，方便观众对美砚进行鉴赏，领略中国古典工艺的独特魅力。

（三）袁枚的才情与友情

南京博物院馆藏众多的具有历史人文内涵

的文人砚，其中不乏宋濂、纪昀、阮元、梁章钜等名人题款的砚台，而又以这一龙珠海水纹端为特殊，它与南京有特别的缘分，是清代著名文学家袁枚所题款的龙珠海水纹端砚。

本砚在砚首墨池部分雕有蟾蜍、龙珠、海水纹，砚的背部雕有一只猿猴，猿猴身上的毛发清晰可见；砚背与砚侧并有铭文。砚背上部刻隶书："大学士蒋公恒轩校己未春闱。夜梦白猿义手拜，次日榜发攫子才先生。蒋公惊其姓符，而不知猴固先生之本命也。事颇奇合志之，幔亭。"从砚背的铭文，我们可以解读出这方砚台所蕴含的寓意。

清乾隆四年（1739年）春，时任会试考官的蒋溥（字恒轩）在发榜前夜梦见有一只白猿向他行拜礼。次日发榜，蒋溥看到中试名单上有袁枚之名，蒋溥也就顺理成章地成了袁枚的座主。"袁""猿"同音，蒋溥回忆起昨天的梦境中的猿猴就是袁枚所化，故而特别惊讶。但是他不知道的是，袁枚本人恰巧也属猴，所以本砚的右下角又刻有楷书"我生托子以为命"。

袁枚中进士后，在江苏当了几任县令，就辞官在南京随园生活，以文为生，终老于南京。袁枚不仅是举世闻名的文豪，同时对金石收藏也很有兴趣，时常请教家住在清凉山脚下的金石学家周榘，久而久之二人就结成了好友①。或许是两人在交谈中，周榘听闻此事，即创作了这方砚台，将这件事记录在砚的背面，幔亭即周榘的字。

在砚的侧面，有袁枚铭"虾蟆瞪目蚀月光，戏取珍珠掷龙堂，手抉云汉分天章"。这三句诗，分别出自唐代卢仝、李贺以及宋代苏轼的诗句，或变而化之，或直接引用。古人观测月食，认为是蛤蟆吃掉了月亮；"珍珠掷龙堂"则隐喻人才为朝廷所用，这也与砚面"珠

在龙堂"纹饰相合；而末句则表现袁枚自负有天下第一流的文才。

在整个故事中，有三个人物，分饰三种不同的角色，一是高级官员蒋溥，他代表朝廷选拔人才；二是故事的中心袁枚，他是人才亦是蒋溥的门生；三是袁枚的好友，酷爱金石的周榘。这种人物关系可以归纳为"高官—文士—工匠"，而三者之间又通过科举这一长盛不衰的主题联系到了一起。高级官员通过自身的官声广收砚台，为砚台产业提供了物质基础及沟通纽带，而文士则通过自己的文采给砚台注入了文化内涵，再由工匠进行生产。这种关系在明清文人砚中极为常见，通过砚台这一方式，他们彼此互相成就，官员提升了自己的威望，文士借此表达了自己的品格，而雕刻家在业界也能因此获得更多的名声。

五、结　语

博物馆展览从物到人的转变，是近年来博物馆发展趋势的一个重要体现。这一转变不仅仅是展览形式的改变，更是博物馆理念和服务方式的深刻变革。在过去的展览中，往往以"物"为中心，强调文物本身的历史价值、艺术价值和科学价值，观众在参观时，主要是通过观看、阅读等方式来了解文物，这一方式已经无法适应观众需求的变化。因此，博物馆开始尝试从物的展示向人的体验转变。这种转变在这次展览体现在多个方面。从展览文本策划角度，通过年代为限，分为四个单元，从各个维度介绍了从秦汉到明清时期砚台的历史。这里不仅有砚台工艺的历史，还有砚台背后的思想文化的历史；不仅有砚台历史人物个人的历史，还有背后几千年的风雨沧桑，盛衰兴亡。

① 袁枚《幔亭周君墓志铭》："余好畜金石文字，而读至篆籀辄口箝不下。幸金陵有二贤焉：一曰樊君圣谟，一曰周君幔亭。二人者，皆娴雅君子，而周君居近余，以故朝夕见，尤亲。"见《小仓山房诗文集》，乾隆嘉庆间刊本，第26卷。

从展览形式角度，通过更加丰富的图像展示以及交互式多媒体展示技术，让文物以更加生动的形态出现在观众的面前。从宣传模式角度，本次展览以"策展人说"节目，通过线上与线下多种方式，让更多有心人深入了解中华传统文化。

时至今日，砚台作为书写工具的实用性已经近消失，而其收藏价值与历史文化价值则愈加为人所重。在砚台的方寸之间，我们见证了中华文明的深厚底蕴和独特魅力。这些砚台文物，不仅是书写历史的见证者，更是中华文化的传承者和弘扬者。通过本次展览，我们希望观众能够深入了解砚台的历史和文化内涵，感受其独特的艺术魅力和价值。同时，我们也希望这次展览能够激发更多人对中华文化的热爱和关注，让更多的人成为中华文化的传承者和弘扬者。让我们一同走进砚台的世界，领略中华文化的博大精深，共同为传承和弘扬中华文化而努力！

参 考 文 献

[1] 许慎. 说文解字注 [M]. 段玉裁, 注. 南京: 凤凰出版社, 2015: 791.

[2] 许慎. 说文解字注 [M]. 段玉裁, 注. 南京: 凤凰出版社, 2015: 790.

[3] 巩启明. 姜寨遗址考古发掘的主要收获及其意义 [J]. 人文杂志, 1891（4）: 121-122.

[4] 湖北孝感地区第二期亦工亦农文物考古训练班. 湖北云梦睡虎地十一座秦墓发掘简报 [J]. 文物, 1976（9）: 53.

[5] 湖北省文物考古研究所, 云梦县博物馆. 湖北云梦睡虎地 M77 发掘简报 [J]. 江汉考古, 2008（4）: 34-35.

[6] 江苏省博物馆, 泰州县博物馆. 江苏泰州新庄汉墓 [J]. 考古, 1962（10）: 542.

[7] 苏舆. 春秋繁露义证 [M]. 北京: 中华书局, 1992: 420.

[8] 苏舆. 春秋繁露义证 [M]. 北京: 中华书局, 1992: 423.

[9] 黄道周. 黄道周集 [M]. 北京: 中华书局, 2017: 2697.

[10] 魏荔彤, 陈元麟. 康熙漳州府志: 卷二十五 [M]. 1715（清康熙五十四年刻本）: 49.

[11] 胡敬. 胡氏书画考三种·西清札记: 卷一 [M]. 清嘉庆刻本: 15.

[12] 黄任. 秋江集: 卷二 [M]. 清乾隆刻本: 13.

[13] 徐珂. 清稗类钞·工艺卷 [M]. 上海: 商务印书馆, 1917: 64.

江苏沛县大风歌碑年代、书者新考

王书法　　葛倩倩　　张茹茹　　张　月
沛县博物馆

摘　要： 江苏省徐州市沛县博物馆藏大风歌碑，学界已多有论述，多认为该碑立于东汉年间，蔡邕或曹喜书写，又有言其刻于魏晋、唐宋或金代。本文从立碑的工序、耗资，大风歌碑的基础情况，立碑的时代背景，文献史料的论述等方面新考，论断大风歌碑为东汉初期（75～88年），曹喜跟随汉章帝来沛或提前来沛书写，由汉章帝或沛王下令刻石。

关键词： 大风歌碑　汉高祖刘邦　曹喜作品　东汉碑刻

大风歌碑，又称大风碑、歌风碑、歌风台碑或歌风台石篆，目前在江苏省沛县博物馆"青石镌史"展厅存有三通，分别为大风歌碑、元代摹刻大风歌碑、1984年摹刻甲子碑（图1）。

大风歌碑，1982年被列为江苏省重点文物保护单位。元代摹刻大风歌碑，元大德十年（1306年）八月按大风歌碑原貌摹刻，碑阴镌刻元代至民国时期的三则题记、三首诗，被列为沛县文物保护单位。甲子碑，1984年由沛

图1　沛县博物馆陈列的三通大风歌碑

左：1984年摹刻甲子碑　中：大风歌碑　右：元代摹刻大风歌碑

县人民政府出资，沛县文史学者查阅《金石大字典》《四体大字典》《金石索》等资料找到大风歌碑下部所缺九字，沛县籍书法家孟昭俊书写，按大风歌碑规模、原貌摹刻，因当年干支纪年为甲子，故名。本文探讨的是第一通大风歌碑的年代和书写者。

一、威加海内兮归故乡

汉高祖十二年（前 195 年）十月，刘邦平定英布之乱后特地回到家乡沛县，大筑高台，置酒沛宫，邀宴父老。酒酣，刘邦击筑并自作歌诗："大风起兮云飞扬，威加海内兮归故乡，安得猛士兮守四方！"慷慨伤怀处流下热泪，他说："游子悲故乡，吾虽都关中，万岁后吾魂魄犹乐思沛。"[1]

刘邦在沛县驻留十余日方回长安，不到半年就逝世了。后人将此台称为"歌风台"，将《大风歌》勒石传世。台因诗名，诗以碑铭，成为沛人引以为豪的旷世盛典、无上恩荣。

二、立碑的工序、耗资

立碑以纪功、颂德，在古代是一项大事，尤其在先秦、汉代更不会草率为之。要经历选石、采石、修整、运输、磨面、书丹、凿刻、竖立等一系列纯手工工序，耗时少则半年，多则二三年。宋朝之前，刻碑的流程是将碑材打磨平整后，善书者先用朱砂或银朱在碑上写下需刊刻的内容（即书丹），石匠直接在红字上凿刻即可。

沛县栖山石是青色寒武纪石灰岩，邻近的丰县华山石是含钾砂页岩，不堪作碑材，而沛县距周围的碑材产地如滕州约 65 公里、徐州约 80 公里、济宁约 95 公里，路途遥远，且将优良石坯从山体中取出、运输又是一大难题。部分汉碑碑阴刻有捐资人的姓名和数额，

如 156 年刻礼器碑 48100 钱、173 年刻鲁峻碑 15800 钱、185 年刻曹全碑 14700 钱、186 年刻张迁碑 19600 钱等，提供了立碑所需费用的参考。按照当时的生产力，刻制一通石碑需耗费大量的人力、物力和财力，是一项重大工程。

《沛县志》记载，历代保护大风歌碑的举措皆是在以县令为代表的官方带领下完成的，通过筑亭或房屋覆盖的方式以减轻风吹、日晒和雨淋等侵蚀。元代因希望古文物万世流传，也是贤良县令施行政务的开端，所以在州、县长官的主持下摹刻大风歌碑。结合碑文内容，普通百姓是没有经济能力和动机竖立大风歌碑的，非官方主持、出资不能完工。

三、大风歌碑的基础情况

（一）大风歌碑的材质、规格

大风歌碑石质坚细，结构紧密，古人以"穿碑、嵯峨、蛟龙石"形容大风歌碑的高大。该碑青色泛蓝，刻有文字的一面因拓片浸墨而略黑，字迹漫漶斑驳。元代韩性《歌风台》诗赞之曰："高台古碑字盈尺，神呵鬼护蛟龙石。"元代摹刻大风歌碑的材质较大风歌碑大为逊色，风化剥蚀程度有着强烈的对比。

大风歌碑现存残高 1.85、宽 1.23、厚 0.15 米，断处有铁锔痕迹。元代摹刻大风歌碑高 2.85、宽 1.23、厚 0.32 米，可作其尺寸的参考。清乾隆五年（1740 年）《徐州府志》载："歌风碑，石长丈，阔三尺余。"《金石萃编》和《金石索》载："大风歌碑高一丈一尺、广四尺四寸，四行，行八字。"（图 2）《金石索》又载："字长一尺、阔六寸。"可见大风歌碑称得上是一通形制高大的碑刻，但为何厚度仅 0.15 米？结合立碑的工序、耗资分析，这是为了减轻碑体重量，以便于运输碑材和竖立，也侧面凸显出大风歌碑的年代久远。

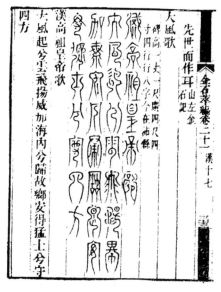

图2　1805年王昶著《金石萃编》卷二十一《汉十七》

（二）大风歌碑的标题、内容

大风歌碑碑文共4行，29字，现仅存20字，每字长0.3、宽0.16米（图3）。首行标题：汉高祖皇帝歌。二行。大风起兮云飞扬威。三行：加海内兮归故乡安。四行：得猛士兮守四方。

《大风歌》原无标题，《史记·乐书》载为《三侯之章》，《汉书·礼乐志》载为《"风起"

图3　民国时期大风歌碑拓片

之诗》，《汉书·艺文志》载为《高祖歌诗》二篇，唐武德七年（624年）欧阳询等人编纂的《艺文类聚·乐部三》始载为《汉高祖大风歌》。唐太宗李世民《幸武功庆善宫》诗："共乐还乡宴，欢比大风诗。"唐林宽《歌风台》诗："蒿棘空存百尺基，酒酣曾唱大风词。"明正统三年（1438年）《彭城志》载《高帝大风歌》，亦名《三侯章》。明嘉靖二十二年（1543年）《沛县志·诗类》收录《御制大风歌》，载作者高帝。

《史记》称刘邦为高祖，东汉初期《汉书》称其为高皇帝、汉高祖皇帝，东汉晚期《汉纪》亦称其为汉高祖皇帝。大风歌碑的标题《汉高祖皇帝歌》应是刻碑时所加，这是大风歌碑刻于东汉的佐证之一。

（三）大风歌碑的字形、字体

大风歌碑的字形为战国时六国古文字，为了美观规整，有些采用假借字、减笔或增笔，如"威"用"畏"、"故"用"古"、"乡"用"卿"。字体为悬针篆，又有垂露篆的影子，整体字形狭长、结构匀称，笔画圆转、上密下疏，内敛挺拔、庄严秀逸，其书法之劲古，笔力之遒劲，浑厚如铁画银钩。刻制精美、生动传神，确是古代的碑刻艺术珍品。

元代摹刻大风歌碑较之则瘦弱单薄，雄气不足。元代汪巽元写道："碑存溪石高嵯峨，汉字漫灭新镌讹。""汉字"在此意为汉代刻的字，"新镌"则指元代摹刻大风歌碑，这亦是大风歌碑刻于东汉的佐证之一。

清乾隆末年范懋敏编写、钱大昕鉴定《范氏天一阁碑目》载："无时代·大风歌，古文篆。"[2]1909年叶昌炽著《语石》卷二《江南四则》载："汉高祖大风歌（碑），世传为曹喜书，其文似《宣和博古图》所摹之彝器文，望而知为岑鼎。"

（四）大风歌碑断于何时？

通过历代对大风歌碑的吟咏诗句可见端倪。元代揭傒斯《歌风台》："穹碑立断苍烟上，静阅人间几劫灰。"元代萨天锡（都剌）作《登歌风台》："我来吊古下台去，断碑春雨生莓苔。"元末游子敬《歌风台》："荒台遗址今犹在，蔓草寒烟锁断碑。"明初李时勉《歌风台》："露砌荒凉余白石，断碑剥落生苍苔。"明永乐二年（1404 年）进士叶铭臻《歌风台》："荒台独上追陈迹，空见残碑傍夕阳。"永乐九年进士钱习礼："断碑剥落高台倾。过客犹传前日名。"明正德三年（1508 年）进士江琦《歌风台》："蔓草迷残碣，荒台走白波。"

由这些诗句描述断定，元末明初之际社会动荡，大风歌碑断为两段，用铁锔锔住，至清乾隆初年仍是如此。清乾隆四十六年（1781 年），黄河决口淹没沛城，此后的七十年中，沛县迭经水患、兵燹，县城被迫三迁，一直到清咸丰十一年（1861 年）方回迁至旧沛城南里许，大风歌碑的下半段也在这段时间内遗失。

四、立碑的时代背景

（一）政治的大力支持

西汉是中国历史上第一个依靠地域集团建立的王朝国家，丰沛地区跟随刘邦起义的开国元勋们被称为"丰沛元从集团"。刘邦将沛县作为汤沐邑，免除百姓的赋税徭役，世世代代不必纳税服役，因此沛县有"汉汤沐邑、汉高故里"之美誉。

刘邦去世 5 年后，汉孝惠帝刘盈考虑父亲思念、眷恋着沛地，将沛宫作为高祖原庙，将他所教唱歌的 120 名少年都作为原庙里吹奏音乐的艺人，有缺额立刻补齐，合唱《大风歌》成为祭祀刘邦的重要环节之一。汉光武帝建武五年（29 年），东汉开国皇帝刘秀来沛县祭拜高祖庙。建武二十年（44 年），刘秀封次子刘辅为沛王，管辖沛县等地，兹此沛县又被称为"小沛"。刘辅得汉光武帝、明帝、章帝三朝礼遇，其子刘宝被封为沛侯、子刘定继位沛王。章和元年（87 年）八月，汉章帝先遣使祭祀沛高原庙，仅过了 6 天就亲自来沛，在沛住了 5 天后方去彭城，沛王刘定跟随。

终东汉一代，沛王家族共袭爵八代（曹丕建立魏国后方改封侯），在沛活动频繁。故而在其祖先——汉高祖刘邦的故里且是歌大风处竖立《汉高祖皇帝歌》碑以显扬帝绩，为刘邦的丰功伟绩、大汉的亘古宏业歌功颂德有政治上的大力支持。

（二）深厚的文化底蕴

东汉初年尊崇文字复古，提倡古文经学，到汉章帝时逐渐兴盛。他爱好文学、颁布诏书支持古文经学，东汉时以六国古文字的字形书写、刻碑有现实依据。传世东汉碑刻的文字中也残存大量古文字字形，这与古文经学的兴起有密切关系。

东汉许慎于汉安帝建光元年（121 年）著成《说文解字》，保存了汉字古文、籀文和小篆的原貌，唐写本《说文·木部笺异》残卷是其现存最早的版本，小篆全是悬针体。清代金石学家吴云性喜金石彝鼎，精于鉴赏和收藏书法名画，1866 年观赏唐写本《说文·木部笺异》真本时称赞道："兹就其篆法论之，结构谨严，笔情瘦逸，正如释梦英所云，抽其势，有若针之悬锋芒者，此之谓'悬针体'也……至汉章时，扶风曹喜小异斯法，作'悬针篆'，为世所宗……而曹喜篆迹独不传，唯大风歌碑或谓曹喜所作……余尝得墨拓旧本，观其篆法正类悬针，传为曹喜所书，当时必有砖据。今以此卷笔意证之，沆瀣一气，遂叹法乳之有本也。"[3]

吴云以唐写本篆字的笔意对证自己收藏的大风歌碑拓片，果然意气相符，写了 670 余字的跋语论述唐写本的篆字书法特色、篆法传承和大风歌碑考据等，自出机杼，认为大风歌碑是汉碑，曹喜书。

（三）特殊的文化内涵

刘邦是造反起义、推翻前朝的开国皇帝，《大风歌》诗极具帝王的壮丽、奇伟及慷慨之气，是反抗者的胜利宣言。正如清代王昶所言："后人以沛为高祖发祥之地，而歌内有'归故乡'之文，遂书其文刻之于石。"[4]

歌风古碑（一说汉祖歌风）是古沛八景之一，承载的是刘邦作为布衣英雄的豪迈气魄、除暴御侮的反抗精神和君临天下的王霸之气。抚碑怀古凭吊，遥想当年风起云扬，感慨一时际会之盛，如见英雄昼锦、酾歌欢宴之情。大风歌碑的碑文内容、特殊的文化内涵、政治寓意也决定了只有非常尊崇汉高祖才会刻此碑，六朝唐宋时刻此碑则有宣扬、歌颂"造反者"之嫌。

五、文献史料的论述

（一）碑刻及方志记载

元代摹刻大风歌碑碑阴正中刻有摹刻时的题记："前立碑石，大篆镌凿是歌；奈历岁久，风摧雨剥，字画残缺；於是有郡守和洽伯川与同僚官达鲁花赤扎忽儿斛、主簿梁天祺各辍己俸，籴买石材，模勒旧字，易而新之，旧碑亦存焉。"（图4）详细记录了歌风台及大风歌碑的来历、摹刻缘由和郡、县两级长官捐献自己薪俸助资的事实，足见对大风歌碑的重视，是大风歌碑确系年代久远和元代摹刻大风歌碑真实性的有力佐证。

明万历《沛志·碑刻》载："汉·大风歌碑，碑刻汉高皇帝大风歌，字悉篆文，长径尺，阔八寸，相传蔡邕书，无所考；碑有二：一竖于东，不详年代，西则元大德间摹刻者也；今旧碑中断，锢以铁。"[5]清康熙六十一

图4　元代摹刻大风歌碑碑阴题记拓片

年（1722年）《徐州志》及清乾隆五年（1740年）《沛县志》沿续其说。

清光绪二年（1876年）立《重修歌风台记》碑："后汉蔡邕以大篆书歌沏石，迄今两千年，人争重之……咸丰纪元，河决丰工，台复飘没，而中郎断碑亦埋翳於荒烟蔓草中矣。"清光绪十六年（1890年）《沛县志》："篆文，象钟鼎形……相传蔡邕书，府志又有'或云汉曹喜书'一说。"[6]元代摹刻大风歌碑碑阴还刻有1934年五月时任沛县教育局局长、如皋人何际云撰写的《重立大风歌碑记》："歌风碑有一旧碑，置县中歌风台内，志云：相传为蔡邕书，或云汉曹喜书。"

（二）本土人士的论述

明末铜山人张垣《登沛上歌风台和蔡虚白孝廉韵》写道："千年小篆中郎迹，半截雄辞帝子裁。"认为大风歌碑是蔡邕书。明末沛人阎尔梅认为大风歌碑是蔡邕书钟鼎文。清初武进人邵长蘅《登歌风台怀古》有"壁埋蝌蚪荒碑在，木落牛羊寝殿空"一句，认为大风歌碑文字为东汉时期的"蝌蚪书"。《徐州续诗徵》卷四载江北第一学者、清末铜山人王嘉诜《得王惺三孝廉学渊小沛书却寄》诗："想得独行残照里，荒台闲拓大风碑。"又自注："君嗜金石，新拓大风碑见贻。"[7]

顾衍泽（1902～1953），其父顾敦彝，丹徒县人，清光绪十七年（1891年）任沛县训导。顾衍泽自幼在沛县长大，作有《古风》诗："大书深刻似籀史，或谓中郎或曹喜……一碑摹勒广流传，背署胡元大德年。想见双碑同峙日，元碑日日拓痕鲜。高台非旧沧桑换，汉碑跌缺元碑断。汉碑重庋讲台前，元碑弃置荒塍畔……忽从败篋得蝉衣，恰是汉碑二十字。"前有序言："汉大风歌碑一纸，卅余年前拓也，另有元碑。往岁有人重建，余曾赋一诗，稿久失去。顷有所感，补缀成之。"[8] 顾衍泽认定大风歌碑是汉碑，蔡邕或曹喜书。沛籍人、当代书法家冯亦吾考证为西汉爰礼书。

（三）金石学者的考证

经查阅，至少有19种金石著作记载大风歌碑。北魏郦道元《水经注》记载："沛县城内有汉高祖庙，庙前有三碑，后汉立。"三碑中应有大风歌碑，这是该碑较早的见证。最迟在明末，金石学者和文人雅士之间馈赠、欣赏及收藏大风歌碑拓片就已经很普遍了。

明正统十年（1445年）进士、昆山人叶盛（1420～1474）著家藏目录书《菉竹堂碑目》卷二载："后汉：大风歌碑，沛县，曹喜书，建平初；续翻本；蜀刻本。"（图5）他记载大风歌碑有三通，第一通即本文探讨的大风歌碑。"建平初"指公元前5年左右，建平为西汉末年哀帝刘欣的年号，而曹喜在汉章帝（75～88年在位，年号建初、元和、章和）时为秘书郎，"建平初"或为"建初"之讹。第二通"续翻本"指元代摹刻大风歌碑。第三通"蜀刻本"，据清乾隆年间赵魏著《竹崦盦金石目录》载："汉·歌风台碑，旧传扶风曹喜篆，《舆地碑目》载昌州北山亦有此刻。"[9] 未查到蜀刻本的相关资料。

1619年赵均著《寒山堂金石林时地考》（图6）[10]、明末于奕正著《天下金石志·南直隶》[11]、明末清初曹溶著《古林金石表》[12]、

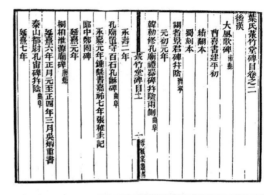

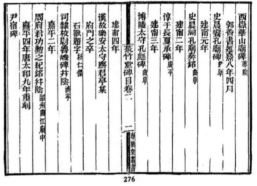

图5 1445年叶盛著《菉竹堂碑目》卷二

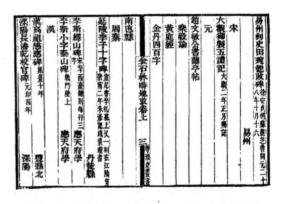

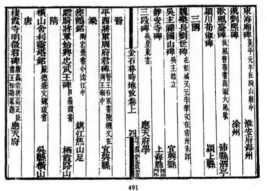

图6 1619年赵均著《寒山堂金石林时地考》
关于大风歌碑的记载

1802 年孙星衍著《寰宇访碑录·访碑一》[13]、1806 年严可均著《平津馆金石萃编》卷二[14]、清吴式芬著《金石汇目分编·徐州府》[15] 和 1885 年洪颐煊著《平津读碑记·再续一卷》[16] 皆将沛县大风歌碑列为汉碑，扶风人曹喜篆书，无年月。

清乾隆年间鱼台县人马邦玉著《汉碑录文》（图 7）、1738 年吴玉搢著《金石存》卷三、1805 年王昶著《金石萃编·汉十七》[17]、1821 年冯云鹏、冯云鹓著《金石索·石索四》（图 8）[18] 和清末刘声木《寰宇访碑录校勘记》卷一[19] 亦将大风歌碑列为汉碑，字用古篆，曹喜书，收录摹写全文，却误引用"汪蛟门《歌风台记》'元大德摹刻者，邑令罗士学也'"的谬误，又有人依此将大风歌碑列为"伪碑"。罗士学于明万历年间任沛县知县，怎能穿越到元代摹刻大风歌碑？元代摹刻大风歌碑于明初失迷，明万历二十五年被罗士学在泥沙中找到并重竖。

马邦玉勘察碑后认为"惟曹喜书未见，歌风台石刻既久，文字亦大类古篆，传为曹喜书，谅不甚讹。否，亦用（曹）喜书法上石者也"[20]。《金石存》载："碑自大德中已经重刻，其旧碑即非汉刻，亦必唐宋人所为。"[21] 冯云鹏认为此碑字长径尺、魄力甚大，虽剥蚀糜烂而古劲之气逼人；他所得到的拓本字大

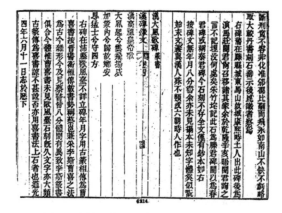

图 7　清乾隆年间马邦玉著《汉碑录文》

如碗，相传是曹喜书虽无确据，却也是有原因的。因为曹喜首先开创悬针书的技法，王莽时货币也是悬针书。大风歌碑是以悬针法写古文体，六朝唐宋无其人，惟金人党怀英善此体，而笔力不逮。认同《金石萃编》，将大风歌碑列于汉碑之末。

（四）大风歌玉玺逸事

清初学者王士禛在其《池北偶谈》记载了这样一个故事：1660 年，富阳典史孙某护送饷银去北方，晚上坐船过高邮湖时见湖中有光，在水中捞出一个方四寸六分的盘龙双纽玉玺，篆文刻汉高帝《大风歌》，他将玉玺献给了朝廷。王士禛和孙某生活在同时代，惜未记载玉玺是什么年代的。

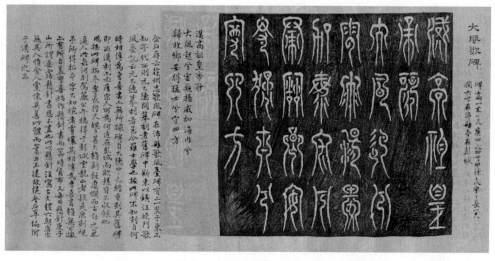

图 8　1821 年冯云鹏、冯云鹓著《金石索·石索四》

六、结　语

晋代卫恒《四体书势》称："汉建初中，扶风曹喜善篆，少异于（李）斯，而亦称善。"又称蔡邕书法"善篆，兼采（李）斯、（曹）喜之法，为古今杂形"[22]。地方碑刻、地方志及本土人士多倾向蔡邕书，方志学者多倾向曹喜书。曹喜和蔡邕都是东汉时期著名的书法大家，那么谁更有书写大风歌碑的可能呢？

蔡邕（133～192），汉献帝时期任左中郎将，故称"蔡中郎"，个人经历坎坷多舛，当时宦官当政、外戚专权、社会动荡，没有刻碑的充足外部条件，且现在见到的蔡邕书法都是隶书，少有异体。而曹喜善悬针、垂露之法，在汉章帝时期为秘书郎，当时政治清明、社会稳定，官方支持古文经学，推崇刘邦，具有充分的外部条件支持。

综上所述，本文论断大风歌碑刻于东汉初期（75～88 年），曹喜跟随汉章帝来沛或提前自行来沛，汉章帝或沛王下令刻石。曹喜在沛住了一段时间，将《大风歌》书写于碑材上，碑刻完成后方离开。

参 考 文 献

[1] 司马迁. 史记 [M]. 北京：中华书局，2019：12.

[2] 范懋敏. 范氏天一阁碑目 [G]// 新文丰出版公司编辑部. 石刻史料新编：第二辑 第二十册. 台北：新文丰出版股份有限公司，1979：14640.

[3] 钱婉约.《唐写本说文木部残卷》跋文读释 [J]. 比较文学与世界文学，2015（2）.

[4] 王昶. 金石萃编 [G]// 新文丰出版公司编辑部. 石刻史料新编：第一辑 第一册. 第二版. 台北：新文丰出版股份有限公司，1982：387.

[5] 赵明奇. 明万历本《沛志》[G]// 徐州古方志丛书：第 7 册. 北京：中华书局，2014：5982.

[6] 赵明奇. 清光绪本《沛县志》[G]// 徐州古方志丛书：第 8 册. 北京：中华书局，2014：6423.

[7] 张伯英. 徐州续诗徵：上 [G]. 扬州：广陵书社，2014：102.

[8] 马培封，孙厚岭. 泗上诗征 [G]. 济南：山东友谊出版社，1997：69.

[9] 赵魏. 竹崦盦金石目录 [G]// 新文丰出版公司编辑部. 石刻史料新编：第二辑 第二十册. 台北：新文丰出版股份有限公司，1979：14550.

[10] 赵均. 寒山堂金石林时地考 [G]// 新文丰出版公司编辑部. 石刻史料新编：第三辑 第三十四册. 台北：新文丰出版股份有限公司，1986：491.

[11] 于奕正. 天下金石志 [G]// 新文丰出版公司编辑部. 石刻史料新编：第二辑 第二册. 台北：新文丰出版股份有限公司，1979：813.

[12] 曹溶. 古林金石表 [G]// 新文丰出版公司编辑部. 石刻史料新编：第二辑 第二十册. 台北：新文丰出版股份有限公司，1979：14896.

[13] 孙星衍. 寰宇访碑录 [G]// 新文丰出版公司编辑部. 石刻史料新编：第一辑 第二十六册. 第二版. 台北：新文丰出版股份有限公司，1982：19855.

[14] 严可均. 平津馆金石萃编 [G]// 新文丰出版公司编辑部. 石刻史料新编：第二辑 第四册. 台北：新文丰出版股份有限公司，1979：2447.

[15] 吴式芬. 金石汇目分编 [G]// 新文丰出版公司编辑部. 石刻史料新编：第一辑 第二十七册. 第二版. 台北：新文丰出版股份有限公司，1982：20778.

[16] 洪颐煊. 平津读碑记 [G]// 新文丰出版公司编辑部. 石刻史料新编：第一辑 第二十六册. 第二版. 台北：新文丰出版股份有限公司，1982：19463.

[17] 王昶. 金石萃编 [G]// 新文丰出版公司编辑部. 石刻史料新编：第一辑 第一册. 第二版. 台北：新文丰出版股份有限公司，1982：387.

[18] 冯云鹏，冯云鹓. 金石索 [G]// 续修四库全书·史部：第 894 册. 上海：上海古籍出版社，1999.

[19] 刘声木. 寰宇访碑录校勘记 [G]// 新文丰出版公司编辑部. 石刻史料新编：第一辑 第二十七册. 第二版. 台北：新文丰出版股份有限公司，1982：20104.

[20] 马邦玉. 汉碑录文 [G]// 新文丰出版公司编辑部. 石刻史料新编：第二辑 第八册. 台北：新文丰出版股份有限公司，1979：6214-6215.

[21] 吴玉搢. 金石存 [G]// 新文丰出版公司编辑部. 石刻史料新编：第一辑 第九册. 第二版. 台北：新文丰出版股份有限公司，1982：6815.

[22] 陈世庆. 汉代石刻篆书研究 [D]. 合肥：安徽大学，2014.

徐州狮子山汉墓出土玉棺材质青玉、碧玉辩

陈 东

徐州博物馆（徐州汉画像石艺术馆）

摘 要： 1995 年徐州狮子山汉墓出土玉棺一具，对于玉棺片材质的认识一直比较混乱，有的专家认为是青玉，有的专家认为是碧玉，且是新疆玛纳斯碧玉。本文通过与和田玉国家标准的比对、有关方面专家学者的经验目测、科技手段测量数据的分析，以及相关史料记载的研究，认为狮子山汉墓出土玉棺的材质应为青玉而非碧玉，更非发掘简报中推断的新疆玛纳斯碧玉。

关键词： 玉棺 青玉 玛纳斯碧玉 检测分析

玉棺是我国汉代丧葬玉器中等级最高、体量最大、构造制作极为复杂者，也是汉代最为华贵的一种特大型玉葬具。从墓葬出土情况看，凡出土玉棺的墓葬必配有金缕玉衣，而出土金缕玉衣的墓葬未必有玉棺，汉代玉棺的等级和价值要高于金缕玉衣，在玉葬具极为盛行的西汉时期，豪华高贵的玉棺亦很少使用。由于汉代玉棺出土极少，且古代文献记载极为匮乏，目前学术界对于汉代玉棺的认识尚不像玉衣那样全面系统，全国仅有个别学者对玉棺做过初步的探讨研究，而对于玉棺材质的研究则少有涉及。

1995 年徐州狮子山汉墓出土的玉棺，其材质有的专家认为是碧玉，而且是新疆玛纳斯碧玉，有的专家认为是青玉，这种情况在专家们的文章中有着不同的表述，比较混乱。笔者认为十分必要对这一问题进行梳理和研究，其成果对于汉代玉棺的深入研究及汉代早期玉器玉料来源的研究都有着十分重要的意义。

一、徐州狮子山汉墓发现玉棺基本情况

1994～1995 年在江苏徐州发掘的狮子山西汉楚王墓，取得了重大考古成果，入选"1995 年度全国十大考古新发现"和"百年百大考古发现"。墓内出土各类玉器 200 多件（套），数量庞大，种类繁多，玉质上乘，工艺精湛，为汉代玉器发展的巅峰之作。丧葬玉器发达是该墓出土玉器的一个显著特征，包括金缕玉衣、玉棺、玉枕、玉握、玉窍塞等，其中楚王玉棺是该墓出土玉器中体量最大、用玉最多的一件大型玉葬具。由于早年被盗扰，玉棺出土时已散乱，棺木朽毁，剩下大量原来镶嵌在棺壁上的玉板（片），分布在甬道、侧室和盗洞中（图 1）。后经统计，共清理出 1781 片，有长方形、三角形、菱形、正方形、弧形、窄长条形等，表面皆抛光，有的玉片背面有谷纹，系为利用雕琢过的玉材或旧残玉器改制（图 2～图 4）。

图1 狮子山汉墓玉棺局部和玉片等出土现场

图2 狮子山汉墓出土玉棺片（一）

图3 狮子山汉墓出土玉棺片（二）

图4 狮子山汉墓出土玉棺片（三）

其中较大玉板片厚薄不均，一般厚为0.6厘米，少量因切割原因局部较薄，分素面、带孔和带玉璧图案三种。绝大多数玉板背面都有朱书文字，主要标明其尺寸和方位等[1]。出土时玉棺局部仍保持当时镶贴原状的共有6组，后经徐州博物馆两次修复，特别是第二次修复改在玉棺内侧镶贴满玉板（片），更为接近当时的真实情况，修复后现已陈设展出。

二、玉棺材质认识的争议

狮子山汉墓玉棺出土后，对玉棺材质的研究一直处于一个较薄弱环节。1998年发表的《徐州狮子山西汉楚王陵发掘简报》中关于玉棺材质的描述是："楚王用玉绝大多数为玉质上乘的新疆和田所产的白玉和新疆玛纳斯河所产的青（碧）玉……而玛纳斯河所产之玉，多用于制璧和漆棺上的饰件。"[2]未明确玉棺材质具体为青玉还是碧玉，而其中对新疆玛纳斯地区玉料来源的推断又间接性地指向其为碧玉。众所周知，新疆玛纳斯地区基本不产青玉，主要以产碧玉为主，故其后国内的许多专家学者将玉棺材质直接描述为碧玉，且是新疆玛纳斯产碧玉。沿用这种观点的论文和著作较多，如王恺《浅说徐州狮子山楚王陵出土玉器》[3]、卢兆荫《汉代玉文化国际学术研讨会论文集·序》[4]、葛明宇《狮子山楚王陵出土玉棺研究及相关认识》[5]、《古彭遗珍——徐州博物馆馆藏文物精选》[6]及《中国玉器通史·秦汉卷》[7]。然有部分的专家学者持不同意见，认为玉棺材质为青玉，如徐琳《两汉玉矿资源探析及多元一体化进程》[8]、梁勇《徐州出土汉代玉器的历史价值》[9]、李春雷《江苏徐州狮子山楚王陵出土镶玉漆棺的推理复原研究》[10]，以及 2022 年由徐州博物馆编著出版的《徐州汉玉》[11]。笔者认为，发掘简报中对玉棺材质及产地来源的推断认定是不够严谨的。目前学术界对玉器产地来源尚不能完全依赖相关手段来做准确认定。目前的科技认定手段只能以玉器某种特殊性来排除某个区域，而不能以此来确定来源地。

三、青玉、碧玉的分类标准研究

和田玉有青玉和碧玉之分。两者都是绿色为主色调的，很容易混淆，但从外观和内部成分上还是有较大区别的。首先从颜色上讲：碧玉的颜色其实与翡翠颜色相似些，属于比较艳丽的颜色，多碧绿颜色；青玉的色调就不是那么惹眼，较为暗淡些，显得更加沉稳，青玉大都有灰色的色调。从矿物成分上究其原因：纯净的透闪石是无色或者白色的，由于软玉中铁含量的不同，软玉的颜色也会不同，铁含量越高，玉石的颜色越深。影响青玉颜色的主要是铁元素，故青玉一般多多少少会呈现出灰色调。而碧玉除软玉的基本构成之外，还多了一种元素——铬元素，它并非软玉必要的构成物。铬元素是碧玉形成的要件，是碧玉致色主要因素，碧玉铬的含量达到 0.1%～0.5%[12]，青玉一般不含铬元素，如有也是极微的。2020年国家市场监督管理总局、国家标准化管理委员会发布的《和田玉 鉴定与分类》（GB/T 38821-2020）有较明确的规定：青玉是"主体

颜色呈中等至深的青、灰青、黄绿等色调的和田玉"；碧玉是"主体颜色呈浅至深的绿、灰绿、青绿、暗绿、墨绿等色调的和田玉，且由铁、铬、镍等元素致色"。

从成因上分，软玉有蛇纹岩型与非蛇纹岩型两类矿床。新疆和田地区软玉和澳大利亚软玉属于非蛇纹岩型；俄罗斯碧玉，以及加拿大、新西兰和中国玛纳斯等地软玉属于蛇纹岩型。这两类软玉的化学成分区别主要是铁含量不同，特别是 FeO 含量不同。笔者通过对多年来和田玉的研究总结发现，世界各产地碧玉多属于蛇纹岩型，即化学成分中 FeO 含量相对较高，在 2%～4%。

四、玉棺材质的研判与检测

对玉棺材质是青玉或碧玉的判断涉及玉器的颜色及内部成分问题，所以玉棺材质的判定需要通过经验目测和科技手段两个部分来完成。

故宫博物院徐琳在《两汉玉矿资源探析及多元一体化进程》中明确指出，经其目测，狮子山汉墓玉棺片基本为青玉片而非碧玉片。笔者也曾邀请了徐州地区相关玉器研究方面的专家来实地目测，这些专家分别来自中国矿业大学、徐州玉文化研究会、徐州宝玉石检测单位、徐州玉雕工艺美术大师等，这些专家经过背对背的目测鉴定，最后的意见非常一致，狮子山汉墓玉棺片为青玉而非碧玉。

目前，我国考古发掘的镶玉漆棺较多，而真正称得上玉棺的仅有三具，除狮子山汉墓玉棺之外，还有 1968 年发掘的河北满城西汉中山靖王后窦绾墓、2012 年发掘的江苏盱眙大云山西汉江都王陵二号墓各出土一具玉棺。这两具玉棺发掘简报或相关文章均认定为青玉，而狮子山汉墓玉棺的颜色比以上两具玉棺的颜色还要更灰和暗淡（图5、图6）。

图 5　大云山西汉江都王陵二号墓出土玉棺片（一）

图 6　大云山西汉江都王陵二号墓出土玉棺片（二）

基本上每块碧玉都或多或少含有黑色斑点，这些黑色斑点是碧玉的一个代表性特征，主要是由于玉器形成时铬元素的集中堆积所造成（强光下为深绿色）。经过观察，狮子山汉墓出土的玉棺片也存在或多或少的黑色点状固体包裹体，后经激光拉曼光谱分析，确定这些黑色点状固体包裹体为石墨[13]，而非铬元素集中堆积致色。

为了解西汉玉器的组分特征及玉料来源，谷娴子、李银德、丘志力等学者曾利用红外光谱、电子探针、拉曼光谱等技术，对徐州狮子山西汉楚王陵出土的部分玉片（玉衣片和玉棺片）的样品进行了检测分析。此次检测抽取了狮子山西汉楚王陵出土的金缕玉衣的五个玉片残片（xs01～xs05）和玉棺的四个玉片残片（xsg01～xsg04）及确定来自新疆和田白玉河的三个闪石玉籽料进行物质组分研究和产地来源研究。这次检测原为主要解决玉衣、玉棺的玉料成分及产地来源，但其测量的相关数据对确定玉棺是青玉还是碧玉有着极大的作用。笔者依据此次对玉衣、玉棺和新疆和田籽料检测的相关数据（见附表），进行了综合分析研究。发现了玉棺片的 FeO 的含量仅在 1% 以内，不在大多碧玉 2%～4% 的区间范围。玉棺的 FeO 含量略高于玉衣，导致玉棺的颜色比玉衣颜色要深，其主要原因是铁元素的影响；玉棺片 Cr_2O_3 含量低，与碧玉 0.1%～0.5% 的区间标准还有很大距离。玉衣片、玉棺片和新疆昆仑和田籽料中的 Cr_2O_3 的含量基本相同，且玉棺片 Cr_2O_3 的平均值还略小于玉衣片的 Cr_2O_3 平均值，这充分说明了玉棺片中铬元素的含量与玉衣及新疆和田籽玉中铬元素含量是基本相等，并无显著增多。检测报告结论明确指出：微量元素分析显示，狮子山楚王陵出土玉衣片和玉棺片的铬、镍含量低，属于热液交代型镁质大理岩玉，排除来自蛇纹石化超基性岩型的新疆天山玛纳斯闪石玉和台湾花莲闪石玉的可能[14]。对于这个检测结论笔者极为赞同，结论直接排除了玉棺片产地为新疆天山玛纳斯的可能性。其所使用的排除法——对铁、铬、镍元素分析，实际上也排除了玉棺片为碧玉（富铁、富铬）的可能。

五、早期"玉石之路"起点非始终自新疆和田地区

上述检测结论排除了玉料来源为福建南平闪石玉、江苏溧阳小梅岭闪石玉、青海闪石玉、河南栾川闪石玉、新疆玛纳斯闪石玉、辽宁岫岩闪石玉、四川汶川闪石玉的可能性，认为徐州狮子山汉墓的玉料主要和新疆和田地区玉料有关，并推测西汉早期新疆和田地区闪石玉已广泛传至中原地区[15]。对此结论，笔者不完全认同，认为该检测主要价值在于排除部

分，对以上玉石产地地域的排除，是有科学依据和学术意义价值的，而最后总结归纳为与和田地区玉料有关，则有待探讨。文中采集的一些地域的玉料不够全面，甘肃马鬃山、马衔山、敦煌旱峡，新疆且末、若羌等地的闪石玉没有采集。

笔者曾于 2001 年至 2018 年负责徐州博物馆馆藏玉器复仿制工作，通过十几年对狮子山汉墓玉器的长期观察，以及对各种玉料的不断仿制试验比对，发现狮子山汉墓的这批玉器缺少新疆和田地区玉器的质朴、温润和沧桑感，其本身略水，似一种荔枝冻的感觉。所以当时即对狮子山汉墓出土玉器玉料来自新疆和田地区这一观点产生了较大疑问，因略水这一特征与水性显著的青海玉有相似之处，故感觉其产地应在甘青地区。后有学者考察了狮子山出土的玉龙佩、玉璧、玉环、玉珩、玉容器、玉剑具等，指出该批玉料的材料与新疆和田玉有显著差异，却同甘肃闪石玉非常相似，其质地比和田玉更为通透，光洁度高却不够油润，结构略疏松，手头偏轻，内部多（窜）有赭红色浓郁糖斑，且白玉色调偏惨白，推测玉料的来源或为甘肃马鬃山玉矿 [16]。

史书记载，"禺氏"曾以将美玉贡献中原而闻名。《管子·撰度》："至于尧舜之王，所以化海内者，北用禺氏之玉。"房玄龄注："禺氏，西北戎，名玉所出。"近人考证此所云禺氏即月氏之异译，当时月氏分布在敦煌一带。张骞云月氏故地在"敦煌、祁连间"。那么这里的"敦煌、祁连间"具体是指哪里呢？经过现在学者的研究表明，当时的祁连山并不是指现在的祁连山，而是指现在的东天山地区，"敦煌、祁连间"的广大地区就涵盖敦煌旱峡、肃北马鬃山玉矿区。

《史记·李斯列传》记李斯曾说："今陛下致昆山之玉，有随和之宝。"这里出玉的昆山是不是指现在的昆仑山呢？亦不是。当时中

原人们活动范围有限，最远只能达到甘肃，再往前是罗布泊和塔克拉玛干沙漠，自然条件恶劣，人迹罕至，当时的人们不可能将更远的山脉纳入视线范围，因而将当时人们将所能见到的最高的山——祁连山称为"昆仑山" [17]。今天的昆仑山之名始于西汉张骞通西域之后，在张骞从大月氏返回中原的途中，他沿着昆仑山（当时被人们称作"南山"）北麓自西向东行进，途中经过和田地区，发现了大量精美的和田玉石。回到长安以后，他将自己所见的"南山"出美玉情况告汉武帝，汉武帝根据《禹贡》《山海经》等先秦典籍的记载，将于阗南山命名为"昆仑山"。在《史记·大宛列传》中明确记载，汉武帝元狩四年（前 119 年），汉使"穷河源，河源出于阗，其山多玉石，采来，天子案古图书，名河所出山，曰昆仑山"。

汉武帝时期，西汉军队击溃了匈奴人在天山南北的统治，西域各国归纳西汉王朝的统治，同时汉朝也控制了昆仑山脉以及西域各国的玉料，并开始源源不断地运往中原。《汉书·西域传》对于于阗国"多玉石"，鄯善国"出玉"，"子合土地出玉石"，莎车国"出青玉"的情况均有明确的记载，而对于玛纳斯地区出碧玉却无任何记载，此后在新疆天山南北，尚未见有战国至汉、晋、隋唐时期玉器出土。目前据文献记载看，玛纳斯碧玉矿的开采最早在清代 [18]。

中国历史上的"玉石之路"的起点，在汉代张骞出使西域之前相当长的时间不在新疆和田，而应在甘肃地区。早在汉武帝在敦煌西北建立玉门关之前，在甘肃河西走廊地区有一座古代的玉门关，其位置经考证在现在的玉门市境内。马鬃山区紧邻玉门市北部，如果说汉武帝在敦煌西北建立的玉门关是为了迎接来自新疆和田地区的玉料，那么最古老的玉门关所迎接的也许就是甘肃西部和北部三危山、马鬃山的玉石料。现有的研究成果还表明，于阗国建

国是在公元前 300—前 200 年之间,略早于张骞出使西域,在这之前即使有人类活动,也是比较原始的社会形态,这样的社会形态,不可能进行大规模的玉料开采并且与中原进行稳定的贸易往来,所以这个时期西域的玉石根本没有作为主要贸易货物进入中原[19],即使有零星新疆和田玉传入,也不可能有大规模玛纳斯碧玉矿的开采及输入内地。

六、结　语

自狮子山汉墓发掘出土玉棺以来,大多数的专家学者对玉棺片材质的认识源于《徐州狮子山西汉楚王陵发掘简报》中关于玉棺片材质的不明确认定,文中对产地是新疆玛纳斯失之偏颇的推断,致使后来的许多专家学者在其文章中直接描述为碧玉,此认识至今常常被部分学者及有关文博单位所使用。本文通过与和田玉国家标准的比对,地质类、玉石器类专家学者的经验目测,科技手段测量数据的分析,以及相关史料记载的研究,得出结论:狮子山汉墓出土玉棺的材质应为青玉而非碧玉,更非简报中推断的新疆玛纳斯碧玉。至于狮子山汉墓玉棺片材质的来源问题,尚待以后其他学者作进一步深入研究。

附记:感谢先后参与目测狮子山汉墓玉棺片的专家,中国矿业大学资源与地球科学学院李壮福副教授、徐州市玉文化研究会执行会长李维翰先生、徐州市律正宝玉石检测中心袁洁女士、徐州市工艺美术(玉雕)大师王洪亮先生。对以上人士给予本文撰写的支持和帮助,在此表示衷心的感谢!

参 考 文 献

[1] 李银德. 汉代的玉棺与镶玉漆棺 [C]// 徐州博物

馆. 徐州文物考古文集(一). 北京:科学出版社,2011:120-131.
[2] 狮子山楚王陵考古发掘队. 徐州狮子山西汉楚王陵发掘简报 [J]. 文物,1998(8):4-33.
[3] 王恺. 浅说徐州狮子山楚王陵出土玉器 [C]// 徐州博物馆. 徐州文物考古文集(一). 北京:科学出版社,2011:352.
[4] 卢兆荫. 汉代玉文化国际学术研讨会论文集·序 [C]// 徐州博物馆. 汉代玉文化国际学术研讨会论文集. 北京:科学出版社,2011.
[5] 葛明宇. 狮子山楚王陵出土玉棺研究及相关认识 [C]// 徐州博物馆. 汉代玉文化国际学术研讨会论文集. 北京:科学出版社,2011:218-223.
[6] 徐州博物馆. 古彭遗珍:徐州博物馆馆藏文物精选 [M]. 北京:国家图书馆出版社,2011:198.
[7] 李银德. 中国玉器通史·秦汉卷 [M]. 深圳:海天出版社,2014:121.
[8] 徐琳. 两汉玉矿资源探析及多元一体化进程 [C]// 徐州博物馆. 汉代玉文化国际学术研讨会论文集. 北京:科学出版社,2019:337.
[9] 梁勇. 徐州出土汉代玉器的历史价值 [C]// 古彭求真. 北京:科学出版社,2019:152.
[10] 李春雷. 江苏徐州狮子山楚王陵出土镶玉漆棺的推理复原研究 [C]// 徐州博物馆. 徐州文物考古文集(一). 北京:科学出版社,2011:388.
[11] 徐州博物馆. 徐州汉玉:上册 [M]. 台北:众志美术出版社股份有限公司,2022:165.
[12] 新疆的猫. 黑青玉和黑碧玉颜色的化学分析初步 [R/OL]. (2017-08-02)[2023-08-18]. https://zhuanlan.zhihu.com/p/28267983.
[13] 谷娴子,丘志力,李银德,等. 西汉狮子山楚王陵出土玉器中的石墨包裹体 [J]. 中山大学学报(自然科学版),2007(6):141-142.
[14] 谷娴子,李银德,丘志力,等. 徐州狮子山楚王陵出土金缕玉衣和镶玉漆棺的玉料组分特征及产地来源研究 [J]. 文物保护与考古科学,2010(11):60-61.
[15] 谷娴子,李银德,丘志力,等. 徐州狮子山楚王陵出土金缕玉衣和镶玉漆棺的玉料组分特征及产地来源研究 [J]. 文物保护与考古科学,2010(11):60-61.
[16] 丁哲. 甘肃闪石玉与"玉石之路" [J]. 大众考古,2017(2):44-54.

［17］ 于明．和田玉料来源探讨之一：商代至汉代早期
的玉料来源［J］．文物天地，2018（4）：85-91.

［18］ 徐琳．两汉玉矿资源探析及多元一体化进程
［C］//徐州博物馆．汉代玉文化国际学术研讨会

论文集．北京：科学出版社，2019：337.

［19］ 于明．和田玉料来源探讨之二：张骞对于阗
（和田）玉的历史性贡献［J］．文物天地，2018
（5）：80-84.

附表　狮子山楚王陵出土玉片样品及新疆和田闪石玉样品的化学成分特征（ωB/%）

（引自谷娴子等《徐州狮子山楚王陵出土金缕玉衣和镶玉漆棺的玉料组分特征及产地来源研究》）

产地	样品号	Na$_2$O	Cr$_2$O$_3$	K$_2$O	MgO	MnO	CaO	Al$_2$O$_3$	FeO	TiO$_2$	SiO$_2$
徐州狮子山楚王陵出土玉片	xs01	0.103	0.018	0.057	24.902	0.019	13.083	0.673	0.407	0.025	57.791
	xs02	0.096	0.011	0.05	24.254	0.034	12.741	0.892	0.455	0.011	58.531
	xs03	0.077	0.012	0.054	24.699	0.0455	12.818	0.756	0.424	0.026	58.148
	xs04	0.080	0.003	0.044	24.415	0.021	11.898	0.578	0.304	0.003	59.556
	xs05	0.051	0.011	0.048	24.258	0.017	13.168	0.409	0.287	0.001	58.596
	xsg01	0.117	0.001	0.085	24.165	0.102	12.32	2.348	0.812	0.101	56.90
	xsg02	0.127	0.008	0.074	25.549	0.046	12.44	1.202	0.668	0.042	57.599
	xsg03	0.084	0.023	0.046	24.774	0.106	13.048	0.583	0.925	—	58.33
	xsg04	0.092	0.002	0.072	24.859	0.074	11.677	0.611	0.914	—	59.146
新疆昆仑	和田1	0.148	0.007	0.049	23.000	0.034	14.172	0.933	1.171	0.021	57.539
	和田2	0.047	0.016	0.058	24.262	0.038	13.062	0.534	0.143	0.000	59.620
	和出3	0.089	0.002	0.065	23.895	0.033	12.500	0.720	0.796	0.016	58.619
透闪石标准成分特征					24.81		13.81				59.17

从狮子山楚王墓出土的一枚封泥谈"符离鸡"

孟　强

徐州博物馆（徐州汉画像石艺术馆）

摘　要：狮子山楚王墓庖厨间中有较多的鸡骨遗存，并伴出"符离丞印"封泥。本文对这一现象进行了初步分析，认为该遗存原应是将鸡制成熟食，盛于笥中，并用封泥封箴的，而这一食品来源于西汉楚国属县——符离。符离烧鸡是传统美食，狮子山楚王墓中的这一发现，增加了饮食考古的新资料。

关键词：狮子山楚王墓　"符离丞印"封泥　鸡骨遗存　饮食考古

狮子山楚王墓位于江苏省徐州市区东南部，1994 年 12 月至 1995 年 3 月进行考古发掘，入选 1995 年度"全国十大考古新发现"。该墓为大型横穴式崖洞墓，气势恢宏、结构复杂，墓主为西汉早期的某位楚王。该墓早年被盗，主墓室内的文物被严重扰乱，但较为幸运的是，盗墓者并未发现内墓道两侧的三间墓室，室内遗物保存状况相对较好，位置基本没有扰动。三间墓室以东 1 室（E1）最大，南北长 11.8、东西宽 3.17、高 1.76 米，堆满各种炊具、食器并有大量食物遗迹，这间墓室为楚王的庖厨室。

在狮子山楚王墓庖厨室内，发现大量鸡骨，有盛于铜鼎中的，也有成堆置于地面上的。按照常规，随葬物品都会放置在相应的容器内，不可能直接放置在墓室的地面上，而狮子山楚王墓庖厨室内鸡骨堆积的区域未发现金属器、漆器残留痕迹，推测应是使用了编织的苇类或竹类盛器。

南方盛放食品的器物多用竹编制品如湖北江陵地区战国马山楚墓、凤凰山一六八号汉墓

等都有笥、筐等。湖北江陵马山一号楚墓边箱中出土的 9 件竹笥，主要盛放肉食品，底部垫有茅草，动物骨骼用纱包裹，放于茅草上。湖南长沙马王堆一号汉墓中放置竹笥 48 个，出土时大部分外形较为完整，分别用朱红色或者蓝色的苘麻绳索捆扎（图 1）。竹笥作长方箱形，一般长 48～50、宽 28～30、高 15～16 厘米，由相套合的盖和底两部分组成，形状与我国南方城乡现代所用的竹箱相似。竹笥内盛放随葬的物品，主要为衣物和丝织品、食品、中草药和其他植物，以及模型明器等类，放置食物的竹笥也用茅草垫底。

图 1　马王堆一号墓出土的竹笥

《周礼·秋官司寇》:"受其入征者,辨其物之媺恶与其数量,楬而玺之。"郑玄注:"楬而玺之者,楬书其数量以著其数也。玺者印也。既楬书揗其数量,又以印封之。今时之书有所表识,谓之楬橥。"这段文字记述了汉以前印章的使用方法,将需要封存的物品捆扎起来,在打结的位置安放封泥匣,以印章戳盖匣内的泥团,完成封存。如果要打开封存之物,就必须破坏捆扎的绳组。带有印文的泥团就是现在所说的"封泥",马王堆一号墓出土的封泥填于杉木的匣中,主要为"軑侯家丞",另有个别"右尉""□买之"字样。狮子山楚王墓庖厨间的鸡骨堆中也出有"符离丞印"封泥一枚(图2),封泥长3.3、宽2.3、厚1.1厘米,可见该墓中鸡是以笥装盛,然后封缄起来的。之所以墓中随葬的动植物多腐朽不存,仅骨骼有所残留,与徐州地区的土壤及水质酸碱度较大不无关系。

图2 狮子山楚王墓庖厨室出土的"符离丞印"

狮子山楚王墓中随葬的这些禽肉是生食还是经过烹饪加工的呢?从汉代相关遗存中可以找到线索。汉画像石被誉为"绣像的汉代史",反映了当时社会生活的方方面面,庖厨图是较为常见的画面。山东诸城前凉台画像石墓的庖厨图堪称精品,在不大的画面中雕刻了上百个物象,有烧灶、汲水、酿酒、杀猪、椎牛、宰羊等,还有数人忙碌着穿、烤肉串,画面的中部有一人站立在盆旁,一手攥握鸡的颈部,另一手似作退毛状(图3)。马王堆一号墓中盛放食物的竹笥共30个,绝大多数盛放肉食,计

24笥,出土时动物的皮肉已全部腐朽不存,仅见牛、羊、猪、鹿、兔、鹌、鸡、鸭、鱼等类的残骨,以及个别黑色酱状物。通常情况下,汉墓中随葬的较为细小、分割类或者有汤汁的食物,一般盛放在鼎、盘等器物中(图4),而体积相对较大且汤汁较少的食物多用笥等编制类容器盛放。狮子山楚王墓庖厨室随葬的鸡虽

图3 山东诸城前凉台汉画像石墓庖厨图

图4 马王堆一号墓北边箱西部出土食物情况

已经腐朽得仅剩骨架，仍不难分辨有较多的个体，且鸡骨上未见明显的切割痕迹。

"食不厌精，脍不厌细"，华夏大地物产丰富，自古就是美食之地。及至汉代肉食的烹饪方法已经十分丰富，有熬、濯、炙、煎、腊和脯等。马王堆三号墓出土的 52 个竹笥中，有 38 笥盛放食品。竹笥除了用封泥缄封，还用木牌记录竹笥内盛放物品的名称，内容是经过加工的食物的种类，是西汉时期贵族的高级"菜单"。该墓随葬的肉食品种多样，有鹿、猪、牛、羊、狗、兔、鸡、鸭、雁、鹤、天鹅、斑鸠、野鸡和鱼等。鸡是其中随葬较多的食材，使用的烹饪方法有熬、炙、濯等，如竹笥木牌上有"炙鸡笥""濯鸡笥""熬鸡笥"等文字。"熬爵（雀）笥"（东 102）中有鸡及鸟骨，"熬鸡笥"（东 65）中不仅发现鸡骨，还有加工食物的香料——茅香和花椒。

"熬"本义为干煎或干炒。《说文》："熬，干煎也。"《周礼·地官·舍人》："丧纪，共饭米、熬谷。"

"濯"即鬻。《说文》："鬻，内肉及菜汤中薄出之。"段注："今俗所谓煠也。玄应曰：'江东谓瀹为煠，今字作瀹，亦作汋。'"

《说文》："炙，炮肉也。从肉，在火上。""火灼曰炙"这种制作食物的方法类似于今天常见的烧烤。《史记·刺客列传》记载春秋末期，专诸刺杀吴王僚时"置匕首鱼炙之腹中"。

通过对实物保存较好的墓葬进行观察和分析，可以推断狮子山楚王墓庖厨室中所出的这堆鸡骨，原是供楚王在阴间享用的美食，因为腐朽变成了现在的样子。这些食物应该是制成品，也就是经过烹饪的熟食，其烹饪加工方式似可参考马王堆三号墓出土木牌所记载的方法。

西汉早期的诸侯王国"夸州兼郡，连城数十，宫室百官同制京师"，当时的楚国下辖彭城、薛、东海三郡三十六县，是较为强大的王国。狮子山楚王墓中出土的封泥包括王国直属官僚机构和地方行政机构，总数达 80 余枚，这仅是墓葬被盗之后孑遗的数量。属于楚国直属机构的有楚中尉、楚内史、楚太仓等，所辖属县的有吕、萧、下邳、符离、兰陵、相、彭城等。庖厨室亦发现较多地方属官的封泥。在《徐州狮子山西汉楚王陵发掘简报》中，发掘者指出了一个现象，"'符离丞印'封泥出土于一堆鸡骨中，'兰陵丞印'封泥也在大陶瓮附近"，这种现象是巧合还是有其他内在的含义，要放到当时的历史背景中去加以分析。

中国幅员辽阔，早在数千年前因各自地域的气候、物产、文化、经济类型等差异，一些产品形成了具有地方优势的品牌。李斯在给秦王嬴政的《谏逐客书》中提到"昆山之玉""江南金锡""西蜀丹青""随和之宝"等，说的是各地珍贵物产。《列子·仲尼》载"引乌号之弓，綦卫之箭"，《淮南子·俶真》载"乌号之弓，溪子之弩，不能无弦而射。越舲蜀艇，不能无水而浮"，《史记·韩长孺列传》载"强弩之极，矢不能穿鲁缟"均是指各地手工业者生产的优质产品。甚至不同地区的人也因水土有所差别，燕赵之地不仅多死士也出能歌善舞的美女，汉武帝"起明光宫，发燕赵美女二千人充之，率取十五以上，二十以下，凡诸宫美人，可有七八十，与上同辇者十六人，员数恒使满，皆自然美丽，不使粉白黛黑"，这些美女天生丽质，不用化妆就楚楚动人。

关于食品方面的品牌，最有名的当属雉羹了。传说颛顼之玄孙钱铿擅长烹鸡之法，并因向尧献雉羹而受到赏识，被封于大彭（今徐州）为君，因称彭祖。《楚辞·天问》中有："彭祖斟雉帝何飨？受寿永多，夫何久长？"汉代王逸注："彭铿，彭祖也、好和滋味，善斟雉羹，能事帝尧，帝尧美而飨食之也。"国人对饮食的重视程度在世界古代文明中无出其右者。"凡和，春多酸，夏多苦，秋多辛，冬多咸,调以滑甘",古时人们不仅注重四季饮食口味的选择,还十分注重饮食搭配,《礼记·内则》中有"蜗醢而菰食,雉羹;麦食,脯羹,鸡羹;析稌,犬羹,兔羹;和糁不蓼",吃菰米饭要佐以蜗牛制作的酱料,还要上雉羹。果品是饮食消费的重要内容,《南都赋》中有"穰橙邓橘"的说法,"穰"和"邓"是指汉代南阳郡的穰县、邓县一带,这里出产的橙和橘闻名于天下。

有些地方品牌并不见于史书记载。盐和豉是汉代重要的调味品,《东观汉记》记载:"宋弘为司空,常受俸得盐豉千斛,遣诸生迎取上河,令粜之。盐贱,诸生不粜,弘怒,便遣,及其贱,悉粜卖,不与民争利。""齐盐鲁豉"是优质调味品的代表,山东、陕西等地汉墓中出土一种盛放调味料的陶容器,在容器的外侧有"齐盐鲁豉"四字铭文。在出土文献中也可以看到当时人们较为公认的一些具有良好口碑、质量优良的地域性产品,如敦煌出土的汉简中有"任城国亢父缣",居延汉简有"河内廿两帛""广汉八稯布""河内苇笥"等。甲渠

侯官遗址中出土的一枚简有"右部从吏孟仓建武五年秦月丙申假济南剑"等文字。简文中提到的"济南剑"虽未见诸汉代史书记载,但在唐代诗人崔融《户部崔公尚书挽歌》中有"空余济南剑,天子署高名"的诗句,可见这一地方品牌直至唐代仍为人所知晓。

鸡作为我国最早驯化的家禽,约有8000年的养殖历史,是古人主要的肉食来源之一,也是汉代墓葬中较为常见的随葬品。西汉早期符离是楚国属县,故城在今安徽省宿州市北部。正如狮子山楚王墓的庖厨室"兰陵丞印"伴出在大陶瓮旁边一样,随葬的鸡与符离关联起来,是巧合还是地方物产的一种知名品牌尚难定论,但我们更愿意相信这并不是一种巧合。近年来,考古工作呈现多样化发展趋势,研究的内容和角度也更加多元,力图通过现代科技手段复原、还原古代人们衣食住行等生产生活场景,饮食考古是其中一项重要的内容。狮子山楚王墓是西汉早期楚国鼎盛时期的一座墓葬,内墓道的庖厨室出土了一批涉及饮食考古的新材料,其中尤以"符离鸡"最值得关注。

汉画像石研究

计量学视野下的汉画像石研究：
热点、现状与发展趋势*

翟晓悦 [1,2]　李旺童 [2,3]　赵迪斐 [2,4]　刘照建 [5]

1. 徐州汉兵马俑博物馆；2. 徐州市两汉文化研究会青年工作部；3. 中国矿业大学孙越崎学院；
4. 中国矿业大学人工智能研究院；5. 徐州市文物保护和考古研究所

摘　要： 本文运用文献计量学方法对中国知网上以汉画像石为主题的文献进行可视化分析，从文献计量、合作网络、关键词聚类及引用影响力四个方面揭示了汉画像石领域的研究现状与研究趋势。研究结果表明，1956 年至今，我国汉画像石研究经历了初始奠基期（2000 年及以前）、爆发增长期（2001～2010 年）以及多元深化期（2011 年至今），目前，已初步形成一个多学科、综合复杂、立体全面的汉画像石学术研究体系，汉代历史研究、图像研究、徐州 / 南阳等核心地域研究，构成了主要的研究热点，关键词聚类图谱等信息识别出汉画像石功能和意义研究、典型形象专题 / 综合研究、汉代思想观念和宗教信仰研究等核心内容。作为重要的文化遗产资源，汉画像石研究将持续赋能多学科领域，在跨学科交融、文化内涵深挖和传承创新等方面展现出强大的学术活力。

关键词： 汉画像石　研究现状　研究趋势　文献计量学

一、引　言

在汉代豁达闳大时代风貌的影响下，汉画像石以其独特的表现形式和深厚的历史内涵占据重要地位。汉画像石自西汉中期起逐渐兴盛，并在接下来的三百多年间蔚然成风，其影响力横跨了整个两汉时期。作为一种深植于丧葬习俗的艺术表现形式，汉画像石表达了汉代人对生前生活场景的再现与理想化构建，通过对墓葬空间的创造性运用，如在墓室、祠堂、碑阙等石质建筑构件上雕刻，成为承载汉代社

---

* 本文系 2021 年汉唐公益发展中心资助课题 "徐州市文化遗产智能化学科交叉研究"（课题编号：2021360004）、2023 年中国矿业大学宣传思想文化示范培育项目 "AI+ 汉画像石‘项目式’宣传思想文化传播动态课堂"（项目批准号：2023SFXM04）、2023 年江苏省校企合作基金项目 "汉画像石中大禹形象的数字化提取与保存"（项目批准号：202310290498H）阶段性研究成果。

会风俗、宗教信仰、伦理观念以及生死哲学的重要载体[1-5]。汉画像石不仅深度反映了当时社会的现实生活图景，包括社会结构、经济状况、礼仪制度等，而且表达了人们对彼岸世界的想象与寄托。这些镌刻在坚硬石材上的图像叙事是汉代历史的直观见证，有利于进一步揭示古代中国人关于生命意义与宇宙秩序的深刻思索，是研究汉代历史文化不可或缺的物质实证。

文献计量学旨在通过量化手段揭示知识生产、扩散与整合的内在规律及外部影响因素，从而促进对知识结构和动态演进过程的理解[6-7]。文献计量学作为一种定量研究文献及其相关现象的科学，可应用于包括对汉画像石研究在内的多种学术领域的研究，通过对相关文献数据的系统收集、计量分析和可视化呈现，来揭示该领域的知识结构、发展脉络、研究热点及发展趋势。在汉画像石的研究中，文献计量学的应用主要体现在以下四个方面。一是文献计量分析，量化统计学术产出数量变化，划分研究阶段，对研究状况进行全景式评估；二是合作网络分析，通过分析作者间合作网络，识别在汉画像石研究领域具有核心作用的研究团队和个人；三是关键词分析，探究不同时期汉画像石领域的研究热点、研究主题和发展趋势；四是引用影响力分析，以评价关键研究成果的影响程度。本文基于 1956 年至 2023 年"汉画像石"主题研究的文献计量信息数据分析与解读，结合专业调研和专家访谈，探讨计量学视野下的汉画像石的研究现状与未来发展趋势，为从事汉画像石科研与保护的学者、领域工作人员提供科学依据。

二、方法与数据

文献计量（bibliometric analysis）是重要的科研领域情报信息方法。本研究采取了中国知网文献分析工具和 CiteSpace 可视化分析工具，对 1956 年至 2023 年中国知网所收录的共计 3251 篇关于汉画像石的相关文献进行了深入而全面的数据挖掘与可视化呈现。在中国知网数据库内采用高级搜索，检索时间设定为 1956 年 9 月 10 日至 2023 年 12 月 31 日，以"汉画像石"为关键词检索出 3251 条文献。由于文献数量庞杂且质量参差不齐，剔除部分无效文献后拾取 3211 篇有效文献进行分析，其中包括学术期刊、辑刊 2295 篇，学位论文 429篇，特色期刊 234 篇，会议及报纸 253 篇。

在方法学上，本研究基于文献计量分析以及专业领域的前期调研，对汉画像石相关研究进展与趋势基于所获取数据进行系统综合分析，基于发文数据分析研究动态变化特征，总结汉画像石研究发展历程，并根据论文所属学科的统计结果，分析汉画像石相关研究的学科分布格局和研究体系特点，基于核心研究机构及合作网络，识别出贡献汉画像石研究的主要机构、地域及合作关系；通过关键词共现信息，结合专业领域积累及调研，分析研究的核心热点，基于关键词聚类图谱分析汉画像石研究领域的核心主题；通过关键词突现特征，分析汉画像石研究的发展趋势，并基于文献引用等信息，了解汉画像石研究成果的影响力情况。

三、结 果 分 析

（一）发文计量特征与学科领域

中国知网上所收录的 1956～2023 年以汉画像石为主题的发文量共计 3211 篇，基于发文数量的动态变化特征（图 1），可将汉画像石研究成果划分成三个具有代表性的阶段：初始奠基期（2000 年及以前）、爆发增长期（2001～2010 年）以及多元深化期（2011 年至今），体现了该领域从初步探索到系统建构直至多元发展的学术历程。

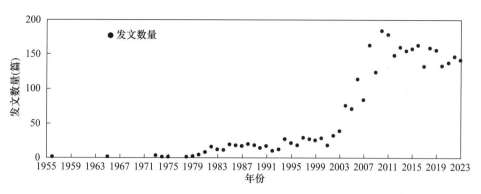

图1　1956～2023年以汉画像石为主题的发文量趋势

第一阶段（2000年及以前），汉画像石研究的初始奠基期。该阶段呈现出领域起步阶段特点以及低密度性，在长达近半世纪的时间里，年度平均发表文章数量始终未能突破40篇，通常稳定在20～30篇左右的水平，并一度局限于个位数。这一时期的成果贡献主要聚焦于新发掘汉画像石墓的报道，值得注意的是1951年徐州茅村汉画像石墓的考古发掘工作[8]，这是新中国成立以来对汉画像石墓进行首次系统科学的考古发掘，相关资料最早见诸《文物参考资料》，是汉画像石学术研究起步阶段的重要标志；但由于年代较早，未能在中国知网数据库中电子收录。这一阶段虽然公开发表的研究成果总量相对较少且主要集中于发掘报告层面，但每一项发掘与研究工作都在逐步完善学科知识体系，为后续研究奠定了坚实的基础。

第二阶段（2001～2010年），汉画像石研究的爆发增长期。该阶段学术发表呈现出飞跃式增长态势。相较于其他两个阶段，这一阶段研究活动增长速度尤为迅猛，并在2010年达到了一个峰值，185篇年度发文量创下历史新高。这一时期反映了汉画像石研究在学术界快速升温的过程，汉画像石研究不仅获得了学术界的广泛认知与重视，而且研究深度与广度也在同步拓展，推动了相关研究成果的爆发性增长，形成了一个前所未有的学术研究高潮。

在第三阶段（2011年至今），汉画像石研究的多元深化期。该阶段年度发文量呈现相对稳定且有所下降的发展态势，但总体而言，发文总量依然保持着较高水平，这反映出学界对汉画像石研究的持续关注与深耕，符合学科领域"由量转质"的发展规律。目前汉画像石研究的现况已显现出鲜明的多元化与跨学科交融特色，从考古学、历史学延伸至图像学、艺术史、民俗学乃至科技史等多个学科，形成了一种综合而立体的研究网络，推动汉画像石研究向更高层次、更广维度的纵深发展。

运用文献计量学梳理汉画像石研究成果在各学科间的分布格局与占比情况，有助于构建汉画像石研究的整体图景。汉画像石的研究工作呈现一定的交叉学科特性，在统计的3211篇相关文献样本中，考古学领域的研究占据主导地位，文献数量占比高达46%，凸显了该学科对汉画像石研究的基础性作用；旅游业相关研究共计发表文献覆盖研究领域的20.69%，反映了汉画像石资源在赋能文化旅游、遗产保护与利用方面的巨大潜力；美术书法雕塑与摄影类研究文献占比达到11.97%，集中反映了汉画像石在艺术审美与视觉文化方面的价值；中国古代史领域的文献量占比8.52%，从历史学视角出发印证了汉画像石对完善汉代历史认知发挥的作用。各学科围绕汉画像石研究形成了一个多维丰富的学术网络，彰显了汉画像石研究的综合性与复杂性，各学科在保持自身研究特色的同时，相互借鉴与整合，共同构建起一个立体而全面的汉画像石学术研究体系。

（二）合作网络分析

核心研究机构指在网络中占据关键位置，与其他机构联系紧密且产出质量与数量较高的机构，这些机构可能对汉画像石的研究起到了引领和支撑作用。本文在进行机构计量统计分析时，针对如江苏师范大学这类经历过名称变迁的学术单位，视作同一学术实体，避免因名称变化而造成的误差或遗漏。部分二级单位被作为不同的研究机构进行分析，以体现研究成果的学科领域差异。在机构发文量统计（图 2）方面，江苏师范大学以 261 篇居首位，凸显了该校在汉画像石研究上的持续积累，南阳师范学院排名第二。其余发表成果较多的机构分别为南阳汉画馆、郑州大学、南阳理工学院、山东大学、徐州汉画像石艺术馆、东南大学、杭州师范大学、南阳市文物考古研究所、西安美术学院、南京艺术学院、中央美术学院、陕西师范大学、南阳市博物馆、中国矿业大学、淮北师范大学、徐州工程学院、河南大学等。根据汉画像石五大主要分布区域：以徐州为中心的山东、苏北、皖北、豫东和冀东南，以南阳为中心的豫西南，陕北和晋西，川渝地区，河南洛阳周边[9]，可以看出汉画像石主要出土地

点与其研究成果丰富的学术研究机构在地理位置上呈现出显著的相关性。从发文机构共现图谱来看，主要研究机构及作者分布较为独立，反映机构间的交流与协同研究有待进一步加强（图 3）。

核心研究者通常是合作网络中连接最为广泛、合作最为频繁、影响力最大的个体，他们的研究成果不仅丰富了研究内容，还推动了整个学科的发展。此次分析采取了全面的作者统计策略，涵盖了各篇论文的所有署名作者，而不局限于通讯作者或第一作者，此举旨在全面反映该领域内学者的参与度及合作网络特征，以此揭示广泛而多元的学术贡献格局，而不仅聚焦于单个作者的最大化贡献。基于此综合统计得出发文量排名前十位的活跃作者（表 1），包括朱存明（27 篇），刘克（23 篇）、杨孝军（17 篇）、汪小洋（13 篇）、朱浒（12 篇）、杨絮飞（12 篇）、尹钊（12 篇）、杨金萍（11 篇）、郝利荣（10 篇）、顾颖（10 篇）等，均为汉画像石领域成果显著且活跃度高的核心研究者。核心发文作者较为分散，仅形成两个分别以朱存明和尹钊为中心的较大合作群。核心研究者们依托各自的学术优势开展研究，有力推动了汉画像石向着多学科跨界发展的融合进程。

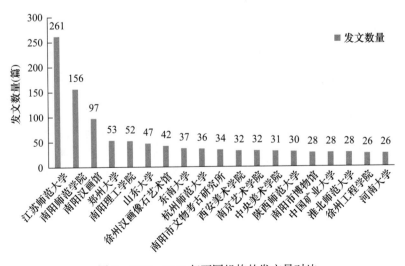

图 2 1956～2023 年不同机构的发文量对比

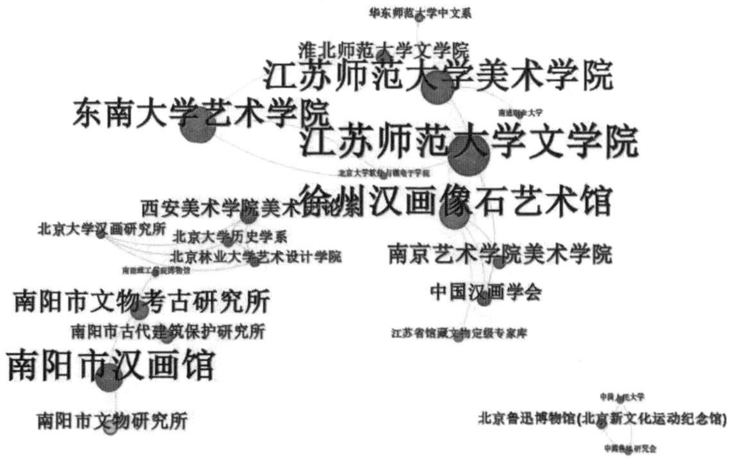

华东师范大学中文系

淮北师范大学文学院

江苏师范大学美术学院

东南大学艺术学院

南通大学

江苏师范大学文学院

北京大学软件与微电子学院

西安美术学院美术

徐州汉画像石艺术馆

北京大学汉画研究所

北京大学历史学系

北京林业大学艺术设计学院

南阳市文物考古研究所

南京艺术学院美术学院

南阳市古代建筑保护研究所

中国汉画学会

江苏省馆藏文物定级专家库

南阳市汉画馆

南阳市文物研究所

中国人民大学

北京鲁迅博物馆(北京新文化运动纪念馆)

中国鲁迅研究会

图3　汉画像石研究发文机构共现图谱

表1　1956～2023 年以汉画像石为主题发文量
排名前十的作者

序号	作者	发文量（篇）	机构
1	朱存明	27	江苏师范大学
2	刘克	23	南阳师范学院
3	杨孝军	17	徐州汉画像石艺术馆
4	汪小洋	13	东南大学
5	朱浒	12	华东师范大学
6	杨絮飞	12	浙江农林大学
7	尹钊	12	江苏师范大学
8	杨金萍	11	山东中医药大学
9	郝利荣	10	徐州汉画像石艺术馆
10	顾颖	10	江苏师范大学

（三）关键词分析

1. 关键词共现和研究热点

本研究运用中国知网文献分析工具和CiteSpace，系统抽取汉画像石主题文献的摘要、标题及关键词字段中提取核心词汇进行可视化分析。每一个关键词都会作为一个单独节点出现在分析图表上，节点之间的连线通常基于关键词共现关系或其他关联度指标。节点频次是某一个关键词在分析的时间跨度内出现的次数，反映了该关键词在该研究领域的普遍性

和重要性。中介中心性是该节点连接不同集群的能力大小，在学术文献网络中，关键词的中介中心性高意味着这个关键词在多个研究主题之间起到了联结作用，反映跨学科或者交叉领域的研究热点。在此分析框架下，某关键词节点频次越高，中介中心性越接近0.5则说明该关键词所代表的研究领域热点和关注度越高，由表2可以看出汉画像石（0.51）以695次的高频位居榜首，具有很强的"枢纽性"；画像石、汉画像（0.14），汉代、汉画（0.07），南阳、徐州（0.04）次之，图像（0.07）、西王母（0.01）、升仙（0.03）、艺术风格（0.03）紧随其后（括号内为中介中心性）。带有不同时空、地域以及艺术特色的关键词之间组成了一个关系密切、相互勾连的共现图谱（图4），可以看出，关键词"汉画像石"的图形区域面积最大，颜色最深，代表其研究的重要程度越高，其余关键词图标面积依次变小、颜色变浅，说明出现频次逐渐降低。图谱中由形成的 289 个节点（N=289）创造出 1239 个连线（E=1239），其网络聚集度高达 0.0298（Density=0.0298），可以看出研究领域覆盖面之广。知识图谱整体较为集中，构成以汉画像石为研究中心向外不断辐射、交叉的共词网络。

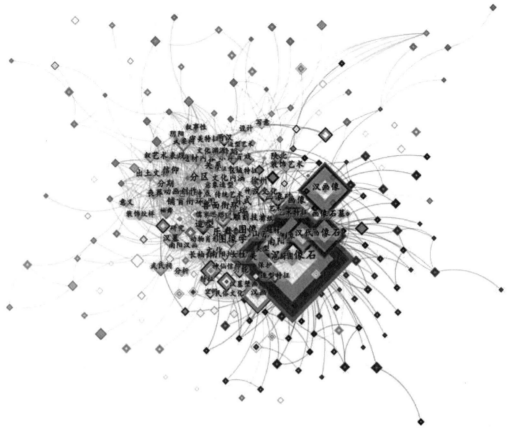

图 4　汉画像石研究关键词共现图谱

表 2　汉画像石研究高频关键词和高中心性关键词

序号	高频关键词		高中心性关键词	
	关键词	频次	关键词	中心性
1	汉画像石	695	汉画像石	0.51
2	画像石	183	画像石	0.14
3	汉画像	181	汉画像	0.14
4	汉代	128	汉代	0.07
5	汉画	119	汉画	0.07
6	南阳	78	图像	0.07
7	徐州	45	南阳	0.04
8	图像	38	徐州	0.04
9	西王母	35	升仙	0.03
10	升仙	33	艺术风格	0.03
11	艺术风格	30	西王母	0.01

通过识别高频共现词及它们之间的关联模式，梳理汉画像石研究核心概念群组，分析归纳得到汉画像石研究热点主要包括汉代历史研

究、图像研究和地域研究（徐州和南阳）等。

热点一：汉代历史研究。将汉画像石作为重要的实物史料，与同期文献记载及其他类别的物质文化遗存，如壁画、画像砖、铜镜等相互参照、互证互补，全面揭示汉代社会多元而深刻的面貌，涵盖政治结构、经济发展、文化演变、宗教信仰和生活习俗等诸多方面。在此过程中考古学扮演了核心角色，通过对汉画像石进行地域性分区分期的梳理，建立其年代序列及空间分布模式；同时着力于构建汉画像石的分类体系，力求客观准确地反映其艺术风格与主题内容的变化规律。此外，研究者还尝试对汉画像石建筑进行复原研究，再现汉代礼制建筑的真实场景、功能定位和象征意义。

热点二：图像研究。图像研究包括图像内容和图像意义两方面。在图像内容层面，对西王母形象的研究尤为丰富且具有代表性，与此同时，如孔子拜见老子、伏羲女娲以及反映中外文化交流的图像备受学界关注。在探究图像意义层面，则强调运用历史语境下的逻辑思维去还原古人的观念信仰与生活方式，其中汉代升仙思想的研究尤为活跃，它不仅反映了汉代人的宇宙观与生死观，更是汉代哲学思想史的重要载体。艺术史与文艺美学领域的研究从艺术风格视角出发，通过分析汉画像石的艺术技法、构图和图像内涵，并运用图像学、符号学等理论工具解析汉画像石的文化艺术价值。

热点三：徐州和南阳。这两地是汉画像石主要出土地，近年来徐州与南阳考古新发现充实了汉代画像石的研究素材，促使学术界对汉画像石进行深度再审视与综合研究。基于新发现的学术研究成果层出不穷，不仅深化了对原有题材内容、艺术风格以及制作工艺的理解，更触发了关于汉代社会生活、宗教信仰及文化艺术交流等诸多议题的全新见解，进一步巩固了徐州与南阳在中国汉画像石研究领域中的核心地位，相关研究机构也因此成为汉画像石学术研究的前沿重镇。

2. 关键词聚类和研究主题

关键词聚类图谱是在共现图谱的基础上，运用LLR算法以"K"为分类依据分析各个关键词之间的结构特征、关键节点以及联系程度。图谱中聚类模块值Q=0.4894，平均轮廓值S=0.7963，说明聚类结构显著，且统计结果信服度较高。由图5可得关于汉画像石的研究热点可以分为8大聚类模块，分别为汉代（#0）、装饰艺术（#1）、汉墓（#2）、艺术（#3）、图像（#4）、汉画（#5）、分布（#6）、构成（#7），重叠度较高的模块说明各聚类间联系紧密、研究热点集中。通过运用聚类方法对关键词集进行组织和归类，可以为领域核心研究主题归纳提供依据，关键词聚类图谱如图5所示，可以识别并归纳出汉画像石功能和意义研究、典型形象专题/综合研究、汉代思想观念和宗教信

仰研究等核心内容，为了进一步阐述其内涵，本文将结合相关学者的研究成果剖析。

核心主题一：根据汉画像石空间布局阐释其功能和意义的研究。该研究得益于考古学通过科学系统的调查和发掘能够尽可能多地保存原始信息，并关注与汉画像石共存的其他各类遗存。汉画像石建筑结构保存完整的墓葬、祠堂、碑阙和陵园等成为研究者较为关注的目标。如蒋英炬将山东嘉祥宋山汉画像石小祠堂的墙壁、基座、屋顶等构件进行了复原[10]，再现了汉代小祠堂整体建筑风貌，并研究了祠堂内部画像石的布局与功能。朱存明对汉代墓室、棺椁、墓室上的汉画像石象征意义做出讨论[11]，以建筑的空间组织架构和图像编排布局为核心切入点，系统剖析了汉代墓室象征符号体系。武利华将汉画像石研究置于特定的情境化场景[1]，与陵墓建筑的整体语境紧密结合，研究其整体布局、立体构造和图像艺术。

核心主题二：根据汉画像石中的典型形象进行专题式综合研究。如毛娜系统梳理了汉代画像中的西王母形象[12]，阐述了西王母的起源、演变及其地域分布特征，通过考古学、历史学和艺术学交叉研究，全方位呈现汉代西王母图像的多元价值及其在信仰传播与文化融合中的作用。王煜系统梳理了汉代伏羲女娲形象[13]，剖析了汉墓中伏羲女娲图像的位置布局、图像组合关系及其蕴含的功能内涵，并进一步分析了这些图像配置与升仙信仰之间的深层联系。贺西林通过梳理羽人在汉代墓葬壁画、画像石、铜镜、博山炉、陶塑等方面表现，探究羽人与天界之间的紧密联系[14]。杨爱国以汉画像石中的庖厨图为主题[15]，将山东苏北区和其他地区出土的汉画像石进行对比，揭示了汉代庖厨在地域文化和传统习俗中的变化和发展。

核心主题三：根据汉画图像内容进行汉代思想观念和宗教信仰的研究。如姜生通过汉画

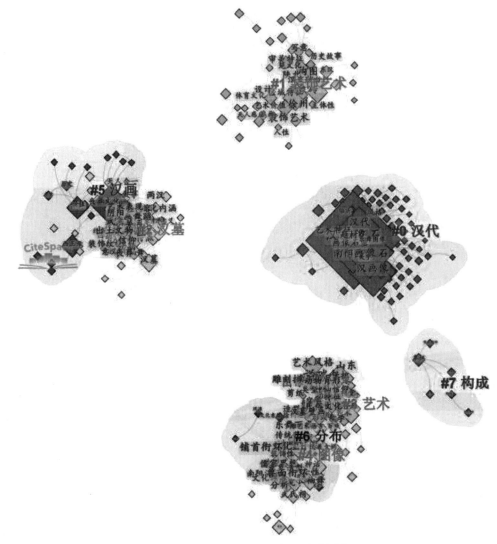

图 5 汉画像石研究关键词聚类图谱

图像中"孔子见老子"的多元解读探讨其与汉代道教仪式的关联[16]，这一图像不仅是历史叙事的再现，更是道教世界观下死后世界的宗教仪式表达。朱浒的研究指出，汉画像中胡人图像作为跨文化符号[17]，在胡汉战争图像里胡人象征墓主升仙过程中的磨难，羽化仙人形象吸收"胡状"元素反映了汉人对异域的认知，以及佛教图像中胡人与佛像并置，体现对贵霜艺术的模仿和本土升仙观念与早期佛教思想的结合。汪小洋探讨了汉代西王母信仰经历了从自然向人为宗教和上层至民间信仰的双重转变[18]，并最终发展为兼具官方与民间双重

角色的信仰体系，为道教兴起提供了重要基础。王煜探讨了汉代以昆仑、天门、西王母为核心"西方信仰"体系[19]，该信仰融合了西域文化但保持了本土升仙思想的内核，对佛教和道教影响显著，展现了汉代宗教信仰的深层结构。

3. 关键词突现和发展趋势

突发性关键词是指在某特定的时间段内频次突增的关键词，突变强度越大，说明在此阶段内的关键词影响力与讨论度越大。根据时间排序，发掘出 21 个突发性关键词（图 6）。最早一批出现的关键词"汉代""汉墓""汉

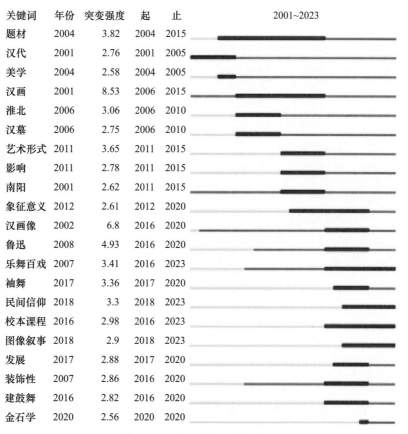

关键词	年份	突变强度	起	止	2001~2023
题材	2004	3.82	2004	2015	
汉代	2001	2.76	2001	2005	
美学	2004	2.58	2004	2005	
汉画	2001	8.53	2006	2015	
淮北	2006	3.06	2006	2010	
汉墓	2006	2.75	2006	2010	
艺术形式	2011	3.65	2011	2015	
影响	2011	2.78	2011	2015	
南阳	2001	2.62	2011	2015	
象征意义	2012	2.61	2012	2020	
汉画像	2002	6.8	2016	2020	
鲁迅	2008	4.93	2016	2020	
乐舞百戏	2007	3.41	2016	2023	
袖舞	2017	3.36	2017	2020	
民间信仰	2018	3.3	2018	2023	
校本课程	2016	2.98	2016	2023	
图像叙事	2018	2.9	2018	2023	
发展	2017	2.88	2017	2020	
装饰性	2007	2.86	2016	2020	
建鼓舞	2016	2.82	2016	2020	
金石学	2020	2.56	2020	2020	

图 6 汉画像石研究关键词突现

画”“美学”“题材”“淮北”，表明早期研究的重心在于挖掘汉画像石的历史背景。从整个研究进程观察，“汉画”这一概念的突变强度达到了8.53，紧随其后的是“汉画像”突变强度为6.8，反映了学术界对汉代画像石本体及其表现手法的深度挖掘，在一定时间内围绕“汉画”及“汉画像”的学术关注度出现了急剧攀升的现象，表明这两个术语发生了重要的理论转向或实践突破。“汉画”、“题材”与“象征意义”等关键词在汉画像石研究领域维持了较长的活跃时段，揭示了关于汉画像石艺术表现形式、题材内容分类及其深层次文化象征解读的重要性。随时间推移，近些年来，“乐舞百戏”“民间信仰”“校本课程”“图像叙事”等关键词突变强度增大。其中“乐舞百戏”与“民间信仰”的突变强度显著增强，显示出社会史研究对汉画像石研究领域的渗透与拓展，

乐舞娱乐活动和民间信仰习俗等能够生动反映汉代社会生活面貌的题材受到关注。“校本课程”的突变强度增加，反映了汉画像石在教育领域的传承与应用，汉画像石开始成为一种鲜活的教育资源。此外“图像叙事”研究热度提升，表明叙事学理论在汉画像石研究中的深化应用，推动了对汉画像石内在故事结构、象征意涵和视觉叙事逻辑的解读，为视觉设计领域提供了深厚的人文底蕴支撑。

关键词突现特征显示，汉画像石相关研究热点不断发生迁移，表现出了研究领域的层层递进、“百花齐放”的多元发展特征。综合以上分析，汉画像石研究正朝着学科交融、文化内涵深挖、活态传承以及古今对话重构等多个维度纵深发展，展现了时代性和前瞻性特征。汉画像石研究作为一个独立而又开放的知识体系，在保持传统研究优势的同时，积极适应时

代变迁，持续不断地更新研究方法与路径，为研究注入源源不断的动力。

4. 基于时间切片的汉画像石研究动态进展

利用时间线图分析聚类模块中的关键词随时间推移更新迭代的变化过程，可以重构关键词间的关系，揭示汉画像石领域发展的动态进展和演变趋势。如图 7 所示，从 2001 年至今，关键词汉代（#0）的延续性最好，一直是研究热点；装饰艺术、汉墓、艺术、图像、汉画等次之。2001～2010 年学者研究画像石砖、汉画像、石墓、构造等内容居多，2010～2023 年图像叙事、汉画舞蹈、服饰研究、雕刻艺术、丝竹乐、乡土资源等成为研究热点的"后浪"，重视度迅速获得提高。

5. 引用影响力分析

在文献计量学的可视化分析框架中，高被引文献不仅是衡量学术影响力的关键指标，也是揭示学科发展脉络、指引研究前沿的重要依据。中国知网上所收录的汉画像石主题的文献，高影响力论文（被引频次≥20 次）共计190 篇，其总参考文献数量为 2245 篇，篇均参考文献数量为 11.82 篇，总被引频次为 8305次，篇均被引频次为 43.73 次，知网总下载量为 249057 次，篇均下载量为 1310.83 次，下载量与被引频次比值为 0.03。

汉画像石主题的高影响力论文在学术产出、知识传承、影响力扩散以及研究成果传播等方面呈现出显著的特点和趋势。190 篇高影响力论文的总被引频次高达 8305 次，平均每篇论文被引频次约为 43.73 次，进一步证实了此类论文在学术界的广泛影响力和实际应用价值，对后续研究工作以及在学科内部和跨学科研究中有重要影响。另一个值得关注的数据是下载量与被引频次比值为 0.03，这个数据虽然不高，但考虑到下载行为可能包括教学、课题准备、个人兴趣等多种需求，并非所有下载都会直接转化为学术引用，反映汉画像石研究在一定程度上满足了不同人群的需求，不仅在学术层面引起了较大反响，而且在更广泛的读者群体中获得了较高的关注度，研究内容具有较高的普及性和实用性。

从近十年被引频次排名前十位的汉画像石研究论文统计（表 3）来看，硕士和博士学位论文贡献度显著，特别是博士学位论文占据了

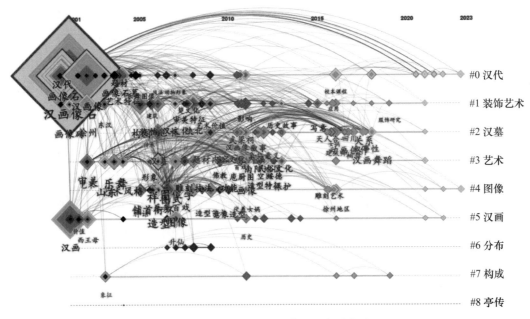

图 7 基于时间切片的汉画像石研究动态进展

表3　2013～2023年被引频次排名前十位的汉画像石研究论文

序号	题名	作者	被引频次	时间	下载量	来源
1	汉画像祥瑞图式研究	顾颖	63	2015	4917	苏州大学博士学位论文
2	汉代乐舞百戏画像石研究	顾雅男	59	2013	2986	山西师范大学硕士学位论文
3	仙凡幽明之间——汉画像石与"大象其生"	孙机	52	2013	3190	《中国国家博物馆馆刊》
4	汉画西王母图像研究	毛娜	52	2016	5936	郑州大学博士学位论文
5	汉画文化意蕴及艺术表现研究	唐建	41	2015	4069	山东大学博士学位论文
6	大象有形　垂鼻辚囷——汉代中外交流视野中的大象图像研究	朱浒	25	2016	1142	《故宫博物院院刊》
7	汉魏六朝画像砖研究	刘雯	24	2014	3379	山东大学博士学位论文
8	图像学与汉画像研究	刘伟冬	23	2013	1988	《南京艺术学院学报（美术与设计版）》
9	南阳麒麟岗汉画像石墓天象图及相关问题	王煜	23	2014	1780	《考古》
10	山东费县刘家疃汉画像石墓发掘简报	山东博物馆、费县博物馆	23	2018	1622	《文物》

半壁江山，研究生教育在推动科学研究前沿、产生高质量研究成果方面发挥重要作用。另一半高影响力文献来源于国内公认的核心期刊，包括北大中文核心期刊和中文社会科学引文索引（CSSCI）收录的期刊。高影响力文献大多聚焦在前文所述的研究热点和主题上，说明学术关注焦点的一致性和延续性，这些研究主题不仅代表了当前学术发展的主流方向，也体现了学术共同体对于某些问题解决的迫切需求和持续努力。

四、总结和展望

本文通过文献计量学的方法研究中国知网有关汉画像石为主题的文献，并对数据进行知识图谱的可视化分析，直观清晰地展现了汉画像石领域的研究现状和趋势走向。汉画像石研究经历了初始奠基、爆发增长和多元深化三个阶段，研究热点包括汉代历史、图像学解析、徐州和南阳的考古新发现与研究，研究主题包括以汉画像石的空间布局、典型形象和信仰观念进行的综合探究。通过合作网络分析，江苏

师范大学等机构和朱存明等研究者在该领域有突出贡献。汉画像石研究经历了从基本概念到深层次内涵的发展过程。但需注意的是中国知网并不能完全覆盖汉画像石研究领域所有学术成果，诸多颇具影响力的汉画像石研究是以专著形式呈现的，如蒋英炬、杨爱国《汉代画像石与画像砖》，信立祥《汉代画像石综合研究》，郑岩《逝者的面具——汉唐墓葬艺术研究》，邢义田《画为心声：画像石、画像砖与壁画》等，而在国际学术界亦有多位知名学者对此课题做出卓越贡献，如巫鸿《武梁祠：中国古代画像艺术的思想性》、日本学者林巳奈夫《刻在石头上的世界》等研究成果共同丰富并推进了汉画像石研究理论体系构建与发展。

目前汉画像石研究的学术关注点集中于考古、历史及艺术等领域，汉画像石研究领域与前沿技术、新型传媒等的结合还相对较少。未来汉画像石的保护与研究工作应立足于严谨的考古学根基，践行整体性大历史观，着力构建与数字技术、人工智能等前沿新领域深度结合的交叉学科体系，拓宽研究视野并深化对汉画像石内在价值的认知，推进科学研究、科普教

育、公益活动与文化创意产业的协同发展，探索创造性转化和创新性发展的新路径。

参 考 文 献

[1] 武利华. 图像学视野下的汉画像石整体研究 [J]. 形象史学，2021（3）：103-129.

[2] 杨爱国. 五十年来的汉画像石研究 [J]. 东南文化，2005（4）：31-37.

[3] 刘太祥. 汉代画像石研究综述 [J]. 南都学坛，2002（3）：8-18.

[4] 杨爱国. 中国考古百年视野下的汉代画像石研究 [J]. 南方文物，2022（2）：28-38.

[5] 蒋英炬. 关于汉画像石产生背景与艺术功能的思考 [J]. 考古，1998（11）：90-96.

[6] 赵迪斐，马素萍，王玉杰，等. 我国沉积学热点问题与研究趋势：基于《沉积学报》的文献计量学分析 [J]. 沉积学报，2020，38（3）：463-475.

[7] 任红娟，张志强. 基于文献计量的科学知识图谱发展研究 [J]. 情报杂志，2009，28（12）：86-90.

[8] 王献唐. 徐州市区的茅村汉墓群 [J]. 文物参考资料，1953（1）：46-50.

[9] 信立祥. 汉代画像石综合研究 [M]. 北京：文物出版社，2000：13.

[10] 蒋英炬. 汉代的小祠堂：嘉祥宋山汉画像石的建筑复原 [J]. 考古，1983（8）：741-751.

[11] 朱存明. 汉代墓室画像的象征主义研究 [J]. 民族艺术，2003（1）：45-55.

[12] 毛娜. 汉画西王母图像研究 [D]. 河南：郑州大学，2016.

[13] 王煜. 汉代伏羲、女娲图像研究 [J]. 考古，2018（3）：104-115.

[14] 贺西林. 汉代艺术中的羽人及其象征意义 [J]. 文物，2010（7）：46-55+97.

[15] 杨爱国. 汉画像石中的庖厨图 [J]. 考古，1991（11）：1023-1031.

[16] 姜生. 汉画孔子见老子与汉代道教仪式 [J]. 文史哲，2011（2）：46-58.

[17] 朱浒. 汉画像中胡人图像的宗教意义 [J]. 江苏师范大学学报（哲学社会科学版），2013，39（6）：87-92.

[18] 汪小洋. 论汉代西王母信仰的宗教性质转移 [J]. 浙江社会科学，2009（1）：86-91+128.

[19] 王煜. 昆仑、天门、西王母与天帝：试论汉代的"西方信仰" [J]. 文史哲，2020（4）：58-69+166.

徐州汉画像石中的熊图像刍议

唐小惠

徐州博物馆（徐州汉画像石艺术馆）

摘　要： 汉画像石是汉代工匠雕刻于地下墓室和地面祠堂的建筑构石，是汉代文化遗存的重要组成部分。考古资料显示，徐州不仅是汉文化的发祥地，也是最早汉画像石的发现地。徐州地区出土汉画像石内容丰富，融合汉代丧葬习俗和地方文化特色，堪称一部绣像的汉代史。本文通过梳理徐州地区出土画像石中部分熊图像资料，阐析熊图腾崇拜思想起源及其在画像石中的不同身份呈现。

关键词： 徐州　汉画像石　熊形神祇

徐州古称彭城，大禹分疆时雄列华夏九州。秦末刘邦在沛县揭竿起义，建立了强盛的汉王朝，两汉四百年间，留下了丰厚的汉代文化遗存。汉画像石是汉代文化遗存的重要组成部分。《中国大百科全书》："汉画像石是在石材构筑的墓室或砖、石混作墓室的石构件上镌刻画像，或以高浮雕、圆雕、透雕雕出各种形象。"[1] "这些石刻画像假如把它们有系统地搜集起来，几乎可以成为一部绣像的汉代史。"[2] 2005 年，徐州博物馆清理韩山 M1 石圹墓时，在墓道部分发现了两块画像石墓门（图 1）。墓门用阴线对称刻画常青树、玉璧和小鸟，画面简单质朴。韩山石圹墓是西汉早期竖崖墓，出土有半两钱、"刘婳"玉印等随葬品，从目前所见到的考古资料显示，没有比韩山 M1 墓门更早的画像石了。所以，徐州不仅是享誉中外的汉文化的发祥地，还有可能是汉代画像石的发源地[3]。徐州汉画像石内容丰富，题材广泛，客观现实社会与主观鬼神世界

图 1　徐州韩山 M1 石圹墓墓门（拓片）

相结合，涵盖汉代政治、经济、文化、宗教、信仰等诸多方面，具有较高的艺术价值和史学价值。本文拟梳理徐州汉画像石中有关熊的部分图像资料，结合熊图腾崇拜考源、熊的象征意义及其以汉画像石为载体所呈现的不同身份变化，以期解读汉代丧葬文化中各熊形神祇的思想起源和神学信仰。

一、熊图腾崇拜考源

徐州地区出土汉画像石中有许多被赋予神话的熊像，如熊形方相士驱大傩、熊图腾部落首领黄帝升仙、熊形"幽都卫士"、熊形雷公出行等，其驱疫辟邪、打鬼、助升仙功能，应与原始社会的宗教信仰和熊图腾崇拜相关联。考古资料显示，新石器时代的红山文化遗迹中就出现了熊的身影，距今约 5500 年。《汉书·五行志》："熊，山野之兽。"熊在人类社会早期处于食物链的顶端，是具有驱邪避灾功能的瑞兽。它既是勇猛力量的代表，又象征重生吉祥。早期的熊崇拜是由原始狩猎社会的经济结构决定的。《左传·昭公七年》曰："昔尧殛鲧于羽山，其神化为黄熊。"《帝王世纪》："大皞（伏羲）一号黄熊氏。"《汉书·武帝记》曰："禹治洪水，通轩辕山，化为熊。"华夏民族对熊的崇拜，从上古时代帝王的名号中也可见一斑，伏羲又称"黄熊氏"，黄帝又称"有熊氏"。黄帝、鲧、伏羲、大禹等都是部落首领，且均出自以熊为图腾的部落，可见熊是上古时期重要的图腾之一。随着生产力不断进步，在狩猎社会过渡到农业社会的背景下，熊图腾崇拜逐渐向龙崇拜转型。可见，熊图腾崇拜是持续时间较长且早于龙图腾崇拜的。汉代经济空前发展，厚葬之风盛行，并拥有一套完整、隆重且复杂的丧葬制度和习俗。徐州是我国汉画像石集中分布出土地之一，以熊"惊驱疫厉之鬼"是徐州地区出土汉画像石中较常见题材。汉画像石中一众熊形神祇的出现，既是墓主人对灵魂不灭、视死如生的精神追求，也是汉代艺术家对熊图腾崇拜、雷神信仰、大傩艺术等传统文化的传承和再创作。

二、熊的象征意义

熊是具有勇猛、力量、吉祥、重生等特征的猛兽。它的象征意义包含兽性、人性和神性。在不同文化背景和历史时期，熊借助不同载体以不同的艺术形式呈现，这些被神话的吉祥、打鬼、重生功能也随之被解读。据已发表考古资料，南阳有半数汉画像石墓中刻有熊图腾像。徐州地区出土熊像画像石虽数量上不及南阳，但其多样的艺术表现形式和丰富的文化内涵，更显其兼容并蓄、博大精深。

（一）力量

图 2、图 3 为徐州博物馆藏汉画石墓室横梁，出土地不详。双券拱门状，正反两面有相似画面，四周有边框。纵 47、横 180、厚 30 厘米。正面（图 2）画像从左至右为翼龙、熊形兽、翼虎，张口露齿，竞相嬉戏。上边有云纹补白。熊形兽体格庞大，立耳、瞪眼、张口吐舌，双手托举，两后腿弯曲，呈正面蹲踞状。熊身裸露，乳房、肚子、肚脐凸显。背面（图 3）画像同正面类同，下方多一似兔小兽，仰首张口。此二熊像神祇居高临下，前后蹲守，负重托举双券拱门，彰显其力大无穷的特征，也是汉人对熊所蕴含"力量"的崇拜。墓室大门、门楣、门扉位置，是进入墓室的通道，力量象

图 2 徐州博物馆藏熊、翼龙、翼虎画像石
（墓室横梁正面拓片）

图 3 徐州博物馆藏熊、翼龙、翼虎画像石
（墓室横梁背面拓片）

征的熊雕刻于此，俨然"幽都卫士"，既有看管门户的职责，又有驱鬼辟邪功能。

（二）辟邪助升仙

吉祥思想和图像符号起源于新石器时代。两汉四百年，祥瑞思想空前发展。汉代画像石墓室中保存不少瑞兽驱邪、助升仙的场面。

方相士驱傩打鬼、瑞兽持兵器守墓、雷神出行等均与熊的辟邪助升仙功能相吻合。徐州铜山茅村汉墓出土神仙灵异（图4）和引导升仙（图5）画像石，为祠堂顶部坡面。图4画面左上方刻云神张口吐云，后跟三虎驾车，车下有两龟相驭；右上方刻仙人驾麒麟，中间有人鱼，下刻雨师布雨。图5画面从左往右依次刻画雨师布雨，雷公布雷，仙人骑象，鱼、龙驾云车等图像。熊像神祇面若力士，持枹击鼓，引导墓主升仙，与诸多助墓主升仙的神祇相组合，最能显示其吉祥辟邪的神性。

（三）生殖重生

《山海经·中山经·熊山》曰："熊之穴，恒出神人，夏启而冬闭。"原始社会，人们把熊的冬眠习性视为重生，熊被赋予再生、复活的神格，寄托人们长生不死的期望。徐州睢宁九女墩汉墓出土的神兽守鼎画像石（图6），纵97、横256、厚12厘米。右下角残。画面分两层，上层刻神仙境界，画面中间有一神鼎，鼎旁两熊像小兽既似赤手对搏，又似对偶舞蹈，画面上方刻九穗禾、九尾狐、麒麟、凤凰、日月合璧等。《春秋繁露》记载许多汉代流行祥

图4　徐州铜山洪楼汉墓出土神仙灵异画像石（拓片）

图5　徐州铜山洪楼汉墓出土引导升仙画像石（拓片）

图 6　徐州睢宁九女墩汉墓出土神兽守鼎画像石（拓片）

瑞图像，如嘉禾、麒麟、朱草等。《拾遗记》卷一《炎帝神农》："时有丹雀衔九穗禾，其坠地者，帝乃拾之，以植于田，食者老而不死。"九穗禾是生长苗壮的禾木，每一禾有好多穗，有多子多福的象征。《白虎通义》："以狐为兆示'子孙繁息'之德兽。"九穗禾和九尾狐都是有长生、繁衍寓意的吉祥图像，日月合璧同日月同辉。《诗经·小雅》："吉梦维何？维熊维罴，男子之祥；维虺维蛇，女子之祥。"双熊对舞的主旨符合整幅画像阴阳调和的生殖意义。下层刻车马出行，飞鸟、祥云、九穗禾补白。类似画像也出现在山东徽山出土有画像石中，画像正中有二熊对偶舞蹈，二龙交体穿三璧，画面左右两侧有瑞鸟和鸟衔鱼补白。整幅画面是汉人崇尚生殖重生的艺术再现。

三、熊像神祇在徐州汉画像石中的不同身份呈现

（一）熊意象方相士驱傩

1. 傩文化的起源与发展

傩起源于原始舞蹈的宗教信仰融入，先秦时期就萌生了有关傩元素的驱鬼辟邪仪式，距今约 3000 年。傩的本有驱撵之意，与中国最古老的巫术和祭祀文化相关联，以请神驱鬼逐疫为中心，各种形态面具为艺术造型，伴锣鼓场面，由方相士手执长柄器具，"帅百隶"，通过歌舞、祭祀、祈愿等方式驱逐鬼疫灾厄，是我国古代重要的祭祀活动。《礼记·月令》载："傩有国傩、天子傩、大傩（乡傩）三种。"每年季春、仲秋、季冬要举行三次大傩仪式，场面隆重。《礼记·月令》载："季春之月，命国傩九门磔攘，以毕春气……仲秋之月，天子乃傩，以达秋气……季冬之月，命有司大傩旁磔，出土牛，以送寒气。征鸟厉疾。"

汉画像石作为汉代墓室及地面祠堂的建筑构石，是反映汉代丧葬习俗与中国传统文化相融合的重要载体，也是汉人生死观和宗教信仰的具体描绘形式。随着社会的发展，傩逐步从宗教祭祀向民间传统文化过渡，傩舞、傩戏渐渐融合地域文化特色，更加注重表演娱乐功能，成为我国民间艺术活动的重要形式。

2. 方相士打鬼

两汉时期，受地方丧葬习俗、宗教信仰影响，"冒熊皮者以惊驱疫厉之鬼"的各种熊形神祇逐渐成为汉画像石墓常见雕刻题材。这些驱鬼图像多见于墓室大门或高处横梁位置，象征"幽都门神"守卫地下墓室，主导为墓主扫清灵魂升仙的障碍。徐州汉画像石艺术馆北馆第五展厅，陈列一块贾汪地区出土的打鬼图画像石（图 7），纵 106、横 102、厚 16 厘米。此图浅浮雕雕刻，左上角缺损，画面分两层，上

图7　徐州博物馆藏打鬼画像石（拓片）

层刻二方相士头戴面具，手执兵器，举刀挥舞，守卫墓室和墓主免受恶鬼邪灵侵扰，左上角刻铭文"真万金"；下层刻建筑人物、侍者、长袖舞、常青树和鸟。《周礼·夏官》有记述西周专职驱鬼逐疫的方相士："方相士，掌蒙熊皮，黄金四目，玄衣朱裳，执戈扬盾，帅百隶而时傩，以索室驱疫。"阮元校注曰："蒙，冒也，冒熊皮者以惊驱疫厉之鬼，如今魁头也，时难作方相士，以难却凶恶也。"[4]方相士扮傩神进行驱傩仪式的核心特征为"熊皮"和"黄金四目"，孙怡让注曰："云黄金四目者，铸黄金为目者四，缀之面具间，若后世假面具也。"《慎子》："毛庙、西施，天下之至娇也。衣以皮供，则见之者皆走也。""熊皮"为"皮"，"黄金四目"假面具为"供"，由此可见，"皮""供"是古代傩文化的核心组成部分。从《周礼·夏官》和《续汉书·礼仪志》的记载以及汉画像石中的怪神形象看，傩神应是一个生有四目、手足尽握兵器的熊形凶神恶煞[5]。方相士是驱傩仪式中专职假扮傩神的官名，而非傩神。《周礼》："方相士藏日入圹，驱魁象。""（方相氏）大丧，先柩，及墓，入圹。以戈击四隅，驱方良。""方良，罔两也。""魁象""方良"通"魁魉"。《论语》："乡人傩朝服而立于阼阶，傩所以逐疫周礼，方相氏掌之。"此熊形神祇意象驱傩打鬼的方相士身份。

（二）熊意象雷神

中国古代神话司雷之神也是徐州汉画像石常见雕刻题材。我国最早的雷神信仰开始于新石器时代的云雷纹，而后经历由简单到复杂的繁琐变化。雷神是代表正义、公正，给人安全的神祇。雷神造型多变，各时期史书有不同的外形描述。《山海经·海内东经》："雷泽中有雷神，龙身人头，鼓其腹。"《论衡·雷虚篇》："图画之工，图雷之状，累累如连鼓之形。又图一人，若力士之容，谓之雷公，使之左手引连鼓，右手推椎，若击之状。"《诗纬含神雾》："华胥氏因踏雷神足迹，感而有孕，生伏牺。"雷神在不同时期、不同出土器物上所呈现出的不同形态，是由当时经济发展水平和地方文化特色决定的。汉代以后，静态云雷纹已不能满足宗教信仰的需求，于是雷神造像便出现了异兽形和人形。通过徐州汉画像石图像资料的整理，总结汉代雷神应具有强壮的外形、手脚执鼓槌、驾雷公车、连击雷鼓等特点。

徐州铜山苗山汉墓的前室前壁下门刻有黄帝升仙画像（图8）。图左上方刻三足金乌旭日，旁黄帝被刻画成熊首人身像，肩生羽翼有尾，鼓腮吹气，画面中间刻龙翼飞马，名曰"乘黄"，又称"飞黄""腾黄"，黄帝乘之"飞黄腾达"，马下刻背负串珠的翼象。《山海经·海外西经》："白民之国在龙鱼北，白身披发。有乘黄，其状如狐，其背上有角，乘之寿二千岁。"整幅画面为黄帝升仙主题。《史记·五帝本纪》："黄帝者，少典之子，姓公孙，名曰轩辕。"[6]《帝王世纪》："受国于有熊，居奔辕之秋，故因为有名。"少典，又称有熊氏，初封有熊国，传至黄帝。黄帝为有熊氏国君，统一了黄河中下游地区，发明舟车、弓箭、医书等，既是受人尊奉的中华文明始祖，又是云雨雷神。图9～图11亦有类似熊造型兽，徐州汉画像石艺术馆编著2019年版《徐州汉画像石》解读为雷公。经比对，笔者认为此处熊像神祇同样具备"蒙熊皮""黄金四目""执戈扬盾，以索室驱疫"等特点，所以，此处雷神还兼职熊形方相士打鬼功能。

图 9　徐州博物馆藏雷公、珍禽画像石（拓片）

图 10　徐州博物馆藏雷公画像石一（拓片）

图 8　徐州铜山苗山汉墓出土黄帝升仙画像石（拓片）

图 11　徐州博物馆藏雷公画像石二（拓片）

四、结　语

熊是上古时期重要的图腾之一。黄帝、鲧、伏羲、大禹都是熊图腾部落首领。徐州地区出土汉画像石中，不乏方相士打鬼、中华文明始祖黄帝升仙、"幽都卫士"守墓、云雨雷神出行等熊形图像。此外，汉代玉镇、铜镜、陶器等器物也多见熊造型。这些熊形神祇出现的思想起源，均围绕远古时期的熊图腾崇拜。学界有普遍认可熊像即为驱傩方相士的观点，笔者认为这种观点是不够严谨的。汉画像石中的熊形神祇既有同源文化的共性特征，又因不同身份存在个性差异。"方相士藏日入圹，驱魍象。"意象方相士的熊像，趋向打鬼驱魔神性，是主导驱傩活动和丧葬仪式的主角。意象雷神的熊像则更倾向吉祥辟邪助墓主升仙功能等。汉画像石是汉代各熊形神祇共同呈现于世的重要载体，不论何种身份的熊形神祇在汉代丧葬文化中均具有同文化起源和同打鬼助升仙的功能。

参 考 文 献

[1] 中国大百科全书总编辑委员会《美术》编辑委员会，中国大百科全书出版社编辑部. 中国大百科全书：美术I[G]. 北京：中国大百科全书出版社，1990：293.

[2] 翦伯赞. 秦汉史[M]. 北京：北京大学出版社，1983：5.

[3] 武利华. 徐州汉画像石[M]. 北京：中国文史出版社，2020：5.

[4] 周礼注疏[G]//十三经注疏：上册. 阮元，校注. 北京：中华书局，1980：851.

[5] 信立祥. 汉代画像石综合研究[M]. 北京：文物出版社，2000：167.

[6] 史记·五帝本纪[M]. 北京：中华书局，2018：1.

汉代画像石中的九尾狐图像研究

刘清瑶

徐州博物馆（徐州汉画像石艺术馆）

摘 要： 本文梳理了古籍文献中的九尾狐形象和汉代画像石中的九尾狐图像，九尾狐有辟邪祯祥、子孙繁息和政治昌明的象征意义，对九尾狐在地域、墓室和画面的分布情况进行了综述，同时从视觉学的角度对九尾狐图像艺术形象进行了分析。

关键词： 汉画像石 九尾狐 图像 艺术形象

公元前 202 年至公元 220 年，汉代存续了四百多年的时间，是当时世界强国之一。汉代流行厚葬之风，汉画像石作为墓葬的重要组成部分，是研究汉代历史、文化、生活、艺术的宝贵资源。

"汉画像石，是汉代地下墓室、墓室祠堂、墓阙和庙阙等建筑上雕刻画像的建筑构石。其所属建筑，绝大多数为丧葬礼制性建筑，因此，在本质意义上汉画像石是一种祭祀性丧葬艺术品。"[1] 汉画像石主要分布在五个区域："河南南阳、鄂西北区；山东、苏北、皖北、豫东区；陕北、晋西北区；四川、重庆区；河南郑州、洛阳区。"[2]

九尾狐是汉画像石中的常见题材，是基于现实中的狐为原型，经过古人的艺术加工创作出来的艺术形象。汉代许慎撰的《说文解字》中释义"狐"：妖兽也。鬼所乘之。有三德：其色中和，小前大后，死则丘首。九尾狐造型舒展，四肢修长爪粗而钝，头尖面长耳尖直立，尾巴硕大，尾部造型有分叉或合尾形态。

"图像"一词在《当代汉语词典》中解释为"画成、摄制或印制的形象"[3]。生活中亦有"指各种图形和影像的总称"之说。还有学者认为图像是"客观对象的一种相似性的、生动性的描述或写真"[4]。可见，"像""似"是图像的基本特点。在现代符号学的先驱者之一皮尔斯（Pierce）看来，图像就是与"物象"相似的事物。图像的重要特点：第一，图像是有"转换规则"的；第二，图像是有"编码"的，编码往往具有一定规律。本文基于图像的角度，对汉代画像石上刻画的九尾狐艺术形象进行分析。

一、九尾狐的象征意义

关于古籍文献中九尾狐形象的研究，已有诸多学者取得丰硕的成果。九尾狐的象征意义主要体现在三个方面：是辟邪祯祥之物、有子孙繁息的寓意、是政治昌明的"瑞应"。

最早记载九尾狐的古籍是《山海经》，成

书于战国至汉代初期。

《山海经·南山经》曰："又东三百里，曰青丘之山，其阳多玉，其阴多青䨼。有兽焉，其状如狐而九尾，其音如婴儿，能食人，食者不蛊。"[5]《山海经·海外东经》曰："青丘国在其北，其狐四足九尾。一曰在朝阳北。"[6]《山海经·大荒东经》曰："有青丘之国，有狐，九尾。"[7]

《山海经》对九尾狐的描述中，"其音如婴儿，能食人"描绘了可怖森怪的九尾狐形象，体现了当时人们对九尾狐的畏惧。九尾狐有令"食者不蛊"之功效。东晋郭璞注："啖其肉令人不逢妖邪之气。或曰：蛊，蛊毒。"蛊，病名。俞樾《读山海经》："蛊乃病名。《内经·玉机真藏论》，脾传之肾病，名曰疝瘕，少腹冤热而痛出白，一名曰蛊。"[8]蛊可指多种病症，如寄生虫、神经错乱，也指南方的毒气或人工培育的毒物，即吃了九尾狐肉就能避开妖邪和疾病，百毒不侵。可见九尾狐具有辟邪的作用，是一种祯祥之物。

汉代，据禹娶涂山的神话演绎出九尾狐象征子孙繁息之吉祥寓意。《吕氏春秋》曰："禹年三十未娶，行涂山，恐时暮失嗣，辞曰：'吾之娶，必有应也。'乃有白狐九尾而造于禹。禹曰：'白者，吾服也。九尾者，其证也。'于是涂山人歌曰：'绥绥白狐，九尾庞庞。成于家室，我都攸昌。'于是娶涂山女。"[9]

《白虎通》是汉章帝建初四年朝廷召开的白虎观会议的纪要，由班固编写，此书的成书年代是汉代，对汉代九尾狐的研究极具参考价值。

《白虎通》曰："狐九尾何？狐死首丘，不忘本也。明安不忘危也。必九尾者何？九妃得其所，子孙繁息也。于尾者何？明后当盛也……德至鸟兽则凤皇翔，鸾鸟舞，麒麟臻，白虎到，狐九尾，白雉降，白鹿见，白鸟下。"[10]释义了"狐"有不忘本和明安不忘危之德，"九尾"有子孙繁衍旺盛之意。"德至"，

即帝王修德，这里将九尾狐与政治昌明联系起来。因此，汉代的九尾狐的出现是成就王业、明君在世的吉兆。郭璞注："太平则出而为瑞也。"[11]这是一种带有迷信色彩的"瑞应"，即指帝王修德，时世清平，天降祥瑞。传说夏禹得天下、周文王得东夷、汉章帝明章之治等，都出现过九尾狐。

郭璞《九尾狐赞》曰："青丘奇兽，九尾之狐。有道翔见，出则衔书。作瑞于周，以摽灵符。"[12]

《吴越春秋·越王无余外传第六》曰："乃有白狐九尾造于禹。禹曰：'白者，吾之服也，其九尾者，王之证也。'"[13]

孙柔之《瑞应图》曰："九尾狐者，神兽也。其状赤色、四足、九尾。出青邱之国，音如婴儿，食者令不逢妖邪之气及毒蛊之类。六合一统则九尾狐见。一云王者不倾于色则至。文王得之东夷服。"[14]

《尚书大传》曰："文王拘羑里，散宜生之西海之滨，取白狐青翰献纣，纣大悦，[翰，长毛也，六韬得青狐，班固幽通赋注曰：散宜生至吴，得九尾狐，以献纣也]"[15]。王褒《四子讲德论》云："昔文王应九尾狐，而东夷归周。"[16]

《东观汉记》曰："章帝元和二年，九尾狐见。"[17]

夏禹九尾者，王之证也，周文王得九尾狐东夷服，汉章帝明章之治而九尾狐出现。九尾狐的出现是上天对人主德政的褒奖，是帝王修德，时世清平，天降祥瑞。可见，九尾狐是象征政治昌明、明君在世的瑞应之物。

二、九尾狐汉画像石分布情况

（一）地域分布情况

刻画有九尾狐图像的汉画像石地域分布广

泛，据统计，全国刻有狐形象和九尾狐的汉画像石共计 48 件，分布在陕西、山东、江苏、安徽、四川和河南。陕西数量最多，有 20 件，其中榆林 18 件；山东 14 件，其中临沂 6 件；江苏 8 件，全部集中在徐州；安徽 3 件；四川 2 件；河南 1 件。从以上数据可以看出，刻画有九尾狐形象的汉画像石集中分布在陕西榆林和江苏徐州，这两个地区因地理位置等原因，属兵家必争之地，具有重要的战略地位。

（二）墓室分布情况

汉画像石墓室结构受到墓主人职级高低等因素的影响，存在一定差别，整体来说常见的墓室结构有墓门墓柱、墓室壁和石棺等。从已发掘出土的汉画像石来看，九尾狐在墓室的分布位置并无绝对的局限性，分布于碑阙、墓门、墓门门楣、墓门左右立柱、墓室石柱、墓室横额、前室西过梁、中室封顶、墓顶三角石、中室南壁、中樽右侧内壁、石棺等位置。

（三）画面分布情况

从现有的汉画像石图像看，九尾狐可以单独出现，也可以作为大型画面的组成部分。单独出现，占据整个画面的九尾狐有两例。一例是山东临沂费县刘家疃汉墓出土九尾狐画像石[18]（图 1），东汉晚期，位于前室东壁北立柱。另一例是现存于徐州汉画像石艺术馆的"九尾狐画像石[19]（图 2），东汉，刻画在墓顶三角石侧面，该九尾狐肩生双翼，身有纹饰，口衔一物。

九尾狐作为大型画面的组成部分，这种构图形式是主流存在。要分析九尾狐在画像石图像的分布情况，需要先厘清与九尾狐共同出现的图像，这里的图像是指与九尾狐有紧密联系的图像，且是除去单纯装饰性的纹样，有一定象征意义的图像。

具体来说，与九尾狐共同出现的图像有三

图 1　山东临沂费县刘家疃汉墓出土
九尾狐画像石（拓片）

图 2　徐州汉画像石艺术馆藏九尾狐画像石

足乌（又称三足乌）、西王母、东王公、蟾蜍、玉兔、伏羲、女娲、日月等。其中，三足乌、九尾狐、玉兔与西王母的关系较为密切。刘锡诚提到"据远古传说，这三种动物是西王母的三宝。三足乌的任务是为西王母寻找珍食玉浆，玉兔的任务是为西王母造长生不老药，而九尾狐的任务则是供传唤使用"[20]。如画面有分格，西王母图像系统通常出现在最上层的画格中，九尾狐也常出现在最上层的画格中，具体位置常在西王母之下，与三足乌并列，或在三足乌之下。

陕西榆林米脂党家沟汉墓左、右立柱画像石[21]（图 3），画面上部分别为东王公、西王母，踞于仙树上，还有羽人、仙禽神兽；下为执戟、执彗门吏，边饰蔓草纹；底为玄武。九

图 3　陕西榆林米脂党家沟汉墓左、
右立柱画像石（拓片）

图 4　山东枣庄桑村郭村汉墓出土西王母、
人物、牛羊车画像石（拓片）

尾狐位于西王母和东王公之下。

山东枣庄桑村郭村汉墓出土西王母、人物、牛羊车画像石[22]（图 4），画面分为两层，上层中间西王母端坐，两侧有执便面的伏羲、女娲；左有九尾狐，右有玉兔、蟾蜍；下坐六人，中间放置二壶。九尾狐与西王母看似在同一水平上，西王母位于画面最上面的中心，九尾狐位于画面边缘，表现出了尊卑秩序。

山东临沂吴白庄汉墓前室西过梁东面画像石[23]（图 5），画面中部刻东王公端坐 T 形高座之上，座右侧九尾狐站高台上，座左侧三足乌站高台上。画面上九尾狐与三足乌都位于东王公之下，从构图上看，二者对称分布在东王公高座下方两侧。

另外，九尾狐还出现在日月图像系统中，九尾狐与三足乌一同刻画在日轮中。山东滕州官桥大康留庄汉墓出土日月星象画像石[24]（图 6），画面上刻一月轮，月内有蟾蜍、玉兔，月轮外绕一龙，两侧为伏羲、女娲，皆人身蛇尾，伏羲、女娲饲一大鸟，鸟背负日轮，日内刻三足乌和九尾狐；日月轮外布满云气、群星及神鸟。三足乌和九尾狐与大鸟头部方向相反，故仅从三足乌和九尾狐相互位置看，三足乌在九尾狐之上。

三、九尾狐图像的艺术形象

九尾狐图像的艺术形象与现实狐形象有相似之处，如狐头身、耳爪姿态等是对现实的描

图 5　山东临沂吴白庄汉墓前室西过梁东面画像石（摹本）

227

图 6 山东滕州官桥大康留庄汉墓出土
日月星象画像石（拓片）

摹。另外，还有从现实狐形象发展而来的艺术创造性表达，如尾部造型的夸大描绘则是对九尾狐形象的艺术化表达。

（一）狐的写实形态及造型特征

狐是现实存在的在食肉目、犬科的一属哺乳动物。狐体形中等、匀称，四肢修长，爪粗而钝，略能伸缩。头腭尖形，颜面部长，鼻端突出，耳尖且直立。尾巴多毛粗大。毛粗而长，一般不具花纹。狐属在中国有 3 个常见品种，即赤狐、沙狐、藏狐。《山海经》提到的"青丘之山"在《五藏山经传》卷一释义为"青丘在藏地日喀则城之西南四百余里，萨布

楚河所出之卓尔木山也。萨布水象人跋足窥井，故名青丘"。根据这种说法，九尾狐以藏狐为原型的可能性较大。另外，文献中提到白狐，也称北极狐，分布在青藏高原和东北地区，参照汉代疆域图可知，这两个地区并不在汉代疆域版图中，因此十分稀有，被视为祥瑞。

汉画像石中的狐形象，可见于 1951 年发现的陕西榆林绥德王得元墓室门左、右立柱画像石[25]（图 7）和墓室横额画像石[26]（图 8）。前者画面分为六格，自上而下第五格刻画了狐追兔的狩猎场景，以狐捕食现实场面为范本设计的图像。后者画面分为上下两层，上饰卷云纹，间填羽人、仙草；下层正中为两层阁楼，二女人对坐于楼内，楼右为车骑出行，左为狩猎图，左上角有一狐，狐尾硕大，在狩猎场景中。1996 年陕西神木大保当墓门楣画像石[27]（图 9），画面分上下两栏，上栏为狩猎图，四猎手跨马飞奔，或俯身向前，或箭矢在弦，引弓怒射，狐、兔、虎、鹿等仓皇逃窜。

以上汉画像石刻画的狐在人间场景中，其

图 7 陕西榆林绥德王得元墓室门左、
右立柱画像石（拓片局部）

图 8 陕西榆林绥德王得元墓室横额画像石（拓片局部）

图9　陕西神木大保当墓门楣画像石（局部）

形象与现实贴近，除硕尾之外，可以看到汉画中的狐体形匀称，四肢修长，爪粗而钝，头腭尖形，颜面部长，耳尖且直立，这些狐的形象特征。九尾狐形象中除尾部外也基本延续了这种造型特征。

汉画像石刻画的九尾狐图像来源于实际生活中的狐形象，是石刻工匠意识的艺术表达，这里的意识分为主观意识和客观意识，主观意识受到汉代主流政治思想、文化、神话等因素影响，客观意识受到现实狐形象影响。主观意识与客观意识，即艺术转化创造的规则，由工匠对现实狐形象根据意识转换规则，对狐形象进行一定的编码处理后，通过工匠的雕刻，转化为汉代画像石上的九尾狐图像，九尾的造型特点体现了汉代文化、思想、神话传说等因素对狐尾的艺术转化的影响。

（二）九尾狐图像的尾部造型特征

九尾狐在汉画中常出现在西王母图像系统和日月图像系统中，常与三足乌一同出现。与狐形象不同，九尾狐的辨认方式除了尾部，还可通过其所在图像系统辨认，在西王母图像系统中和日月系统中的狐形象，无论是否呈现"九尾"的分尾形式，只要具备狐形象特点，可以推测其为九尾狐。通过梳理汉画像石上九尾狐的尾部形态，可将九尾狐分为梳状尾、硕尾、穗状尾三类。

1. 梳状尾

梳状尾形态的九尾狐较为常见。梳状尾的

特点是一条主尾，或上翘或下降或平舒，主尾一侧（一般是下侧）平行排列着尾部分支，各分支尾的长度基本相同或逐渐增加。

山东临沂吴白庄汉墓中室北壁东门楣画像石[28]（图10），属东汉桓灵时期（147～189年），剔地平面线刻，画面分两层，上层有西王母、玉兔、东王公、怪兽和羽人；下层有二兽、骑凤鸟的羽人、翼虎、人首鸟、九尾狐。

图10　山东临沂吴白庄汉墓中室北壁
东门楣画像石（局部）

山东滕州桑村西户口汉墓出土西王母、讲经人物、建鼓画像石[29]（图11），画面分为八层，一层，西王母正中端坐，左右各一人身蛇尾仙人持便面服侍，右有玉兔捣药，左有龙、仙兽。两层，九尾狐二双，怪兽四只。

江苏徐州睢宁九女墩汉墓出土神兽夺鼎画像石[30]（图12），画面分两层，上层为天国仙界，画面中间刻一神鼎，两旁有神兽和玉兔，鼎内有炼成的丹药；画面上部刻九穗禾，旁有一对凤凰，左上角有九尾狐，右上角刻麒麟。

陕西榆林绥德四十里铺墓门楣画像石[31]（图13），画面中间有铺首衔环的门，将画面分为两部分。右半部有西王母头上戴胜，拥袖端坐，二玉兔杵臼捣药，三足乌低首觅食，九尾狐仰首伏于西王母面前。

陕西榆林米脂墓门楣画像石[32]（图14），

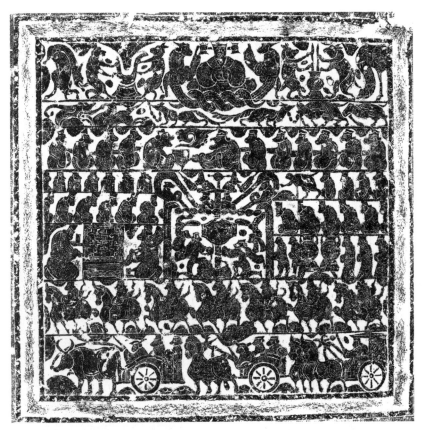

图 11　山东滕州桑村西户口汉墓出土西王母、讲经人物、建鼓画像石（拓片）

图 12　江苏徐州睢宁九女墩汉墓出土神兽夺鼎画像石（拓片局部）

图 13　陕西榆林绥德四十里铺墓门楣画像石（拓片局部）

图 14　陕西榆林米脂墓门楣画像石（拓片）

画面左右分为三格，均以卷草纹和流云作背景。左、右格中分别为日月，日月内为金乌、蟾蜍；中格由龙、虎、奔鹿缀连成卷草流云，空白处有羽人、玉兔捣药、朱鹭、奔鹿、九尾狐、三足乌、羊和飞禽等。狐尾刻画为梳状齿，造型随云弯曲，富有装饰性。

陕西榆林绥德征集的墓门右立柱画像石[33]（图 15），画面分上下两层，上层分左、右两格，左格为牛首东王公坐于扶桑树上，树干左右分别有鹿和九尾狐等，狐尾上翘，前掌扶树干，造型生动活泼。

四川眉山彭山江口双河崖墓出土的彭山一号石棺西王母画像石[34]（图 16），画面中刻西王母坐于龙虎座上。左下有九尾狐，狐身有翼，尾长而九岐。西王母右有蟾蜍，直立而舞。

2. 硕尾

硕尾的特点是硕大且蓬，无细节刻画，无

图 15　陕西榆林绥德墓门右立柱画像石
（拓片局部）

图 16　四川眉山彭山一号石棺西王母画像石（拓片）

分支,与狐身体比例近一比一。为何将硕尾狐与九尾狐刻画在几乎相同的位置?这些硕尾狐可以认为是九尾狐吗?这与汉代人对"九"的认识有关,《素问·散布九侯轮》记载:"天地之至数,始于一,终于九焉。"由此可知,汉代人认为"九"是数之终极,有无限大的意义。但是狐图像作为画面的一部分时,尺寸比较小,尾部的细节雕刻受到影响。此外,画像石还受到保存条件和石质因素等影响,存在刻画细节磨损的情况。从画面构图形式、狐的姿态和轮廓造型体现出很强的程式感,而从这些程式中可以看到,有的九尾狐被刻画为梳状尾,有的被刻画为硕尾。

汉画像石中有不少硕尾狐形象,其中以陕西榆林发现的数量最多,基本都分布在墓柱上,画面内容多是西王母或东王公端坐神树上,树下山峰间站立九尾狐、三足乌、鹿等动物。对比陕西榆林绥德墓门右立柱画像石(图 15)和米脂党家沟汉墓左、右立柱画像石(图 3)可见,两组画像石的构图形式几乎相同,体现了很强的构图程式感,画面中西王母、东王公分别踞于仙树上,树下两侧各有一鹿和一狐。前者图中九尾狐尾巴刻画为梳状,后者九尾狐尾巴刻画为一条边缘光滑的硕尾,因二者构图相似,推测采用的刻画蓝本或神话依据相同,体现相同的汉代主流哲学思想和意识形态,故这些硕尾狐可认为是九尾狐。

山东临沂白庄汉墓出土伏羲、斗拱画像石[35](图 17),左右边栏各一道。画面上部为伏羲执规,伏羲身部刻日轮图,内有三足乌和九尾狐,旁有羽人和玉兔捣药。九尾狐尾部刻画为一大尾,内刻纹路。

安徽宿州栏杆金山寨汉墓出土双羊·人物、伏羲女娲交尾图画像石[36](图 18),位于墓门门楣,正面为双羊·人物图,背面为伏羲女娲交尾图。伏羲、女娲呈两环状。左环内有玉兔和蟾蜍,右侧环内上有三足乌,下部为一只有

图 17　山东临沂白庄汉墓出土伏羲、斗拱画像石
（拓片）

图 18　安徽宿州栏杆金山寨汉墓出土双羊·人物、
伏羲女娲交尾图画像石（拓片）

翼、长尾神兽。这里的有翼、长尾神兽与三足乌一同出现在日月系统中,可推测为九尾狐。

河南南阳十里铺村东窑场出土昆仑山·西王母画像石[37](图 19),画面右刻一昆仑山,西王母端坐于山中,其前有玉兔捣药,山顶三青鸟和九尾狐。

3. 穗状尾

穗状尾形态的九尾狐较少见,其造型特点是九尾分布在主尾两侧,如麦穗一样,与单侧

图19　河南南阳十里铺村东窑场出土昆仑山·西王母画像石（拓片）

图20　江苏徐州沛县栖山汉墓出土西王母、弋射、建鼓画像石（拓片）

图21　山东邹城高壮金斗山汉墓出土西王母、
九尾狐、异兽画像石（拓片）

梳状的梳状尾有明显区别。汉画像石中目前只发现两例。一例是江苏徐州沛县栖山汉墓出土西王母、弋射、建鼓画像石[38]（图20），画面左侧刻两层楼一座，楼上西王母凭几而坐，楼外有二神人捣药，上方有三足乌和九尾狐，皆口衔食物向楼而来，似为西王母献食。九尾狐尾部平舒，分尾刻画在主尾两侧呈穗状。另一例是山东邹城高壮金斗山汉墓出土西王母、九尾狐、异兽画像石[39]（图21），属东汉中期，浅浮雕。画面上部刻西王母正中凭几而坐，两侧有男女侍者持便面踞侍。下有九尾狐、龙、虎、玄武，神鹿等。

四、小　结

通过梳理文献可知，九尾狐是辟邪祯祥之物，有子孙繁息的寓意，是政治昌明、明君在世的"瑞应"。已发现的涉及九尾狐的汉画像石分布在陕西、山东、江苏、安徽、四川、河南地区，其中陕西榆林和江苏徐州数量最多。九尾狐在墓室的分布位置并无绝对的局限性，墓门、墓室和石棺等位置均有发现。九尾狐在画像石图像中可以单独出现，也可以作为大型画面的组成部分，常出现在西王母图像系统中和日月图像系统中。

九尾狐图像的艺术形象与现实狐形象存在相似之处，是基于现实狐形象的艺术创造性表达。其中狐头、身、耳、爪、姿态等是对现实的描摹，尾部造型的描绘则是对九尾狐形象的艺术表达。通过梳理汉画像石上九尾狐的尾部形态，可将其分为梳状尾、硕尾、穗状尾。九尾狐图像在写实框架下，体现着汉代主流哲学思想和意识形态，对研究汉代阴阳平衡思想和装饰艺术图像具有重要价值。

参 考 文 献

[1] 信立祥. 汉代画像石综合研究 [M]. 北京：文物出版社，2000：4.

[2] 王建中. 汉代画像石通论 [M]. 北京：紫禁城出版社，2001：38.

[3] 莫衡. 当代汉语词典 [G]. 上海：上海辞书出版社，2001：1214.

[4] 贾永红. 数字图像处理 [M]. 武汉：武汉大学出版社，2003：1.

[5] 陈成. 山海经译注 [M]. 上海：上海古籍出版社，2012：6.

[6] 陈成. 山海经译注 [M]. 上海：上海古籍出版社，2012：229.

[7] 陈成. 山海经译注 [M]. 上海：上海古籍版社，2012：271.

[8] 陈成. 山海经译注 [M]. 上海：上海古籍出版社，2012：6.

[9] 欧阳询. 宋本艺文类聚 [M]. 上海：上海古籍出版社，2013：2534.

[10] 陈立. 白虎通疏证 [M]. 北京：中华书局，1994：284-287.

[11] 袁珂. 山海经全译 [M]. 北京：北京联合出版公司，2016：270.

[12] 欧阳询. 宋本艺文类聚 [M]. 上海：上海古籍出版社，2013：2445.

[13] 赵晔. 吴越春秋 [M]. 长春：时代文艺出版社，2008：129.

[14] 马国翰. 玉函山房辑佚书 [M]. 上海：上海古籍出版社，1989：2876.

[15] 欧阳询. 宋本艺文类聚 [M]. 上海：上海古籍出版社，2013：2533-2534.

[16] 萧统. 文选 [M]. 上海：上海古籍出版社，1986：716.

[17] 欧阳询. 宋本艺文类聚 [M]. 上海：上海古籍出版社，2013：2534.

[18] 山东博物馆，费县博物馆. 费县刘家疃汉画像石墓 [M]. 北京：文物出版社，2019：52.

[19] 徐州汉画像石艺术馆. 徐州汉画像石 [M]. 南京：江苏凤凰美术出版社，2019：266.

[20] 刘锡诚. 九尾狐的文化内涵 [J]. 民间文学论坛，1990（11）：27.

[21] 中国画像石全集编辑委员会. 中国画像石全集：第5卷 [G]. 济南：山东美术出版社，2000：39.

[22] 中国画像石全集编辑委员会. 中国画像石全集：第2卷 [G]. 济南：山东美术出版社，2000：196.

[23] 临沂市博物馆. 临沂吴白庄汉画像石墓 [M]. 济南：齐鲁书社，2018：178-179.

[24] 中国画像石全集编辑委员会. 中国画像石全集：第2卷 [G]. 济南：山东美术出版社，2000：157.

[25] 中国画像石全集编辑委员会. 中国画像石全集：第5卷 [G]. 济南：山东美术出版社，2000：58.

[26] 中国画像石全集编辑委员会. 中国画像石全集：第5卷 [G]. 济南：山东美术出版社，2000：61.

[27] 中国画像石全集编辑委员会. 中国画像石全集：第5卷 [G]. 济南：山东美术出版社，2000：167.

[28] 临沂市博物馆. 临沂吴白庄汉画像石墓 [M]. 济南：齐鲁书社，2018：205.

[29] 中国画像石全集编辑委员会. 中国画像石全集：第2卷 [G]. 济南：山东美术出版社，2000：216.

[30] 徐州汉画像石艺术馆. 徐州汉画像石 [M]. 南京：江苏凤凰美术出版社，2019：50.

[31] 中国画像石全集编辑委员会. 中国画像石全集：

第 5 卷 [G]．济南：山东美术出版社，2000：134.

[32] 中国画像石全集编辑委员会．中国画像石全集：第 5 卷 [G]．济南：山东美术出版社，2000：46-47.

[33] 中国画像石全集编辑委员会．中国画像石全集：第 5 卷 [G]．济南：山东美术出版社，2000：100.

[34] 中国画像石全集编辑委员会．中国画像石全集：第 7 卷 [G]．济南：山东美术出版社，2000：116.

[35] 中国画像石全集编辑委员会．中国画像石全集：第 3 卷 [G]．济南：山东美术出版社，2000：16.

[36] 宿州市博物馆．宿州市汉画像石撷珍 [M]．北京：文物出版社，2022：151.

[37] 凌皆兵，王清建，牛天伟．中国南阳汉画像石大全 [M]．郑州：大象出版社，2015：216-217.

[38] 中国画像石全集编辑委员会．中国画像石全集：第 4 卷 [G]．济南：山东美术出版社，2000：3.

[39] 中国画像石全集编辑委员会．中国画像石全集：第 2 卷 [G]．济南：山东美术出版社，2000：73.

徐州沛县栖山汉墓西王母图画像石释读与研究

祝　静

徐州博物馆（汉画像石艺术馆）

摘　要： 汉画像石产生于西汉，流行于东汉，以其丰富的题材和文化内涵，反映了汉代的生产活动、社会风俗、社会状况、风土人情、宗教信仰等各个方面的内容。徐州沛县栖山汉墓出土一件西王母图画像石，刻画了众神拜见西王母场面，反映出汉人渴望实现长生并获得吉祥幸福、安居乐业的愿望。

关键词： 汉画像石　西王母　众仙朝拜

人类从来都是充满理想的，美好的希冀永远都是人类生存和前进的动力。现代人如此，古代人也是如此。之于古人，未知的天国安详的世界令人向往，孜孜以求，充满了无限的想象。对于古人的这种诉求，在江苏徐州沛县栖山出土的一件众人安然生活、诸神朝拜西王母的汉画像石中表现得淋漓尽致。徐州作为汉高祖刘邦的故乡，汉文化的发祥地，享有徐州汉代三绝之一的汉画像石以其粗犷豪放的艺术风格享誉海内外。汉画像石是汉代"生不极养，死乃崇丧"的产物。死者的后代为了尽"孝"道，用青石砌造仿造人间住宅的墓室，以石板为材料，先经过绘画，然后再进行雕刻，一般采用浅浮雕和线刻雕的形式，以石为地，用刀代笔绘画，用在墓室、墓前祠堂、石阙等墓葬四壁装饰的石刻壁画。徐州出土的汉画像石极少部分刻在石祠堂的壁上，绝大部分出自墓室内，是一种祭祀性丧葬艺术。汉画像石产生于西汉，流行于东汉，以其丰富的题材和文化内

涵，反映了汉代的生产活动、社会风俗、社会状况、风土人情、宗教信仰等各个方面的内容，表现了人们对现实生活的眷恋，是我国古代文化的一颗瑰宝。艺术来源于生活，任何一种艺术都与生活有着千丝万缕的联系。另外，徐州四面山体，石材非常丰富，石灰岩质地细腻，硬度适中，就地取材，方便雕刻。

1977年徐州沛县栖山发现汉画像石墓[1]，墓穴长3.6、宽3.56、深2米，墓穴内置石椁，东西向。石椁分为中椁和东、西边椁。中椁长2.63、宽1.1米；东边椁长2.5、宽0.9米；西边椁长2.66、宽1.03米。从墓中出土的随葬品分析，中椁内的人骨为男墓主，西边椁内的人骨应为女墓主，东椁为存放随葬品的边箱。中椁和西边椁刻有画像，有画像石6块，画像10幅，时代为东汉早期[2]。中棺右侧内壁刻西王母图画像石（图1），纵0.82、横2.65、厚0.14米，阴线刻。画面内容从左至右分为三组，第一组刻西王母的故事，西王母在楼上凭几端坐，

图1　徐州沛县栖山汉墓出土西王母图画像石

楼下有青鸟献食，楼外有二仙人捣药，接着为人首蛇身、马（犬）首人身、鸟首人身、人首人身的四位仙人拜见西王母；第二组刻一大树，树上有鸟，树下有一人射鸟；第三组刻建鼓舞、比武图[3]。

一、天国安详　拜见西王母

（一）西王母

画像石左侧刻西王母接受众仙朝拜场景。西王母头戴胜饰，凭几而坐于楼阁上层，这是迄今发现的大量汉代西王母图像中仅见的一幅，西王母坐在仙阁上。楼下有青鸟献食，楼左有梯，楼顶有仙树，楼外有二仙人执棒倒壶捣药，图中捣壶状人即制药之神（有的图是玉兔捣药）。上方有三足鸟、九尾狐，一派天国安详的景状。

西王母是汉代广为流传的能给予人长生不死或曰死而复生的天国之母。西王母故事的传说，在我国古代流传很广。西王母，原为"西方貘族所奉祀的图腾神像"，"穴处昆仑之丘"，最早见于《山海经·西次三经》："又西三百五十里，曰玉山，是西王母所居也。其

状如人，豹尾虎齿而善啸，蓬发戴胜。"《山海经·海内北经》载："西王母梯几而戴胜杖，其南有三青鸟，为西王母取食，在昆仑虚北。"此外，《穆天子传》《汉书·地理志》《庄子·大宗师》等也有记载。在原始神话中，他（她）是一个半人半兽的凶神。随着时代的发展，她的形象、性别、职司、神性等都有了较大的变化。到了战国两汉，人们把西王母人格化，西王母已成为长生不老之仙药的制造者和掌管者。西王母既掌灾疫和刑罚，可以夺去人的生命，同时又制造和掌管长生不死之药，可以给予人永生。人最为宝贵的就是生命，而掌管着生命的西王母，在汉代人看来就是众神之王。这些变化不仅反映了时间上的推移，也证实了西王母所处空间位置的扩大。西王母的信徒由西北地区扩展到中原地区，"万民皆付西王母"。《汉书·五行志》云："哀帝建平四年……其夏，京师郡国民聚会里巷阡陌，设张博具，歌舞祠西王母。"拥有万民信仰的西王母，人们祭祀她主要是因为其具有幸福长寿的神性。西汉以后，由于西王母所属神性的人为扩大，合于社会所求的功利目的，得到了上层社会的重视，被列入当时的重要神祇。由此可

237

见，汉代对西王母笃信至极。此图中的西王母是作为法力无边的伟大主神出现的，这充分反映了当时人们征服自然力、支配自然力的美好愿望。

（二）神灵朝拜

西王母右侧依次刻人首蛇身、马（犬）首人身、鸟首人身、人首人身的持杖老者四位仙人像。四位神灵向西王母拱手朝拜是最引人瞩目的部分，也是需要人们去琢磨分析才能认识应用的部分。

在中国文化中，蛇是生命力、幸运、繁育、吉祥和神圣的象征。蛇的蜕皮象征着重生。古代神话传说人头蛇身的神话人物较多，他们各自都有各自的特点和故事，但都与蛇类有着密切的联系，关系先民对蛇的自然崇拜。图中人首蛇身者臂间携一长管状物，应为笛，笛与笙簧同为吹奏乐器，可谓同种，本体化育众生的人类创始女娲为笙簧创始者。故而人首蛇身者应为求取万物生灵繁衍生息而拜。

中国是世界上最早植桑养蚕、缫丝织绸和生产丝织品的国家[4]。《管子·牧民》记载："务五谷则食足，养桑麻，育六畜，则民富。"汉代纺织品的原料主要是丝和麻[5]。在古代男耕女织的农业社会中，蚕桑纺织占有重要地位。汉人种桑育蚕，纺麻织布，安居乐业。"马头娘"是中国古代神话中的蚕神。在小满节（蚕神节），民间有在蚕室张贴蚕神像和举办各种祭祀活动的习俗。《广博物志》卷九引《五运历年记》曰："盘古之君，龙首蛇身。"《搜神记》《后汉书·南蛮传》载其为犬（龙）首人身。南方的民间传说则直接将盘古说成犬首人身，并流传有《狗皇歌》《盘王歌》。图中马（犬）首人身者恭拜西王母，意求蚕业丰收，国富民安。

鸟首人身者，是在西王母身边出现次数最多的，它由三青鸟演变而来，通常代表羽人形

象。羽人，中国古代神话中的飞仙，既是仙人的符号，又是不死的象征，是汉代神仙谱系中一位重要神祇，也是汉画像石中最常见的一种灵异。《楚辞·远游》载："仍羽人于丹丘兮，留不死之旧乡。"顾名思义指身长羽毛或披羽毛外衣能飞翔的人。最早出自《山海经》，称羽民，羽人的起源来自于对鸟的崇拜。《山海经·大荒西经》曰："东海之外大壑……少昊之国。"《左传·昭公十七年》："我高祖少昊挚之立也，凤鸟适至，故纪于鸟，为鸟师而鸟名。"记载的是一个鸟的王国，他的臣僚百官都是各种各样的鸟。另外，少昊字挚，挚古语通鸷，即猛鸟。鸟首人身神祇拜见西王母意象重生与升仙。

汉人"视死如生"，推崇忠、孝儒家思想。人首人身持杖老者应为世所尊崇的尊者。在这块汉画像石中这个位置出现的人，绝非普通凡人。古代人最为迷信、最为尊崇的人，应该是万人之上的仙人。汉代人往往把神话中的人和物与生活中的人和物联系起来，彼此糅合。故而持杖老者意为求取长生而来。

以上四位神灵，均与人类的美好愿望有着密不可分的联系，同时又与天国圣界有着相应关联，是人类期冀与西王母及天国圣界联系之最理想的中介，依次恭敬拜见西王母，以期风调雨顺、天降祥瑞、万物生机、国泰民安。

二、古树通天　张工射雀

画像石正中刻一五枝杈的巨树，树的左边三个枝杈上各立一鸟，最右边枝杈上立一鹭鸶翘颈衔鱼，树下左侧一人张弓箭射箭，右侧一老者佩剑静立观望。按照古代礼射的说法，射中者有升官封爵之意。

巨树通天是天与地之间的中介，在汉代还有另一种说法，即此树为建木。《山海经·海内南经》："有木曰建木，百仞无枝……大皞爰

过。"《淮南子·地形篇》:"建木……众帝所自上下。"建木是人间到天堂的天梯。传说经过历史的演变,建木逐渐趋于实用性,成了与之相袭的建鼓,从而建鼓也有了立地通天的功效。此外,巨树也是人间到天界的天梯。按前文所言,巨树上的金鸟代表的是太阳,那么巨树就是扶桑。扶桑,日之所居,树的上冠即为天界,而树下为地界,此树立地通天。

天国的圣界是高深莫测难以接近的,人们为了达到升仙目的,除想到以上四位神灵外,还想到了羿这位为民造福的英雄。《山海经·海内西经》云:"海内昆仑之虚,帝之下都,非羿仁莫能上冈之岩"。又《淮南子·览冥训》有"羿请不死之药于西王母"之语。羿为太阳神帝俊的臣子,嫦娥(姮娥)仙子的丈夫,从西王母之处得到不死灵药,后被嫦娥偷吃奔月。羿有上天入地的本领,有请不死之药的行为,并与西王母有与面之缘,故人们把他抬出来引众人升天,求得安乐。图中仰身展臂、饱张弩弓者意象后羿,一只金鸟落下扶桑巨树,残存的几只也惊慌失措几欲逃遁。一切恢复正常后,鹭鸶才得以衔鱼饱餐。

《山海经》载,羿是一位手持红色神弓、白色羽箭的威武射官。有人神鬼三种形象,生前是半神半人的神人,死后成为半鬼半神的鬼王。《淮南子》《上古神话演义》皆提到后羿左臂较长,射艺过人。《离骚图》中的配图将后羿的形象描绘成一名身穿长袍及豹裙的弓箭手。一些汉画像将宗布神后羿的形态绘制成魁梧雄壮、外貌英伟的持弓猛汉。相传古时天上有十个太阳,导致大地干涸、草木枯萎、人民生活陷入困境。众人向伟大的射手后羿求助,后羿作为一位英勇的射手,一个接一个地射下多余的太阳,最终,天上只留下一个太阳。人们的生活逐渐恢复正常,天地万物一片和谐。后羿的英勇事迹得到了人们的赞扬和崇拜,他成为了人们心中的英雄。后羿射日的故事也体现了中国古代社会的英雄崇拜,后羿的形象也成为中国传统文化中的英雄形象之一。

有了羿和天梯巨树的连接,人间和天国可以相通了,昆仑之虚,西王母也触手可及了。

三、建鼓比武 人间安详

画像右侧刻建鼓舞和比武表演。三鸟上栖之建鼓,左侧一老者面鼓而立,另有两人在"崇牙树羽"下执枹击鼓,右上有田野草棚,二人扛农具,下有二人武舞表演。

建鼓舞源于楚国舞蹈,在汉代十分流行,各地的汉画像石多有表现。建鼓是乐舞表演中的主要乐器,由鼓座、鼓身、羽葆装饰物组成。画中两人"连翩骆驿,乍续乍绝""进退无差,若影追形"。整个画面在有限的区域汇聚了众多的人与物,表现了歌舞升平、世世祥和的人间场景。画面的情绪基调为安详和顺。

徐州汉代民风剽悍。《史记·吴王濞列传》:"吴太子师傅皆楚人,轻悍,又素骄。""楚人"即现在的徐州人。比武表演既有挤击的使用价值,又有表演的艺术美,是我国独具特色的一项运动[6]。《史记·项羽本纪》载鸿门宴上,项庄舞剑,意刺沛公。汉代武舞技艺成熟,集比武格斗、艺术表演、娱乐戏乐于一体。

画像石的右侧部分真实反映汉代人的基本生活状况:阳光和煦,微风袭人,一望无垠的田野上,草棚亭立,农人安然地扛锄持耙上田,安享劳动的快乐,一派"箪食壶浆""同我妇子,馌比南亩"的田园景状,极富诗情画意;农闲时,田头村边,观鸡格斗,持械比艺,以扫田作之疲;晚间场院里、篝火边、建鼓旁,人们载歌载舞,尽显幸福安乐的景象。在这个层面里表现的是东方土地上的人间社会中常见的生存劳动、自娱自乐的场景,反映的是当时社会的基本幸福生活,是人们可以实现的希望。

四、结　语

汉画像石是一个特殊历史时段的产物，是记录在石头上的历史，是绣像的史书，是中华文化宝库中的瑰宝。它内容生动，人物丰富、形象繁多，被视为一部反映汉代社会的百科全书。

徐州沛县栖山汉墓出土的西王母图画像石，由拜见西王母、古树通天和人间乐舞三部分组成，其主旨即人们通过众神向西王母拜求，渴望长生并得到吉祥幸福、安居乐业，长生不老，立体地反映了汉代社会的某些真实面貌。整幅画像在表现西王母方面立意明确、特点鲜明、关联组合巧妙，最具典型性，对于研究汉代思想史有着重要价值。此外，这块汉画像石在方位布局上也有着特殊之处。最左部安排的是西王母世界，表达的方位目标是西方，最右部刻绘的是人类的自然生活场景，表达的方位目标是东方，而由东方向西方过渡的中间地带则是中介神灵。通过这块汉画像石的构图可以了解汉代人的地理观念反映在构图上也是左西右东，与今人相同，具有重要的研究意义。另外，这块汉画像石构图精妙，把东西方世界表现得精确明了，可作朝圣安详图例的范本。此图人物以及神物的刻画惟妙惟肖，在审美情趣上也有着重要价值。

参 考 文 献

[1] 徐州市博物馆，沛县文化馆. 江苏沛县栖山汉画象石墓清理简报 [C]//《考古》编辑部. 考古学集刊：第二集. 北京：中国社会科学出版社，1982.
[2] 徐州汉画像石艺术馆. 徐州汉画像石 [M]. 南京：江苏凤凰美术出版社，2019：72.
[3] 徐州汉画像石艺术馆. 徐州汉画像石 [M]. 南京：江苏凤凰美术出版社，2019：73.
[4] 唐小惠. 从徐州汉画像石看汉代农耕自然经济发展 [J]. 文物天地，2023（1）：102.
[5] 孙机. 汉代物质文化资料图说 [M]. 上海：上海古籍出版社，2017：6.
[6] 武利华. 徐州汉画像石 [M]. 北京：中国文史出版社，2020：117.

徐州汉画像石美学风格略述

姚 浩

徐州博物馆（徐州汉画像石艺术馆）

摘 要： 本文以徐州出土的汉画像石为依据，分析了徐州汉画艺术风格形成的文化背景，对徐州汉画的题材、构图、表现手法，雕刻技法等进行简要论述，并将徐州汉画像石形成的艺术风格与其他地区的汉画像石作比较，进一步阐述汉画像石别具特色的艺术风格。

关键词： 徐州汉画像石 美学风格 表现手法

近年来，徐州汉画像石艺术馆通过"汉画大讲堂"平台举办了多期汉画知识讲座，引起不少文物工作者、美术工作者对此关注并从事这方面的研究，以至其他学科的人员也对徐州汉画像石产生了浓厚兴趣，希望从中获得相关研究项目信息，由此说明徐州汉画像石内容之丰富、历史价值之重要。同时汉画像石作为汉代民间工匠创作的艺术品，反映了一个时代的审美形态，值得今天的人们从美的角度出发，对徐州汉画像石的美学风格作必要的探讨。

汉代时，我国的政治、经济、文化得以高速发展，为汉文化的形成奠定了坚实基础。虽然汉初崇尚黄老哲学，无为而治，但自汉武帝始，思想意识形态发生了变化，董仲舒的"罢黜百家，独尊儒术"得到了统治者的推崇，试图用现实主义、功利主义的儒家学说巩固政权，这种思想意识形态的变化，在徐州汉画像石中有着充分的体现。

汉代在文化属性上主要表现在南方的楚文化和北方以儒家学说为主的文化交流交融、浑然一体。南方的楚文化是充满奇幻浪漫的世界，从屈原的《离骚》《九歌》《天问》《招魂》中，从战国楚人所著的《山海经》中，从汉代淮南小山等创作的《淮南子》中，均可看到以神话为题材的充满离奇、幻化、浪漫的大千世界。而北方以儒家学说为主的文化，即不作任何玄想地把原始文化用以现实社会的理性实践，使之影响到社会生活、伦常情操、政治生活等，是一种现实主义、功利主义说教。

在先秦时代，南方的楚文化和北方的儒家学说并不是同一文化体系，但到了汉代却相互融合、浑然一体了，说明汉代的大一统思想促进了南北文化的交流，影响了汉代艺术的美学思想。这些，我们可以从徐州汉画像石中得到答案。

徐州汉画像石约有两千多幅画面，根据所反映的主题思想，大体可分为如下五类。

① 历史故事：孔子见老子、泗水取鼎、孔子问项橐、二桃杀三士、周公辅成王。

② 远古神话：伏羲女娲、东王公、西王母、日中三足鸟、月中蟾蜍、九尾狐、九头兽、风伯、雷公、雨师、河伯、嫦娥奔月、牛

郎织女。

③祥瑞辟邪：方相氏、四灵、蹴张、铺首衔环、羊首、祥禽瑞兽。

④羽化生仙：羽人、鹿车升仙、应龙、翼虎、鱼蹻。

⑤现实生活：车马出行、建筑、宴乐、田猎、游艺、牛耕、纺织、体育、胡汉战争、缉盗。

通过这些画面，我们可以看到，神话传说与现实生活、仙界与人类、兽类浑然同一境地，似乎挣脱了之前的商周时代恐怖的天命观和儒家的"成教化、助人伦""惩恶扬善"等强调文学和绘画的社会文化功能，特别是道德教育的功利约束，表达了对现实世界的肯定、对未来世界（仙界）的期冀，用生动传神的画面赞颂人类对客观世界的征服，尽情表达徐州汉画像石的艺术主题。

徐州汉画像石题材丰富，内容繁多，而神秘浪漫的远古神话、珍禽异兽是其反复描绘的题材，充满着丰富的想象力，这些画面使我们联想到战国时代楚先王庙壁画和西汉鲁灵光殿壁画，也似乎对应着《山海经》的图解。汉画像石中反复对珍禽异兽的描绘，并不是纯粹地表现现实动物的形象，而是借用现实动物的形象象征浪漫神秘的仙界神话，将思想意识作为艺术内容和审美对象进一步展现，也表明了汉代对神话的认识与先秦有所不同，原先威严恐怖的神力已被现在的"天人合一"所取代，人神之间不再有不可逾越的鸿沟，人可以"羽化登仙"，连应龙、白鹿、飞廉、鱼蹻这些神兽都成为了人们升仙的交通工具，人类的始祖伏羲、女娲（图1）图像也置于墓门两侧，为死者守门、护佑死者，鬼的管理者神荼、郁垒，也以人的形象立于墓门的两边成了门吏。汉代艺术所反映的是人的重要性，幻想着人死后可以成为地仙，或羽化登仙，人神共乐，汉代艺术审美和先秦时期有很大不同，不再是狰狞恐怖，也无消沉颓废的沮丧感，而是以热烈、奔

图 1　徐州铜山征集女娲图画像石（拓片）

放、乐观、浪漫的情调展现在人们面前，虽说荒诞不经，但似乎摆脱了任神主宰的痛苦和无奈，天上人间呈现出一派祥和欢乐的氛围。

早在先秦时期，中国思想家就提出了形神关系问题，《荀子·天论》曰"形具而神生"，认为人的心理是由躯体派生的，人的身形成了，也就有了心理。

汉画像石是汉代民间工匠按照他们理解的美的规律进行创作的，"汉兴……斫雕而为朴"，汉画创作者不拘泥于细微之处的刻画，从大处着手，不求形似，但求神似，以形写神，以求气韵生动，不求浮华纤巧，唯向质朴古拙，开后代以形写神之先河。徐州汉画像石的画面，既有独幅画面的疏朗构图，也有充天塞地分层分格的繁复构图；既有高度概括简约的雕刻，也有精细入微的技法。着力刻画物象的神情动态，使的画面起伏流畅，有的画面跌宕飞腾，充满着强烈的韵律感。例如徐州沛县古泗水汉墓出土的六博乐舞车马图画像石（图2），其中一人长袖起舞，一人倒立，二人伴奏，舞者飞扬飘举的长袖、应节雀步的舞蹈、操琴者埋头专注的演奏等空间造型具有时间的延续性，似乎要超越静止的空间而动起来，似乎是一瞬间的画面定格，没有细致入微

图 2　徐州沛县古泗水汉墓出土
六博乐舞车马图画像石（拓片）

图 3　徐州铜山苗山汉墓出土
黄帝升仙图画像石（拓片）

的修饰，作者只专注于表现高度夸张的形体姿态、手舞足蹈的大动作，表现手法异常简约。这种着重展现动态、场景和意境，而忽略细节的表现手法，凸显了力量、速度、动作，呈现了汉画艺术浓厚古拙的美学风貌。

徐州铜山苗山汉墓出土黄帝升仙图画像石（图 3），画面左上刻金乌旭日，右上方刻一神怪人物，熊首熊掌，生有翅翼，中部刻一有翼之马正在奔腾，下刻一象。上古传说中的轩辕黄帝，又称有熊氏。"乘黄"，龙翼而马身。"黄帝乘之而成仙"。此图所刻之神怪人物当为黄帝，所刻翼马当为乘黄。画面中黄帝手捧一海螺状吹具，弓身屈腿作鼓腮吹气动作。《帝王世纪》载："有景云之端，故以云纪官，为

云纪师。"说明黄帝最初的职责为云雨雷神，图中表现的即黄帝正吹气布云。作者生动刻画了黄帝用力吹气布云的一瞬间表情和动态，达到了"以形写神"的高超技艺。再看作者对黄帝坐骑的刻画，翼马正在四蹄翻飞，绝尘奔腾，为了更加生动地表现神马超凡的形象，作者抓住了马在飞腾奔跑一刹那的蓦然回首和飞扬竖起的马尾动势，结合四蹄翻飞的速度感，似乎超越静止的空间而动起来，加之高古游丝的雕刻线条运用，使画面更加打动观者，展现了作者雕刻技术的高超和经营画面的匠心表达。力量、动作、速度，构成了汉画艺术的气势、古拙、雄强的美学特色。

气势之美是由速度、力量和动势构成的。通过外形表现内在的力量、速度和神韵，本质是为了让画面内容"动"起来。"死"的东西是很难打动人的，汉画像石中这些带有动势的刻画，使本来静止的画面"活"了起来，给人

图 4　徐州铜山洪楼祠堂出土力士图画像石（拓片）

以灵动之感，也可称为"灵动之美"或"气韵之美"。这些生动的气韵从寓动于静中传达给观者，使驰骋的马、腾跃的虎、云游的龙等珍禽异兽、建鼓乐舞、六博比武、蹴张、举鼎、倒拔柳树的力士（图 4）、伏虎的勇士等瞬间定格静止的画面，给人以热烈奔放、生机勃勃、意犹未尽的艺术感受。

大巧若拙、浑朴率意是徐州汉画像石的艺术风貌，汉人在表现这些画面情节时，不过于细微雕饰，而仅仅用粗轮廓的线条稍作局部细节刻画，使物象动作姿态大胆夸张，不求比例得当，不求形似，但求传神，远近关系不以焦点透视为准则，而以传统的绘画散点透视法表现物象的主次关系，雕琢方法平正直率，棱角分明，线条类似篆刻的冲刀技法，大胆豪放，粗砺浑朴，局部略施细节表现，便使雄浑古拙的艺术风貌显现出来，这样的雄浑古拙，天真率意，应是特定时代的主观追求的艺术形态，这种表现手法成就了这种浑朴豪放美的重要因素，在此，浑朴与豪放不可分割，浑然天成。

康德说过："想象力是一个创造性的认识功能，它有本领能从真正的自然界所呈供的素材里创造出另一个想象的自然界。"黑格尔在《美学》中也说道："艺术不仅可以利用自然界丰富多彩的形形色色，而且还可以用创造的想象，自己去另外创造无穷无尽的形象。"由此可见，在艺术创作和欣赏中，"想象"的自由活动发挥着特别重要的作用，人们通过在原有

表象的基础上进行加工、创造，从而形成新的形象。夸张造型的运用是徐州汉画像石的特色，是现实生活与主观想象相结合的产物，汉画作者在这些表象的基础上进行取舍提炼和改造，最后形成汉画像石上所表现的内容。徐州汉画像石所反映的神话故事、现实生活、祥禽瑞兽、仙界幻想、历史传说等众多内容，令观者惊叹于作者的超人想象力，这种主观的想象力更是创造了浪漫主义的艺术夸张手段，夸张手法的运用更加增强了作品热烈奔放造型美的

图 5　徐州睢宁九女墩汉墓出土
侍者献食图画像石（拓片）

图6　徐州贾汪青山泉凤凰山汉墓出土缉盗荣归图画像石局部（拓片）

升华，给观者以强烈的心灵震撼，如表现拔柳力士的力量之大，使其足部冲出画框之外；鱼蹻拉车狂奔；举鼎蹶张力士目大如铃；踏盘舞伎的长袖细腰；异兽争斗的动作态势；等等。这些不拘于真实形象的刻画，大胆地运用浪漫夸张的手法，着重突出其内在特征，使之充满生机，营造出气韵生动、气势壮美的画面。

由于地缘的关系，徐州汉画像石和山东汉画像石在题材内容上有相似之处，但在艺术风格上还存在一些差异，在画面的构图和雕刻技法上也有别于南阳、四川、陕北汉画像石的不多用线或剪影。徐州汉画像石早期的画面简练、疏朗，中后期逐渐丰富，构图充天塞地，分层分格，雕刻上大多是浮雕加线刻，画面既有大效果的表现，也注重局部细节的刻画，如九女墩出土的汉画像石，由于石质细腻，便于精心刻画，画面中的羽人刻画得身姿灵动矫健，自由翱翔，可与敦煌飞天相媲美。徐州睢宁九女墩汉墓出土侍者献食图画像石（图5），更是开启了立体画派的先河，可使观者从正、侧两个视角欣赏人物的不同表情，这种表现手法是徐州汉画所独具匠心之处，九女墩的物象线条刻画如春蚕吐丝，线条流畅连贯，展示了作者的雕琢功力。

徐州贾汪青山泉凤凰山汉墓出土缉盗荣归图画像石（图6），长8米，该画像构图完整，采用浅浮雕的雕刻技法，画面开阔，叙事恢宏，向我们展示了一套生动完整的汉代法律法规制度图卷，显示了作者驾驭宏幅巨制的超强能力。

正如著名的工艺美术家、美术教育家庞薰琹所言：“徐州的汉画像石比较注意生活，技术也相当熟练，风格比较写实，表现出一定的创造性。”[1] 她从技术方面对徐州汉画像石艺术作了高度评价。徐州汉画像石的艺术风格反映了汉代民间艺术家的审美情趣和一个时代的审美心理及民族气质。

徐州地处南北交界处，是南北文化的交融之地。徐州汉画像石在立意、构图及雕刻风格上，博取众家之长，形成独特风格，内容包罗万象，是中华民族的瑰宝，是中国美术史上重要的一页，它那独特的审美价值和艺术风格有待于我们去进一步发掘、探究。

参考文献

[1]　庞薰琹．中国历代装饰画研究［M］．北京：北京文化艺术出版社，1982：18.

馆藏文物预防性保护的实践与思考

——以徐州汉画像石艺术馆北馆为例

武云鹏[1]　丁欣桐[2]

1. 徐州博物馆（徐州汉画像石艺术馆）；2. 泰州市姜堰区博物馆

摘　要： 馆藏文物是博物馆赖以生存的基础，我国的文物保护观念已从过去的被动修复保护发展到预防性保护。徐州汉画像石艺术馆北馆2019年以来实施预防性保护项目，通过更换展厅展柜等基础设施、建立环境监测平台，有效缓解了环境因素对文物保护的影响。梳理总结项目实施过程，思考文物预防性保护的得与失，对于推进石质文物预防性保护具有现实意义。

关键词： 预防性保护　石质文物　汉画像石

文物藏品是国家宝贵的科学文化财富，是博物馆实现其社会功能、开展业务活动的基础。根据第一次全国可移动文物普查结果，我国国有可移动文物共计有1.08亿件/套[1]。随着岁月的流逝，不同质地的文物在不同环境下遭受不同程度的破坏和损害，近些年来，预防性保护已成为国际博物馆界的共识。卢浮宫、大英博物馆、大都会艺术博物馆等国际知名博物馆，都把馆藏文物预防性保护作为博物馆文物保护的最主要工作，通过监测控制环境，抑制病害发展，将文物的损害减到最少。

新中国成立后，我国的文物保护事业快速发展。20世纪末，文物预防性保护的理念开始提出并逐步推行。2018年，国家文物局出台《关于加强可移动文物预防性保护和数字化保护利用工作的通知》，并明确提出预防性保护的工作内容[2]。

文物预防性保护是提升文物保护利用水平的重要基础手段，它以文物为本，重在预防，主要通过控制环境，为文物提供合适的保存条件，对可能出现的各种损坏文物的情况进行科学预测、分析、研究，同时制定并实施一系列预防性保护措施，最大限度地避免对文物的损害。近年来，预防性保护工作受到高度关注，从政策、资金和技术等方面，组织引导我国的文物保护向预防性保护方向发展。

一、文物预防性保护及石质文物预防性保护

根据《关于加强可移动文物预防性保护和数字化保护利用工作的通知》精神，可移动文物预防性保护工作的内容主要包括以下四个方面：一是文物保存环境监测。针对温度、湿

度、挥发性有机物（VOCs）、光照度、紫外线等基本环境和污染物指标，配置监测终端；建设环境监测平台，存储和处理监测数据，做好风险识别、预测、预警和评价。二是文物保存环境调控。配置温度、湿度、污染物等主动调控设备，配置调湿剂、吸附剂等被动调控材料，配置适用于博物馆展厅及库房的照明设施。三是文物保存设施。配置符合安全要求的夹层玻璃展柜、文物储藏柜架、专用囊匣。四是博物馆防震减震。对重点文物保存设施进行防震减震改造，配置防震展具、柜架等保存设施[3]。

石质文物是指以石材为原料加工制作的古代文物，包括雕塑、碑刻、石刻等。石质文物材质坚硬、质地紧密，具有较强耐久性和稳定性，因此在适当的环境条件下，能够保存较长时间。石质文物的病害类型一般包括文物表面的生物病害、机械损伤、表面风化、裂隙与空臌等。因此，对于石质文物的预防性保护，一是采取环境保护，控制环境中的湿度、温度、光线等因素，防止这些因素对文物造成损坏；二是对石质文物进行定期的检测和观察，发现问题及时进行处理，避免文物出现风化、断裂、空臌等现象；三是对石质文物进行封护保护，在石质文物表面用憎水性材料，使保护材料渗进石质的孔隙中，阻止或减少水的渗透和污染物的化学侵蚀，延长文物的使用寿命。

二、徐州汉画像石艺术馆北馆现状

徐州是两汉文化的发祥地，是全国汉画像石集中出土地之一。徐州汉画像石艺术馆位于徐州市泉山区湖东路，依山面水，是一座展示、收集、研究汉画像石的专题性博物馆（图1）。总占地面积约2万平方米，馆藏汉画像石1600余件，其中一级文物16件、二级文物22件，三级文物120件，是我国陈列展示、修复保护、科学研究汉画像石的重要博物馆之一。徐州汉画像石艺术馆由北馆、南馆两部分组成，北馆为仿汉唐风格建筑，内部以大厅为中轴线分成三组院落并有廊房连接，所陈列的大多为清末至1989年期间收藏的汉画像石精品。北馆共展陈汉画像石160余件，镶嵌于206米的回廊和7个展室，7个展室分别为铜山苗山汉墓、沛县栖山汉墓、贾汪地区画像石、精品文物展室、睢宁九女墩画像石墓、张伯英捐献画像石等。南馆由著名建筑设计大师、清华大学教授关肇邺先生主持设计，陈列主题为"大汉

图1 徐州汉画像石艺术馆北馆外貌

王朝——石上史诗"，展出的是 1990 年以后新收藏的汉画像石精品 400 余件，展现汉代社会衣、食、住、行、征战比武、乐舞百戏、神话故事等社会百态。

北馆于 1989 年建成并对外开放，其间并未进行过整体性的陈列改造，因此目前存在的一些问题应当引起足够重视。一是基础设施较差。展柜玻璃全部采用单层钢化玻璃材质，个别展柜玻璃已发现自爆痕迹，对参观游客及文物本体都存在较大的安全隐患；北馆展柜为密封性较差的木质柜，柜内木质材料经过麻布包裹，因长时间的使用和周围环境湿度较大，导致麻布产生霉斑，展柜主体结构发生变形，存在坍塌的安全隐患。二是展厅展陈环境较差，缺少环境调控和监测设备。由于北馆背山面水，湿气较重，导致墙体开裂脱落；展厅内部灯光为白炽灯，虽然照度较亮，但其光照强度不符合文物存放的光照要求；展厅内部冬冷夏热，湿气和水蒸气较重，夏季在石刻表面常发现有凝结水现象，对文物的存放非常不利。

三、徐州汉画像石艺术馆北馆预防性保护项目的实践

文物的保存与所处环境密切相关，除人为破坏以及极端环境破坏外，文物保存的期限取决于其长期所处的环境状态。为了保障徐州汉画像石艺术馆北馆展厅内文物陈列环境的长期稳定以及馆藏文物保存环境的可监测、可调控、可持续性，全面提升文物保存环境智能

化控制级别，强化环境监测与调控系统及相关设备的运行维护管理，徐州汉画像石艺术馆于 2019 年申请国家文物保护专项资金 211 万元，并于 2021 年实施完成了徐州汉画像石艺术馆北馆馆藏文物预防性保护项目，主要从以下几个方面对北馆开展了文物预防性保护实践。

（一）对展厅内基础设施进行改造，包括更换展柜、辅助装饰提升

一是对墙、地面和吊顶进行改造。对于墙面的改造包括清理墙面、涂刷底漆、大面积修补、防色差等工作；对于地面的改造主要是铺设 PVC 胶地板，胶地板要求基底的平整度不超过 2 毫米，地板燃烧特性满足《建筑材料及制品燃烧性能分级》（GB 8624—2012）中 B1 类标准。对于吊顶的改造主要是采用铝方通材料进行施工，发挥其视线开阔，通风透气的优点，且安装与拆卸均简易便捷。

二是对北馆精品文物展室、贾汪地区画像石、沛县栖山汉墓、铜山苗山汉墓 4 个展室内的展柜进行更换（表 1，图 2—图 4）。根据汉画像石特点，展柜所用材料必须对文物安全，展柜中使用的照明灯光必须符合文物展览要求，展柜材料必须坚固耐用，满足文物承重需求。由于汉画像石体量较大，本体较重，不便于移动，本次使用的展柜还具有空间独立、互不干扰、防锈防腐、承载力高、水平调节、防止倾倒、玻璃防爆、过滤辐射、电动开关、维护便捷等特点。

表 1 展厅展柜改造统计总量表

序号	名称	布置位置	型号规格（毫米）	单位	数量	备注
1	沿墙柜	精品文物展室	32400×300×3000	台	1	展柜整体改造
2	沿墙柜	贾汪地区画像石（左）	12500×500×3000	台	1	展柜整体改造
3	沿墙柜	沛县栖山汉墓	21500×300×3000	台	1	展柜整体改造
4	沿墙柜	铜山苗山汉墓	12800×500×3000	台	1	展柜整体改造

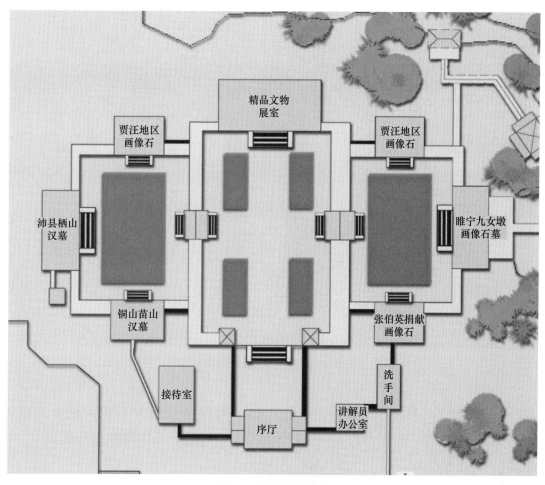

图 2　北馆展室平面图

图 3　北馆展室展柜改造前

图 4　北馆展室展柜改造后

（二）增加展厅内环境控制设备，建立无线环境实时监测系统

一是针对北馆精品文物展室、贾汪地区画像石、沛县栖山汉墓、铜山苗山汉墓 4 个展厅，加装空调、风幕机和除湿一体机等环境控制设备，有效解决夏季炎热、湿度过重，冬季阴冷、空气干燥等问题。保证展厅内能够满足《博物馆藏品保存环境试行规范》所要求的藏品保存环境温度 20℃，相对湿度保持在 40%～50%。

二是建立无线环境实时监测系统，对展厅内部环境质量进行实时监测，为后期汉画像石研究提供数据支撑。建设"徐州汉画像石艺术馆无线环境实时监测系统"，目的在于面向重要文物展览区域的文物，通过建立较为完善的馆藏文物环境数据调控效果和检验方法，达到对环境数据的即时收集和定期监测、研究等作用，同时还将运用于环境质量评价、调控与管理等方面。

四、对徐州汉画像石艺术馆文物预防性保护工作的思考和建议

徐州汉画像石艺术馆北馆馆藏文物预防性保护项目的实施，有效改善了北馆馆藏画像石的保存环境，基本实现了预期目标。在项目实施过程中，针对现有展厅空旷高敞、连廊相接的现状和汉画像石石质文物的个性化要求，仍有值得深入思考和研究的内容。

（一）现有环境调控和监测设备并未完全发挥作用

虽然已经在精品文物展室、贾汪地区画像石、沛县栖山汉墓、铜山苗山汉墓 4 个展厅中加装了空调、风幕机和除湿一体机等设备（因资金原因，只安装了一台除湿一体机），但对展厅中温度和湿度的调控，主要还是通过空调来实现，导致展柜内温湿度不够稳定。石质文物对湿度变化非常敏感，极端湿度会导致石材腐蚀和溶解，而干燥环境可能导致开裂，现

有情况还无法将相对湿度持续稳定在40%~50%。在下一步工作中，要根据各展厅文物情况配置净化型恒温恒湿机，保持展柜的湿度稳定，对展柜内部微环境空气进行过滤，有效去除氮氧化物、二氧化硫、有机酸等气态污染物，优化文物保存环境[4]。

（二）无线环境实时监测系统并未得到有效利用

该系统能够对文物展厅环境数据进行监测并及时反馈，但运行一段时间后，由于未安排专业人员进行管理，环境监测数据并未得到有效利用，没能起到根据监测数据及时优化展厅内温湿度的作用。下一步工作中，应尽快安排专人负责运行维护和管理环境实时监测系统，运用好系统对文物保存环境的监测数据，及时进行科学分析和实践应用，从而在今后的工作中便于对展厅环境质量提出科学合理的文物保护防控决策。

（三）北馆南院的贾汪地区画像石、睢宁九女墩画像石墓、张伯英捐献画像石3个展厅和连廊展出的汉画像石急需进行保护

由于建筑本身原因，北馆空间较大，封闭性较差，对环境的调控十分困难。因为资金问题，目前仅对铜山苗山汉墓、沛县栖山汉墓、贾汪地区画像石、精品文物展室4个展厅开展了预防性保护工作，南院和连廊仍没有得到有效保护。南院的贾汪地区画像石、睢宁九女墩画像石墓、张伯英捐献画像石3个展厅目前也存在玻璃自爆、展柜年久失修、缺少环境调控和监测设备的问题。但最迫在眉睫的是连廊上展出的汉画像石，该批汉画像石自1989年开馆以来一直采取裸展的方式，我们知道文物长期暴露在自然环境中，温湿度、病虫害、化学侵蚀、人为因素等都会对其产生较大影响，因此急需进行有效保护。下一步工作中，应根据实际情况制定预防性保护方案，申请专项经费，尽快开展预防性保护工作。

（四）对下一步文物预防性保护工作的建议

徐州汉画像石艺术馆北馆馆藏文物预防性保护项目，重点建设完善了北馆部分展厅文物环境调控设施；配置了适合石质文物存放的展示柜；建立了无线环境实时监测系统，对展厅环境进行实时监测。通过上述改造，对展厅中的文物实现了有效保护，进行了科学监测，有效减少了因环境因素对文物的损害，提高了馆藏文物的预防性保护质量。

文物保护功在当代，利在千秋。目前看来，不论是从各级政府的资金投入、实施过程，还是保护效果，文物预防性保护都要比文物损坏后再修复要优越得多。徐州汉画像石艺术馆虽然通过北馆馆藏文物预防性保护项目对展厅文物进行了保护，但是，在文物环境调控的精细化控制、环境监测预警、数据分析研究等方面依然还存在很多问题和挑战。因此，对下一步工作提出如下建议。

一要加强教育培训，提升人员意识能力。虽然我国目前十分重视文物预防性保护工作，但相比于文物抢救性保护，在人才能力、设施设备、专业课程设置等方面仍存在一定差距，因此提高文物保护人员的预防性保护专业能力迫在眉睫。二要加强科学普及，提升公众认知。要广泛运用广播、电视、报刊、互联网等渠道，向人民群众传播对文物实施预防性保护的重大意义，增强人民群众对文物预防性保护的科学认知，营造"文物保护人人有责""文物保护防患于未然"的理念。三要完善文物预防性保护法律体系建设。2023年3月，中共中央宣传部、最高人民法院、最高人民检察院、公安部等多部门联合印发《打击防范文物犯罪专项工作方案（2023—2025年）》，针对我国文

物资源特点、安全风险状况、打击防范文物犯罪工作实际需要等，明确提出 17 项重点任务，这是国家层面进一步遏制文物违法犯罪活动的重要举措和具体行动[5]。但具体到省、市层面还没有出台相应的法律法规，体系建设还不够完善。

　　加强文物预防性保护不仅是传统文化继承与发展的基础，更是提升我国文物保护硬实力的重要推手。我们一定要在思想上提高对文物预防性保护的认识，为文物保护人员提供更好的提升空间，同时进一步完善文物预防性保护法律体系建设和先进设备与技术的运用，逐步建立具有新时代中国特色的可移动文物预防性保护体系。

参 考 文 献

[1] 杨倩. 第一次全国可移动文物普查成果发布 [EB/OL]. （2017-04-10）[2024-04-08]. https://www.mct.gov.cn/whzx/whyw/201704/t20170410_826531.htm.

[2] 国家文物局办公室. 国家文物局办公室关于加强可移动文物预防性保护和数字化保护利用工作的通知 [EB/OL]. （2018-04-19）[2024-04-08]. https://www.gov.cn/zhengce/zhengceku/2019-12/09/content_5459719.htm.

[3] 全锐. 贵州省博物馆馆藏文物的预防性保护 [C]// 贵州省博物馆. 贵博论丛：第二辑. 桂林：广西师范大学出版社，2022：234-255.

[4] 左云. 馆藏文物预防性保护的实践与总结：以黎平会议纪念馆馆藏文物预防性保护项目为例 [J]. 文物鉴定与鉴赏，2023（23）：38-41.

[5] 亓玉昆，王者. 切实织密织牢文物安全防护网 [N]. 人民日报，2023-06-08（19）.

文物保护

故宫博物院图书馆雕版刷印样张的保存与研究[*]

周 莎

故宫博物院

摘 要： 雕版刷印样张作为雕版文物的表现形式，属于可移动文物，是重要的文物遗存。故宫博物院图书馆所藏的雕版有一部分进行了样张的刷印工作，由此便生成了大量的可移动文物资料，这批资料具有重要的史料价值，应给予妥善地保存，以便发挥它的使用功能，供相关学者利用。本文就故宫博物院雕版刷印样张的管理方法进行简要介绍，期与诸君共同探讨研究。

关键词： 雕版 刷印 书籍雕版 文书雕版

一、雕版研究综述

故宫博物院图书馆除了藏有大量图书典籍外，还有大量的雕版文物。雕版印刷，从考古学的角度上来看，属于汉唐考古的范畴。故宫所藏雕版，按照所刊内容进行分类，主要有三大类，分别是书籍雕版、文书雕版和图样雕版[1]。

雕版研究可以着手的角度非常多，但是对于历史学及考古学的工作者而言，从历史发展的角度入手而进行的研究，则不够充分。我国自古以来便以文字之邦见称于世，仅是关于古籍善本方面，其文献之多，亦足以惊人。但是其中夹杂着不少附会和讹传，故在研究之时，对于古文献中所说的，经常不能原封不动地信以为真。因此，与雕版相关的书版文物，辅以现存书籍实物，此二重证据法[①]可为考证其源流提供可靠的证据。与之再结合现代科技手段（如测纸张的年代、放大纸张纤维等手段），便成为雕版研究和古籍鉴定研究的主要手段。

中国版画兴起之时，佛画木刻[②]起主导作

---

[*] 本研究得到故宫博物院"英才计划"和北京故宫文物保护基金会学术故宫万科公益基金会专项经费资助。

[①] 王国维先生在《古史新证》云："吾辈生于今日，幸于纸上之材料外，更得地下之新材料。由此种材料，我辈固得据以补正纸上之材料，亦得证明古书之某部分全为实录，即百家不雅训之言亦不无表示一面之事实。此二重证据法惟在今日始得为之。"因此，二重证据法是将考古资料与文献资料相结合而进行研究的一种重要的方法。此处，笔者将其引申为书版文物与古籍样本二者相互考证之比对，广义上，亦可称此种方法为"二重证据法"。

[②] 中国木刻画，始见于公元868年，较欧洲早540余年，彩色木刻画则于16世纪末已流行于世，至17世纪大为发达，豆版拱花之术，相继发明。

用，佛家为了宣扬佛法，就靠板刻，使其"以一化千"，达到广于弘扬作用。较早的佛教版画，不仅见于寺院，它深入民间。鸠摩罗什译《金刚经》雕印本是现存最早的雕版书①。日本僧宗睿的《新书写清来法门等目录》是记述唐代印本书籍的文献。

至宋金辽西夏元明及清初，佛教版画都相当盛行。佛教美术到了清代，每况愈下，佛教版画也不例外[2]。蒋元卿的《中国雕版印刷术发轫考》[3]认为，自道家四百字之枣木大印及印度之佛印发明后，借刊木刷印以为传播文字之法，始渐为一般人知，而雕版印刷术之规模，始称具备。张厥伟的《中国雕版印刷术的起源》[4]则认为雕版开始于隋开皇年间，他依据的是韩国所见之《陀罗尼经》。

隋唐时期，太宗刊印的《女则》便是雕版刊印的先河②。从故宫现存雕版实物的角度考察，资料繁多，文物与各类文献相印证的传统研究方法仍为主要手段。运用文物类型学的分期分式不失为雕版版片研究的可行方法之一。宿白先生的《唐宋时期的雕版印刷》[5]一书从考古学的视角，对唐宋时期的手工业文明的印刷术进行了研究。

关于内府刻书研究的著作有翁连溪先生的《清代内府刻书研究》[6]，该书可以说是这一领域专业研究的先河。在这本书之前，翁先生所编的《清代宫廷版画》[7]，是内府所刻版画的第一手资料，让世人得以见到昔朝册府版画的内容与形式。还有其编撰的《清内府刻书档案史料汇编》[8]，为版本目录学工作者提供了便利。《清代内府刻书图录》[9]则全面梳理了清代内府刻书的基本状况。

与雕版印刷术有关的研究还有陆根发、尹铁虎和王金娥的《隋唐佛教文化是雕版印刷术普及发展的重要因素——兼论隋唐佛教文化对新罗的影响》[10]，此文论述了佛教文化作为隋唐文化的重要组成部分，促成了印刷术进一步广泛实际应用，同时也推动了雕版印刷的普及与发展。

柳凯华、黎向梅的《对雕版古籍印书字体的研究》[11]，从古籍字体着手，得出宋代不同地域的字体规律。项旋的《明清时期福建四堡的宗族发展与雕版印刷业——关于邹氏与马氏家族坊刻的调查与研究》[12]则是针对四堡雕版的调查研究，具有典型的实用性。梁静波的《中国对日本雕版印刷的影响》[13]一文阐述了日本的雕版印刷从纸张、墨板、装帧与版式几个方面，都可以看出是受到了中国的影响。

日本学者在汉籍版本方面的研究，无疑是最早开始的。他们对于雕版方面的研究也取得了一些成果。比如：日本狩野永纳翻刻的明天顺本《耕织图》，从中可以领略到宋刻《耕织图》的大略。日本学者大木康先生的《明末江南的出版文化》[14]一书，对明末江南地区的书籍产生、流通过程本身的相关问题，从社会学的角度对其进行了研究。继日本后，韩国学者也对雕版问题的研究做了一些系统的整理。然而，中国虽然在这方面有所涉猎，但并不是很深入。

最早开始对于中国古代版本与书版研究进行关注的，以及首先兼顾东亚古籍研究与版刻研究的，当推陈正宏先生的《东亚汉籍版本学初探》[15]。陈先生不仅将日本、韩国的古籍进行梳理比较，而且还涉及了越南的古籍与雕版的梳理。并提出"东亚汉籍版本分层理论与小交流圈"的概念，为版本学的研究提供了新的思路。上海古籍研究中心郭立暄先生的《中国古籍原刻翻刻与初印后印研究》[16]，从典籍刊

① 1907年，此物被斯坦因（M. A. Stein）发现于敦煌千佛洞，现存于大英博物馆（British Museum）。
② 张秀民先生认为，文献中对于太宗刻《女则》的记载，是使用印刷术的开端，即"贞观说"。

印繁衍入手，通明辨别真伪之理，亦是版本鉴定学研究领域的样本实例专著。

鉴于诸上前辈学者的研究成果，对于雕版文物本体的研究，目前尚有很大的研究空间。故宫作为明清中央政权的宫廷之地，所藏内府雕版板片的形式实为全国刻书之典范，对这些文物进行系统的研究具有重要意义。因此，在雕版文物本体不便提取原件的情况下，雕版刷印样张应运而生，弥补了雕版文物体积大和字体内容反向的缺憾，不仅清晰地呈现出了雕版文物本体的样貌，还以体积小、便于保存的优势互补于雕版文物本体。可以说，对于雕版文物研究，雕版刷印样张发挥着不可代替的作用。毕竟来说，雕版文物字体从版片上看到的是反的，加之刷过一次后，整个版面都变为了刷印的颜色，或黑或红，不利于对上面文字或图像的辨识，雕版刷印样张这一文物实物利用起来比较清晰且直观。

二、故宫博物院藏雕版文物概述

印刷术是人类文明发展史上的伟大创举，它自始就连接着社会经济、科技、宗教、民俗、文化和思想的传播与交流。《说文通训定声》中对于"版"的定义是，判木为片，名之为版。古曰：凡木之折为片者谓之"版"。南宋时期的著名藏书家叶梦得曾利用己之藏书，将杭州、四川、南京、福建等地区的刻本进行研究。他认为，杭州本质量最精良。明代朝廷常用刚赠典籍的特殊形式奖拔大臣和分封藩王。由于朝廷渐行倡导之风，因而推动了明代藏书事业的发展，雕刻书版的事业随之也繁荣起来。另外，内府、藩王、私人、书坊都有从事刻书事业，刻书地域十分广阔，遍及全国各地。应运而生的出版技术和装订技术有了很大发展，出现了套版多色的印刷技术和线装的装帧形式。

故宫博物院现藏文物总计1863404件（套），其中，故宫博物院图书馆所藏文物数量约占总文物数量的三分之一。故宫博物院图书馆所藏的雕版文物共计244153件，雕版作为大批量的可移动文物来说，建立档案与利用是研究的必要条件。

故宫博物院所藏的雕版文物，从年代上来看，上起明代，下迄民国，其中，故宫所藏最早的雕版是明代嘉靖四十二年（1563年）所刊刻的《大乘诸品经咒》和《佛说高王观世音经》之刻版，二者所刊之牌记均为嘉靖四十二年。

整体而言，在不同的历史时期，各朝有过相互交叉及相互的影响。内府书版在中国雕版史上占有重要的地位。明清两朝所留下的雕版文物，是雕版印刷文化交流史实的物证，对现存的内府雕版进行保护性研究势在必行。

三、雕版刷印样张的保存

故宫博物院藏雕版文物包含经、史、子、集、类各个门类的书版文物，以及佛经、重要文书的雕版、版画。2014年，故宫博物院出版了《故宫博物院藏品大系·善本特藏编18：内府雕版（上）》《故宫博物院藏品大系·善本特藏编19：内府雕版（中）》《故宫博物院藏品大系·善本特藏编20：内府雕版（下）》，首次公布了大量的内府书版照片、佛经照片及刷印样张照片等。本文所列雕版刷印样张档案，全部来源于这三册书中的雕版实物之刷印样张。

《故宫博物院藏品大系·善本特藏编18：内府雕版（上）》一书中，收录的雕版有《大乘诸品经咒》《佛说高王观世音》《易疏》《书疏》《记书》《诗疏》《语疏》《孟疏》《魏书》（图1）《隋书》《宋史》《五代史七十四卷》《道教版画》《蒙古律书》《皇父摄政王军令》《新制灵台仪象志》《通志堂经

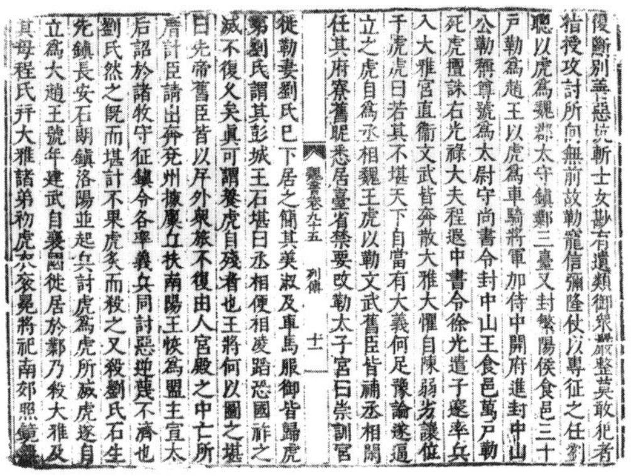

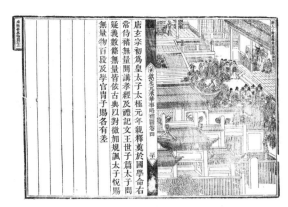

優斷別善惡坑斬士女尠有遺類御衆嚴整莫敢犯者
指授攻討所向無前故勒寵信彌隆仗以專征之任劉
聰以虎爲魏郡太守鎮鄴三臺又封繁陽侯食邑三千
戶勒爲趙王以虎爲車騎將軍加侍中開府進封中山
公勒稱尊號爲太尉守尚書令封中山王食邑萬戶勒
死虎擅誅右光祿大夫程遐中書令徐光遣子邃率兵
入大雅宮直衛文武皆奔散大雅大懼自陳弱劣讓位
于虎虎曰若其不堪天下自當有大義何足豫論遂逼
立之虎自爲丞相魏王虎以勒文武舊臣皆補丞相閑
任其府寮舊昵悉居臺省禁要改勒太子宮曰崇訓宮
魏書卷九十五 列傳 十二
徙勒妻劉氏已下居之簡其美淑及車馬服御皆歸虎
第劉氏謂其彭城王石堪曰丞相便相陵踏恐國祚之
滅不復久矣眞可謂養虎自殘者也王將何以圖之堪
曰先帝舊臣皆以斥外衆旅不復由人宮殿之中亡所
厝計臣請出奔兖州據廩丘扶南陽王恢爲盟主宣太
后詔於諸牧守征鎮令各率義兵同討惡逆蔑不濟也
劉氏然之旣而堪計不果虎炙而殺之又殺劉氏石生
先鎮長安石朗鎮洛陽並起兵討虎爲虎所滅虎遂自
立爲大趙王號年建武自襄國徙居於鄴乃殺大雅及
其母程氏幷大雅諸弟初虎衣衮冕將祀南郊照鏡無

图 1 雕版刷印样张之《魏书》

欽定元承華事略補圖卷四
唐玄宗初爲皇太子太極元年親釋奠於國學命右
常侍褚無量開講孝經及禮記文王世子篇太子問
疑義數條無量皆依古典以對徵加規諷太子悅賜
無量物百段及學官胄子賜各有差

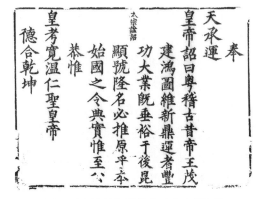

图 2 雕版刷印样张之《钦定元承华事略补图》

解》、《大藏经总目录》、《师律戒行经》、《贤劫千佛明经》、《御纂周易折中》、《月令辑要》、《甘珠尔经·大般若经》、《大般若经》、《甘珠尔经·第二般若经》、《甘珠尔经·诸品经》、《甘珠尔经·秘密经》、《甘珠尔经·首楞严经》、《华严经》、《甘珠尔经·万佛名经》、《钦定春秋传说汇纂》、《圣祖御书金刚般若波罗蜜经》、《度数表》、《数表》、《对数表》、《十记佛愿大吉祥经》、《佩文诗韵》、《三合圣谕广训》、《御制数理精蕴》、《钦定吏部则例》、《钦定诗经传说汇纂》、《圆通妙智大觉禅师语录》等。

《故宫博物院藏品大系·善本特藏编 19：内府雕版（中）》一书中，收录的雕版有《大乘首楞严经》、《皇朝礼器图式》、《南巡盛典》、《钦定元承华事略补图》（图 2）、《钦定吏部则例》、《皇清开国方略》、《大清一统志》、《钦定日下旧闻考》、《菩萨咒经》、《般若总略集》、《诸品经咒》、《真实名经》、《佛像》、《乾隆连珠印章》、《清高宗纯皇帝圣训》、《大清高宗纯皇帝圣训》、《钦定授衣广训》、《钦定剿平三省邪匪方略》、《钦定宫中现行则例》、《钦定国子监志》、《钦定外藩蒙古王公传》、《北极真武感应灵签》、《太宗谥诏》（图 3）等。

《故宫博物院藏品大系·善本特藏编 20：内府雕版（下）》一书中，收录的雕版全部为《满文大藏经》的经版。主要有《大般若经》（图 4）、《二般若经》、《三般若经》、《五般

奉
天承運
皇帝詔曰粤稽古昔帝王茂
建鴻圖維新鼎運者豐
功大業既垂裕于後昆
顯號隆名必推原乎本
始國之令典實惟至公
恭惟
皇考寬溫仁聖皇帝
德合乾坤
太宗謚詔

图 3 雕版刷印样张之《太宗谥诏》

若经》、《大宝积经》、《华严经》、《涅盘经》、《法华经》、《等集众德三昧经》、《圆觉经》、《增壹阿含经》、《正法念处经》、《分别戒律经》（图 5）等。

鉴于上述雕版文物本体在刷印后留下了大量的文献实物，故宫博物院图书馆将刷印的文献实物（即雕版刷印样张）进行了编目与整理，将其永久归档保存，以便查阅和利用。

首先，我们对雕版刷印样张量身设计了档案保管袋。故宫博物院图书馆按需批量定制了一批专门用于装藏雕版刷印样张的文物档案袋（图 6），并对档案袋上所需的文物信息栏目进行了设计。主要文物信息栏目有编号、版号、文物号、名称、类别、数量、尺寸、日期、备注等项目门类。其中，版号和文物号这两项是故宫博物院文物特有的文物编号。编号这一门类则是故宫博物院图书馆书版组特有的文物编

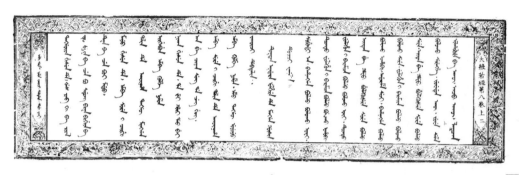

图 4 雕版刷印样张之《大般若经》

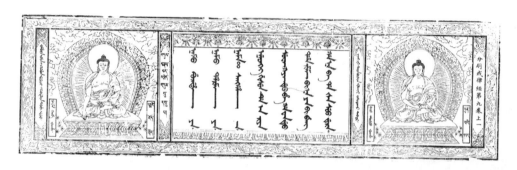

图 5 雕版刷印样张之《分别戒律经》

号形式。另外，我们参考了考古学对于文物命名的方法，将雕版刷印样张进行了特定的编号。例如，Y11098 中 Y 代表"样张"的首字母，阿拉伯数字代表其所排序位。同时，我们设计了雕版样张的专用存档章，钤于雕版刷印样张的右下角（图 7）。

其次，我们对所存档的样张进行了数据表格整理。表格由编号、版号、文物号、名称、类别、编目人等七项内容组成，并采用 Excel 文档格式，这为后期导入 Access 数据库提供了先决条件。

最后，对雕版样张进行贴标签的工作（图 8）。采用 EPSON 牌标签打印机及其专用的打印色带（图 9）打印两种标签，其中一种带条形码，将雕版刷印样张的编号输入其中即可生成。此种标签的好处是，可利用条形码扫描设备检索雕版样张之文物名称（前提是将图 8 之表格编入扫描设备的数据库中）。

图 6 雕版样张档案袋

图 7 雕版样张存档章

图 8　完成后的雕版样张袋

图 9　标签打印机及打印色带

总而言之，通过上述工作，故宫博物院图书馆藏雕版刷印样张的档案保存工作走上了正轨。这种保存文物的方式，既便于日后检索，又为可移动文物本体的利用提供了条件。

综上所述，故宫博物院图书馆开雕版刷印样张存档之先河。根据雕版样张的存档，一方面，我们对所藏书版文物的信息进行了重新核对、注录；另一方面，根据雕版样张的图像资料，我们可以对版本信息进行深入研究，诸如刻版质地之流演、版刻布局之嬗变、文字字体之选择、版本来源之优劣等方面进行研究。雕版刷印样张恰是雕版文物的载体，通过这一载体，使内府雕版的原状展现得淋漓尽致，不仅利于学界交流，更可传之后世。辨章学术，考

镜源流，故宫博物院藏雕版刷印样张之建档保存，也为全国文博相关单位之有关文物的管理与利用，提供了成功的范例。

参 考 文 献

[1] 周莎. 清宫旧藏《清文翻译全藏经》经版的保存与研究[J]. 中国文物科学研究，2022（3）.

[2] 王伯敏. 中国版画通史[M]. 石家庄：河北美术出版社，2002.

[3] 蒋元卿. 中国雕版印刷术发轫考[J]. 安徽大学季刊，1936（2）.

[4] 张厥伟. 中国雕版印刷术的起源[J]. 四川图书馆学报，1981（4）.

[5] 宿白. 唐宋时期的雕版印刷[M]. 北京：文物出版社，1999.

[6] 翁连溪. 清代内府刻书研究[M]. 北京：故宫出版社，2013.

[7] 翁连溪. 清代宫廷版画[M]. 北京：文物出版社，2001.

[8] 翁连溪. 清内府刻书档案史料汇编[G]. 扬州：广陵书社，2007.

[9] 翁连溪. 清代内府刻书图录[M]. 北京：北京出版社，2004.

[10] 陆根发，尹铁虎，王金娥. 隋唐佛教文化是雕版印刷术普及发展的重要因素：兼论隋唐佛教文化对新罗的影响[C]// 第三届中国印刷史学术研讨会论文集. 北京，1997.

[11] 柳凯华，黎向梅. 对雕版古籍印书字体的研究[J]. 广西职业技术学院学报，2014（4）.

[12] 项旋. 明清时期福建四堡的宗族发展与雕版印刷业：关于邹氏与马氏家族坊刻的调查与研究[C]// 中国人民大学清史研究所第七届青年学者论坛论文集. 北京，2011.

[13] 梁静波. 中国对日本雕版印刷的影响[J]. 四川图书馆学报，1983（3）.

[14] 大木康. 明末江南的出版文化[M]. 周保雄，译. 上海：上海古籍出版社，2020.

[15] 陈正宏. 东亚汉籍版本学初探[M]. 上海：中西书局，2014.

[16] 郭立暄. 中国古籍原刻翻刻与初印后印研究[M]. 上海：中西书局，2015.

南唐泰州永宁宫轶事略考

周金波

泰州市博物馆

摘　要：泰州，古称海陵，州建南唐。在五代时期的史料中，"永宁宫"一词常与"海陵""泰州"同时出现。笔者在广泛搜集宋人史料的基础上，试从中窥探南唐建国后的泰州永宁宫及其背后的与之关系密切的杨吴让皇杨溥禅位前后的相关史实情况。

关键词：南唐　泰州　永宁宫　子城　杨溥

泰州，古称海陵，昇元元年（937年）十一月"升东都海陵县为泰州，割盐城、泰兴、如皋、兴化县属焉"[1]。对南唐建国后旋即升海陵县为泰州的这一历史事件，在五代及南唐的相关史料中，多有记载，特别是出土的《泰州重展筑子城记》石碑①堪称第一手资料。同时"永宁宫"一词在有关的文献中也多与海陵、泰州如影相随，屡见不鲜，但相关记载却不甚相同，笔者在广泛查阅资料的基础上，试从南唐旧臣及距离南唐最近的宋人史著来窥探南唐建国后的泰州永宁宫及与之关系密切的杨吴让皇杨溥禅位前后的相关史实，并指出相关史料存在的失实之处。

有关南唐的史著大体可以分为两类：一是南唐亲历者本人及其后代的著述，该类南唐史著为南唐亲历者本人或者其后代从亲历者处闻得，这类史料如《江南别录》、《南唐近事》及《江表志》等；二是随后的宋人在时存于世的文献材料基础上的再加工，该类南唐史著在体例和编修上更显成熟，因相关文献被主观地人为增删，有些史事的叙述存有失真的现象，这类史料价值虽逊于前类，但仍是该时期历史研究的基本史料，这类史料如《旧五代史》、《新五代史》及《资治通鉴》等。第一类的南唐史料因年代久远，多佚失残存，多为《永乐大典》《四库全书》等巨著中辑出，存世者仍多残缺。第二类史料则流传甚广，存世至今。两类史料中关于泰州及永宁宫的文字幸存不少，为探究永宁宫背后的相关历史，提供了可能。因第二类史料流传广泛，保存较为完整，故笔者选取《旧五代史》、《新五代史》及《资治通鉴》三种五代时期最基本的史料中关于泰州永宁宫及与之关系密切的杨吴让皇杨溥禅位前后的文字整理如表1。

上述三部史料对让皇杨溥的禅位、南迁、死亡及其族人迁泰州和族灭的史实经过皆有着

---

① 该石碑现藏于泰州市博物馆。

表 1　泰州永宁宫及让皇杨溥相关史料

史料出处	让皇禅位	让皇迁润州	让皇之死	族人迁泰州	族人之灭
《旧五代史》[2]	晋天福二年，溥不得已逊位于昇。伪吴天祚三年，杨溥逊位于昇，国号大齐，改元为昇元，建都于金陵，时晋氏天福二年也。昇乃册杨溥为让皇，其册文曰"受禅老臣知诰，谨上册皇帝为高思元弘古让皇"云。	昇迁溥于润州，筑丹阳宫以处之。	溥自是服羽衣，习辟谷之术，年余以幽死。	昇又迁其族于海陵，吴人谓其居为永宁宫。	周显德中，李景闻周师渡淮，虑其（杨氏）为变，使人尽杀之。
《新五代史》[3-4]	天祚三年，知诰建齐国……冬十月，溥遣江夏王璘奉册禅位于齐王。天祚三年，建齐国……十月，溥遣摄太尉杨璘传位于昇，国号齐，改昇元。昇以册尊溥曰："受禅老臣知诰，谨上册皇帝为高尚思玄弘古让皇帝。"	（昇元）二年四月，迁杨溥于润州丹阳宫。以王舆为浙西节度使、马思让为丹阳宫使，以严兵守之。	十二月，溥卒于丹阳，年三十八，谥曰睿。十一月……杨溥卒于丹阳宫。	昇元六年，李昇迁（杨溥）其子孙于海陵，号永宁宫，严兵守之，绝不通人。久而男女自为匹偶，吴人多哀怜之。	显德三年，世宗征淮南，下诏抚安杨氏子孙，而李景闻之，遣人尽杀其族。……杨氏遂绝。
《资治通鉴》[5-8]	（天福二年九月）丙寅，吴主命江夏王璘奉玺绶于齐。冬，十月，甲申，齐王诰即皇帝位于金陵，大赦，改元昇元，国号唐。……乙酉，遣右丞相玠奉册诣吴主，称受禅老臣诰谨拜稽首上皇帝尊号曰高尚思玄弘古让皇……以吴太子琏领平卢节度使、兼中书令，封弘农公。	（天福三年）四月……吴让皇固辞旧宫，屡请徙居；李德诚等亦亟以为言。五月，戊午，唐主改润州牙城为丹杨宫，以李建勋为迎奉让皇使。	（天福三年十一月）辛丑，吴让皇卒。	（天福四年）夏，四月……唐人迁让皇之族于泰州，号永宁宫，守卫甚严。	（显德三年二月）唐主遣园苑使尹延范如泰州，迁吴让皇之族于润州。延范以道路艰难，恐杨氏为变，尽杀其男子六十人，还报，唐主怒，腰斩之。

注：括号内的文字为笔者添加。

较为详尽的记载，且内容基本近同。但上述历史事件发生的时间，则有不同。其中《旧五代史》记载得较为简略，对于让皇南迁、死亡及其族人迁泰州的时间，并未明述。此外，让皇南迁的时间有四月与五月的不同；让皇之死的时间有十一月与十二月的不同；让皇族人迁于泰州的时间有昇元六年（942年）和天福四年（即昇元三年，939年）的不同。相较之，《资治通鉴》的记载更为准确。产生此不同的原因当为史书的纪传与编年之体裁侧重点不同，更重要的是司马光在编写的过程中除采取正史材料以外，还吸收了杂史、笔记等相关资料，并加以考证，所以《资治通鉴》更为准确可信。

对这一系列的历史事件的描述正史更宏观，另外一些宋人私著史料则记录了在正史中见不到一些的细节。如让皇杨溥对于自己将被逼退位，其实心知肚明。《江南野史》载："吴主忽谓左右曰：'孤克己虽勤，为下所奉，然为徐氏制驭，名存实丧。今欲求为一田舍翁，

将安所归乎？'遂泣下数行。"[9]另《五国故事》对于李昇逼迫让皇禅位的缘由，也有描述，李昇"逼禅，称杨氏欲入道，乃营室于茅山，迁溥居之，册曰：'受禅老臣知诰谨上尊号曰高尚思元崇古让皇帝。'"[10]表明逼迫让皇禅位的借口是杨溥已经不再留恋世间凡尘，对入道修仙心向往之。让皇遇害时的经历也刻画得十分形象"及将遇弑，方诵佛书于楼上。使者前趋，溥以香炉掷之，俄而见害"[11]。表明让皇遇刺之前，曾在楼上假装念佛，在遇刺时向刺客投掷香炉以自保。"十一月，让皇殂于丹阳宫"[12]。

从上述正史材料可知，让皇禅位的时间是后晋天福二年（杨吴天祚三年、南唐昇元元年，937年）十月，改国号为齐，建都于金陵。后晋天福三年（昇元二年，938年）五月杨溥迁移至润州丹阳宫；后晋天福三年（昇元二年）十一月，卒于丹阳宫，年三十八；后晋天福四年（昇元三年，939年）四月，迁让皇

之族于泰州永宁宫；显德三年（保大十四年，956年）杨氏遂绝。

从上述让皇的经历来看，泰州永宁宫似乎与让皇的关系不大，乃其死后，其族人迁达之所，实际上禅位后"不敢居江都宫"的"吴让皇固辞旧宫，屡请徙居"[13]，在南迁润州丹阳宫之前居于何地？现存正史材料并未有明述，但有一些宋人私著史料却可见让皇曾在泰州的明确记载。

《江南余载》载："让皇在泰州，赋诗曰：'江南江北旧家乡，二十年前梦一场。吴苑宫闱今冷落，广陵台榭亦荒凉。烟凝远岫愁千叠，雨滴孤舟泪万行。兄弟四人三百口，不堪回首细思量。'"[14]

《江表志》载："让皇居泰州永宁宫，尝赋诗云：'江南江北旧家乡，三十年来梦一场。吴苑宫闱今冷落，广陵台榭已荒凉。云笼远岫愁千片，雨滴孤舟泪万行。兄弟四人三百口，不堪回首细思量。'"[15]

此外，马令《南唐书》卷五《后主书》载南唐后主李煜降宋后"渡中江，望石城，泣下，自赋诗云：'江南江北旧家乡，三十年来梦一场。吴苑宫闱今冷落，广陵台殿已荒凉。云笼远岫愁千片，雨打归舟泪万行。兄弟四人三百口，不堪闲坐细思量。'"[16]《江南野史》也有相似记载[17]。

上述诗文虽略有不同，但从相同的"江南江北旧家乡""梦一场""吴苑宫闱今冷落""广陵""荒凉""愁千""泪万行""兄弟四人三百口""不堪""细思量"等文字可见诗义近同，皆为表述诗人国破家亡后的落魄景象和凄凉心境，当为同一首诗。

南唐后主李煜生于南唐昇元元年（937年），自宋建隆二年（961年）至开宝八年（975年）南唐国灭，共在位十五年。该诗若为李煜在开宝八年（975年）肉袒出降所作，其约为三十八岁。杨吴让皇杨溥，武义二年（920年）

即位，昇元元年（937年）禅位，在位十八年，卒于昇元二年（938年），享年三十八。该诗若为杨溥在昇元二年五月南迁润州途中所作，其也约为三十八岁。对二人而言，皆为"三十年来梦一场"。然李煜为中主李璟第六子，即位时还有从善、从镒、从谦、从信诸弟。杨溥为杨吴太祖杨行密第四子，其兄杨渥、杨隆演皆曾为帝。故"兄弟四人"为杨渥、杨隆演、杨濛、杨溥的可能更大。此外，诗文中"雨打归舟""雨滴吴江""雨滴孤舟"似皆表明该诗是让皇杨溥南迁途中所为，但《江南余载》《江表志》皆明确记载"让皇在泰州""让皇在泰州永宁宫""让皇在泰州数年""让皇迁于泰州永宁宫、数年未卒"等语，似表明让皇也曾居于泰州，且时间不短。结合史料让皇禅位后的经历，可推知在让皇937年十月禅位至938年五月南迁至润州期间约半年的时间，让皇很可能从杨吴国都扬州迁出，被安置于泰州永宁宫。

需要指出的是永宁宫不是辉煌的宫殿，应是子城的代称、改称。在这个政权更迭较为频繁的时期，改城曰宫的文献记载还有：

"知诰始建太庙、社稷，改金陵为江宁府，牙城曰宫城，厅堂曰殿。"[18]

"敕权署汴州牙城曰大宁宫。"[19]

"己丑，唐主表让皇改东都宫殿名，皆取于仙经。"[20]

"五月，戊午，唐主改润州牙城为丹杨宫。"[21]

"改润州州治为丹阳宫。"[22]

"改东都旧第为崇德宫。"[23]

"迁让皇于京口，以润州廨舍为丹阳宫以处之。"[24]

由此可知，在政权更迭的同时，也伴随着城市地位的升降，其名称也随之发生更改。泰州也不例外，泰州有子城没有牙城，但子城与上述史料中的牙城类似，都是衙署集中的内城，是官府衙署机构的所在地，杨吴让皇及其族人囚居于子城，便于严控。此时的泰州属于南唐政权高度关注的地方，具有很高的政治敏锐性，随着泰州地位的上升，其子城遂改称为永宁宫。此外，由"以建康为西都，广陵为东都，即金陵使府为宫，但加鸱尾栏楯而已，终不改作"[25]可见改城曰宫，仅仅是名称上的更改，实际的城市建筑并没有显著的变化。正如《舆地纪胜》直接指出"永宁宫，今州廨是也。南唐李昪用宋齐邱计，迁杨氏子孙于海陵州廨，号永宁宫"[26]。

此外，结合让皇之族人的遭遇，可知《江南余载》载："让皇在泰州数年，每有嗣息及五岁，必有中使至，赐品官章服，然即日告卒。"[27]《江表志》载："让皇居迁于泰州永宁宫，数年未卒，每有枯杨生枝叶，延及五载，即有中使赐袍笏加冠，即日而终。"[28]二句中的"让皇在泰州数年"和"让皇居迁于泰州永宁宫，数年未卒"当误，应为让皇之族人。

综上所述，泰州永宁宫见证了杨吴让皇杨溥禅位、他及其族人被囚禁、灭族的过程。本文在广泛搜集资料的基础上，得知让皇杨溥禅位的时间是 937 年十月；938 年五月南迁至润州丹阳宫；938 年十一月，卒于丹阳宫，年三十八；939 年四月，其族人被迁至泰州永宁宫；956 年杨氏遂绝。在让皇 937 年十月禅位至 938 年五月迁达润州丹阳宫期间约半年的时间，让皇应该是从杨吴国都扬州迁出，被安置于泰州永宁宫，且泰州永宁宫实际上就是泰州子城。而《江南余载》《江表志》中的"让皇在泰州数年……""让皇居迁于泰州永宁宫，数年未卒……"当误，二句所描述的不是让皇，而是让皇之族人。

参 考 文 献

[1] 陆游. 南唐书：卷 1 烈祖本纪 [M]. 南京：南京出版社，2020：217.

[2] 薛居正，等. 旧五代史：卷 134 僭伪列传一 [M]. 北京：中华书局，1976：1784，1786.

[3] 欧阳修. 新五代史：卷 61 吴世家第一 [M]. 北京：中华书局，1974：759.

[4] 欧阳修. 新五代史：卷 61 南唐世家第二 [M]. 北京：中华书局，1974：767-768.

[5] 司马光. 资治通鉴：卷 281 后晋纪二高祖天福二年（937 年）[M]. 北京：中华书局，1956：9182.

[6] 司马光. 资治通鉴：卷 281 后晋纪二高祖天福三年（938 年）[M]. 北京：中华书局，1956：9195-9196，9186.

[7] 司马光. 资治通鉴：卷 282 后晋纪三高祖天福四年（939 年）[M]. 北京：中华书局，1956：9202.

[8] 司马光. 资治通鉴：卷 292 后周纪三世宗显德三年（956 年）[M]. 北京：中华书局，1956：9541.

[9] 龙衮. 江南野史：卷 4 宋齐邱 [G]// 全宋笔记：第一编第 3 册. 郑州：大象出版社，2003：181.

[10] 佚名. 五国故事：卷上 [G]// 全宋笔记：第一编第 3 册. 郑州：大象出版社，2003：239.

[11] 佚名. 五国故事：卷上 [G]// 全宋笔记：第一编第 3 册. 郑州：大象出版社，2003：239.

[12] 文莹. 玉壶清话：卷 9 李先主传 [G]// 全宋笔记：第一编第 6 册. 郑州：大象出版社，2003：168.

[13] 司马光. 资治通鉴：卷 281 后晋纪二高祖天福三年（938 年）[M]. 北京：中华书局，1956：9186.

[14] 佚名. 江南余载：卷下 [G]// 全宋笔记：第一编第 2 册. 郑州：大象出版社，2003：246.

[15] 郑文宝. 江表志：卷上 [G]// 全宋笔记：第一编第 2 册. 郑州：大象出版社，2003：262.

[16] 马令. 南唐书：卷 5 后主书 [M]. 南京：南京出版社，2020：48-49.

[17] 龙衮. 江南野史：卷 3 后主 [G]// 全宋笔记：第一编第 3 册. 郑州：大象出版社，2003：173.

[18] 司马光. 资治通鉴：卷 281 后晋纪二高祖天福二年（937 年）[M]. 北京：中华书局，1956：9169.

[19] 司马光. 资治通鉴：卷 281 后晋纪二高祖天福二年（937 年）[M]. 北京：中华书局，1956：9173.

[20] 司马光. 资治通鉴：卷 281 后晋纪二高祖天福
　　　二年（937 年）[M]. 北京：中华书局，1956：
　　　9182.

[21] 司马光. 资治通鉴：卷 281 后晋纪二高祖天福
　　　三年（938 年）[M]. 北京：中华书局，1956：
　　　9186.

[22] 陆游. 南唐书：卷 1 烈祖本纪 [M]. 南京：南
　　　京出版社，2020：218.

[23] 陆游. 南唐书：卷 1 烈祖本纪 [M]. 南京：南
　　　京出版社，2020：217.

[24] 文莹. 玉壶清话：卷 9 李先主传 [G]// 全宋

笔记：第一编第 6 册. 郑州：大象出版社，
2003：167.

[25] 文莹. 玉壶清话：卷 9 李先主传 [G]// 全宋笔
　　　记：第一编第 6 册. 郑州：大象出版社，2003：
　　　166.

[26] 王象之. 舆地纪胜：卷 40 泰州 [M]. 成都：
　　　四川大学出版社，2005：1763.

[27] 佚名. 江南余载：卷下 [G]// 全宋笔记：第一
　　　编第 2 册. 郑州：大象出版社，2003：247.

[28] 郑文宝. 江表志：卷上 [G]// 全宋笔记：第一
　　　编第 2 册. 郑州：大象出版社，2003：262.

纸质文物文献类保护与修复

——以吴煦档案古籍类修复保护为例

吴楚苒

南京市文物遗产保护研究所

摘　要：纸质文物是保存、承载我国优秀传统文化的一种重要的表现形式。它能记录大量的历史文献，具有极高的文化价值与研究价值，其种类主要包括古籍、书画、文书、拓片、信笺等。纸质文物因其材质的特殊性，在存放的过程中非常容易受到诸多因素的影响，从而产生各类病害，破坏文物本身的价值。本文以吴煦档案为例，将自身在实践中得来的经验与馆藏文物的修复理念相结合，对纸质文物的保护与修复进行深入与拓展。

关键词：纸质文物　保护　修复　吴煦档案

太平天国历史博物馆藏吴煦档案以纸质件为主，其文物内容丰富，数量庞大，具有很高的文物价值和资料价值，是国家一级文物。该档案从晚清时期遗留至今，有大量残件未修复，且由于历史因素使其在存放过程中遭受到一定程度的病害侵蚀，对其保存状态造成了很大影响，为了尽可能地延续其寿命，除了用传统技艺对其修复，也亟需利用现代文保的科学手段对其用进行保护。关于纸质文物保护与修复，黄洋以国家一级文物《俱乐部全体工人泣白》修复为例展开了相关考察[1]。侯妍妍对文博系统和图书馆系统纸质文物修复档案的设置进行比较，结合实际案例就纸质文物修复档案的重要性做了论述，并提出了健全古籍修复档案的建议[2]。郑冬青相关考察了近现代文物在内外因联合作用下大量出现酸化、脆化等病害现象，认为急需展开脱酸保护工作[3]。本文从修复与保护一级文物的实践出发，梳理纸质文物存在的主要病害，分析其形成因素，并结合修复实际对其展开相关研究与探索。

一、馆藏吴煦档案纸质类文物的主要病害及形成因素

吴煦档案于清末年间整合制成，这个时期的手工纸业正受到西方机制纸的冲击，处于由盛转衰的节点，但吴煦档案本身属于官方资料，其用纸依然以上乘的手工竹纸、皮纸为主。这些纸张材质具有一定的特殊性，在存放的过程中极易受到诸多因素的影响，特别是以竹纸为主的纸质文物，其纤维十分纤细同时排列比较分散（图1），容易老化。再加上受时代

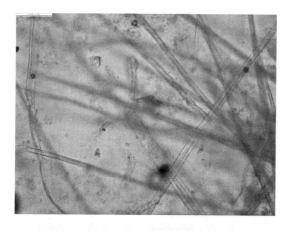

图 1　吴煦档案竹纸纤维

背景影响,其保存环境受到限制,本体被诸多病害侵蚀。下文对一些重点病害分类介绍,并对其形成条件行分析。

(一)糟朽

糟朽是纸质文物的化学结构发生严重降解,导致其纤维结构变得疏松,原本的力学强度导致大幅降低。这种病害一般从本身纤维排列就较为分散的书页边缘产生,逐渐侵蚀到书页内部,在化学结构变得松散、原本的纸张力度也开始逐渐丢失的情况下,一些细小的纤维就会从原有的结构上脱落,随着糟朽对书页侵蚀的加深,书页上会显现出越来越多不规则的孔洞,从而破坏其文化价值。大气中的酸性气体是促使这类病害形成的主要因素,在纸质文物存放的过程中,如果没有合理的保护措施,空气中的二氧化碳和二氧化硫等酸性气体就会

被纸张中的水分化合,溶解成酸性物质,大幅增加纸张本身的酸度,使纸张产生水解效应,将原有的植物纤维素转化为易碎的水解纤维素,导致其整体化学结构迅速降解。然而除大气中的酸性气体外,阳光直射所形成的紫外辐射也同样会使纸张中的纤维素、木质素产生氧化,在光线照射时,对光敏感的木质素会更快地氧化,转化为易脆的氧化木质素。虽然吴煦档案所采用的纸张是光稳定性十分卓越的手工宣纸,故并未因为光照产生过多的氧化反应,但对于一些近现代的、加入了一些填料的机制纸来说,光线的照射对其纤维素的破坏无疑是巨大的。在机制纸制造的过程中,铜、铁离子等一些光敏性质的物质会融入纤维结构,加大可见光的吸收范围,与易于氧化的木质素总和,对纸张带来更大的破坏,使其更快地进入糟朽状态。

(二)水渍、晕色

水渍是纸张在局部受潮或遭到液体浸湿后,整个纤维结构舒展,使本来沉淀在纸张内部的有色物质发生迁移,它会在纸质文物的表面留下明显的棕褐色痕迹,随着时间的推移这些有色物质会使纸张的纤维结构逐渐硬化,最后甚至有断裂的风险。促成水渍形成的主要原因是存放环境的湿度,由于纸张纤维素分子中的羟基是亲水基,纤维素具有很强的吸湿性,一旦环境中的湿度达到一定程度,将其水分吸收的纤维素就会快速膨胀,使纸张的局部出现“受潮”现象。除了容易让纸张受潮,高湿度还会让一些耐水性差的颜料、墨水溶解,使其洇化,向周边扩散,对纸张表面造成污染,形成晕色现象。

(三)变色、字迹模糊

一些露天展示且没有做好相应保护措施的纸质文物经常会出现泛黄、字迹变淡的现象。这种现象和糟朽一样,都是因光线照射,木质

素发生氧化所导致，木质素在遇光氧化的过程中会将一些无色的结构转化为发色基因团与助色基因团，本身的酚型结构的化合物转化为醌型结构的低分子碎解物，使纸返黄，与此同时，紫外线也会降解颜料、墨水中的有色物质，使其褪色，造成字迹模糊。

（四）粘连、微生物损害、污渍

纸张的粘接、微生物的滋生、纸张上残留的附着物都与大气中的尘埃有关，细小的尘埃能牢固地粘附在纸张表面，并从纸张表面开始缓慢渗入纤维，产生污渍，同时尘埃也是传播、繁殖霉菌和细菌等有害微生物的场所，这些微生物一旦接触到纸张，就会分泌出水解酶，促使纤维素、木质素产生水解效应并为其生长、繁殖提供葡萄糖、二糖等养分。一旦空气的养分达到 70% 以上，这些菌就会开始迅速繁殖，严重破坏纸质结构，同时其分泌物也会污染纸张表面，形成菌斑。除了有害微生物，灰尘中的酸、碱、盐会使受潮的纸质文物水解，产生一些胶状的粘性物质，使纸张粘连。

（五）折痕、残缺、生物损害

折痕是纸张受折叠或挤压导致纸张内部的纤维结构变形时所形成的，是在保存的过程中受到外界物理因素影响产生的病害。残缺、生物损害也是如此，在纸质文物存放的过程中，如果不采取合理的防范手段，毛衣鱼、烟草甲、书蟫蠹等以纸张为食的害虫就会对其造成严重的蛀蚀，它们的排泄物会残留在纸张中，进一步污染纸张。如果在存放的过程中遇到老鼠、鸽子等动物，情况则会更加糟糕，纸张可能会出现大面积残缺。

二、纸质文物病害的预防与保护措施

从馆藏文物的修复原则来看，我们需要在尽可能少干预文物本体保存状态的前提下，尽可能地延长它的寿命，现代文保所衍生的科技监测与预防手段能很好的做到这点，比起去除修复文物的病害，我们更应该做好文物的保护措施。我们需要定期检查库房、展厅的微环境（图 2），保证其紫外、温湿度、有害气体、光照等环境因素不超过变化的阈值，并根据其受到病害侵蚀的方向制定相应的预防方案。

图 2　文物保护工作人员定期进行微环境监测

（一）防光措施

存放纸质文物的库房或修复过程中，对环境光照应特别予以控制。依据《博物馆照明设计规范》（GB/T 23863—2009），视文物修复对象的具体现状。自然光入射采用百叶窗并为其加上防止光线直照的厚窗帘，室内的光线也一定要控制在 30～50 lx，并在必要的时候，为文物加上防紫外的玻璃罩，确保在修复过程中规避光照对文物的伤害。

（二）对温湿度的控制

存放纸质文物时要有适应的微环境，使其处于恒温的环境中，温度要控制在 15～18℃，最高不能超过 20℃，而湿度须保持在 50%～60% 之间。

（三）防尘措施

存放纸质文物的库房必须远离化工厂以及人空密集的区域，室内的墙壁、地面要尽可能光滑，保证其不易积尘，库房的工作人员应该保证衣着干净并在进入库房时用强风吹尘，防止带入灰尘。

（四）防止有害气体

安装空气净化系统，去除有害气体并控制水蒸气。

三、吴煦档案的修复实践

吴煦档案中的纸质文物数量众多，文物类型更是丰富多样，包括古籍、奏折、文书、信笺、封套等，是凝聚中国造纸技术的瑰宝。在这些纸质文物中，古籍非常具有代表性，由于古籍的书页大部分采用竹纸或竹、草混料，导致其受到病害侵蚀的种类非常集中。下文以古籍为例，介绍实践中的具体修复流程。

馆藏吴煦档案古籍的修复流程主要分为准备和修整两大阶段。

（一）准备阶段

1. 核查

在修复古籍文物前，需要先核查修复书籍的版本、册数及其破损情况。每部书的册数，每册页数，书籍的长、宽及纸张厚度，纸张的 pH 值，乃至于前后书皮及书页，字体的残缺程度都需要及时、详尽的记录，以便之后检校。

2. 拆线、撤捻

完成文物的核查并保存其资料后，在对其进行拆线、撤捻时，应尽可能地保留完整的订书线，注意不要大力拉扯，以免将书页勒破或撕裂。撤捻时要将书背分开，在约二分之一处找出纸捻，用剪刀剪断，再用镊子夹住纸捻一端，慢慢旋转，将纸捻拔除的同时避免洞口扩大。

3. 书页分离与整理

将撤完捻的书页用剖刀细致地分离成单页，并检查页码顺序，如遇缺页、错码应立即记录。如遇手稿、抄本等书籍没有页码时，应用铅笔在书页的背面标明顺序，作为装订书页时的排列依据。

4. 物理清尘

完成书页的整理后，要用面团顺着纸的纹路轻轻推动，利用面团对灰尘的吸附力来达到清尘的效果。如遇到霉菌污渍分布比较密集的区域时，可以尝试抵住面团的一角粘掉灰尘与污渍，以此防止纸张变形。在面团揉制的过程中可以加入适量的黄柏汁来提高清尘的效果。

5. 温水清洗

用面团清除书页表面的灰尘后，需要用温水冲洗一些残留在书页内部的有害物质，在清洗前应先将书页在竹帘上排列，清洗时让龙头处于一个向上或倾斜的角度，以此来减缓水流的力度，冲洗的过程中要随时保证冲洗面的均匀，顺着水流动的方向缓缓冲洗才能保证不会出现皱褶。

6. 配纸

将书页用温水冲淋并晾干撤水后，要为之后的修复选择适合的补纸。选用补纸时要以文物的纹理、质地、颜色为参照，尽可能选用相似度高的纸让文物看起来更加自然，而为了让补纸更接近文物本身，则需运用“染色”。染色首选的染料是植物，这类染料几乎不会影响到文物的保存状态。染色时切记染料浓度要从浅到深，最初就用深色去染的话，会影响到后续的染色效果，容易造成染色不均，与文物的要求产生偏差。

7. 制浆

粘贴书页与补纸需要用到浆水。古籍文物由于其较薄的纸质,一般采用淀粉浆进行修复。与面粉浆所制的糨糊不同,因为已经去筋的缘故,可以使修好的成品更薄,并可以一定程度避免纸张生霉。

(二)修整阶段

1. 修补

古籍书页的修复可不仅仅是将补纸粘合在需要修补的位置这么简单,在修补的过程中,应遵守先中间后两边、先大洞后小洞的修复理念。许多文物在存放的过程中已经产生严重的糟朽、絮化等病害,先补中间即固定好了整张纸的位置,缩减了修复过程中产生意外的可能性,先补大洞则可以有效避免残缺的扩大,防止对文物造成二次损害。在初步修补完成后需要尽可能减少补纸的面积以控制成品书页的厚度,书页破损情况严重的话需进行加固,防止其在后续的存放过程中遭到更大的损害。

2. 喷水压平

书页修补完毕后,用浆水补过的地方会因为干燥产生收缩,使书页表面凹凸不平。这时应在书页上适量喷水使其纤维舒展。将其置于吸水纸之间,在上方铺上木板并放置重物达到压平的效果。喷水时须控制水量,水喷得过少,起不到舒展纤维的作用,喷水过多则容易使书页受潮,滋生霉菌。

3. 齐栏

在确保古籍书页压平后便可以着手书籍的装帧步骤,分别是齐栏、订书眼、做纸捻、穿线。齐栏是用针锥固定书页两端位置,书口抵住针锥,在确保下面的书页不会移动的情况下,前后、左右移动书页,使其对齐;书页移动时,需先松开书页,对齐书页后,再重新压住;用镇纸压住书页使其固定,再重复同之前

的操作流程直至完成齐栏。

4. 订书眼、做纸捻

齐栏之后的下一步是订书眼,用木槌力度均匀地敲砸针锥,针锥需垂直于订书板,保证其水平地穿透书身,然后旋转针锥将其拔出,防止纸张移位。定完书眼后需为其制作配对的纸捻,纸捻的材料首选材料是桑皮纸,这种纸做出的纸捻在保存过程中既不会因失去韧性而断裂,也不会因韧性太强而导致书页的变形。

5. 穿线

穿线是整个(古籍)修复装帧步骤的最后一步,取线时应根据每本古籍的长度来定所用丝线的长度,丝线的长为古籍的6~7倍。穿线时应保证书籍正面朝上、天头向右、书背向人。从右向左,依次为1~4眼。书背和订书板平行,打眼部应分悬在板外。穿针时,针尖向下从第二眼穿出。用针将书背分开,再将线头挑出。在完成穿线后将线头打结成套,然后让针从线套中穿出。

6. 防止生物危害

在文物入库时必须要进行杀虫灭菌,在确认无虫害、无菌害的情况下才能入库保存,书可以使用函套加以保护并置于防虫的木质书橱中,每隔一段时间要对库房进行检查和消杀,排除隐患。

四、结 论

纸质文物无论是在存放的过程中还是修复环节里,都非常容易受到外界因素的影响,在保护与修复的每一个步骤中,一个小小的疏漏也可能在后续步骤中慢慢积累成难以挽回的巨大错误,因此做好预防性保护在文物修复工作中意义重大。我们在保存过程中要遵循文物保护的原则,严谨、认真地观察每一个会对文物造成影响的因素,并尽可能为其提供最优质的

微环境保存条件。在修复过程中保证文物原真性与可逆性，最大程度保留其文化价值并避免造成二次损伤。虽然随着时间的流逝，纸质文物终会完全分解，但我们可以将知识与技艺结合，尽可能地延长其寿命，将优秀的中华传统文化传承给后代。这就是纸质文物保护与修复的意义与价值。

参 考 文 献

［1］ 黄洋. 珍贵纸质文物保护修复的探索：以国家一级文物《俱乐部全体工人泣白》修复为例 ［N］. 中国文物报，2020-06-23（4）.

［2］ 侯妍妍. 对纸质文物修复档案的分析及思考 ［J］. 遗产与保护研究，2019（5）.

［3］ 郑冬青. 近现代文献脱酸关键技术研究及集成应用示范 ［N］. 中国文物报，2018-09-14.

徐州城下城遗址出土部分明代瓷器成分浅析

李宗敏

徐州博物馆（徐州汉画像石艺术馆）

摘　要： 为了进一步科学分析徐州城下城遗址出土瓷器元素组成，采用扫描电镜能谱仪（SEM-EDS）以及面扫描技术，结合文献资料和考古遗址现场进行研究。结果表明该明代瓷器元素含量以 Al_2O_3、Fe_2O、TiO、CaO、Na_2O、K_2O 等为主，以高岭土为主要原料烧制，并添加助熔剂，瓷器质量较粗糙，这将为徐州地区明代瓷器的成分等研究方面提供一定参考。

关键词： 徐州城下城　明代瓷片　荧光检测　扫描技术　助熔剂

一、引　　言

徐州城下城考古遗址从明清地层到汉代地层，大约 1000 平米的发掘面积，初步清理出多处距地表四五米深的明代地层，包括明代徐州内部已经有下水道房屋的轮廓和部分生活遗迹，此瓷片检测样品来源于此。观察样品可知，其瓷器胎体呈土黄色（图 1），内部虽上釉，内底部却有明显圈痕（图 2），外部无釉却粘有部分釉斑痕迹（图 1），较粗糙，有民窑特征。民间陶瓷作为人们生活中手工艺产品的代表之一，依旧有着它存在的理由，以其鲜活的生命力服务着社会生活[1]。根据博物馆和民间收藏的明洪武时期的民窑瓷器，以及在景德镇瑶里等民窑遗址的调查，可知洪武民窑瓷器品种不多，主要是日用瓷器，如碗、盘、碟、罐、高足杯、高足碗、瓶等[2]。无论民窑还是御窑白瓷

图 1　陶瓷残片外部图　　　　　图 2　陶瓷残片内部图

数量都较多，资料记载在公馆地段的遗址发掘中明代白瓷出土较多。在各类瓷器的编排整理中，白瓷的数量和品种总是占重要的位置。其原因主要是制作工艺已经完全成熟，能生产出精美的各类用具，实用价值很高，祭祀活动也多用白瓷[3]。《大明会典》卷二百一："洪武二年定祭器皆用瓷。十七年，饶州府解到烧完，长陵等陵白瓷盘、爵共一千五百一十件，附余一百五十件，行太常寺收贮。"在明永乐时期的御窑厂瓷器生产中，白瓷是最重要的一个品种。考古工作者在发掘清理景德镇珠山中路东段御窑遗址时，从第 4 层开始出现永乐瓷器，主要是甜白釉瓷和青花瓷残片，第 5 层为白瓷片堆积[4]。观察此样品残片仅内部白釉，与有"猪油色""象牙白"之称、享有"中国白"美誉的白瓷差距较大，实用和廉价易得对当时居民来说最重要。本次使用扫描电子显微镜、X 射线衍射仪（XRD）、便携式 X 射线荧光光谱仪（XRF）、扫描电子显微镜对瓷片元素成分进行分析。

二、实验仪器

（一）扫描电子显微镜和能谱分析

选用捷克 TESCAN 公司生产的 VEGA 3XM 钨灯丝扫描电镜计结合美国 EDAX 公司生产的 X 射线能谱仪。测试条件为 Tescan XM 5136，分辨率高真空的二次电子在 30keV 下为 3.0nm，背散射电子分辨率在 3keV 下为 8.0nm，放大倍数 10000 倍，加速电压 20kV。样品制备在电子显微镜中具有重要地位，将小块的没有变形和污染、干燥的并且具备良好导电性的颜料样品，用无水乙醇清洁过的镊子夹住，粘贴在导电胶上，使用扫描电镜时，进行抽真空处理，再使用扫描电镜之前用扫描电子显微镜直接观察和研究样品的表面形貌和其他物理特征。选取图中的两个标点进行观察，在观察过

程中，从干扰因素方面分析，大部分干扰是常量，变量主要是污染物对此的影响。

（二）便携式 X 射线荧光光谱仪

选用德国布鲁克公司生产的便携式 X 射线荧光光谱仪，型号为 ARTAX-400 能量色散 X 射线荧光光谱仪，可以充分考虑到样品的珍贵性、脆弱性和实验后的可回收性[5]。测试条件为：30kV 电压，900μA 电流；Anode 为 Rh，No filter，Optic 为 Collimator 0.200，Air 模式；测量时间为 300s；标准曲线方法选用 pottery4 的标准曲线。X 射线荧光光谱仪在不破坏样品的前提下，分析速度快，检测范围广，前处理较为简便，无污染。考虑到样品的珍贵性，用脱脂棉蘸取无水乙醇，在样品表面进行擦拭，后进行检测。

（三）X 射线衍射仪

选用日本理学株式会社生产 X 射线衍射仪 SmartLAB，最大功率为 9kW，铜转靶，标准 xy 样品台。扫描范围 5°～90°，步长 0.01°，扫描速度 10°/min，电压 40kV，电流 150mA。仪器功发生器为 3kW 和 9kW，可以根据需要自由选择，能够精确进行物相分析，定性分析，定量分析。在本次制样中，选用瓷胎块状样品，先将块状样品表面研磨抛光，用橡皮泥将样品粘贴在铝样品支架上，要求样品表面与铝样品支架表面平齐。

三、结果与讨论

（一）扫描电子显微镜和能谱分析

陶瓷器体现着不同地区、不同民族的传统习惯和爱好，包含着它们的使用价值和商品价值，亦即是说任何一件陶瓷器都在反映着社会的需要[6]。通过扫描电镜可以观察到样品表面呈现均匀的黑色，釉层厚度相对均匀。表面釉层

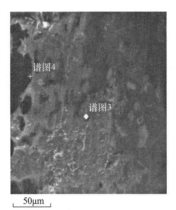

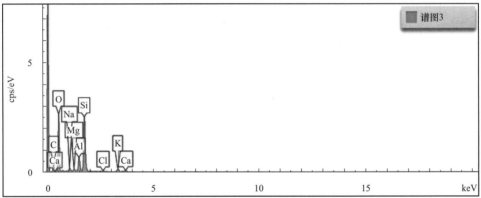

图 3　样品釉层部分区域电子成像和选取的 2 个点分布以及点 3 对应的能谱图

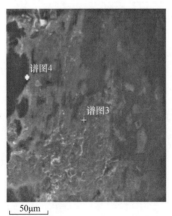

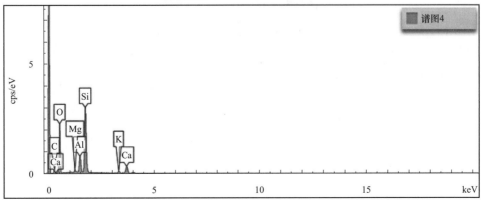

图 4　样品釉层部分区域电子成像和选取的 2 个点分布以及点 4 对应的能谱图

放大后如图，选取标示的两个点（图3、图4），分别进行能谱元素分析，从两个点的元素含量来看（表1），瓷器样品主要含有C、O、Mg、Al、Si、Cl、K、Ca等元素，其中SiO_2、Al_2O_3含量最高（表2），应是石英和矾土硅酸钙岩矿。SiO_2、Al_2O_3为瓷胎的主要成分，反映了磁石与高岭土的配比。

因与此瓷器样品相关资料较少，故借鉴瓷器甜白釉的成分资料。张福康教授指出："永乐甜白釉中存在大量固体微粒，其中大部分是残留石英、云母残骸及钙长石，这些固体微粒在数量上要比枢府窑卵白釉明显较多。除此之外，永乐甜白釉中还存在较多量的小气泡，大量固体微粒和气泡的存在使入射光产生强烈散射，明永乐甜白釉具有比枢府窑卵白釉更加明显的乳浊感，其原因就在于此。"[7]李家治教授经过自己的测试，对永乐白釉评价相当高。他指出："明代永乐甜白釉瓷胎的主要品相为云母和石英，并存少量从长石残骸中析出的莫来石。云母的含量要多一些。石英颗粒的大小较为均匀，除个别最大粒度可达50微米外，其中2～10微米的颗粒则要占70%以上。石英的含量以面积计算约占瓷胎的26%，说明胎中瓷石的用量还是很多的。高岭土的掺入量不会超过30%。所用的瓷石既不同于青白釉瓷，因为云母含量较高，由于其中长石含量较少，也不同于枢白釉瓷，从石英的颗粒度细小而均匀可见其处理更为精细。"[8]由此可知科学的成分配比对瓷器质量至关重要。此样品配方为瓷石加高岭土，石英的颗粒大小不均匀，配比不够精细，加工处理较甜白釉粗糙。

（二）便携式X射线荧光光谱

通过对施釉点和无釉点进行检测对比，施釉点Ca、Si、Fe含量较高（表3、图5），并且含有Cu、Zn元素。未施釉部分Ca、Si、Fe含量较高（表4、图6），其中Al、Ba元素在施釉部分未测出，结合其他检测可知Al_2O_3成

表1 釉层样品的能谱分析结果（一）

元素	C	O	Mg	Al	Si	Cl	K	Ca	总量
wt%	22.45	51.00	0.71	4.18	17.54	0.38	1.86	0.95	100.00

表2 釉层样品的能谱分析结果（二）

元素	C	O	Mg	Al	Si	K	Ca	总量
wt%	13.37	50.20	0.67	5.62	23.13	1.18	5.84	100.00

表3 釉层样品的光谱分析结果（一）

Element.	Conc/%	Sigma/%	RSD/%	LLD	Net area	Chi
Si	81.67	0.24	0.30	0.12	124342	77.95
K	2.60	0.02	0.60	0.02	31740	23.68
Ca	17.60	0.03	0.20	0.01	275640	83.75
Mn	—	—	—	—	1093	10.80
Fe	1.67	0.01	0.30	0.00	140562	8.88
Cu	—	—	—	—	4263	1.78
Zn	—	—	—	—	1533	1.37

注："—"表示未检测到。

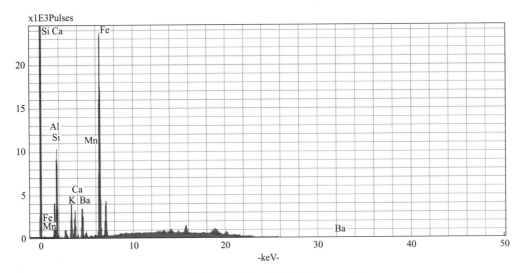

图 5　样品釉层部分区域对应的 XRF 谱图

表 4　釉层样品的光谱分析结果（二）

Element.	Conc/%	Sigma/%	RSD/%	LLD	Net area	Chi
Al	37.74	0.23	0.60	0.21	32606	26.47
Si	56.01	0.02	0.40	0.10	85808	38.06
K	3.13	0.02	0.50	0.01	38364	318.73
Ca	2.03	0.01	0.60	0.01	32034	4.29
Mn	—	—	—	—	2388	1.18
Fe	3.44	0.01	0.20	0.00	291090	36.02
Ba	—	—	—	—	13	0.57

注："—"表示未检测到。

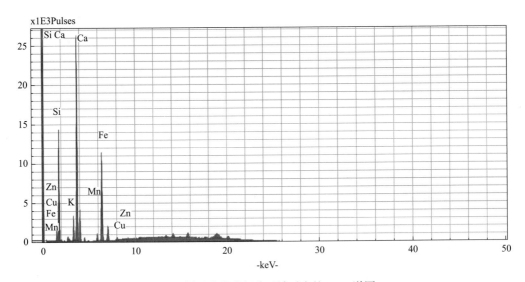

图 6　样品非施釉部分区域对应的 XRF 谱图

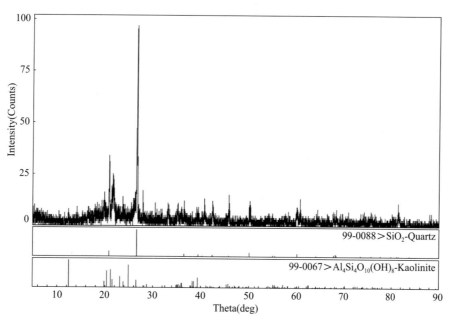

图 7　瓷器胎部区域对应的 XRD 谱图

分较高（表 2）。通过文献中宋代青白釉瓷和元代枢府白釉瓷检测记载对比，它们的 SiO_2 含量依次从 77.79% 降低到 72.14%，通过 SiO_2 的降低，达到增加强度、提高瓷器质量的目的。而 Al_2O_3 的含量依次从 16.16% 增加到 20.50%[9]，说明以此为助熔剂可以提高烧成时的温度，防止烧制过程中瓷器的变形。此样品检测出 Si 含量最高，瓷质量较粗糙，Al_2O_3 成分较高的作用是助熔剂。

（三）X 射线衍射仪

在 X 射线衍射仪中测出 SiO_2 含量（图 7），因是块状样品未进行研磨，检测出的结果不理想，只能判断出高岭土的成分。结合文献资料综合判断该陶瓷具有釉质较粗，光泽度较低，釉面薄以及气泡较大、疏等特征。胎土因淘洗粗细之差，胎质表现大不相同。官窑瓷器瓷化程度较高，因而坚致细白，稍有厚重感。民窑器物则因胎土淘洗不精，烧制火力不足，致使胎体断面呈略含杂质的浅灰白色或土黄色。

四、总　　结

本次测试因早期留样数量不足，存在缺憾。样品的瓷器胎体呈土黄色，内部虽上釉，内底部却有明显圈痕，外部无釉却粘有部分釉斑痕迹，可以推测为内部上釉后叠烧。资料记载，金代盘碗采用刮釉叠烧，即在盘碗的中心刮去一圈釉，其大小比底足稍大，依次重合装至满钵，采用此法可增加装窑量，但产品无釉处留下一露胎圈痕，故称为"砂圈碗"[10]，仍然沿用元代叠烧做法。综合判断该瓷片含杂质较多，为浅白色，碗内不施釉却有残釉痕迹，为民窑叠烧。采用 SEM-EDS 以及面扫描技术、X 射线衍射仪、便携式 X 射线荧光光谱仪检测出瓷器样品主要成分是石英、矾土硅酸钙岩矿、长石、云母。其中 Al_2O_3 成分较高为助熔剂，在烧制时通过助熔剂来提高烧成时的温度，防止烧制过程中瓷器的变形。样品检测中 Si 的含量最高，瓷质较粗糙。此瓷器虽然使用了制作较粗糙的民窑叠烧工艺，但通过添加助熔剂来调节烧成时温度的技术在当时已经被此地区的匠人熟练运用。

参 考 文 献

[1] 江泓. 从景德镇民窑看中国民间陶瓷的若干审美特征 [J]. 景德镇陶瓷，2005（1）：3-5.

[2] 李知宴. 明代瓷器研究（一）[J]. 中国历史文物，2002（1）：67-73.

[3] 李知宴. 明代瓷器研究（三）[J]. 中国历史文物，2003（2）：24-32.

[4] 北京大学考古文博学院，江西省文物考古研究所，景德镇市陶瓷考古研究所. 江西景德镇明清御窑遗址发掘简报 [J]. 文物，2007（5）：4-47.

[5] 西北大学文化遗产学院文物保护系. 文物保护技术试验 [M]. 北京：高等教育出版社，2019：288.

[6] 宋伯胤. 对古代陶瓷研究的反思 [J]. 考古，1987（9）：842-847.

[7] 张福康. 中国古陶瓷的科学 [M]. 上海：上海人民出版社，2000：76.

[8] 李家治. 中国科学技术史·陶瓷卷 [M]. 北京：科学出版社，1998：334.

[9] 李家治. 中国科学技术史·陶瓷卷 [M]. 北京：科学出版社，1998：325.

[10] 远宏. 粗瓷杂器基于民俗文化的淄博近代民窑陶瓷艺术研究 [M]. 北京：文化艺术出版社，2013.

清代泰州漕运档案利用与开发研究*

泰州市博物馆课题组

泰州市博物馆

摘　要： 以泰州市博物馆馆藏清代漕运档案为代表的，泰州现存的与漕运相关的历史文化遗存，是历史留给泰州的最为珍贵的文化遗产之一。保护好、传承好、利用好这张城市名片，对于激发时代活力、彰显现代价值、助力泰州高质量发展具有重要意义。

关键词： 泰州　漕运档案　文化遗存　利用　开发

漕粮在明清时期"岁输天庚"，"为国家惟正之供"，是通过运河由东南地区漕运至京师的税粮，供皇室成员和在京官员食用，以及灾荒时的应急之需。漕粮在国家岁收中占据重要地位，对于解决京师军民生计起着十分重要的作用。历代政府极为重视，清代沿用明制，继续实行漕运制。户部在通州设有坐粮道，于淮安设有漕运总督。在有漕之省设立督粮道，府下设卫，卫下设帮，帮下设所。例如江安粮道有15个卫，51个帮，其中扬州卫有头帮、二帮、三帮、仪征帮。三帮下辖泰州、盐城、兴化、通州四个所，驻地在泰州。为了保证漕运的正常运行，除设立直接负责的粮道、府、帮、卫所外，在江苏还设有江淮总运淮安军捕分府、江淮总运江宁江防船政府、扬州府督粮分府等衙门。有漕之省的总督、巡抚、知府、

知县等都有管理监督漕运的责任。如此多的漕运监督、管理机构，遗留下来的往来文书也数量众多。泰州市博物馆收藏的900余件漕运档案，就是扬州卫三帮所遗留下的一部分文件，上自嘉庆，下至同治，而其中尤以道光时期的数量最多、最丰富。该批漕运档案按内容可分为漕运管理、漕粮受兑、帮船造行、旗丁佥选、银钱收付、认保结册、漕运案件及其他杂件等八类，基本上覆盖了整个漕运的全过程，内容翔实，也一定程度上反映了当时的社会面貌。此外，如今的泰州仍然存有一批与漕运相关的历史文化遗存。这些漕运档案和漕运遗存是历史留给泰州的最为珍贵的文化遗产之一，擦亮这张名片，对于激发时代活力、彰显现代价值、展示独特的文化魅力，对于助推泰州城市文化建设高质量发展具有重要意义。

---

*　本文为2019年度泰州市社科类市级课题"清代泰州漕运档案利用与开发研究"的结项成果。本文所引泰州漕运档案资料现存泰州市博物馆，不再赘述。

一、泰州漕运档案和泰州漕运
过程简介

明清时期，"军国之需，尽仰给于东南"，漕运极其重要，漕粮有征收、起运、交仓、保管等过程，程序繁复。清代漕粮运输涉及八个省份，分别为江苏、安徽、浙江、江西、湖南、湖北、河南、山东，其中前六省份分布于长江流域，统称为南粮。明代泰州，辖如皋县，属扬州府。清初泰州仍属扬州府，辖如皋县。雍正二年，如皋县改属通州，从此泰州不再辖县，成为散州，仍属扬州府。明清泰州是漕粮的主要输出地之一。下文结合部分泰州漕运档案简要介绍泰州漕运的主要过程①，其中与泰州关系较大的应该为征收、兑粮、运粮及新漕前的准备等过程。

（一）征收和兑粮

作为漕粮制运作的初始环节，清初沿明代旧制，由纳粮农户直接向漕船交兑粮船，后因运丁往往勒索扰民，后逐渐形成"官收官兑"的定制。并于涉漕州县置立仓储，令粮户各自赴仓纳粮，待兑运之时，漕船直接兑米于仓廒，使"军民不得相见"。

新漕开兑，漕粮总督颁发全单，粮道颁发号单，开明船米数目，刊定赠耗若干，分发各州县。领运千总督催各所船丁根据督粮道漕粮派单赴各州县受兑。嘉、道时期受兑方式根据实际情况略有不同。一种方式为各地州县根据本州县税粮的数量进行征收，存储于州县仓库。收好之后星飞驰报扬州卫三帮受兑日期并样米，以凭亲诣仓检验，如东台县、如皋县。卫所船只根据上报日期前往受兑干洁好米，受

兑完毕旗丁与该州县签订印结。另一种方式为州县运漕粮到泰州交兑，如嘉庆二十年（1815年）如皋县漕粮，赴泰州水次进仓。这种方式的弊端是会导致泰州粮仓爆仓，如道光十六年（1836年），泰州粮仓爆仓，不得不租用民房来存储漕粮。道光三十年如皋县漕粮收好之后雇募民船装运泰州水次，一律堆栈侯兑。而对于州县以下的没有粮仓的，实行现场受兑，如道光十六年，旗丁"赴邵伯监兑厅宪衙门眼同较斛定期开兑"。

（二）运粮和回空

受兑完毕后，开拔北运。帮船开行前，粮道督率帮会同地方文武官搜查一次。同时上报本帮各项册结，如丁舵人等的花名册、受兑米色、各船仓口米数等。星飞呈报，以备沿途查验。漕运开行以至交仓例内均有定限。受兑时间和开行时间有明确规定，要求冬兑冬开。三帮船只要在十二月内到达淮安接受盘验，如遇特殊情况，抵淮日期可以延后一月。例乾隆三年（1738年）因淮扬一带挑浚运河，提准江北帮船限一月内过淮。由于天气的原因，运途会遇到阻滞，如干旱天气水浅，地方政府会组织剥船转运，闸口水浅会筑坝蓄水，抬高水位，组织拉夫，拖拉坝。如嘉庆二十年兑漕州县遇阻，备齐敲冰器具，派拨兵役敲击。道光十六年时泰州河道结冰严重，西锁咀河道冻阻，地方政府组织军民敲打冰凌前行。漕船路遇阻滞或者等待渡黄时，要督令丁舵多用气筒，不是开仓风晒，毋使稍有霉变。帮船航行途经州、县、卫时，要在专印的册子上，填写出入境时间，字迹要清楚，不得涂改。回空帮船也是如此。道光二十八年（1848年）水程清册记载：六月初九日回空，十三日午时出境，至十

---

① 有关泰州漕运档案较为详尽的介绍参阅朱士石《从三帮漕运档案谈三帮漕运情况》，《江苏经济报》2006 年 3 月 23 日；钮希强《设于泰州的扬州卫三帮的漕运档案》，《档案与建设》2019 年第 8 期。

月二十三日入泰州境，途中日期四个月零十四天，途经五十三个州、县、卫。扬州卫三帮回空船只，兴化所船只停靠高邮，其余船只分别停靠在泰州南北水关。道光二十八年，运船92只，高邮管兴化所5只，十月二十五日归次，其余应归泰州次南北水关。停靠泰州之后，泰州地方政府会前往南北两关查明回空漕船，取具地保收管存查，然后出具印结。至此这一趟的漕运活动结束。

（三）回空后漕船停次修整

在新漕开兑之前，漕务衙门会催促修船、造船之事。漕船是漕运的运输工具，漕船的修造各帮十分重视。康熙二十年（1681年），扬州卫漕船赴清江、江宁等厂制造。雍正二年（1724年）规定各帮自行成造。各帮有造船之丁，选择高敞近河之处，插厂造船。造船经费由政府和旗丁分担，官三民七。每造一船政府补贴银两为造船价的三分之一，其余都要旗丁来负担。有时政府的补贴仅仅是四分之一，如道光十六年（1836年），扬州卫三帮新船造价为832两银子，向政府领料价银208两。旗丁承担的这部分造船费用大多是通过借贷或者族户捐贴才能完成。造船的材料有严格的要求，木材必须精选樟、桂木，不许掺用旧料，不准板薄钉稀。如道光三年，采办樟、桂二木，毋许掺杂木、旧板以及板薄钉稀。每只船的载重要在700石以上，吃水不得超过三尺八寸。对于所造船只的尺寸有严格的要求，严禁私自加宽、加长。造一只船大约需要40天，船造好之后，开造确册，取具该丁保固无误切结。该帮加具印结，同开工日期具文报府，以凭委员验。每年所造新船数量为本帮所拥有漕船数量的十分之一，咨部请造。而各帮造新船的数量还是主要根据本帮的具体情况而定。如道光三年（1823年），扬州卫三帮造新船5只。道光十九年造新船15只，命造丁袁振同等开造。

上年漕船回空之后也要进行修验、刷漆一次。每只船要九运或十运之后才能报废重造。

此外，漕船起运出发和"回空"之时，皆可携带一定的土宜出售，土宜类似于今天所谓的"土特产"，为国家法令允许，漕船携带的土宜，一定程度上解决漕运人员的生计问题，同时客观上也促进了商品流通，形成了一定的商业链条，也促进了泰州的商品经济和古街巷的繁荣。

清沿明制，由卫所军兵挽运漕粮。清代有漕各省漕粮漕运人员主要为涉漕卫所里负责漕粮运输（出运之年）的旗丁，从兑粮州县仓库至通州交仓，旗丁皆全程参与。每年新漕到来之前，必先金选旗丁，被选者，一定要殷实强壮，谙练老成，不准贫疲、尖刁、土匪混入。相较明代，清代卫所侧重于经济职能，经过康雍两朝一系列的改革，清廷只保留了和漕运相关的卫所，泰州城内也置有卫所署。屯田是卫所兵士饷粮的主要来源，同样屯田收入也是涉漕卫所旗丁收入的主要来源，也是旗丁停运之年供养家庭的主要来源。如扬州卫内"泰州所每船额派屯田三百九十余亩至四百八十余亩者，盐城所每船有派屯田四百八十余亩至一千一百八十余亩者……兴化所每船额派田六百六十亩"，可见泰州城外也有大量的屯田。另据《（道光）泰州志》载，北门外社稷坛东的西仓为兑漕所，却未提及城内之太平仓、预备仓，笔者认为城内两仓也应为兑粮之所。

综上所述，漕运各阶段中与泰州相关联的有：①漕粮征收中与泰州相关联的应为州署和城外的西仓，城内的太平仓、预备仓；②兑粮的场地为泰州城外的西仓，城内的太平仓和预备仓；③漕粮运输过程中与泰州关联的应是泰州的水利工程，河道、闸、坝及码头等，如古盐运河、城河等；④漕船往返携带之土宜，也一定程度上丰富了商品贸易，促进了泰州商业及古街巷的繁荣，如坡子街、歌舞巷等。此外，泰州城内的卫所署、城外绵延不绝的农田（屯田）及高敞近河之处的造船厂等皆与泰州漕运密不可分。

二、泰州现存的与漕运相关的文化遗存

据上文所述泰州漕运的各阶段，泰州现存的与漕运相关的文化遗存主要为漕粮运输过程中的水利工程，如河道、水门、坝及街巷等，下文试分述之。

（一）古盐运河

古盐运河，又称吴王沟、茱萸沟、邗沟支道、运盐河、上官运盐河、通扬运河、老通扬运河等[1]。为西汉文帝前元元年（前 179 年）至汉景帝后元三年（前 141 年）吴王刘濞所开凿。为了便利海盐的运输，在战国吴王夫差开挖邗沟的基础上，连接邗沟向东开挖了一条支道，从广陵茱萸湾处（今湾头）的邗沟向东经海陵仓（今泰州），后经姜堰、海安延至如皋蟠溪。宋之后，再逐步延伸到南通，全长 191 千米。最新研究成果表明，汉代海陵城应在古盐运河之北，就在今天泰州市海陵区海阳路以南、东城河以西、府前路和五一路以北、卤汀河以东的区域内[2]。因此，古盐运河作为大运河的重要支线，对大运河及古盐运河沿线区域，特别是泰州，产生了深远的影响，可以说古泰州（古海陵）因海而生，古盐运河因盐而生，古泰州（古海陵）是因河而兴，因盐而盛。古盐运河不仅奠定了泰州的城市格局，而且孕育了独特的泰州文化，也见证了泰州经济和水运的发展和繁荣（图 1）。

（二）城河

城河，环泰州老城一周，自后周显德五年（958 年）起算，迄今已有 1060 年历史[3]。南宋高宗建炎三年（1129 年），拓至深约 4 米，

宽约 15 米。理宗宝庆二年（1226 年），将城河四角的月河扩宽加深，使其达到原有的两倍。历代多次疏浚，成为盐运和南北货运的必经之地。此外，城内有东、西、中市河、玉带河，城东北与北边的老东河、草河、稻河等运粮入城必经之河，不一一赘述（图 2）。

图 1 古盐运河

图 2 城河北段

（三）南水门

南水门，位于江苏省泰州市海陵区中市河南端[4]。南京博物院和泰州市博物馆于 2010 年进行考古发掘，共清理出两期水门遗迹和一处砖质台基。水门南北长 28.6 米，东西宽 14.15 米。早期平面呈"〕〔"状，晚期呈"〕〔"状，仅外城有摆手。早期水门遗迹全部用石条垒砌而成，在城墙内外有石质摆手。晚期为砖石混合建筑，内壁偏南发现水门闸槽痕迹，底部有一层铺地石板，晚期水门的修补痕迹明

显。南水关的发现，为古泰州城的研究提供了新的坐标基点（图3）。

图3　南水门遗址

（四）北水门

北水门，今已不存，但仍可从一些历史画作中窥探。20 世纪 60 年代肖仁先生曾有画作《槐树脚》刻画了北水门的样子，其为拱形顶，边上有一棵古槐树，枝叶茂密繁盛。泰州诗人程恩洋有首关于老槐树的诗："水关桥畔古时槐，老干嶙峋傍水隈。桥畔人家蒙庇荫，多年雨露沐栽培。"20 世纪 80 年代，古槐树西侧新建洧水市场，城建部门曾在古槐周围空出一块地方，并加了护栏，原址保护。但后来古槐树仍不幸枯死，枯死的老槐树主干又被搬到了泰山公园，并专门为其新建的一座方亭，命名为"老槐树亭"，纪念这段难忘的历史记忆（图4、图5）。

（五）坝

泰州城外有城河，城内有东、西、中市河及玉带河，形成了"双水绕城"的格局。宋代泰州城内的水利工程已基本成熟，明代时泰州人民创造性地在南门高桥外建起明代"五坝"，统称"泰州坝"或"济川坝"，也为明清时期泰州漕运的顺利开展打下了坚实的水利基础[5]。鲍家坝，为仅存的坝，位于江苏省泰州市海陵区泰州老城东部老东河首，旧名东河坝，为明

图4　北水门画作

图5　老槐树亭

清时期里下河的船只从泰州通过的必经之地。清顺治年间，扬州钞关在此设关卡，补征扬关税，查禁偷漏。1923 年坝崩，钉桩堵闭，1954 年抢险加固，在坝北加筑土坝。现其上有鲍坝闸一座，仍在发挥作用[6]（图6）。

此外，漕船往返携带之土宜，也一定程度上丰富了商品贸易，促进了泰州古街巷的繁荣，如坡子街、歌舞巷等，如今的稻河古街区域也一定是这段历史的见证者。

图 6 鲍家坝

（六）古街区

稻河古街区，位于城北，是以稻河、草河、五巷街区为核心的历史文化街区，形成于元末明初，距今已有 600 多年的历史，为泰州最大的泰式民居建筑群。明清时期，泰州成为里下河地区农产品集散地，在稻河、草河沿岸设立了多家粮行、油坊、栈房等，形成"小桥、流水、人家"的街区，仅稻河上古桥就有八座，形成"两街夹一河"（涵东、涵西、草河）的市井街区景观。街区内文物古迹众多，有 49 处，其中，周氏住宅被列为江苏省文物保护单位，钱氏住宅、戈氏住宅被列为泰州市文物保护单位，另外 46 处为具有一定保护价值的传统民居，多儿巷 1 号为胡锦涛同志旧居（图 7）。

图 7 稻河古街区

三、文献中的与泰州漕运相关联的文化遗存

除了上述仍存的文化遗存，结合上文所述泰州漕运的各阶段，可知还有州署、卫所署、仓库等与漕运有关的文化遗存，虽现已不存，但仍可见诸于地方历史文献，如《（道光）泰州志》（图 8）。试举例卫所署简述之。

查阅《（万历）泰州志》和《（道光）泰州志》城池图，可知泰州明代守御千户所及清代卫所署的位置应在现代的玉带河南侧，西距中市河较近，依位置判断在今海陵南路中段东侧市人民医院内。另据《（万历）泰州志》载："骆驼岭。州治西南，登仙桥东北。"《（崇祯）泰州志》载："骆驼岭。州治西南，平地龍嵸隆起如骆驼形。今置千户所。"《（道光）泰州志》载："卫所署，在州治西南即前明守御千户所。""堂三间，上有驼岭，清风匾，相传位岳忠武书，乾隆间卫千总曹相重摹旧大堂三间在前有泰堂明月匾"，为海陵八景之一"驼岭清风"所在地。

此外，跟泰州和漕运联系较大的还有一重要人物——施世纶，曾任泰州知州、扬州知府和漕运总督等官职。据《（道光）泰州志》《清史稿》等史料记载：施世纶，字文贤，号浔江，福建晋江人，祖籍河南固始，后被编入清朝八旗汉军镶黄旗。是清靖海侯施琅之子，清朝著名的清官。施世纶因父荫出任泰州知州。康熙二十八年（1689 年）因政绩卓越，升扬州知府。康熙三十二年（1693 年）及康熙四十三年（1704 年），分别调任江宁及安徽。康熙五十四年（1715 年），担任漕运总督。全名为"总督漕运兼提督军务巡抚凤阳等处兼管河道"，为清朝统管全国漕运事务的高级官员，是年 57 岁。施世纶任漕督时，已经体弱多病，于康熙六十一年（1722 年）五月病故，

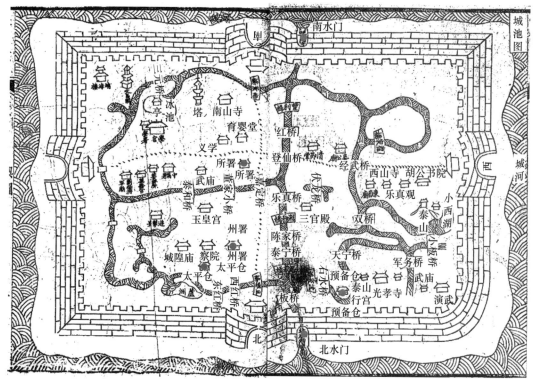

图 8　泰州城池图中与泰州漕运有关的文化遗存点

终年 64 岁。施世纶为官清正廉洁，秉公执法，不畏权贵，勤于民事，在民间素有"施青天"之誉。

四、泰州漕运档案和泰州漕运文化遗存的利用与开发

清代的漕运档案资料保存至今的多为《钦定户部漕运全书》《漕运全书》《漕运则例纂》等国家层面的文献资料，而州县级、卫所级别的漕运档案资料则十分罕见。因此，泰州市博物馆珍藏的清代扬州卫三帮漕运档案具有极其珍贵的史料价值。此外，由于纸质文物的脆弱性，该批档案资料经历了清末与民国的动荡战争，经历了天寒地冻、炎热酷暑，仍能保存至今，更显弥足珍贵。

泰州漕运档案是历史留给泰州的一份重要文化遗存，也是泰州重要文化名片之一。如何"保护好、传承好、利用好"的这批泰州特

有的珍贵的漕运档案，如何利用这批泰州特色的档案资料提升泰州的城市文化品质、推动泰州的文化旅游及经济社会发展，便成为摆在泰州人民，特别是这批泰州漕运档案资料的保管者——泰州市博物馆，面前的一个十分紧迫的课题。如何擦亮这张特色名片，彰显现代价值，助力泰州高质量发展，需要系统谋划，稳步推进。

（一）以漕运档案为基，加强泰州漕运文化研究

因该批漕运档案弥足珍贵，首先应加大对该批漕运档案的修复和保护，同时为方便后续的深入研究，应早日完成对该批档案的数字化处理工作。此外，目前对泰州漕运档案的研究寥寥可数，研究人员和研究成果极少，相关交流研究活动也极少。针对这一现状，建议成立泰州清代漕运档案研究会，不定期地召开研讨会；加强泰州市博物馆、泰州本地高校等相关

研究机构的联系与交流，壮大研究力量；加强与扬州、南通地区的相关研究的交流合作，力争能尽快地多出研究论文、研究专著等研究成果，为丰富泰州漕运文化，提供更多的理论支撑。

（二）以漕运文化为基，打造泰州漕运文化景区

目前我市正在大力推进"古盐运河文化带"建设，且以凤城河景区水上历史文化长廊建设等为代表的 6 个项目已成功跻身大运河文化带建设省重点项目库，可以依托"古盐运河文化带"建设，把泰州漕运文化景区作为凤城河景区水上历史文化长廊建设的重点节点打造，以此来丰富我市古盐运河文化带建设的内涵，使"古盐运河文化带"更能彰显泰州特色、泰州形象。

泰州漕运文化景区，选址可在古盐运河万达金街段北岸高桥路附近。该区域紧靠古盐运河，现存有税碑亭、南门高桥、滕家坝遗址等文化遗产点，其中税碑亭为江苏省文物保护单位，古盐运河为泰州市文物保护单位，滕家坝遗址入选泰州市水文化遗产调查遗产点，而高桥又曾是老泰州的地标性建筑之一。在面积不大的区域内有如此集中的历史文化遗产点分布，且此区域靠近南水关遗址、中国评书评话博物馆、柳园、柳园商业街区和万达商业圈，此外，该区域现为发展用地，并无拆迁等阻力，在此处打造新的漕运文化景区，有着先天的巨大优势。

泰州漕运文化景区，可包含泰州漕运档案博物馆、施世纶纪念馆、重建太平仓和预备仓等仓库、重建泰州卫所署、重现海陵八景之一"驼岭清风"等内容。依照《泰州志》记载的建筑格局，重建泰州卫所署、重现海陵八景之一"驼岭清风"，并以卫所署为建筑主体，在

不同的分建筑内以漕运档案博物馆、施世纶纪念馆等作为分主题，展示"三帮"档案；展示作为泰州知州和漕运总督的施世纶的生平事迹；运用先进的电子设备来全景还原展示泰州漕运的全过程，展示研究成果等。

（三）以漕运景区为基，丰富泰州旅游文化内涵

文化是旅游的灵魂，旅游是文化的重要载体。随着中央及各地对文旅融合的推动力度加大，文旅融合迎来新发展机遇。推进泰州文化与旅游融合发展，就是要不断发掘泰州历史文化中的旅游亮点，结合目前泰州现存的与漕运相关的文化遗产，着力打造泰州漕运文化景区，丰富充实泰州旅游的文化资源，不断提升泰州城市文化品质，不断提升全国历史文化名城的内涵和形态，不断提升泰州的知名度与美誉度，力争以漕运旅游为代表的文化旅游成为泰州高质量发展的新引擎。

执笔者：潘红、解立新、
周金波、钮希强、郭正军

参 考 文 献

[1] 江苏省文物局. 江苏省第三次全国文物普查不可移动文物名录·泰州卷 [M]. 2011：12.

[2] 周金波. 汉代海阳侯国及海陵城考 [J]. 中国地方志，2018（6）.

[3] 江苏省文物局. 江苏省第三次全国文物普查不可移动文物名录·泰州卷 [M]. 2011：9.

[4] 江苏省文物局. 江苏省第三次全国文物普查不可移动文物名录·泰州卷 [M]. 2011：10.

[5] 戚根华. 泰州南门高桥外明代"五坝"之辨考 [J]. 泰州水利，2009（3）.

[6] 江苏省文物局. 江苏省第三次全国文物普查不可移动文物名录·泰州卷 [M]. 2011：29.

狮子山外藏坑出土汉代漆耳杯遗存的保护修复

汪彦希[1] 吕浩然[2] 王俊彦[2] 李宗敏[3]

1. 佛罗伦萨大学；2. 南京市莫愁中等专业学校；3. 徐州博物馆（徐州汉画像石艺术馆）

摘　要：目前，国内对"濒危"漆器文物遗存的保护和修复工作正处于探索阶段。面对器物的不同状况，需找到最佳的修复与保护方案。本文介绍了修复三件汉代漆耳杯遗存的方法和过程，在判断其保存状况和破损程度后，针对其内部朱红色漆料层所覆土体断裂、木质胎体和外部漆料层脱落等病害特点制定修复方案，选用高分子材料渗透加固器物本体。经过修复处理，漆耳杯遗存基本恢复原有形制，能够展现其原始概貌，并且达到长期保存与修复展示的目的。

关键词：漆耳杯遗存　土遗迹　修复

一、引　言

耳杯又称杯、羽觞、具杯。这种器物始于春秋战国，是由椭杯、舟演变而来。盛行于秦汉至魏晋、南北朝，唐代以后很少再能见到。耳杯在汉代作为饮酒实用器、随葬明器一直广泛使用，这和当时国强民富、粮食充足、嗜酒成性、豪饮成风、厚葬盛行有着直接的联系，是人们社会生活的真实反映[1]。漆耳杯的主体通常由木材或竹子制成，在表面涂上多层漆料，经过反复打磨和抛光，使其表面光滑，具有一定的防水、防腐等特性。杯身形状基本相同，为椭圆形，弧壁，平底，耳部略有不同。根据耳部形状差异，漆耳杯可分为方耳杯和圆耳杯。方耳杯耳部为方形，耳外侧平直，中部弧形内凹，两端微凸。圆耳杯耳部为新月形或长弧形[2]。

本文修复的三件汉代漆耳杯遗存均出土于狮子山外藏坑。制作工艺较为简单，在木质胎体内部髹涂朱红色漆液，经过打磨和抛光形成内部漆料层。在保存过程中，存在器物本身的木质胎体大多已被严重腐蚀、外部漆料层完全脱落、内部朱红色漆料层附于土体之上、土体较为疏松且硬度较低等问题。通过附着在土体表面的内部朱红色漆料层仍可辨别出其大概形状和大小。从器物的保存现状来看，可对西汉时期的漆耳杯形制及工艺等方面有所体现，故此三件器物仍具有一定的修复价值。然而，由于当时保护设施条件和认知有限，对于此类考古现场"濒危"遗存保护束手无策。尽管当时没有找到合适的保护方法，工作人员仍坚持将其成功整取。如今，随着文物保护理念的发展和文物保护手段的进步，这三件漆耳杯遗存的修复与保护工作，于多年后又重新提上日程。

目前文献资料中对于南方饱水漆木器的回软加固办法主要有：醇－醚－树脂连浸法、乙二醛法、聚乙二醇法和其他多种加固方法。而对于北方干燥气地区出土的糟朽漆器则大多选用乳液型粘合剂与纸、绢、古代木材作为回软漆皮加固材料，或选用聚乙二醇乙醇溶液与 Paraloid B-72 丙酮溶液渗透加固糟朽漆器[3]。本次漆耳杯遗存的修复工作重点实际上是对土遗址的加固与保护，查阅文献发现，目前对于土遗迹的加固保护，可选用多种类型的保护材料，主要包括传统的无机材料、有机材料以及无机 / 有机复合材料[4]。无机材料包括可溶碱金属盐和碱土金属盐，虽然价格低廉、抗氧化性强，但渗透性较差，容易导致表面泛白。有机材料则包括有机硅树脂和有机聚合物[5]，渗透性好、黏结性强[6]，但大多数有毒易老化。此外，无机 / 有机复合材料结合了两者的优点，是目前较为理想的选择[7]。但这些材料在博物馆实验室中大都难以获得，故优先选择实验室现有且易得的修复和加固材料。除上述

方法外，还有阿拉伯胶软化漆皮、MH 加固土体法[8]和聚乙烯醇缩丁醛乙醇溶液加固定型，再对其进行真空速冻干燥的方法[9]等，需要根据器物出土环境以及自身的病害状况，进行取舍和调整。

针对本文器物自身的病害状况以及易在修复过程中发生新的土体断裂问题，制定使用不同浓度的聚乙烯醇缩丁醛乙醇溶液对器物进行加固，并对加固造成的表面返迁现象进行处理。在整体结构稳定后，使用石膏对器物进行翻膜，削减多余土体部分以整型。以上方法均为本次修复难点，本文将对修复过程进行详细描述。

二、器物基本信息

（一）器物基本信息和保存现状

在对文物进行保护修复前，应对其历史背景、制作工艺、结构组成等方面进行充分了解。首先对器物进行了尺寸测量、称重、拍照及文字档案记录，并为其绘制文物病害图。此次待修复的三件漆耳杯（遗迹）基本信息如下：

器物一（编号 PK1：9），长 18.5、宽 14、高 10 厘米，重 3186.3 克，为耳杯内部朱红色漆料层附于土体之上的遗迹（图 1）。

保存基本现状：该漆耳杯仅残留部分内部朱红色漆料层和少量木质胎体，附于土体之上，裂隙较多。胎体残缺部分占整件器物的二分之一左右，外部漆料层已完全脱落（图 2）。

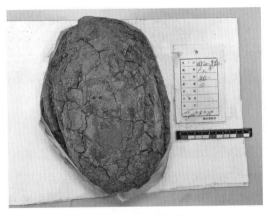

图 1　器物一修复前

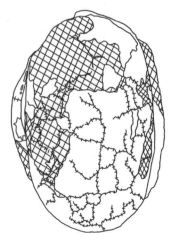

0　　　　5厘米

▨ 残缺　▢ 脱落　◈ 裂隙

项目名称	漆耳杯(遗迹的保护与修复)	
器物名称	耳杯(遗迹)	
制图	汪彦希	器物编号	PK1：9
绘制时间	2021.8.3	图纸名称	耳杯(遗迹)病害图
实施单位	徐州博物馆	

图 2　器物一病害图

器物二（编号 PK1∶18），长 22、宽 14.5、高 8.5 厘米，重 2876.5 克，为耳杯内部朱红色漆料层附于土体之上的遗迹（图 3）。

图 3　器物二修复前

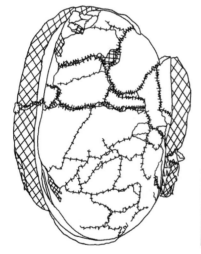

保存基本现状：该漆耳杯仅残留部分木质胎体和内部朱红色漆料层，附于土体之上，残缺部位较多，主要分布在器物两侧双耳处。土体有多处主要分布在器物一侧的裂隙和九处明显断裂，结构完全分离。此外，残留在双耳处的部分木质胎体已完全糟朽，其余部分则完全脱落（图 4）。

器物三（编号 PK1∶46）长 20、宽 11、高 9.5 厘米，重 2081.4 克，为耳杯内部朱红色漆料层附于土体之上的遗迹（图 5、图 6）。

保存基本现状：该漆耳杯仅残留部分木质胎体和内部朱红色漆料层，附于填土之上，残缺部分面积占总面积的三分之一左右，主要分布在器物两侧双耳处。土体存在三处裂隙，其余部分较为完整。同器物二，残留在双耳的部分木质胎体已完全糟朽，其余部分胎体则完全脱落（图 7）。

```
0          5厘米
```

▨ 残缺　 ⊦₩⊦ 断裂　 ⤨ 裂隙

▨ 糟朽　 ⬭ 脱落

项目名称	漆耳杯(遗迹)的保护与修复		
器物名称	漆耳杯(遗迹)		
制图	汪彦希	器物编号	PK1∶18
绘制时间	2021.8.3	图纸名称	漆耳杯(遗迹)病害图
实施单位	徐州博物馆		

图 4　器物二病害图

图 5　器物三修复前正面

图 6　器物三修复前侧面

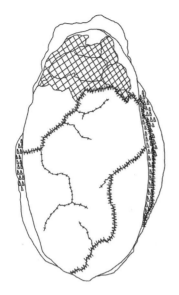

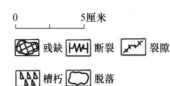

项目名称	漆耳杯(遗迹的保护与修复)		
器物名称	耳杯(遗迹)		
制图	汪彦希	器物编号	PK1：46
绘制时间	2021.9.24	图纸名称	耳杯(遗迹)病害图
实施单位	徐州博物馆		

图 7　器物三病害图

表 1　历次保护修复情况

器物	编号	历次保护修复情况
器物一	PK1：9	2021 年 3 月 22 日，在器物表面喷水进行清理，使用 40% 浓度的 PEG200 保湿，后使用 5% AC33 水溶液与 30% 浓度的 PEG200 水溶液混合加固 3 次，再使用 60%、80% PEG200 喷涂，9% AC33 乙醇溶液点涂，最后由于效果不理想，故使用 80% 硅酸四乙酯加固
器物二	PK1：18	无
器物三	PK1：46	无

（二）历次保护修复情况描述

在进行了详细的病害现状了解后，对其历次修复保护情况进行了调查（表 1）。

三、制定保护修复技术路线

由于器物本身的木质胎体部分已大部分腐蚀殆尽，导致内部朱红色漆料层只能依附于土体之上，因此本次对三件漆耳杯遗存的保护实则是对土遗迹的加固与保护。针对器物存在木质胎体脱落、土体疏松且硬度较低等问题，需对土体进行加固提高其疏水性及强度，并对开裂的土体以及内部朱红色漆料层进行粘接，保存漆耳杯遗存形制的完整性。在修复漆器时需注意，漆器的加固修复关键是选择良好且适用的材料充填加固器物，提高器物的强度[10]。

要求材料既要粘接牢固不影响器物的外观又要使用方便，并遵循以下基本原则：保持原貌，整旧如旧，不应对器物本身产生任何的破坏；尽量不改变内部朱红色漆料层的物理和化学性质，防止保护性损害；尽量选择使用具有可逆性和可再处理性的材料[11]。

在初步设计的修复方案中采用化学试剂渗透加固法，将器物浸泡在水溶性阿拉伯胶中使其浸渍土体进行加固，为使内部朱红色漆料层牢固依附于土体之上对其采取压埋处理，随后在器物底部制作支撑物进行翻转处理。从器物的侧面或另外一端开始清理整型，需要体现出耳杯尺寸形制的同时，保留一定厚度土体作为器物的支撑体。在化学试剂加固的基础上，再使用石膏浆液对木质胎体裂缝处进行填充加固，最终可以使内部朱红色漆料层和土体形成一个牢固的整体。最后使用同比例的乙醇和蒸馏水混合溶液对漆料层进行软化并滴渗水溶性的聚醋酸乙烯乳液进行黏接[12]。在执行方案前，对器物病害部位约 3 厘米 × 3 厘米处用阿拉伯胶进行了加固粘接实验，在实验中以阿拉伯胶作为加固剂的效果并不理想，由于材料自身耐水性差，在吸收水分后会降低器物整体粘接强度，对后续修复操作产生不利影响，且表面加固后与周边部位产生了明显的色差，故需重新选择加固剂。在重新选择加固剂时需着重注意以下四点：①加固后器物的色彩不能有任何改变；②加固处理不能在漆料层表面形成反光膜；③加固剂必须有较好的渗透性和较强的粘结力；④加固材料必须有良好的耐光和耐热老化性能，同时具有抗污染（如灰尘）的能力[13]。

在经过反复试验与甄选后，发现聚乙烯醇缩丁醛乙醇溶液能达到以上四点，具有较好的耐久、可再处理和耐水性能，且具有较好的粘结性能[14]，在加固土体的同时能有效粘接开裂的土体以及内部朱红色漆料层，对于色度的改变也较小。故选择使用 1%、3%、5% 浓度的聚乙烯醇缩丁醛乙醇溶液作为主要加固粘结剂，对于器物大面积土体断裂部位，则使用德国 UHU 多功能胶。保留初期修复方案中实施翻转处理和浇注石膏浆液，使浆液凝固后形成支撑这两个步骤，其余步骤均有删减或修改。

最终确定其主要保护修复方法是：表面清理（去除其表面灰尘和附着的土壤）、加固（使用聚乙烯醇缩丁醛乙醇溶液）、粘接、翻模、整型和填充补缺，据此制定了修复保护技术路线（图 8）。

四、保护修复过程及方法

（一）检查记录

为器物建立详细的文物档案，文字方面包括器物名称、尺寸、纹饰、保存状况等；图像方面包括照片、病害图、影像资料等。

（二）表面清理

由于器物一及器物二自身已经松动结构不稳定，所以在清理时并未将器物从原保存空间中取出，使用洗耳球和软毛刷对器物表面进行清理，清扫表面的灰尘以及脱落土质颗粒。由于器物实则为土遗迹，并且自身土体较为疏松且硬度较低，故不能使用蒸馏水或其他液态清洗剂清洗表面，同时在使用软毛刷及洗耳球与器物接触时要小心轻缓，避免将已经松动的土体或表面残留漆料层脱落。

（三）加固

使用 1% 和 3% 浓度的聚乙烯醇缩丁醛乙醇溶液各 200 毫升，交替使用滴管和注射器，采取滴渗法对器物进行加固，过程在通风处中进行，当重复此步骤进行第三次加固后，渗入效果不再明显。在加固结束后将器物置于空气流通速度较低、湿度较低的环境中干燥，尽量避免其表面出现返迁和泛白现象。在处理表面泛白现象时，使用毛笔蘸取乙酸乙酯在器物表面轻缓滚动擦拭，溶解表面积聚的 PVB 乙醇溶液。

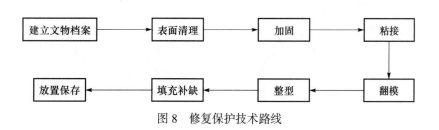

图 8 修复保护技术路线

图 9　紫砂泥封护边缘并整型

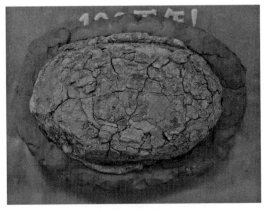

图 10　封护完成

图 11　宣纸贴合器物表面

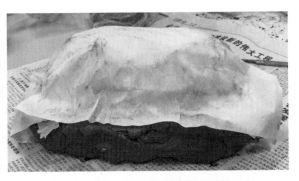

图 12　宣纸完全覆于表面

图 13　涂抹石膏

图 14　按压平面

图 15　翻转

图 16　削平整型

（四）粘接

在确定器物不会在移动的过程中发生木质胎体和漆料层脱落或土体坍塌的情况下，针对其病害程度轻重的不同，使用医用针管注射器将3%或5%浓度的聚乙烯醇缩丁醛乙醇溶液渗透至器物断裂处，并对表面脱落的内部朱红色漆料层使用5%浓度的聚乙烯醇缩丁醛乙醇溶液，均匀涂抹在脱落面进行粘接（此步骤主要适用于器物一、器物三），再使用德国UHU多功能胶，对脱落面加固完成的土体断裂处进行粘接，将UHU胶少量均匀地涂抹在两侧断裂面并用纸胶带进行固定（此步骤主要适用于器物二）。对于相对细小的土体裂隙同样根据病害程度的轻重，使用医用针管注射器将3%或5%浓度聚乙烯醇缩丁醛乙醇溶液进行渗透粘接加固。

（五）翻膜

粘接加固完成后需对器物进行翻膜，为后续的整型步骤提供操作空间。首先使用对器物自身影响较低的紫砂泥对边缘进行封护（图9、图10）。

使用喷壶将宣纸打湿，并将宣纸覆于器物表面（图11、图12），此步骤中宣纸应避免过度湿润，并且操作手法需小心轻缓，以防止在覆于器物表面时纸张破损，从而导致无法对器物表面进行保护。

在紫砂泥及宣纸完全将器物进行包裹覆盖后，调和石膏并均匀涂抹在宣纸上，在石膏未干时将泡沫板轻轻按压在器物顶部形成与桌面相对平行的平面，以便后续翻转整型时器物能够保持固定（图13、图14）。

（六）整型

待石膏完全干透后将器物周围的紫砂泥去除，小心地将器物进行翻转，使泡沫板位于底部（图15）。然后使用乙醇和纯净水将器物湿润，以便对其整型。使用手术刀、软毛刷等将多余厚度的土体去除削平（图16），在处理时，尤其是边缘要小心谨慎不能将其过度湿润，以免土体再次松软发生断裂。将器物整型至能够较为清晰体现出耳杯的尺寸形制。

（七）填充补缺

在整型步骤结束后，使用医用注射器将调和好的石膏通过器物裂隙渗透至器物内部，充盈至距离器物表面2～3毫米处起到加固填充效果，在石膏尚未干透时将整型时留下的土渣均匀填充在预留空隙中进行补缺，使其与器物表面平齐。由于与器物本身颜色差异较大，故使用水彩颜料将补缺处简单着色，使其色调和谐统一（图17、图18）。

（八）放置保存

修复完成后的器物建议保存温度控制在15～20℃，湿度在50%～65%（昼夜24小时的温度差不大于±5℃，相对湿度差不大于±5%），光照不超过150lx为宜[15]，尽量避免强光直接照射，装入密封性能较好的亚克力包装箱中保存（图19、图20）。此外还需对器物进行日常维护，防止其与腐蚀性化学试剂接触，做好定期检查和记录。

五、修复结果

狮子山外藏坑漆耳杯遗存采用滴渗法对器物进行了整体加固，用石膏对器物木质胎体残缺、土体断裂、漆料层脱落等病害进行了修复，经处理后，器物表面无光亮和颜色改变，既保持文物的本来面貌，又符合文物保护"可再处理性"和"不改变原貌"的原则，三件漆耳杯遗存整体修复效果良好，达到了预期效果（表2）。

表 2　修复前后对比

图 17　填充前　　　　　　　　　　　　　图 18　填充后

图 19　亚克力包装盒（正视）

图 20　亚克力包装盒（侧视）

六、结　　语

本次文物工作实践对狮子山外藏坑漆耳杯遗存进行了修复，取得了一定的成果与经验。针对器物的病害特点和保存状况，采用多种保护修复方法，使漆耳杯遗存基本恢复了原有形制，展现出其原始概貌，并且达到了长期保存与展示的目的。然而，在过程中依然存在的一些不足。首先，在前期实验与甄选材料阶段未留下详尽的照片资料，使得后续的修复工作缺乏必要的参考和依据。其次，在修复过程中由于对病害、结构、裂隙处的承受力认识不足导致加固时发生了再次断裂，表明修复方案还需要进一步优化和完善。

针对这一类型遗迹的保护与修复，重点在于选择适合的加固材料和粘结剂，要遵循原貌保持和可逆处理的原则，并且确保修复过程中不会产生保护性损害。首先进行表面清理，去除灰尘和附着物，以准备后续的修复工作。其次在加固阶段，采用聚乙烯醇缩丁醛乙醇溶液滴渗法加固土体，以及对开裂的土体和漆料层进行粘接，保持其结构稳定。然后通过翻膜和整型，使其恢复原有形制。最后是填充补缺，通过渗透填充石膏加固裂隙，使器物表面平整，并进行简单的上色处理。这样的修复工作不仅可以保护器物本身的完整性和原始特征，还有助于更好地展示历史和文化价值，对后续的研究和展出具有重要意义。

目前，对于"濒危"漆器文物遗存的修复与保护工作仍然处于探索阶段，需要更多的实践和研究来积累经验和改进修复方法，并且对于不同病害及文物类型，需要针对性地制定修复方案，不能一概而论。

参 考 文 献

[1] 林晓平. 简说汉代耳杯 [J]. 华夏考古, 2013（4）: 73-77.

[2] 谢春明, 陈程. 楚墓出土漆耳杯研究: 以荆州地区为例 [J]. 湖南省博物馆馆刊, 2018（1）: 150-157.

[3] 吴顺清. 出土竹木漆器类文物保护研究六十年述略 [J]. 江汉考古, 2014（S1）: 3-13.

[4] 李鑫. 新型土遗址修复加固材料试验研究 [J]. 中国文化遗产, 2021（4）: 82-86.

[5] 周双林. 有机硅改性丙烯酸树脂非水分散体的制备及在土遗址保护中的试用 [J]. 文物保护与考古科学, 2004（4）: 50-52.

[6] 李小洁. 新型土遗址保护材料的制备、表征和应用 [D]. 成都: 成都理工大学, 2007.

[7] 张光辉. 土遗址加固保护研究 [D]. 西安: 西安建筑科技大学, 2006.

[8] 李存信, 张红燕. 半干旱环境糟朽漆木器的检测分析与处理保护 [J]. 中国文物科学研究, 2010（4）: 1-8.

[9] 刘博. 漆木耳杯真空速冻干燥及加固处理 [J].

北方文物，2005（4）：104-107.

[10] 卢燕玲，韩鉴卿，马清林，等. 中国北方干燥地区出土糟朽漆器加固材料及修复方法 [J]. 文物保护与考古科学，2003，15（3）：31-34.

[11] 张飞龙，张武桥，张瑞琴，等. 漆物质文化遗产保护技术研究 [J]. 中国生漆，2007，26（1）：11-37.

[12] 李存信，张红燕. 半干旱环境糟朽漆木器的检测分析与处理保护 [J]. 中国文物科学研究，2010（4）：1-8.

[13] 张飞龙，张武桥，张瑞琴，等. 漆物质文化遗产保护技术研究 [J]. 中国生漆，2007，26（1）：11-37.

[14] 王蕙贞. 文物保护材料科学 [M]. 西安：西北大学出版社，1995.

[15] 卢燕玲，韩鉴卿，马清林，等. 中国北方干燥地区出土糟朽漆器加固材料及修复方法 [J]. 文物保护与考古科学，2003，15（3）：31-34.

《淮海文博》征稿启事

《淮海文博》是徐州博物馆主办的，面向国内公开发行的文博类综合性学术出版物。以历史唯物主义为指导，积极宣传党和国家的文物法规与相关政策为宗旨，及时反映淮海经济区文博工作的新发现新成果，加强与业界同仁交流，促进文博行业的繁荣。

一、征 稿 范 围

《淮海文博》征稿范围包括文物研究、博物馆学研究、考古学研究、文化遗产研究、历史学研究及区域文化研究等，尤其欢迎有关汉代文物、考古、历史研究的文章。设置特邀专稿栏目，竭诚欢迎文博界专家、学者赐稿。

二、稿 件 要 求

1. 符合《淮海文博》创办宗旨及国家新闻出版署关于社会科学学术出版物编排规范的要求。

2. 来稿以 5000~8000 字为宜。稿件正文之前请附以下内容：中文摘要（300 字左右）、关键词（3~5 个）、作者信息（姓名、单位、联系电话）。如所投稿件是作者承担的科研基金项目，请注明项目名称和项目编号。

3. 正文一级标题采用汉字数字"一、二、三、……"形式排序；二级标题采用汉字数字加括号"（一）（二）（三）……"形式排序；三级标题采用阿拉伯数字"1. 2. 3. ……"形式排序；四级标题采用阿拉伯数字加括号"（1）（2）（3）……"形式排序。

4. 注释及参考文献按正文中出现的先后顺序置于文末，采用"［1］［2］［3］……"符号排序。参考文献的著录遵循《信息与文献 参考文献著录规则》（GBT 7714—2015）。

5. 文中所用图表及插图要求图像清晰，注明图题、表题，标清在文中的具体位置，以附件形式单独发送。

三、注 意 事 项

1. 来稿须本人原创稿件，遵守学术规范，请勿一稿多投。

2. 登载的文、图稿件，出于学术交流和传递信息之目的，不意味着徐州博物馆赞同其观点，所有内容文责自负。

3. 作者在投稿 3 个月后仍未收到编辑部处理意见，可自行处理稿件。

4. 来稿请发送电子稿至投稿邮箱。因文集人手有限，来稿恕不退还，请作者自留底稿。

5. 来稿请注明作者姓名、工作单位、联系电话、联系地址、电子邮箱等信息。

6. 凡向《淮海文博》投稿，视作愿意接受编辑部对稿件的修改。

7.《淮海文博》用稿不收取任何费用。

8. 未尽事宜，请咨询《淮海文博》编辑部。

四、联 系 方 式

地址：江苏省徐州市和平路 118 号徐州博物馆《淮海文博》编辑部

邮编：221009

电话：0516-83804415 19952123569

联系人： 唐小惠　刘文思

投稿邮箱：huaihaiwenbo2022@163.com

《淮海文博》编辑部